安徽师范大学教材建设基金资助项目

社会科学文献信息检索与利用

周向华◆编著

華峰题

安徽人民出版社

内容简介

本书系统地阐述了社会科学文献信息的基本概念、信息检索的流程及检索类型，论述了信息检索的基本原理、检索语言及相关信息检索工具的使用技巧等。它将传统的检索工具和计算机检索技术充分融合，重点介绍了网络检索工具的使用方法及中外著名的数据库，同时兼及手工检索工具书的使用。既包含检索理论的探索，也有检索技术详解。

本书通俗易懂、论述详尽，既可作为高校文科学生学习文献检索技术的指导性教材，也可作为从事文献检索专业人员的参考用书。

图书在版编目（CIP）数据

社会科学文献信息检索与利用/周向华编著．—合肥：安徽人民出版社，2009.6

ISBN 978-7-212-03602-7

Ⅰ．社…　Ⅱ．周…　Ⅲ．社会科学—情报检索　Ⅳ．G252.7

中国版本图书馆 CIP 数据核字（2009）第 106568 号

社会科学文献信息检索与利用

周向华　编著

出版发行：安徽人民出版社
地　　址：合肥市政务文化新区圣泉路 1118 号出版传媒广场 8 楼
发 行 部：0551-3533258　3533268　3533292（传真）　邮编：230071
组　　编：安徽师范大学编辑部　电话：0553-3883578　3883579
经　　销：新华书店
印　　制：芜湖新欣传媒有限公司
开　　本：787×960　1/16　印张：22.75　字数：420 千
版　　次：2009 年 7 月第 1 版　2009 年 7 月第 1 次印刷
标准书号：ISBN 978-7-212-03602-7
定　　价：34.00 元

前　言

文献信息检索教育是培养学生的信息意识，掌握用手工方式和计算机方式从文献或互联网中获取知识和信息的一种科学方法，是信息素养教育中一个重要的组成部分，也是大学生素质教育中不可或缺的一个环节。

1984 年 2 月，国家教育部印发了《关于在高等学校开设〈文献检索与利用〉课的意见》的通知（［84］教高一字 004 号），通知指出：“《文献检索与利用》是一门很有意义的课，凡有条件的学校可作为必修课，不具备条件的学校可作为选修课或先开设专题讲座，然后逐步发展、完善。”1985 年 9 月，原国家教委又印发了《关于改进和发展文献课教学的几点意见》（［85］教高一司字 065 号）。1992 年 5 月，原国家教委高教司（1992）44 号文件印发了《文献检索课教学基本要求》，指出“文献检索课是培养学生的情报意识，掌握用手工方式和计算机方式从文献中获取知识和情报的一门科学方法课。”1993 年 7 月，原国家教委又印发了《关于成立文献检索课教学指导小组的通知》（高教司［1993］108 号）。这一系列文件的颁发，体现了国家对高校文献检索课程的高度重视，也标志着我国高校文献检索课教学开始朝着制度化、正常化、规范化方向迈进。2002 年 2 月，教育部颁布了《普通高等学校图书馆规程（修订）》（教高［2002］3 号），在第十七条中明确规定，高等学校图书馆要“通过开设文献信息检索与利用课程以及其他多种手段，进行信息素质教育。”“信息素质教育”这一概念第一次被写进了高等学校图书馆工作的法规性文件。正缘与此，《文献检索与利用》的课程名称也逐渐更换成为《文献信息检索与利用》。

文献检索课创建初期，主要是借助纸质印刷型工具书介绍其具体的检索方法，着重讲授从最简单的《新华字（词）典》到各种政书、类书、百科全书以及世界著名的四大报告等传统检索工具的检索方法。因此，当时的课程名称也大多称为《中（西）文工具书概论》。随着文献信息量的急剧增加，特别是计算机技术、网络技术及信息处理技术的迅猛发展，文献检索课程的内容也不断地得到补充和优化，主要是不断更新文献信息检索的基本知识，压缩以手工检索为主的传统文献检索内容，增加计算机文献检索的内容，重点讲授典型的检索工具和数据库以及网络资源的获取方法，逐步构建起以网络信息资源检索为核心的新体系。

在二十多年的发展历程中，通过文献检索方法来开拓学生的视野，提高其自学能力和研究能力一直是文献检索课的一个重要理念。21 世纪以来，知识经济以及多元文化的相互交流与融合，素质教育成为教育改革的主旋律，信息素养成为综合素质的重要组成部分。文献检索课也由传统的文献利用教育向信息素质教育转变，文献检索课不再仅仅是训练学生的检索方法和技巧，而是着眼于培养学生的信息素养能力，培养学生在信息活动中的自觉性、主动性、预见性和独立性。本书的编撰，正是基于这样的考虑，在系统阐述文献信息检索的基础知识、基本原理和核心技术的基础上，对传统的手工检索和现代计算机检索尤其是网络信息检索作了全面介绍，特别注重培养学生获取文献信息的能力。本书内容涉及各类文献信息源，覆盖了人文社会科学的所有学科领域，同时介绍了课题资料的检索与论文的写作知识。

全书共十二章，第一章阐述了社会科学文献信息的基本概念，信息素养的内容、特点及评价标准，社会科学文献信息检索的流程及检索类型；第二章论述了文献信息检索的基本原理；第三章叙述了信息检索语言以及文献信息检索工具的编排方法；第四章至第九章介绍了中外著名检索工具书、各种大型及专业数据库的检索与利用方法；第十章、第十一章介绍了网络信息检索与多媒体信息检索；第十二章介绍了文献综合利用知识。

本书具有以下几个特点：

一是内容丰赡，材料新颖。将传统检索工具和当今的计算机检索技术充分融合，既有检索理论探索，也有检索技能详解，特别着重介绍了网络检索工具的原理和使用方法、中外著名的综合性和专业性数据库，内容十分丰富。在收录材料时则关注最新的出版信息，介绍了大量近年出版的极具实用价值的人文社会科学工具书及准工具书，给人耳目一新之感。

二是图文并茂，深入浅出。在以文字叙述为主体内容的前提下，尽量配以重要检索工具系统（特别是计算机检索）典型实例的图片，增强了直观性。在文字表述上，力求通俗易懂、深入浅出，从而使本书具有较强的可读性。

三是来源准确，实用性强。在介绍检索工具或网址时，本书尽可能根据最新版的第一手资料，或上网进行检索，力求来源准确。同时注重学生动手能力的培养，在介绍检索工具时注重阐述其检索功能，并辅之以大量的检索实例，使本书具有较强的实用性和操作性。

当然这只是我们的初衷，至于是否达到目的，只能留待实践去检验了。但愿本书能成为读者查询信息的良师益友，为读者了解和掌握文献信息，更有效地检索、利用文献信息尽绵薄之力。

编著者

2009 年 3 月

目　录

第一章　导　论

第一节　社会科学文献信息的相关概念与特点

当今社会，信息与空气、水一样重要。信息作为资源在人们的学习、生活、生产中发挥着重要的作用，但信息的无限丰富与良莠不齐也直接对我们的学习与信息获取提出了挑战。因此，我们必须了解并掌握信息以更加有效地利用信息。

一、社会科学文献信息的相关概念

1. 信息

信息（Information）的概念十分广泛，已经渗透到社会生活的各个领域，与物质、能源并列构成世界的三大要素，成为人类社会不可或缺的重要资源。从日常生活到科学研究，人们都在自觉不自觉地利用信息。

“信息”一词在我国很早就出现了，唐代诗人杜牧在《寄远》一诗中有“塞外音书无信息，道傍车马起尘埃”的诗句[①]；宋代著名音乐家和词人姜夔在《慢·霓裳中序第一》词中有“笛里关山，柳下坊陌。坠红无信息。”的描述[②]。清朝的康熙是我国历史上第一位明确使用“信息”一词的皇帝，康熙三十四年（公元1695年），他命大学士派人外出，“惟以侦探信息奏文为要”。这些信息的含义大致是迹象、征兆与消息，与当代信息的含义并不完全相同。

英文“Information”一词，有情报、资料、消息、报道之意，我国曾译为情报或信息，后经国家有关部门核准，现一律译为信息。在我国台湾、香港地区，则译为“资讯”。20世纪中叶以后信息的本质不断被揭示，并被引入到哲学、信息论、控制论、管理学、通信、计算机科学等不同的学科领域。学者从不同的角度出发，对信息有不同的阐述。

---

① 《全唐诗》第526卷第054首

② 《全宋词》卷284

信息论的创始人美国数学家C·E·申农把信息定义为“用来清除随机事件的形式的不定性的东西”，认为信息是关于环境事实的可通信的知识，是通过各种形式，包括数据（字母、数字和符号）、代码、图形、报表、指令等等反映出来的。

控制论的创始人美国数学家N·维纳则认为，信息“不是物质，也不是能量”，是人们在适应外部世界并且使这种适应反作用于外部世界的过程中同外部世界进行交换的内容的名称。

哲学观点认为，信息是物质的一种具有普遍性的属性，是物质存在方式、运动规律和特点的外在表现。例如，某一事物的外形、构造、成分、重量、运动、声音、气味等。

通讯观点认为，信息是生物或具有一定功能的机器通过感觉器官或相应的设备同外界交流的内容的总称。例如，通知、新闻、数据、图像和信号等。如此等等，不一而足。

目前，关于信息的定义众多，尚无统一的定论。结合信息检索的特点，我们认为，信息的含义有广义和狭义之分。广义的信息是指所有事物的存在方式和运动状态的反映，它不是物质本身，是物质的一种基本属性。狭义的信息是指经过搜集、记录、处理和存储的可供检索的文献、数据和事实。它是人类对客观事物的认识，是实践经验的总结，是认识的结果。

作为特殊形态的客观事物，信息具有一定的特性，主要表现在：

● 普遍性　信息广泛存在于自然界和人类社会之中，也存在于人类的思维领域或精神领域之中，人机之间、动物之间、植物之间、细胞之间都可以进行信息交换。

● 客观性　就世界的整体而言，信息统一于物质世界，信息的根源是物质世界，信息的存储、传播依靠物质和能量。

● 中介性　信息既区别于物质又区别于精神，它的内核不是具体的物质和能量，也不象意识那样依赖于人脑存在，故信息不具有主观性，它介于物质世界和精神世界之间，人们通过信息来认识事物。

● 增殖性　随着事物的不断变化，人们对事物的认识不断深化，信息的数量也不断增加。

● 可储性　信息可以收集、加工、整理、筛选、归纳、综合并通过记忆和各种载体来进行传播。

● 可知性　信息是可为人们感知的。但由于人们认识水平的差异，对同一事物，不同的观察者获得的信息量可能不同。

● 共享性　信息可以多次传播，为人们所分享，在信息传播的过程中，并不失去其内容，反而会增加新的信息。

• 有价性　信息对接收者来讲是有用的，信息满足用户需要的程度越高发挥的作用越大，信息的价值就越大。信息的价值主要分为信息的使用价值和信息的交换价值两个方面。前者是指信息能满足人类生活的某种需要，如果加以使用会产生某种经济效益和社会效益。后者是指在一定的社会经济条件下，部分应用性、技术性信息可转化为商品，这时的信息价值就表现为交换价值形态。信息的使用价值是交换价值的物质基础。

信息的种类很多，从不同角度、不同学科领域出发，根据不同的分类标准，可以对信息的类型进行不同的划分。

从信息的广义内涵来划分，依据信息的产生，可以分为自然信息和社会信息。依据信息的运动状态划分，可以分为自在信息、自为信息和再生信息。从信息的狭义内涵划分，依据信息的媒体类型，可以分为印刷型信息、缩微型信息、视听型信息和机读型信息。依据信息的加工程度，可以分为零次信息、一次信息、二次信息和三次信息。依据信息的内容，可以分为政务信息、军事信息、经济信息、文化信息、教育信息、科技信息等等。依据信息的出版发行特点，可以分为正式出版信息和非正式出版信息。正式出版信息指的是公开出版发行的信息，主要包括图书、期刊、报纸等；非正式出版信息是指不经过公开出版物流通渠道发行，为一部分用户使用的内部文献信息资料，具有信息量大、形式多样、载体不固定等特点，包括会议文献、学位论文、政府出版物、研究报告、档案、专利、标准等。

2. 知识

知识（Knowledge）是人们对客观事物存在和运动规律的认识。人类通过信息感知世界、认识世界，并根据所获得的信息，积累知识进而改造世界。人类将获得的信息经过大脑思维重新组合形成知识，并逐步形成知识体系，分出哲学知识、自然科学知识和社会科学知识。知识是信息中最有价值的部分，收集、分析、利用信息往往导致知识创新。信息提炼为知识的过程是思维。

知识可以从不同的角度划分多种类型：按反映对象的深刻性程度可分为生活常识、科学知识；按成熟程度可分为经验知识、理论知识；按存在方式可分为主观知识、客观知识；按门类结构可分为基础知识、技术知识、应用知识；按描述内容可分为哲学知识、自然科学知识、社会科学知识、思维科学知识等。知识产品是由各种形式的脑力劳动创造的具有新颖性、独创性的成果，是知识的客观表现形式，如科学论著等。

知识产品具有很多特点，主要表现在：

• 无形性　知识产品本身是无形的，为了保存和传播，一般采用文字、图形、语言等形式表达和记录下来。

●扩散性 知识产品的生产过程是一次性投资，但知识产品可以通过印刷、音像、通信等现代技术无限地扩散。

●延续性 知识产品可以被一代又一代记忆、保存，新知识在旧知识的基础上不断地产生。

●积累性 知识产品不断积累和发展，一般个人知识和社会知识累积到一定程度时，往往能使社会进步，使知识生产能力提高。

3. 文献

汉语里“文献”一词，在我国最早见于《论语·八佾》：“子曰：夏礼吾能言之，杞不足征也；殷礼吾能言之，宋不足征也，文献不足故也。足，则吾能征之矣。”① 但孔子未进一步解释文献一词的含义。南宋朱熹在《四书章句集注》中将文献解释为：“文，典籍也；献，贤也。”② 显然，按朱熹的理解，孔子说的文献当包括典籍和贤者，二者其中贤者，可理解为有学问有道德的熟悉历史掌故的人。

宋元时期学者马端临所著《文献通考》，是我国最早以“文献”自名其书的著作。该书自序中，对文献作了具体解释：“凡叙事，则本之经史而参之以历代会要，以及百家传记之书，信而有证者从之，乖异传疑者不录，所谓文也。凡论事，则先取当时臣僚之奏疏，次及近代诸儒之评论，以至名流之燕谈，稗官之记录，凡一话一言，可以订典故之得失，证史传之是非者，则采而录之，所谓献也。”③ 可见宋元之际，文献的内含有所变化。“贤”不再是指人，而是指贤人的言论，“献”的含义接近于“文”。

随着时代的发展，文献的含义也赋予了新的内容，我国颁布的《中华人民共和国国家标准文献著录总则》（GB37921—83）将文献定义为“记录有知识的一切载体”。这反映了随着科学技术的发展，记录知识的方法和载体均发生很大变化，其方法不仅是刻、写、印刷等，而且有了录音、录像及电脑存储；其载体不仅是竹简、帛、纸张等，而且有了胶带、磁性材料及光盘等。

人类生产文献的实践丰富了文献的内含，现在，文献已具有存储知识信息、传递知识信息和提高人们科技、教育、文化水平的功能。

4. 情报

情报的定义也有许多种，至今尚无一致的认识。前苏联情报学家米哈依诺夫认为“情报是作为存储、传递和转换对象的知识”。中国著名科学家钱

① 台湾商务印书馆《景印文渊阁四库全书》卷195－553

② 山东齐鲁书社景印《四书章句集注》卷二（原明海渊阁版）

③ 台湾商务印书馆《景印文渊阁四库全书》卷610－8

学森说，“情报就是为了解决一个特定的问题所需要的知识”。近年来，国内情报界也有人提出“情报，即为一定目的，具有一定时效和对象，传递着的信息”。

从上述表述中可以看出，情报就是人们在特定的时间内为一定的目的而传递的有特殊效用的知识或信息。情报是一种普遍存在的社会现象，人们在社会实践中，源源不断地创造、交流与利用各种各样的情报。情报具有知识性、传递性和效用性。

情报的主要功能有三：一是启迪思维、增进知识，提高人们的认识能力；二是帮助决策，协调管理，节约各项事业的人力、物力和财力；三是了解动向，解决问题，加快人们各项活动的进程，以便在竞争中获胜。

这里附带说一下信息、知识、情报和文献之间的关系。

信息、知识、情报、文献四者之间存在一定的辩证和依赖关系。信息的概念十分广泛，既存在于人类社会中，也存在于自然界，它统一于物质世界，其中被人们认识并系统化、系列化的那部分信息转化为知识；在人们实践活动中具有使用价值的那部分信息成为情报的一部分；知识仅存于人类社会，是人脑意识的产物，信息是产生知识的原料，信息在转化为知识时经过人脑的判断、推理、综合，同时转换了载体，其中在人类实践活动中有使用价值的那部分知识成为情报的主要部分；情报则属于人工信息的范畴，信息和知识都是它的来源，符合人们特定需要的信息和知识一旦成为情报之后，便具备了动态性、效应性、时间性等特征，未被人们作为情报而搜集、加工、存储利用的信息则是一般意义的信息，失去时效性的情报又还原为知识；文献中所包含的知识和信息不完全是情报，只有那些被利用了的知识或信息，同时产生效益才能叫情报。

信息是情报和知识的载体，情报是特指的专业信息，知识是信息的内核，知识储存于信息，信息经过提炼和加工成为知识，知识是信息中的精华部分；信息的价值取决于其精华部分的价值，如果说信息是食物，那么知识则是食物中的营养成份。知识组织最终要通过信息组织方式来实现。人们通常使用“信息 > 知识 > 情报”来表示它们之间的外延与内含关系，而文献是信息、知识、情报的主要载体形式，这就是它们之间的关系和联系。从符号学的三维空间——即语法、语义和语用上来分析，这三者的关系如图 1 - 1。

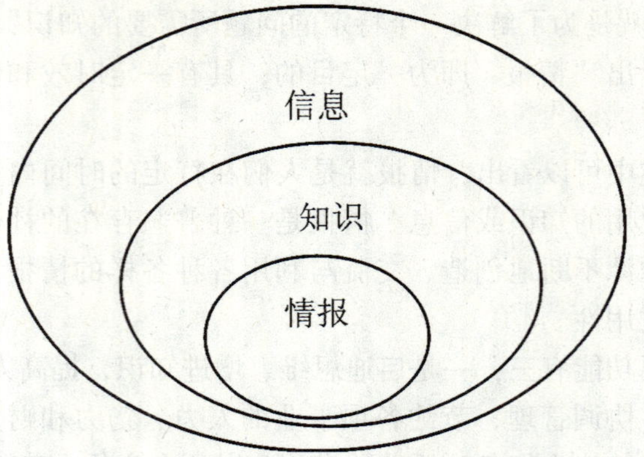

图1-1 信息、知识、情报三者关系图

二、社会科学文献信息的特点

社会科学的概念有广义和狭义之分。广义社会科学概念主要使用于我国，它包括自然科学以外的大部分学科，是相对于自然科学而言的。狭义的社会科学概念主要使用于西方国家，一般是将文、史、哲等学科看作人文科学，文、史、哲以外的诸如政治学、经济学、法学、社会学等学科统称社会科学。

需要指出的是，随着科学研究的深入发展，学科间交叉渗透的现象越来越复杂，社会科学文献和自然科学文献之间，没有不可逾越的鸿沟。社科文献的种类和类型繁多，数量庞大。仅就现存的10万种以上的古籍而言，其中绝大部分是社科文献，其中蕴藏着的知识信息极其丰富。与自然科学文献相比较，社会科学文献的特点是十分明显的。

1. 具有广泛的社会性

社会科学是以社会现象为研究对象的科学，社会科学的各个学科所研究的内容范围较广，人们的社会关系、政治经济形势、人类自身的发展过程、人们行为的心理活动以及直接反映人类生活的各种文学形式、艺术手法、语言现象等，都与人们日常生活密切相关，因此，社会科学文献来源于人们的社会实践，具有广泛的社会性。

2. 具有一定的阶级性和政治倾向性

社会科学的研究对象是由不同的阶级、阶层或利益集团以及它们之间的现实交往关系所构成的社会，作为研究主体的社会科学家本身隶属于特定的阶级、阶层或利益集团，所以，对于同一社会现象，往往由于受研究主体的社会地位、阶级关系、价值观念的制约而做出不同的判定和解释，很多研究成果甚至包含主观唯心的偏见以及伪科学的臆断。这就要求我们运用唯物主义的立场、观点和方法加以分析鉴别，去伪存真，剔除糟粕，吸取精华。此外，还要注意对文献信息的筛选，尽量选用有独创见解的、科学性较高的知识信息，舍弃那些人云亦云、琐屑而无意义的部分，不能无条件地兼收并蓄。

3. 具有明显的时代性

由于人类社会不同形态和不同阶段的特殊性以及研究主体的时代意识，致使记录一定社会现象的社会科学文献不可避免地留下时代特征。

4. 具有较强的地域性

不同区域、不同民族在社会制度、文化背景、心理习惯、价值观念等方面存在着差异，从而导致对社会科学成果的评价标准不同，对社科文献的选择接受很大程度上局限于本国和本民族。我们在检索与利用社会科学文献时，要注意其带有的地方色彩和民族特点。

5. 具有较长的效用性

相对于自然科学而言，社会科学文献的积累性和继承性较强。在社会科学领域，比较注重历史资料的积累，知识的老化率低，研究中不仅要了解新观点、新资料，还要充分利用前人已取得的成果，很多问题不能单纯依靠第二手材料，必须追溯其原始出处，查证核实，文献的有效使用期较长。如我国二三千年以前的先秦古文献，时至今日还在被使用。所以，在社会科学领域的研究中，要重视回溯性检索。

6. 具有分布的离散性

社会科学的综合性特征使得社科文献具有综合性特点，由此便造成社会科学文献分布的分散状况。某一学科的文献，不仅存在于本学科领域，而且分散于相邻学科领域中。从文献类型来看，图书、报刊等很难有明确的专业分工，专业文献还散布在相关专业的书刊中，往往是“你中有我，我中有你”，彼此融合在一起。针对社会科学文献如此复杂的情况，检索时要特别注意文献的完整性，既要查检本学科的文献，又要搜索相关学科的文献，尽可能详尽地占有资料，避免漏检。

第二节 信息素养基础

信息素养是人们投身信息社会的一个先决条件，是终身学习的一种基本要求，已成为现代人文化素养的一部分，信息素养的优与劣直接影响着人的全面发展。

一、信息素养概念的界定

信息素养（Information Literacy）的概念最早是由美国信息产业协会主席保罗·车可斯基（Paul Zurkowski）于1974年提出的，他把信息素养定义为

“人们在解决问题时利用信息的技术和技能”，其内涵包括对传统文化素养的延续和拓展，对信息源及信息工具的了解和运用，以及对信息筛选、检索、评估、组织、处理的技能等。1983 年，美国信息学家霍顿（Horton）提出，教育部门应开设信息素养课程，以提高人们对电子邮件、数据分析以及图书馆网络的使用能力。实际上，这已经把信息素养与计算机和网络联系了起来。1987 年，信息学专家帕特里亚·布里维克（Patrieia Breivik）将信息素养概括为一种了解提供信息的系统，并能鉴别信息的价值，选择获取信息的最佳渠道，掌握获取和存储信息的基本技能。1989 年，美国图书馆协会下属的“信息素养总统委员会”将信息素养定义为“要成为一个有信息素养的人，必须能够确定何时需要信息，并已具有检索、评估和有效使用所需信息的能力”。1992 年，道伊尔（Doyle C. S.）在《信息素养全美论坛的终结报告》中进一步将信息素养定义为：一个具有信息素养的人，他能够认识到精确和完整的信息是做出合理决策的基础，确定对信息的需求，形成基于信息需求的问题，确定潜在的信息源，制定成功的检索方案，从包括基于计算机的和其他信息源中获取信息、评价信息、组织信息并实际应用，将新信息与原有的知识体系进行融合，在运用批判的观点思考和解决问题的过程中使用信息。这个定义使信息素养的内涵具体化了。1998 年在全美图书馆协会和美国教育传播与技术协会的出版物《信息能力：创建学习的伙伴》中，从信息技术、独立学习和社会责任等方面更进一步扩展和丰富了信息素养的内涵和外延，并制定了学生学习的九大信息素养标准。

由上述可以看出，信息素养的确立和引起高度重视有一个历史演变的过程。这与信息重要性的凸现以及计算机的快速普及、网络的飞速发展和社会的日益信息化密切相关。我们认为信息素养是一种可以通过教育培育的，在信息社会中获得信息、利用信息、开发信息的修养与能力。它是一个综合性的概念，要成为一个有信息素养的人，不仅能有效地利用信息源，对信息进行批判性的思考，还能将有用信息融合成自己的知识体系，能主动鉴别各类信息，获取所需信息并加以评价和分析，并且具有开发和传播信息的能力。

信息素养作为一种素养，它是社会共同的判断，一个人的信息素养如何，不仅看他能不能熟练地使用信息系统，而且要看他能不能发挥信息系统对人类社会的积极作用。信息素养不是与生俱来的，而是后天培育而成的，像读、写、算等文化修养是通过教育获得的一样，信息素养必须通过自己的努力才能获得。

二、信息素养内容

一个现代人所具有的信息素养包括掌握信息系统的基本知识和运用信息

技术的能力。信息知识是信息素养中不可缺少的内容，它可以显示人们对于信息技术了解的程度。掌握信息知识是人们具有信息的意识、情感以及伦理道德的前提条件。但一个人仅仅拥有信息知识还不够，还要有获取信息、分析理解信息、加工处理信息和创新信息、利用信息的能力。

信息素养的内容包括以下诸要素：

- 获取信息的能力　能够根据自己的学习要求，主动地、有目的地去发现信息，并能通过各种媒体，如互联网、书籍、报纸、电视等，或者自己亲自调查、参观等，收集到所需要的信息。
- 分析信息的能力　能够将丰富的获取到的信息进行筛选鉴别，找出自己所需要的信息，判断其可信度，然后对认为真实有用的信息进行分类。
- 加工信息的能力　将不同渠道获取的同一类信息进行综合，结合自己原有的知识，重新整理、组织、存储，并能够简洁明了地传递给他人。
- 创新信息的能力　在信息加工时，通过归纳、综合、抽象、联想的思维活动，找出相关性、规律性的线索，或者能从表面现象分析出事物的根源，得出创新的信息。
- 利用信息的能力　利用所掌握的信息，使用信息技术或其他手段，分析、解决生活和学习中的各种实际问题。
- 协作意识和交流信息的能力　能够通过互联网等平台拓展自己的交流范围，面向世界、开阔视野，并能利用信息技术加强与他人的联系、协作。

三、信息素养的特点

信息素养是一种与组织、处理和利用信息相关的创造能力，也可以说是一种如何对信息进行转化的品质和能力。它不是指纯粹的个人品格修养，也不是单纯的信息技术概念，而是一种综合性的能力。对于信息时代的大学生而言，信息素养是其为适应社会的发展变化而应该具备的生存和发展的“博弈”本领，是促进其自身创新能力同社会的要求结合在一起的重要品质，是个人促进社会发展，社会促进个人进步的“转化机制”。这种“转化机制”不是自发形成的，只有通过学习和受教育才能实现。信息素养培养应该根据其特点，从信息处理和运用能力入手，培养“自我超越”的创新本领，从而实现信息向知识转化、知识向能力转化、能力向技术转化的不断飞跃。信息素养培养将成为当代社会的一种普遍的学习生活方式。

信息素养是一个多元化、综合性的概念，包含多方面的内容，因此，信息素养也具有多重特点：

1. 信息素养具有知识性

知识是信息素养的重要内容。知识性是一个承前启后的环节，要把无序的信息经过整理转化成为能够理解的有序的知识，还要把知识变为智能而作用于人类社会。知识对人的信息素养的影响取决于三个方面：一是知识的广度，二是知识的深度，三是对知识的运用能力。知识的广度能够提高对信息的敏感程度，有利于从纷繁杂乱的信息中建立有机的联系；深厚的知识功底能够提高对信息的筛选和跟踪能力，有利于从浩瀚的信息中采撷到真正有用的信息；运用知识能力能够提高对信息的改造能力，信息只有成为知识后，它的传播才会更加有效，才会更有利于知识的提升。

2. 信息素养具有技能性

技能性是人们在处理和运用信息时，在技术、方法和能力等方面所表现出来的素养。一般而言，人可以“意会”的知识要多于可以“言传”的知识，可以“言传”的知识又比可以“做出来”或者说技能化了的要多得多。隐性知识要转化为显性知识，以知识形态存在的科学技术要转化为现实生产能力，在这一系列的转化中，技能是必不可少的环节。技能性包括信息技术和信息方法两个基本方面。所谓信息技术，就是指对于计算机这一必要信息工具的硬件技术和软件技术的把握和运用。所谓信息方法，就是指把杂乱无章、良莠不齐的信息转变成为有序的、可以高效利用的信息的有效方法。

3. 信息素养具有创新性

创新是人类进步的动力，创新水平的高低是决定个人在市场经济社会中竞争力量大小的标尺。创新性是信息素养的生命活力。信息素养的创新需要萌生于现实生活之中，人生充满问题、欲望和反省，没有一项答案能让人满意而止步。现实生活的发展变化，总是不断改变着人们以往的生存方式和精神要求，同时要求人们通过发展自身去适应这样的变化。信息创新的基本特色包含三个方面：一是特定社会的取向，使之持有政治特色；二是特定区域的取向，使之存有文化特色；三是特定价值利益的取向，使之具有经济特色。而善于形成信息创新的个性特色恰恰是创新的力量所在。

4. 信息素养具有普及性

对于个人来说，在信息社会中信息素养属于公民的基本素养。生活在现代社会，人们的日常生活和工作学习都离不开信息技术，人们经常接触各种各样的信息系统，如选修课程、订购机票车票、查找资料、通信交流等，人们遇到问题也经常想到利用信息技术去寻求答案和帮助。

5. 信息素养具有操作性

操作性是人们在处理和运用信息时，在技术、诀窍、方法和能力等方面所表现出来的素养。信息素养的所有内容最终必然表现在人们利用信息技术、操作信息系统上。在评判一个人的信息素养时，实际操作能力的权值要比其他方面更高一些。也就是说，不是看如何说，而是看怎样做，那种只能够空泛地谈论信息技术和使用信息系统必要性的人，不能视为具有较高的信息素养。

四、信息素养的评价标准

信息素养已成为现代人文化素养的一部分，信息素养能力是信息社会影响人的全面发展的核心问题。因此，“信息素养”的概念已经成为现代教育的热门话题问题。以美国为代表的信息技术发达的国家对此做出了积极的反应并制定了相应的标准，现简单介绍如下：

1. 美国信息素养标准

美国在1998年制定了学生学习的九大信息素养标准，2000年1月18日，美国高等教育图书研究协会（ACRL）在召开的美国图书协会仲冬会议上审议并通过了“美国高等教育信息素养能力标准”（Information Literacy Competency Standards. for Higher Education）。

（1）学生学习的信息素养标准

美国图书馆学会（American Library Association）和美国教育传播与技术协会（Association for Educational Communication and Technology）提出的学生学习的信息素养（Information Literacy）标准（1998年）包括以下几个方面：

①信息技能（加工处理）方面。

标准一：高效、快捷地获取与存储信息。

标准二：审慎、恰当地评价信息。

标准三：准确、创造性地使用信息。

②独立学习方面。

标准四：对自己感兴趣的信息能够持续地跟踪追寻。

标准五：对于信息文化及其创造性的表述方式能够理解和重视。

标准六：在信息获取与知识形成方面追求卓越。

③社会责任方面。

标准七：主动为学习社区做贡献，认识信息对民主社会的重要性。

标准八：在处理信息与信息技术时，能采取合乎道德规范的行为。

标准九：有效地参与信息开发的团队活动。

（2）美国高等教育信息素养能力标准

该标准分为3个板块：标准、执行指标和效果。有五大标准22项执行指标和若干个子项目。

①具有信息素养的学生应能确定所需信息的性质和范围。

a. 能清晰详细地表达信息需求；

b. 能确定多种类型和格式的可能的信息源；

c. 考虑到获取信息的成本和效益；

d. 能重新评估所需信息的性质和范围。

②能有效地和高效地获取信息。

a. 能选择最适当的研究方法或信息检索手段获取信息；

b. 能构建和实施基于有效性的信息检索策略；

c. 能联机检索信息和亲自使用各种方法；

d. 能调整信息检索策略；

e. 能摘要、存档和管理信息和信息源。

③能批判地评估信息和信息源，将新的信息综合到现有的知识体系和价值观中。

a. 能综述所收集信息的主要思想和观点；

b. 能清晰明白地说明初始评价标准，并对信息和信息源进行评价；

c. 能综合主要思想和观点，完善新观念；

d. 能比较新旧知识的差异和联系，确定新信息新增含义和特征；

e. 能确定新知识是否对个人价值观产生影响，并逐步和解冲突；

f. 能通过与专家或他人谈论，验证对信息的理解和解释是否正确；

g. 能确定是否修正初始的观点。

④能独立或作为团队的一员高效地利用信息，实现一个明确的目标。

a. 能运用新旧信息计划或创建一个特别的成果或某项工作；

b. 能修正原先制定的工作程序；

c. 能高效地与他人沟通，实现目标。

⑤能理解信息使用的经济、法律和社会道德问题，及在伦理和法律上的可行性。

a. 能理解信息和信息技术上的伦理法律和社会经济问题；

b. 能依照相关的法律、法规、制度和礼仪使用信息；

c. 能对工作中使用的信息情况进行肯定和致谢。

综观《标准》全文可以看出，该标准的条文和各项评估指标具有很强的科学性和系统性，是实行信息素养教育和教育成果评价的完整的知识体系。信息素养教育表现出很强的过程贯穿于个人受教育过程的各个阶段，《标准》是制定各个阶段教育成果评价标准的依据。

2. 英国信息素养标准

英国 SCONUL（Society of College，National and University Libraries）国家和大学图书馆协会标准由英国 SCONU 特别工作组负责制定，内容为高等教育的信息技能意见书，包括与美国信息素养标准类同的 7 项指标。

3. 澳大利亚信息素养标准

自《美国高等教育中的信息素养能力标准》出台以来，在2000年10月27日至28日堪培拉会议上，澳大利亚大学图书馆员协会通过了修改《美国高等教育中的信息素养能力标准》作为澳大利亚的《信息素养标准》。该标准主要应用于高等教育中，也可适用于其他层次的教育。

（1）具有信息素养的学生能确定信息需求的性质和范围。

（2）具有信息素养的学生能有效、充分地存取所需的信息。

（3）具有信息素养的学生能批判地评估信息和信息源并把所选择的信息纳入自己的知识系统和价值系统。

（4）具有信息素养的学生能分类、存贮、利用和改写所收集到的信息或生成信息。

（5）具有信息素养的学生独自或作为团体中的一员，能结合以前的知识和新的理解来扩展、再组织或创造新的知识。

（6）具有信息素养的学生能通过使用信息理解文化的、法律的和社会问题，并遵守法律、伦理道德存取和使用信息。

（7）具有信息素养的学生能确认终身学习和履行公民职责与行使公民权利需要信息素养。

澳大利亚和美国的标准相差不大，澳大利亚制定的信息素养标准中增加了两个指标：

一是具有信息素养的人能够对收集与产生的信息进行分类、存贮、利用和改写；其二是能够认识到信息素养是终身学习和具有参与感的公民的必需。由此可见，该标准增加了对社会文化背景知识的重视，并强调将此融入到信息素养教育的内容和实施过程中。

4. 我国信息素养教育标准

为指导我国高等院校信息素养教育的实施和如何考核学生信息素养能力，我国专家认为，高等院校学生应具有的信息素养核心能力及其考核指标，主要包括以下七个方面的能力及考核指标：

能力一：识别信息需求，知道完整和准确的信息是制定明智决策的基础。

具备这一能力的考核指标包括：

（1）学生应能识别问题和表达信息需求；

（2）学生应能识别已知的和需要知道的信息之间的空白；

（3）学生应了解对于某一问题不一定只有一个正确的答案，并能找出各种答案间的差别；

（4）学生应能评估信息的质量和准确性，能筛选和确定用于解决问题的信息。

能力二：在信息需求的基础上系统地提出问题的能力的考核指标。

具备这一能力的考核指标包括：

（1）学生应能提出问题，说明信息需求的问题参数，确定信息需求的范围；

（2）学生能区分所需的关键性的重要问题，并在课题说明或假设基础上，知道如何系统地提出主要问题。

能力三：识别潜在信息源并制定成功检索策略的能力的考核指标。

具备这一能力的考核指标包括：

（1）学生应能识别来自各种资源的信息，并能从各种资源中查找信息；

（2）学生应能审查各种识别方法，以便识别出用于解决问题的恰当信息。

能力四：检索信息源能力的考核指标。

具备这一能力的考核指标包括：学生必须知道如何完成已确定的信息检索策略。

能力五：评价信息和信息源的能力的考核指标。

具备这一能力的考核指标包括：

（1）学生能对信息和信息源进行评价，识别反映不同观点的信息源；

（2）学生应掌握和应用评价信息的标准，如全面性、时间性、准确性、权威性和来源可靠性。

能力六：为实际应用组织信息，将信息整合到现有的知识体系中，并以最恰当的方法传递和交流知识的能力的考核指标。

具备这一能力的考核指标包括：

（1）学生能从复杂的资源中综合和整合信息，并且能通过把信息整合到个人知识体系中来验证新信息的全面性；

（2）学生能在一定程度上对提出的问题进行信息交流，并根据目的和读者确定提供信息的最有效形式；

（3）通过上述过程，学生应承认和尊重知识产权。

能力七：批判性地利用信息并解决问题的能力的考核指标。

具备这一能力的考核指标包括：

（1）学生应掌握有助于创造性解决问题的技能；

（2）学生应该能将学到的解决问题的能力转移到实际工作中，并为成为终身学习者奠定基础。

第三节　社会科学文献信息检索流程及基本类型

一、社会科学文献信息检索流程

检索是根据特定的需求，运用某种检索工具，按照一定的方法查找所需信息的过程。信息检索是指将信息按一定的方式组织和存储起来，并根据信息用户的需要揭示、查找、传递相关信息的过程和技术。它包括信息存贮和信息查询两部分内容。

信息存贮，是指对大量的原始文献信息进行收集、归类，根据一定的目的、要求，加工整理成综合性的或专业性的检索工具，组成一个检索系统。换言之，信息存贮，就是将无序的文献信息源，组织成一个有条不紊的文献信息集合体的过程。

信息查询，是根据特定的要求，利用一定的检索工具和检索手段，把所需要的文献信息从检索系统中迅速、准确地查找出来的过程。

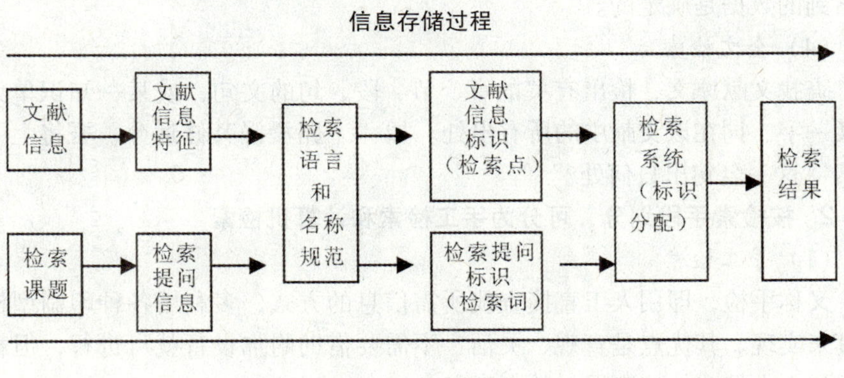

图 1－2　信息检索流程

信息存贮是文献信息检索的基础与前提，文献信息检索是信息存贮的逆过程。人们通常所说的文献信息检索，仅指这个查寻系统中的后一部分内容，即从一个文献集合体中，查找出所需文献或文献线索的活动。

社会科学文献信息检索，就是从社会科学及其相关学科的文献信息集合体中，查找出所需文献信息或文献信息线索的活动。

二、社会科学文献信息检索的基本类型

从不同的角度出发，根据不同的标准，信息检索可以分为多种类型。

1. 按照检索内容，可分为书目检索、事实检索、数据检索和全文检索

(1) 书目检索

也称目录检索，利用书目、索引、文摘等检索工具，查找相关的文献线索（文献的标题、作者、内容提要、出版者、出版时间、收藏者等等），以进一步查找原文。如："近年来国内外有关科学发展观的专著和论文有哪些"等问题。

(2) 事实检索

查找具体的事实，获得某一问题的具体答案，如事件经过、人物生平，乃至词语的解释等。如"四川5.12汶川地震发生的经过"、"古汉语中的弱冠是什么意思"、"第27届奥运会是在哪个国家、什么时候举行的"等。

(3) 数据检索

查找科学技术数据、统计资料等。数据检索不仅能查出数据，而且能提供一定的运算、推导能力。用户获得各种经过整理、计算过的量化信息，从而为定量分析提供依据。如：查找"某日各大股市股票和黄金市场升跌指数"、"2007年中国经济发展状况"、"佳能数码相机的型号与性能参数"等，检索到的数据是确定的。

(4) 全文检索

查找文献原文，检出有关的章、节、段、句的文句，或某一知识单元乃至某一字、词在该文献中的所有出处。如"'路漫漫其修远兮，吾将上下而求索'这一名句出自何处？"等。

2. 按检索手段划分，可分为手工检索和计算机检索

(1) 手工检索

又称手检，即用人工直接查找所需信息的方式，多利用各种印刷型检索工具来实现。其优点是直观、灵活，不需要借助附加设备就可进行，但耗费时间与人力较多，速度慢，效率不高。

(2) 计算机检索

又称机检，是指用户利用电子计算机存贮与查找文献资料的工作过程。它是将大量的文献资料或数据进行加工整理，按一定格式存贮在机读载体上，建成机读数据库，利用计算机对数据库进行检索的信息检索方式。与手工检索相比，计算机检索具有速度快，节省人力与时间，不受时空限制，检索点多，检索结果输出方式多样等优点。计算机检索经历了脱机批处理、联机检索、光盘检索、网络信息检索几个阶段。

①联机检索　联机检索是指用户利用检索终端，通过通信线路或通信网络与检索系统的主机连接，进行"人—机对话"，在中央处理机控制下查询异地计算机上的信息资源。如Dialog联机检索。联机检索具有内容丰富，实

时性好，检索迅速，使用方便，检索途径多，安全性强，查全率和查准率高等优点，但检索费用较高，检索利用率低。

②光盘检索　光盘检索是利用微机和光盘驱动器，对光盘数据库进行文献信息检索的一种典型的脱机检索（对计算机系统外存设备中的信息资源进行的检索也是脱机检索，如对附书的光盘、磁盘、磁带的利用，又称为单机信息检索）。

光盘检索系统是利用光盘驱动器、光盘数据库及其检索软件，结合计算机建立起来的信息检索系统。它具有检索功能较强，结果输出灵活，节约时间，价格低廉、容易掌握等优点，但时效性不够，信息量不大（与联机检索相比），光盘长期保存不易。

③网络检索　网络信息检索的用户通过网络接口软件，可在任一终端查询、共享远程异地主机上的信息资源，所以网络检索也是一种广义的联机检索。其检索速度快，效率高，交互性强，实时性好，输出方式灵活多样，不受时空限制。

文献检索的基本要求是**全面**、**准确**、**快速**。全面，是指尽可能全面地查找到与研究课题相关的文献资料；准确，是指针对课题的需要，查找范围不要过大或过小，对于查到的资料还要进行适当的鉴别考证；快速，是指从众多的文献中迅速地查到所需资料，为提高检索速度，不仅要熟悉检索工具，还要具备必要的文献知识和检索技能。根据实际情况，灵活地使用不同的检索工具，运用不同的检索手段和方法，才能达到全面、准确和快速的要求。

第四节　社会科学文献信息检索的意义与作用

随着信息环境的不断改变，社会竞争日趋激烈，人们的信息需求也日渐提高，要想在现代社会中生存，人们就必须不断提高自己的综合信息组织与获取能力，养成终身学习的技能，努力使自己适应社会发展的需要。

有些大学生可能认为自己可以熟练地使用网络搜索引擎查找各种资料，所以认为没有必要或者不愿意再“浪费”时间来系统学习文献信息检索的方法，这种认识是模糊的。且不说有大量的社会科学文献资料没有数字化，我们无法在网上获取，必须通过传统的手工检索来查找；即便对于那些已经数字化的文献资料，面对浩瀚的信息海洋，要想尽快地准确查找到自己所需的资料也非易事。我们在利用网络搜索引擎（如 google、百度等）查找资料的时候都有这样的经历：当我们在检索框里输入一个检索词的时候，网络搜索引擎反馈给我们的检索结果是相当多的，其中往往会包括大量的商业信息。要找到对自己有用的相关资料，我们还必须花费大量的时间在庞杂的检索结果中仔细寻找，很多情况下，我们即使花费了很多时间对检索结果进行过滤，也还是找不到自己需要的信息。因为网络搜索引擎并不能搜索到互联网上的所有信息，特别是一些重要的学术信息。一些“孤岛网页”或者“网络上的隐性信息”也很难通过普通的检索方法得到。因此，要迅速、准确地从信息海洋中获取自己所需的文献资料，节省时间，少走弯路，就必须掌握文献信息检索的技能，提高自己的信息素养。

信息时代，我们的学习、工作和科学研究都离不开文献信息的检索与利用，文献信息检索具有以下几个方面的意义和作用：

一、开发利用知识，推动社会进步

人类社会的进步和发展离不开知识。历代流传下来并还在不断增长中的文献，是人类智慧的结晶，是一个巨大的知识宝库。正如柏林图书馆大门上所镌刻的：“这里是人类知识的宝库，如果你掌握了它的钥匙，这里的全部知识就是你的。”文献信息检索就是一把开启知识宝库的钥匙，掌握并有效地运用它，便能获得和利用人类已有的精神财富，进行开发利用，转化为社会物质财富，并创造出更多的精神财富，推动社会的进步与发展。

二、继承前人成果，避免重复研究

科学发展的历程表明，科学研究具有连续性和继承性的特点。任何一个科学工作者，从事任何一项科学研究工作，都必须在前人已取得成就的基础上进行再创造。牛顿曾说“假如我比别人看得远一点，那是因为我站在巨人肩膀上”。马克思说过“科学劳动是社会的一般劳动，这种劳动部分地以今人的协作为条件，部分地又以对前人劳动的利用为条件”。如何实现“对前人劳动的利用”，最重要的就是查阅有关的文献资料。通过文献信息检索，我们不仅可以了解前人的研究情况，还可以了解当今最新的理论、手段和研究方法，从过去和现在的有关研究成果中受到启发，少走弯路。如国内就曾有一科研单位花了数年时间进行某项研究，投入了大量的人力和物力，还是没有成果。某日一位工作人员通过文献检索，发现他们研究的问题国外早就有了研究成果，结果只花了几十分钟的时间就解决了问题。

三、促进自我教育，提升创新能力

在信息迅猛增长的知识经济时代，每个人都不可能在学校教育中掌握终身需要的全部知识。有统计表明，大学阶段只能获得一小部分知识，人类应用的知识还有很大部分正在被创造出来，有很多的知识要在今后的学习和工作、生活中获取。面对信息洪流，只有具备良好信息素养的人才能够有效地分析、加工、评述、检索和利用文献信息，学习、补充、更新知识，并进行创新。如我国著名科学家竺可桢，利用《诗经》、《尚书》、《汉书》、《说文解字》等我国古代典籍，摘编整理其中的一些资料，并把这些材料建立联系，撰写并发表了《中国近五千年来气候变迁的初步研究》一文①，成为古今气候变迁研究的扛鼎之作，并据此创立了物候学。

“授人以鱼，不如授人以渔。”文献信息检索能力正是培养自学能力和创造能力的重要手段之一，它可以促进人们自主学习，提高科学研究能力和创新能力。

① 《考古学报》1972 年第 1 期

第二章　文献信息检索原理

信息检索的目的是获得所需信息。要想将海量而杂乱的信息进行有效控制、整序并快速而准确地检索出来，必须遵循一定的科学原理，按照一定的科学方法对信息进行整理、加工。

第一节　社会科学文献信息源

社会科学文献信息源是指通过记录社会科学知识的一切载体而获得信息的来源，是人们获得社科知识信息的最基本最主要的来源。其特点是信息量大，有一定的稳定性，易于组织、管理和检索。其类型繁多，可从不同的层面、不同属性、不同角度来划分。熟悉社科文献信息的各种类型，掌握其功能特色，对使用、查找各类社会科学文献很有裨益。

一、按照文献载体类型划分

按照文献载体类型，社会科学文献信息可分为印刷型、缩微型、机读型、视听型四种。

1. 印刷型

指以纸张为媒体，以手写、石印、油印、胶印、铅印、影印等为手段记录信息和知识而形成的文献形式。便于携带，阅读方便，易交流，可反复利用，但存贮密度低，入藏需占据较大空间。

2. 缩微型

即缩微复制品，它以感光材料为媒体，利用摄影技术将手写或印刷型文献缩摄而形成的文献形式，包括缩微胶卷、缩微平片、缩微卡片等。体积小，存贮密度高，成本低廉，便于收藏、保存和传递，能安全储存资料。但需借助专门的阅读机或其它辅助设备才能阅读，难于普及。

3. 机读型

指以磁性材料为载体，通过编码和程序设计，由计算机输入和输出的文献信息。包括穿孔卡片、磁鼓、磁带、磁盘、软盘和光盘。具有存贮密度高，查找迅速方便的特点。

4. 视听型

指以电磁材料为载体，借助特殊的机械装置，将声音和图象记录下来的一种动态型文献，如唱片、录音带、幻灯片、电影片、录像片等。具有声情并茂、形象逼真、直观性强、动静交替等优点。

二、按照文献加工处理程度划分

按照文献加工处理的程度，社会科学文献信息可分为零次文献、一次文献、二次文献、三次文献四类。

1. 零次文献

指未经正式发表或尚未形成正规载体的一种文献形式，如书信、手稿、笔记等。其特点是信息来源真实，内容新颖，但获取难度较大。

2. 一次文献

也称原始文献，是作者在科学研究、教学和生产实践中以自己的研究成果为依据，创作而成的文献。如专著、报刊论文、会议文献、研究报告、学位论文等，都属一次文献，具有创造性的特点，有较高的理论价值和使用价值，但数量大，存储分散。

3. 二次文献

也称检索性文献，是根据实际需要，按照一定的科学方法，将特定范围内的分散的一次文献进行加工整理而形成的文献。它能较为全面系统地反映某学科某专业文献的线索，是检索一次文献的工具。主要包括书目、索引、文摘等，具有报导性、检索性、汇编性和简明性的特点。

4. 三次文献

也称参考性文献，指通过二次文献提供的线索，选用一次文献内容，进行分析综合后而编写的文献。如动态综述、进展报告、专题述评、百科全书、年鉴、手册等。三次文献源于一次文献，又高于一次文献，是一种再创性文献，对学术研究具有很大的指导和参考作用，具有综合性、浓缩性、参考性的特点。

文献信息经过一、二、三次的等级结构加工，使分散繁多的一次文献由博而约、由分散到集中，由无组织到系统化。这不仅有利于文献本身的管理和流通，同时也使社科信息的获取变得有章可循，有径可问。不过，各级次文献间并不是截然对立的，随着学科知识交叉渗透，高度综合，信息交流与日俱增，各级次文献信息日益显示出相互交叉、互相渗透的发展趋势。在检索利用文献时，既要从三级划分的角度去充分认识各级文献在读书治学中的作用，但又不可十分拘泥。只有这样，才能准确、全面地利用各种文献。

三、按照文献出版形式划分

按照文献出版形式，社会科学文献信息可分为图书、期刊、报纸、会议文献、政府出版物、学位论文、档案、标准、专利文献、产品样本等十大类型。

1. 图书（Book）

图书是社科文献信息源中历史最长、种类最多、数量最多的一种文献形式。根据联合国教科文组织的规定，49 页以上装订成册的印刷品称为图书，5－48 页的称为小册子，4 页以下的称为零散资料。图书的特征是主题突出，论述完整，内容成熟，但出版周期较长，一般不反映最新的知识信息。按其出版形式的不同，可分为：单卷书、多卷书和丛书；按其用途可分为：专著、教科书、教学参考书及工具书等。正式出版的图书均有国际标准书号 ISBN（International Standard Book Numbers），由 10 位数字分为四个部分组成，依次是组号（地区、语种）、出版者号、书名号和计算机校验位，每个部分之间用“－”隔开。例如：ISBN7－5326－0574－4，第一部分“7”表示中国，第二部分“5326”是上海辞书出版社的代号，第三部分“0574”表示该出版社出版的《辞海》一书，第四部分“4”表示计算机校验位。

社会科学图书的使用“寿命”较长，许多对社会科学做出贡献的、有重大理论意义的著作多以巨著或专著的形式问世，有些重要的专著或巨著在几十年、上百年甚至上千年内都有提供知识的价值。因此，必须高度重视社会科学图书的价值和作用。

2. 期刊（Periodicals，Journal，Magazine）

又称杂志，指具有一个稳定的总名，有一定的卷期或年月标志，定期或不定期连续出版的文献形式。具有出版周期短、时间性强、反映新成果及时、内容新、信息量大等特点。期刊按出版频率可分为半周刊、周刊、旬刊、半月刊、月刊、双月刊、季刊等；按其反映的内容可分为学术性期刊、政论性期刊、通俗性期刊、文艺性期刊、检索性期刊等。

期刊的外表特征有期刊名、出版者、出版地、出版日期、期卷、期号、ISSN 号（国际标准刊号）、CN（国内统一刊号）、邮发代号、价格等。ISSN 号（International Series Standard Number）由 8 位数字分两段组成，如 1005－1805，前 7 位是期刊代号，后一位是校验位。国内公开期刊有统一刊号（CN）＋国内标准出版物编号组成，国内标准出版物编号由地区号、报刊登记号和中图分类号组成，如 CN62－1118/Z（读者），地区号按 GB2260－82 取前 2 位形成。国内内部刊物有准印证号。

据报导，在科学家和专家们利用的全部知识信息中，由期刊提供的约占

70%左右，期刊是获取社科知识信息的一个重要来源，尤其是学术期刊中的核心期刊更是我们了解学科发展最新动向和社科研究最新成果的重要信息源。

3. 报纸（Paper，Newspaper）

一种专门刊载新闻和评论为主的定期出版物，有日报、双日报、周报、旬报等多种。报纸具有出版周期短，时效性强，信息量大，政策性强的特点，已成为社会科学研究人员不可忽视的一种重要信息来源。

4. 会议文献（Conference Literature）

会议文献是指在国内外各种学术会议产生的文献，包括会前文献（会议论文预印本、会议议程和通报）、会中文献（会议中宣读或书面交流的论文、报告）、会后文献（会议录等）。由于学术会议都是围绕着某一学科或者专业领域的新成就和新课题来进行交流、探讨，因此，会议文献的学术性很强，代表了一门学科或专业领域最新的研究成果，尤其是国际性会议或全国性会议的论文可不同程度地反映某一学科在相应范围内的学术水平、发展趋势和研究的进展情况。

5. 政府出版物（Government Publications）

政府出版物是指国际组织和各国政府部门及其所属机构出版的文件，如政府公报、会议记录、法令汇编、条约集、公告、专题报告、调查报告等，是一个非常庞大的信息集合。所涉及的内容范围广泛，几乎涉及整个知识领域。但重点在政治、经济、法律、军事、制度等方面。它反映政府机构的活动，反映官方的意志和观点，且大部分产生于政府及组织机构的工作过程中，包含大量原始的资料或数据，具有正式性、权威性和准确性等特点，对于了解各国政治、经济和研究各国科学技术发展状况具有独特的参考价值。

6. 学位论文（Dissertation）

学位论文是指高等院校和科研机构的学生为获得某种学位而撰写的学术性研究论文。一般分为学士论文、硕士论文、博士论文。学位论文是经过审查的、具有一定独创性的科学研究成果，能够解决具有相当科学意义的某个特定的科学问题或是对某一问题做出理论性的概括，具有独创、新颖、论题前沿、研究深入等特点，是一种重要的原始研究成果，对科研工作有较大的参考作用和较高的利用价值。

各国学位论文，除少数在期刊上刊载公开发表外，多数是非卖品，一般不出版发行，除在本单位被收藏外，还在国家指定单位专门进行收藏。我国国内收藏硕士论文、博士学位论文的指定单位是中国科学技术信息研究所和国家图书馆。

7. 专利文献（Patent literature）

专利文献主要指实行专利制度国家出版的专利说明书及其相关文献，是一种集技术性、法律性和经济性于一体的重要信息源。检索和利用专利文献可以获得有关先进技术的发明及应用的最新成果，可以比较各国、各公司的技术、设备先进程度，可以分析各国技术动向、产品动向和市场动向。

我国根据发明创造的性质，将专利分为发明专利、实用新型专利和外观设计专利三种类型。

发明是指对产品、方法改进所提出的新的技术方案。发明专利是指专利法保护的发明，发明专利的保护期限为20年。

实用新型专利是指对产品的形状、构造或其结合所提出的适于实用的新的技术方案，实用新型专利的保护期限为10年。

外观设计专利是指对产品的形状、图案或者其结合以及色彩与形状、图案的结合所作出的既富有美感又适用于工业应用的新型设计，外观设计专利的保护期限为10年。

8. 标准文献（Standard Literature）

标准是一种法定性质的文件，是记录技术标准、管理标准和其他具有标准性质的文件的文献形式。它以科学技术和实践经验的综合成果为基础，经有关方面协商一致，由主管机构批准，以特定形式发布，作为共同遵守的准则和依据。

从世界范围看，标准分为国际标准、区域性标准、国家标准、行业标准、地方标准和企业标准。国际标准，指国际间通用的标准，如ISO（国际标准）、IEC（国际电工标准）等。我国目前将标准分为国家标准、行业标准、地方标准和企业标准四级。自标准实施之日起至标准复审重新确认、修订或废止的时间，称为标准的有效期，又称标龄。各国的标准有效期并不相同，我国国家标准有效期一般为5年。

就社会科学研究来说，标准和具有标准性质的出版物很多，如规程、规则、条例、章程等，在实际工作中有着广泛的用途，对社会科学领域的各项工作统一化、制度化、科学化具有重要的作用。

9. 档案文献（Archives）

档案是国家机构、社会组织以及个人从事社会各种活动所形成的具有保存价值的各种文字、图表、声像等不同形式的历史记录。

按档案管理的对象可分为文书档案、人事档案、会计档案、科技档案、产品档案等。它是人类社会实践活动中自然形成的第一手参考材料，是社会历史的真实记录，具有重要的凭证作用。

10. 产品样本（Product Samples）

产品样本是国内外生产厂商或经销商为推销产品而印发的企业出版物，是用来介绍产品的情况，以产品目录、单项产品样本、产品说明书、企业介绍等多种形式对外宣传，直观性强，技术成熟，数据详实。既反映了企业的技术水平和生产动态，又促进了新产品、新工艺的推广应用。

第二节 文献信息检索途径、方法和技术

掌握文献信息检索的途径、方法和技术，可以帮助我们快速、有效地在信息海洋里获取所需要的有用信息。

一、文献信息检索途径

检索途径是由提取信息源的外部与内部特征形成的，又称为检索点或检索入口，主要依据文献的外表特征和内容特征来确定。文献的外表特征表现为：文献题名、责任者、序号、出版者、出版地等；内容特征表现为文献的内容、主题等。

1. 题名途径

又称书名途径。题名是表达、象征、隐喻文献内容及特征的词或短语，是文献的标题或名称，主要包括图书书名、报刊刊名、文章标题等。文献题名有正题名、副题名和辅助题名。题名途径即根据文献题名查找文献的途径。

在已知文献题名的情况下，通过这一途径进行检索，可以较快速准确地获得所需文献。利用题名途径检索，常见的检索工具有各种书名目录、刊名目录和篇名索引等。在检索过程中，一要注意“同书异名”和“异书同名”的现象；二要注意隐喻或象征性的文献题名的检索，防止漏检误检。

2. 责任者途径

责任者是指对文献内容负责或做出贡献的个人或团体，包括著者、编者、译者。责任者途径是以文献著者、编者、译者的姓名或机关团体名称作为检索标识，利用著者索引或机构名称索引查找文献的途径，又称著者途径。

通过这一途径，可将著者分散在不同学科、不同主题范围的著述全部检索出来，这是其他检索途径难以取代的独特功能。利用这一途径，可以系统研究某一方面的著者或某一作家的作品、某一学者的学术思想。在检索中要注意区分同名同姓不同人的情况。

3. 序号途径

指按已知的文献资料特有的号码特征来查找文献信息的途径。如图书的国际标准书号、期刊的国际标准刊号、专利说明书的专利号等，书目数据库中的文献记录有登录号，手工检索工具中的索引条目也有题录号或文摘号。序号途径使用的工具主要是号码索引，具有明确、简短、唯一等特点，但是必须事先知道文献的序号。

4. 分类途径

指按文献内容的学科分类体系查找文献的途径。这是人们常用的检索途径之一，从我国古代的重要文史哲工具书到现在的各种检索工具和数据库，也大都采取分类方法进行编排。它能将学科内容、性质相同的文献集中于同一类目下，体现学科的系统性和事物的关联性，满足人们从文献的族性角度进行检索的要求。

利用分类途径时，要注意不同的分类法有不同的检索语言，还需要了解学科体系和事物之间的关系。

5. 主题途径

主题是文献所表达的中心思想，所讨论的基本问题或对象。主题途径是指以代表文献主题内容实质的主题词作为检索标识，常见的主题词有标题词、单元词、叙词和关键词，前三种为规范化词语，后一种为未规范化词语。

主题途径以文献内容特征为检索线索，打破传统的以学科分类的框架，将不同学科中有关课题的文献集中到一起，表达概念准确、灵活，易于查找新兴学科和交叉学科文献，利于满足特性检索需要。这是目前编制检索工具时最重要的并有广阔发展前景的方法。

上述五种途径是文献信息检索的基本途径。此外，还有地名途径、时序途径、引文途径等。它们各有所长，也各有局限，在实际检索中，要根据特定课题的实际情况、对检索要求的分析以及所选用的检索工具的特点来确定。

二、文献信息检索方法

在检索途径确定后，需针对课题的具体内容和要求，选择正确的检索方法进行检索。检索方法是指利用检索工具，依照一定的顺序，从不同的方面入手查找研究课题所需要的文献及其线索的过程。

选择科学的检索方法，有助于快速、准确、全面地获取满足课题需要的文献资料。社科文献信息检索的常用方法有：

1. 直查法

直查法是从与本检索课题有关的书刊中直接检索文献的一种方法。适合于检索课题单一，文献集中，对所检索的书刊又比较了解的情况下使用的一种检索方法。如检索课题有多个主题，文献离散度较大则不适合用此法。直查法的优点是能够明确判断文献所包含的信息是否需要，缺点是难以获得全面的文献，且费时费力，有一定局限性。

2. 常用法

又称工具法或普通法，是目前最常用的直接利用检索工具查找文献的方法。常用法可分倒查法、顺查法和抽查法三种方法。

（1）倒查法 又称逆查法，是按照检索课题的要求，从课题的现状开始，沿着时间线索，由近及远，逆时间顺序回溯查找文献的方法。此法多用于了解一些新课题，或某一学科发展现状，查找时以最近发表的文献为起点，逐渐往前查找，求新不求全，不必逐年查到，只要获得了所需文献资料就可停止。此法省时省力，效率高，但容易漏检。

（2）顺查法 按照检索课题的时间范围，从远及近，顺时查找的方法。它是一种追根寻源的方法，适用于一定时期、一定范围内的理论性和学术性的专题文献资料，特别是史实性的研究课题，多采用此法。查找时以课题研究的起始时间为起点，从旧到新顺序查检。此法漏检率低，检准率、检全率高，但费时耗力，检索效率不很高。

（3）抽查法 按照检索课题的需求，针对学科发展的特点，在该学科发展兴旺、文献发表较多的年代中抽取一段时间（几年或几十年）逐年检索文献资料的方法。用这种方法能获得一批具有代表性、反映学科发展水平的文献，具有花费时间较少，检索效率较高的优点，但必须熟悉学科发展的特点。

3. 追溯法

又称扩展法、追踪法。是一种与直接法相对应的检索方法。它是利用已知文献的某种指引，进行追踪，不断扩展，从而查检到所需文献资料的方法。此法一般是在没有适用的检索工具或文献线索很少的情况下使用。它以文献后所附的参考文献、有关注释等为线索，逐一扩检原始文献，再从原始文献后的参考文献中进一步扩检，如此反复地向前追溯检索，从而获取大量有关的文献资料，就象滚雪球那样，随着雪球的滚动，所获得的文献就越多。因此，这一方法适用于开创性课题以及对学科内容性质不好判断的文献进行检索。在没有检索工具或检索工具不全的情况下，用此法可能借助原文追查到一些相关文献，且检索结果较为准确，可以比较容易地选择、利用他人掌握的文献资料，缺点是所得文献资料不够全面，容易出现误检、漏检。

用此法检索文献，最好利用与研究课题相关的专著或综述，因为它们所附的参考资料大都多且精。

4. 综合法

综合法又称分段法、循环法、交替法，是将直查法、常用法和追溯法结合起来使用的一种检索方法。根据课题特点和需要，在查找文献信息时，既利用检索工具进行顺查或倒查，以利用文献附录的参考文献目录进行追溯查检，同时利用直查法查找文献相对集中的书刊，多种方法分期分段交替使用，循环不已，直到满足检索需求为止。此法兼有直查法、常用法和追溯法的优点，检索效率较高，可避免因检索工具缺乏，文献线索较少而造成的漏检。

对重大、复杂的检索课题，只有使用综合法才能查到所需要的全部文献资料。

如，查找一个重大历史事件的文献。由于该事件的内容是多方面的，有前因后果、发展阶段、人时地物、意义评价等等；所利用的检索工具的种类也是多种多样的，有检索性的、资料类的等等。这时就需要综合使用各种检索方法，即用直查法查到其概括的文献，用追溯法查到补充的文献，用顺查法查到其发展阶段的文献，用倒查法查到其最新文献等等。

三、文献信息检索技术

信息检索技术，是指利用现代信息检索系统检索信息而采用的相关技术。常用技术有布尔逻辑检索技术、截词检索技术、位置检索技术、限制检索技术、全文检索技术、加权检索技术与多媒体检索技术等。

1. 布尔检索（Boolean Search）

利用布尔逻辑算符进行检索词或代码的逻辑组配，用以表达用户的检索需求，是现代信息检索中最常用的一种方法。

常用的布尔逻辑组配运算符有：逻辑与“AND”（常用符号＊表示）、逻辑或“OR”（常用符号＋表示）、逻辑非“NOT”（常用符号“－”表示）。

（1）逻辑与　逻辑与运算的作用是限定检索结果，缩小检索范围，增强检索的专指度，提高信息的查准率。

逻辑表达式：“A　AND　B”或写成“A＊B”

检索语义：被检索的文献记录中同时含有A和B两个概念。

（2）逻辑或　用于并列关系的一组组配，可以扩大检索范围，提高信息的查全率。

逻辑表达式：“A　OR　B”或写成“A＋B”

检索语义：被检索的文献记录中含有A或含有B，以及A、B概念都包含。

（3）逻辑非　用于排除含有不需要概念的信息，可缩小所检索信息的范围。

逻辑表达式：“A　NOT　B”或写成“A－B”

检索语义：被检索的文献记录中含有A而不含有B概念。

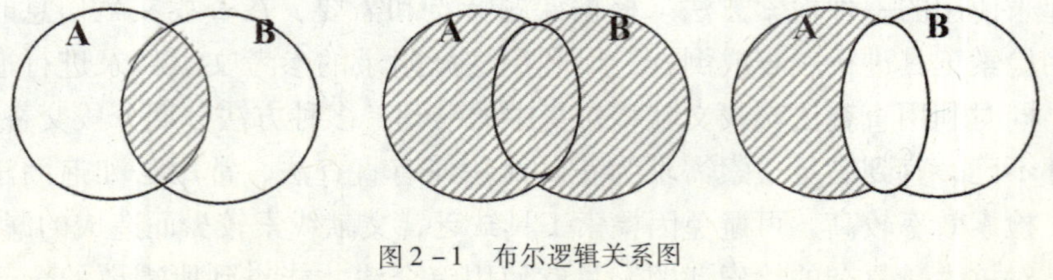

图2－1　布尔逻辑关系图

2. 加权检索

在检索提问中，根据每个检索词在检索需求中的重要程度，分别给予一定的数值加以区别，即赋权，这个数值称权值。在检索中，由系统先查找存在这些检索词的文献，并计算它们的权值总和，然后，检索者给定一个阈值（Threshold），当存在这些检索词的文献的权值之和大于或等于该阈值时，即被确认为命中文献。加权检索的侧重点是对检索出的文献与需求的相关度作出评判，检索结果按切题顺序排列，对提高文献的查全率和查准率有一定的作用，但使用不及逻辑表达式广泛，不是所有信息系统都提供的检索技术。

加权技术有词加权技术和词频加权技术。前者由用户在提问式中给定权值，需要人工干预；而后者的权值由词在文献中出现的频率决定，由系统自动赋值，不需要人工干预。

3. 截词检索技术

截词检索就是用截断的词的一个局部进行的检索，是检索词与数据库所存储的信息字符的部分一致性匹配检索，又称部分一致检索。在西文检索中使用更广泛，可以一次性地解决词干相同的词、英美不同拼法的词的检索。截词检索按截断的位置划分，有后截断、前截断、中截断；按截断的字符数量来分，有有限截断和无限截断。截词检索可以扩大检索范围，狭义的截词检索对象为单词、词组，广义的截词检索的对象已发展到文献题名、文摘甚至全文。

不同的系统所使用的截词符不尽相同，常用的有“?”、“*”等。

（1）后截断　将截词符号放在字符串右方，保持词的前方一致。

如：legislat?—legislate，legislation，legislator，legislative

立法，法规，立法者，立法机关

（2）前截断　将截词符号放在字符串左方，保持词的后方一致。

如：“?英语考试”——四级英语考试、六级英语考试、研究生英语考试

（3）中截断　将截词符号放在字符串中间，保持词的前后一致。英语系统中主要用来解决英、美单词的拼写不同，以及词的单复数问题。

如：ali?ment　检索出　alignment　alinement

中国?银行——中国工商银行、中国建设银行、中国农业银行等

（4）前后截断　将截词符号放在字符串的前后，保持词的中间一致。其结果可使检索信息的范围更广。

如:?信息?——军事信息，信息伦理，经济信息检索等等

有限截断和无限截断的区别在于对被截断部分的字符数据是否限制，有限截断的一个截词符只代表一个字符；无限截断一个截词符可以代表多个

字符。

4. 限制检索

也称字段检索，为缩小命中文献的数量，将检索范围限定在某个字段或某个范围中。如将检索词限制在标题字段，这样，检索面要比在全文字段的范围小很多，而且命中的文献可能符合度更高。在不同的检索系统中，限制符的表达形式和使用规则有所不同，一般来说，常用的字段限定代码有：标题（TI，title）、作者（AU，author）、主题词（SU，subject）、年代（PY，publication year）等。

5. 位置检索技术

位置检索也称邻近检索，可以反映出两个检索词在文献中的邻近关系。不同的检索系统可能会采用不同的位置算符，目前常用的有“（W）”、“（nW）”和“（N）”“（nN）”。

（W）表示连接的两个检索词（或短语）相邻，并且先后顺序不能颠倒。检索式可表达为：A（W）B。

（nW）表示连接的两个检索词（或短语）之间最多可插入n个词（中文方式下表示n个字），而且先后顺序不能颠倒。检索式可表达为：A（nW）B。

（N）表示连接的两个检索词（或短语）相邻，先后顺序可以颠倒。检索式可表达为：A（N）B。

（nN）表示连接的两个检索词（或短语）之间最多可插入n个词（中文方式下表示n个字），先后顺序可以颠倒。检索式可表达为：A（nN）B。

6. 全文检索技术

全文检索就是以各类数据诸如文字、声音、图像等为主要处理对象，根据数据资料的内容，而不是外部特征来实现的信息检索技术。它不同于传统数据库的字段检索，全文检索技术采用特别的索引技术，将相关的文献信息，经过索引产生器的浏览建立起索引数据库，当用户进行检索时，系统通过使用者输入的关键词，迅速地从索引数据库中找到用户需要的信息，并且将相关索引显示出来，供用户选择和浏览全文。与其它检索技术相比，它可以使用原文中任何一个有实际意义的词作为检索入口，而且得到的检索结果是源文献而不是信息线索。

全文检索技术的显著特点就是提供对海量数据的管理和快速查询。网络搜索引擎就是以全文检索技术作为核心支撑技术，是全文检索技术最主要的一个应用。

7. 多媒体检索技术

随着多媒体技术的迅速发展，基于内容的多媒体检索技术也随之发展起来。多媒体检索技术是对多媒体信息专有的检索技术，它突破传统的基于文本描述和检索的局限，直接对图像、视频、音频内容进行分析，利用媒体对象的语义、媒体的视觉和听觉特征来进行检索。也就是依据图像中的颜色、纹理、形状，视频中的镜头、场景、镜头的运动，声音中的音调、响度、音色等内容特征建立索引并进行检索。它融合了模式识别、计算机视觉、图像理解等技术，是多种技术的合成。

基于内容的多媒体检索技术具有与传统文本检索不同的特征，它摒弃了传统的精确匹配，实施的是一种相似性检索，采用近似匹配或局部匹配的方法和技术逐步求精，来获得查询和检索结果。它直接对媒体的内容进行分析并抽取内容特征，利用媒体自身的特点进行标引和检索，在很大程度上避免了对影像的主观描述。

根据所检索媒体对象的不同，基于内容的多媒体检索技术又可分为基于内容的图像检索技术、基于内容的视频检索技术和基于内容的音频检索技术等。

多媒体检索技术与传统数据库技术相结合，可以方便地实现海量多媒体数据的存储和管理；与网络搜索引擎技术相结合，可以用来检索因特网中丰富的多媒体信息。

8. 信息检索当代技术

信息检索已经发展到网络化和智能化的阶段。适应网络化、智能化以及个性化的需要是目前信息检索技术发展的新趋势，检索技术关键热点问题有：

(1) 并行检索

并行检索，实际上是并行处理，是提高计算机处理速度的一个重要手段。是指在计算机系统内两个或两个以上的程序或任务的并发操作。它为实现大容量文本信息的存储与快速检索提供了一条有效的途径，改变了以往利用顺序实现计算机信息检索的状况，在检索系统的信息规模较大时，也能满足用户的检索响应要求。

(2) 分布式检索

分布式信息检索允许检索请求在不同地点、不同结构的系统平台上运作。其主要原理是由检索代理程序将检索任务同时提交给网络上的多个主机，由位于这些主机上的检索程序分别独立检索并将检索结果返回到检索代理程序，经整理后显示给用户。分布式对象模型主要有：DCOM、CORBA 和 RMI。较典型的分布信息检索系统有：基于元搜索引擎、基于 Z39.50 协议、基于 XML、基于 Web 服务、基于 OAI 协议等。

(3) 基于知识的智能检索

智能检索注重文本挖掘的功能，一般认为包含有如下功能：具有大规模实例描述的汉语分词排歧知识库；具有主题词典、广义同义词检索、拼音检索、同音检索的功能；具有基于内容的相似性检索功能，具有自动分类和自动摘要的功能，具有知识压缩和去重功能；智能代理，自动和自助式检索。

（4）知识挖掘检索

主要是指文本挖掘技术的发展，目的是帮助人们更好地发现、组织、表示信息，提取知识，满足信息检索的高层次需要。知识挖掘包括摘要、分类（聚类）和相似性检索等方面。

（5）异构信息整合检索和全息检索

在信息检索分布和网络化的趋势下，信息检索系统的开放性和集成性要求越来越高，需要能够检索和整合不同来源和结构的信息。这是异构信息检索技术发展的基点，包括支持各种格式化文件，如 TEXT、HTML、XML、PDF 等处理和检索，支持多语种信息的检索，支持结构化数据、半结构化数据及非结构化数据库的统一处理；关系数据库检索的无缝集成以及其他开放检索接口的集成等。全息检索就是支持一切格式和方式的检索。

（6）自然语言检索

自然语言检索是信息检索的发展趋势。就信息检索的角度而言，要实现汉语自然语言检索必须解决以下问题：汉语自动分词问题；词义模糊性、不确定性问题；词间关系的无控制性问题。

自然语言与人工语言相结合，才能更好地发挥自然语言检索的优势。

（7）跨语言信息检索

跨语言信息检索将用一种自然语言书写的信息需求通过机器翻译自动转换成另一种可为系统接受的语言，即可以用一种语言去检索其他语言的资源。它使不同语言的读者可以在万维网上信步漫游，能使检索者只用一个检索式就可以找到其他语种的相关信息。

（8）问答系统

问题回答系统输入的查询是问题，要求从给定语料库中返回文本。问题回答系统可由三个模块组成：问题分析、候选窗口和答案抽取。

（9）概念空间

概念空间技术是为迎合信息检索的智能化而设计的，主要针对网络信息资源。直接从目标文档构建而来，通过对目标文档进行概念选取、概念聚类而形成，是一个概念网。

概念空间实际上是一个智能化索引，每个索引项（概念）通过一层或多层的概念与原文档建立联系。当用户用自然语言检索时，系统会自动地在概念语义空间联想搜寻相似性最高的概念，并根据相似性递减规律列出检索结果。基于概念空间的信息系统还可以克服传统信息检索中单纯的字词匹配的弊端，在语义层面上给出检索结果，提高检索效率。

（10）信息融合技术

信息融合技术始于20世纪70年代初，80年代以后得到迅速发展，是一种综合利用多种信息资源，以获得对某一事物更客观、更本质认识的信息处理技术。信息融合技术是采集并集成各种信息源中的多种格式信息，生成比原始信息更为简洁、更少冗余、更为有用的综合信息。

信息融合技术应用于信息检索系统中，通过对各种信息源中信息的集成，集成之后对信息的取舍和集合的划分，可以合理地组织查询结果，大大减少不必要的信息冗余，能使各种来源的信息连接为一个有机的整体，使用户获得完整、准确、及时、有效，而且简洁、明了的实用信息。

第三节　社会科学文献信息检索步骤

检索的步骤是依据检索课题的要求，使用检索工具，查找文献信息的具体过程。一般可分为分析检索课题、选择检索工具、确定检索途径与方法、检索实施、整理检索结果、索取原始文献等步骤。

一、分析检索课题，明确检索要求

在进行课题检索前，首先要对课题进行认真、仔细地分析研究，明确检索目的与要求，确定该课题的学科门类、内容主题，所需文献资料的范围，以及课题要求的深度。对课题研究得越深入细致，检索工作也会越顺利，它是人们进行信息检索的出发点。

具体可从以下几方面入手：

（1）分析主题内容。通过主题分析，形成检索需要的主题概念，以便确定检索途径。

（2）分析课题所涉及的内容及学科范围，以便确定有关检索标识，选择合适的检索工具或检索文档。

（3）分析课题所需信息的类型，包括文献媒体、出版类型、所需文献量、年代范围、涉及语种、有关著者、机构等。

（4）确定课题对查新、查准和查全的要求。如要了解某学科、理论、课题的最新进展和动态，则要检索最近的文献信息，强调“新”字；如要解决研究中某具体问题，找出技术方案，则要检索有针对性、能解决实际问题的文献信息，强调“准”字；如要了解课题、事件的前因后果、历史和发展，则要检索详尽、全面、系统的文献信息，强调“全”字。查全率要求较高时，选择检索词的主题概念范围要宽一些；查准率要求较高时，选择检索词的主题范围要窄一些，专指度要高一些。

（5）了解数据库的检索费用及其他要求。

二、选择检索系统

根据具体课题的需要和检索系统的现状，以及自己的主客观条件来选择有关的检索系统。在手工检索时选择相应的工具书，在计算机检索中选择数据库，包括搜索引擎。要选择与检索课题相符、收录信息质量较高，检索功能比较完善的信息检索系统。因此，不仅要了解课题需要，还要对可利用的检索系统有一个大概的了解，如检索系统收录的信息所涉及的学科领域、收录的信息类型、时间范围、检索途径和检索方法等，这样才能有的放矢。

三、确定检索途径与方法

根据分析出的主题的外表与内容特征确定检索的途径，题名、作者、主题词、关键词、分类等都可以作为信息检索的途径。选择的途径不同，所取得的检索效果也不同，必须根据检索需求利用一种或多种检索途径配合使用，使用计算机检索时还需要考虑检索系统的支持因素。

确定检索工具后，还要根据需求进一步确定检索方法。如根据检索信息的时间性要求确定是顺查还是倒查，是从信息源的正文还是引文中获取信息，采用追溯法还是综合法等等。在数据库检索中要用高级检索、二次检索等多种检索技术来限制或缩小检索范围，以准确检索到所需资料。

四、实施信息检索

在研究分析课题，选择确定了检索系统、检索途径和方法后，即可实施检索。在实施的过程中，要根据检索结果的实际情况，及时调整检索词、检索式、检索途径和检索方法等，也可以充分利用信息检索系统提供的缩检和扩检功能，完善检索结果，直至达到满意效果。

1. 检索结果信息量过多时

产生检索结果信息量过多的原因可能有以下两点：一是主题词本身的多义性导致误检；二是对所选的检索词的截词截得太短。在这种情况下，调整检索策略的方法如下：

（1）减少同义词与同族相关词；

（2）增加限制概念，采用逻辑“与”连接检索词；

（3）使用字段限定，将检索词限定在某个或某些字段范围；

（4）使用逻辑“非”算符，排除无关概念；

（5）调整位置算符，由松变严，（F）→（W）。

2. 检索结果信息量过少

造成检索结果信息量少的原因可能有以下几点：首先，选用了不规范的主题词或某些产品的俗称，商品名称作为检索词；其二、同义词、相关词、近义词没有运用全；其三，上位概念或下位概念没有完整运用。我们调整检索策略的方法如下：

（1）选全同义词与相关词并用逻辑“或”将它们连接起来，增加网罗度；

（2）减少逻辑“与”的运算，丢掉一些次要的或者太专的概念，去除某些字段限制；

（3）调整位置算符，由严变松，（W）→（F）。

五、整理检索结果

利用传统的手工检索工具获得相关的检索结果后，检索过程就完成了。利用现代的检索工具取得的检索结果还需要进行分析、整理与组织，要对检索出的文献信息进行分析、鉴别、比较，去粗取精、去伪存真，提取有用的信息。

六、获取原始文献

检索的目的大多是要获得原始文献。要获得原始文献首先要识别原文的特征信息，如出版物的名称，文献类型等。尤其是利用外文检索工具时，可以利用各种文献特有的标识来识别，一般有 ISSN、年份、卷期号（Vol.，No.）的是期刊论文；有 ISBN 号、出版商简称、出版地和出版年的是图书；有学位名称、导师姓名、授予学位学校名称、地点及时间的是学位论文；有专利代码的是专利文献等等。

确定文献类型后，就可以获取原始文献了。首先可以就近利用本单位或本地的图书馆等其他文献服务机构以借阅、复制的方式获取原文；二是可以利用图书馆公共联合目录查询系统，通过文献传递的方式获取原始信息；三是可以利用有关全文数据库，直接打印或下载原始信息；四是利用网络搜索引擎，直接获取网上免费资料；五是利用检索结果中提供的信息（如著者、出版机构等），与之联系以获得原文。

第四节　信息检索效果评价

检索效果是指利用检索系统（或检索工具）进行检索时所产生的有效结果。检索效果评价是根据一定的评价指标对实施信息检索活动所取得的成果进行客观科学评价以进一步完善检索工作的过程。衡量信息检索效果的指标有查全率、查准率、漏检率、误检率、检索速度、检索方便性、输出形式、检索费用等，美国学者克里维顿（C. M. Cleverdon）最早将查全率和查准率作为信息检索质量的评价指标。

一、查全率（Recall Factor，简写为R）

查全率是衡量某一信息检索系统从信息集合中检出相关信息量成功的一项指标，也就是文献信息检索系统在进行某一特定信息检索时，检出的相关信息量与系统信息库中相关信息总量的比率，它反映该系统信息库中实有的相关信息量在多大程度上被检索出来。

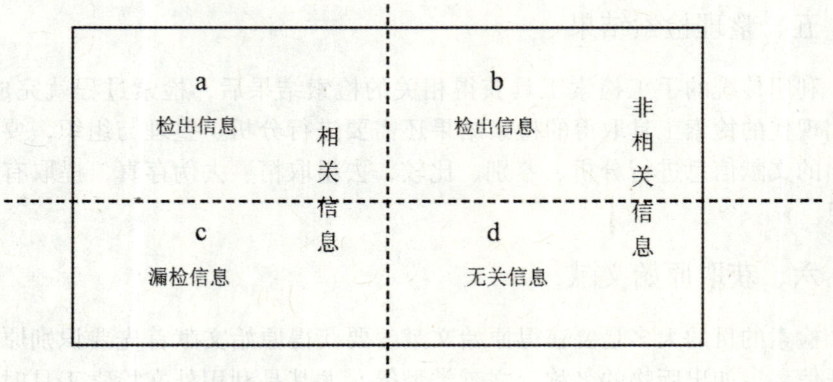

图2－2 信息集合示意图

a表示被检出的相关信息量，即标准的信息量；b表示被检出的非相关信息量；c表示未检出的相关信息量，即漏检的信息量；d表示未检出的非相关信息量，即正确拒绝的无关信息量；a＋b表示被检出的全部信息；a＋c表示参加检索的全部相关信息量。

$$查全率（R）=\frac{检出的相关信息量}{信息库内相关信息总量}=\frac{a}{a+c}\times 100\%$$

二、查准率（Precision Factor P）

衡量某一信息检索系统信号噪声比的一种指标。即信息检索系统在进行某一信息检索时，检出的相关信息量与检出信息总量的比率，它反映每次从该系统文献库中实际检出的全部文献中有多少是相关的。

$$查准率（R）=\frac{检出的相关信息量}{检出的信息总量}=\frac{a}{a+b}\times 100\%$$

三、漏检率

即信息检索系统在进行某一信息检索时，未检出的相关信息量与相关信息总量的比率，它反映该系统信息库中实有的相关信息量有多少未被检索出来。

$$\text{漏检率（O）} = \frac{\text{未检出的相关信息量}}{\text{信息库内相关信息总量}} = \frac{c}{a+c} \times 100\%$$

四、误检率

即信息检索系统在进行某一信息检索时，被检出的非相关信息量与被检出的信息总量之比。

$$\text{误检率（N）} = \frac{\text{检出的非相关信息量}}{\text{检出的全部信息总量}} = \frac{b}{a+b} \times 100\%$$

衡量信息检索效率的主要评价指标是查全率和查准率。一般来说，检索工具的标引深度越大，查全率也就越高，标引过程的网罗性越好，查全率也就越高。但随着标引深度和网罗性的加大，查准率会逐渐降低，查全率和查准率之间存在着主观和客观的因素造成的互逆性，因而检索时应当根据实际需要合理调整查全率和查准率。

在计算机检索系统检索效果评价方面，除以上评价指标外，系统的响应速度、收录数据情况、用户检索的方便性、输出格式、检索结果相关排序、检索功能、检索费用等也是评价指标之一。

1. 检索速度

检索速度是指检索时所需的响应时间或每秒处理的提问数。需要注意的是，检索系统的运行速度直接影响检索效果。

2. 检索系统的收录范围

收录范围是指检索系统所覆盖的学科面、所收录的文献类型及数量是否广泛、全面。检索系统只有广泛、全面地收录文献信息，才能保证为用户从各个角度提供较为丰富的信息线索。

3. 检索的方便性

检索的方便性是进行检索时，能给用户提供比较方便的检索途径。在用户检索时，系统能提供简单友好的用户界面热键，键盘，鼠标，命令检索，菜单引导和多视窗，提供屏幕提示，事例帮助，联机帮助，文件帮助，数据库和检索功能说明等帮助功能，使用户能方便地进行信息检索。

4. 检索结果相关排序

通过对检索结果进行相关度排序，可以提高检索质量与速度。相关度排序是指在网络信息检索中以检索词在检索字段内容里出现的命中次数排序，次数越多越靠前。但相关度高的页面不一定是用户所需要的页面，并且利用页面的排序来提高知名度的一些商业性操作行为也影响相关度指标的可靠性。相关度的排序方法有按频次排序方法、按页面被访问度排序方法和基于超链的相关度排序方法等。

5. 检索功能的延展

网络检索系统除具有字段检索、布尔检索、邻近检索、截词检索等功能外，有的系统还提供通过增加检索技术支持和检索条件限制的二次检索、高级检索，以满足用户个性化检索需求，提高检索质量。

6. 检索费用

检索费用即进行信息检索的整个过程中所需的费用。使用检索系统，需事先在系统进行注册，获得授权后系统提供一个用户号（User ID）和密码（Pass Word），这是检索时必须输入的。检索费用主要包括，数据库检索费、记录输出费和通讯费。

从对检索效果的评价指标分析中，我们可以看出：检索工具的掌握与利用情况直接影响到检索结果，并且检索方法、检索技术、检索策略的运用都集中体现在对各种检索工具及检索系统的应用上，要提高查全率和查准率，保证检索质量，我们必须了解和掌握各种检索工具的特点。

第三章 检索语言与检索工具编排方法

随着人类对自然界和社会认识的不断深化，记载知识信息的文献数量日趋庞大且高度分散，增长的速度愈来愈快，类型也愈来愈多，与此同时，人们对文献的需求日趋增长，而对文献检索的角度、深度和广度的要求各异，这增加了文献检索的难度。因此产生了形式多样的用以报道、存储和查找文献的工具，即检索工具。最初人们利用手工编制各类字典、词典、目录、文摘、索引、百科全书、类书、政书等工具书，对知识进行分析、归类、释义和总结。随着计算机技术的产生和发展，从文献书目型检索工具到参考工具书，从手工检索工具到计算机检索工具、网络检索工具，检索工具的功能不断发展和完善。

了解检索语言，掌握检索工具的编排方法是迅速、准确地使用检索工具，提高文献检索效率的必要前提和基本技能。

第一节 信息检索语言

文献信息检索语言，又称为文献语言、文献存贮与检索语言、索引语言、标引语言等，是信息存储与检索过程中用于描述信息特征和表达用户信息提问的一种专门语言，是一种人工语言，是人与检索系统对话的基础。

文献信息检索语言的实质是用于表达一系列概括文献信息内容的概念及其相互关系的概念标识系统。它可以是从自然语言中或专业文献中精选出来并予以规范化的一套词汇，可以是代表某种分类体系的一套分类号码，也可以是代表某一类事物的某一方面特征的一套代码（如代表化合物的多种代码）等等。它们可用于对文献的内容进行主题标引、逻辑分类或特定信息的揭示和描述，如《汉语主题词表》、《中国图书馆分类法》等。

当存储信息时，标引人员使用检索语言描述文献的内容特征和外部特征，使标引规范化、统一化；当检索信息时，检索人员同样使用检索语言描述检索提问的内容，以从文献信息系统检索出与提问相匹配的信息。因此，检索语言既是汇集、组织、存贮文献的手段和工具，也是使标引人员和检索人员取得共同理解，实现交流的语言。

检索语言的基本构成单元是检索词（索引词、标引词）。检索词不仅包括名词术语、专业词汇，也包括代表某一类事物的某一方面特征的符号、数字等代码。

一、检索语言的类型

检索语言按照不同的划分标准，有不同分类结果。按描述文献的特征可以分为描述文献外表特征的检索语言（题名、著者、出版者、报告号、合同号、引文等）和描述文献内容特征的检索语言（分类语言和主题语言）；按检索语言的结构或原理可分为分类语言、主题语言、代码语言等；按语言的规范程度可分为人工语言和自然语言。

1. 分类语言

分类语言是按照学科范畴及知识之间的关系列出类目，并用数字、字母符号对类目进行标识的一种语言体系，也称分类法。使用这种检索语言建立的信息检索系统可以反映知识的从属、派生、重合、交叉、并列等关系，是产生最早、使用最多的文献信息加工和组织方法。

分类检索语言由类目、标记符号、说明与注释组成。具有按学科或专业集中地、系统地揭示文献信息内容的功能，能够较好地满足族性检索的要求，具有良好的等级结构，便于扩大和缩小检索范围，不受文种限制等优点，但是也存在修订不便等缺点。由于各国在编制分类法时所采用的体系、结构、标记制度等不尽相同，目前还没有一个世界通用的、统一的分类法。

分类检索语言主要包括体系分类法和组配分类法两种类型。

(1) *体系分类法* 也称等级列举式分类法，是一种直接体现知识分类的等级制概念标识系统。其主要特点是按学科、专业集中文献，从知识分类的角度揭示多种不同文献在内容上的区别和联系，提供从学科分类为出发点的文献信息检索途径。

等级体系分类语言的“语词”就是它的类目。一部等级体系分类法由成千上万个类目构成，一个类目表示具有某种或某些共同属性的一“类”事物。类是可分的，同类事物可根据事物间的不同属性，或者说，根据该类事物所表达的概念的外延再划分为子类。被划分的类称为上位类，划分出来的类称为下位类。上位类与下位类之间是隶属关系，各子类之间是并列关系，互称同位类。全部类目遵守知识门类的逻辑次序，由大到小，由一般到特殊，由总体到部分，层层划分，形成具有隶属、并列关系的概念等级体系。

体系分类法的类目用一种具有自然顺序的标记符号来代表，这就是分类号。分类号的主要作用在于明确各个类目之间的先后顺序，以便排列目录和组织藏书。同时，分类号也是分类检索语言的语词，它代表一个类目，也就表示这个类目的涵义，分类号系统也在一定程度上表达各类之间隶属、并列关系。

用作分类号的标记符号通常为拉丁字母和阿拉伯数字，并且常常是字母数字配合使用。

（2）组配分类法 也称分面分类法或分面组配分类法，它认为绝大多数文献的主题是由单一主题组成的复合主题，都可以分解为相应的基本概念，并通过分面标记来进行组合表达。

组配分类法属于先组式信息检索语言，其分类表是分面的概念要素表，其体系结构是隐含的。每个大类先列出基本类，然后列出分面公式，再列出其中焦点及类号，每个大类都是由各个面及面内焦点组成。具有标引专指、类表简练、容纳性好、适应性强等优点，但类目体系不够直观，标记符号种类繁杂、规则繁多，使用较复杂。

具有代表性的组配分类法有印度著名图书馆学家阮冈纳赞创制的《冒号分类法》（简称 CC）。

（3）主要体系分类法介绍 目前我国的三大分类法分别是：《中国图书馆分类法》（简称《中图法》），是我国大陆地区图书馆、文献信息机构使用最广泛的分类法；《中国科学院图书馆图书分类法》（简称《科图法》），主要在科学院系统使用；《中国人民大学图书馆图书分类法》（简称《人大法》）。

国外较著名的分类法有：美国国会图书馆图书分类法（LC）、杜威十进分类法（简称 DC 或 DDC）、国际十进分类法（简称 UDC）。详见表 3-1。

网络信息资源的组织有很多采用分类语言，如采用《美国国会图书馆图书分类法》的有 The WWW Virtual Libraray 等 20 多个网站；采用《杜威十进分类法》的有 BUBL Link，Netfirst 等 30 多个网站；国内网站大多采用《中图法》，如中国教育科研网等就用其作为分类工具。

2. 主题语言

又称主题法。它将文献中的主题用实质性语词表达出来，并按一定顺序排列标识，通过参照系统揭示主题概念之间的关系。由于主题法是使用语词标识的检索语言，而语词标识几乎都是名词和名词性词组，具有较好的按事物集中文献和便于从事物出发检索文献的功能，因此，主题法成为机检数据库中最常用的检索语言。它具有专指性高、直观性好、灵活性强的优点，但在族性检索方面不及分类语言，同一门类学科的文献易被分散在各处。

主题语言包括很多类型，根据选词原则、词的规范化处理规则的不同，可以分为先组式的标题词语言、后组式的单元词语言、关键词语言和叙词语言。

表 3－1　国内外主要体系分类法简明情况一览表

	中图法	科图法	人大法	国会法	杜威法	国际十进分类法
版本形式	1975 年第 1 版 1980 年第 2 版 1990 年第 3 版 1999 年第 4 版	1958 年第 1 版 1982 年第 2 版 1994 年第 3 版	1954 年第 1 版 1955 年第 2 版 1957 年第 3 版 1962 年第 4 版 1982 年第 5 版 1996 年第 6 版	1901 年第 1 版至 2003 年已有 43 个分册，并陆续修订	1876 年第 1 版 1885 年第 2 版 1891 年第 4 版 1958 年 16 版 1979 年 19 版 1996 年 21 版	1905 年第 1 版（法文版） 第 4 版（英文版） 第 6 版（日文版） 第 7 版（西班牙版） 第 8 版（德文版）等 23 种不同语言的版本
体系结构	层累制	层累制	层累制	层累制	层累制	层累制
标记符号	字母数字混排	纯阿拉伯数字	纯阿拉伯数字	字母数字混排	纯阿拉伯数字	纯阿拉伯数字
基本部类	马列主义、毛泽东思想、邓小平理论 哲学 社会科学 自然科学 综合性图书	马克思列宁主义、毛泽东思想 社会科学 自然科学 综合性图书	总结科学 社会科学 自然科学 综合性图书	总类 哲学 历史和地理 社会科学 艺术和文学 科学技术	理性知识 想像知识 记忆知识	
基本大类	A 马列主义、毛泽东思想、邓小平理论 B 哲学、宗教 C 社会科学总论 D 政治、法律 E 军事 F 经济 G 文化、科学、教育、体育 H 语言、文字 I 文学 J 艺术 K 历史、地理 N 自然科学总论 O 数理科学与化学 P 天文学、地球科学 Q 生物科学 R 医药、卫生 S 农业科学 T 工业技术 U 交通运输 V 航空、航天 X 环境科学、安全科学 Z 综合性图书	00 马克思列宁主义、毛泽东思想 10 哲学 20 社会科学 21 历史、历史学 27 经济、经济学 31 政治、社会生活 34 法律、法学 36 军事、军事学 37 文化、科学、教育、体育 41 语言、文字学 42 文学 48 艺术 49 无神论、宗教学 50 自然科学 51 数学 52 力学 53 物理学 54 化学 55 天文学 56 地球科学（地学） 58 生物科学 61 医药、卫生、 65 农业科学 71 工程技术 90 综合性图书	1 马克思主义、列宁主义、毛泽东思想 2 哲学 3 社会科学、政治 4 经济 5 军事 6 法律 7 文化、教育、科学、体育 8 艺术 9 语言、文字 10 文学 11 历史 12 地理、 13 自然科学 14 医药、卫生 15 工程技术 16 农业科学技术 17 综合性科学、综合性图书	A 总类 B 哲学、心理学 C 历史·辅助科学 D 历史·世界史 E－F 历史·美洲史 G 地理、人类学 H 社会科学 J 政治 K 法律 L 教育 M 音乐 N 美术 P 语言、文学 Q 科学 R 医学 S 农业 T 技术 U 军事科学 V 海军 Z 书及图书馆学	000 计算机、信息及总类 100 哲学和心理学 200 哲学 300 社会科学 400 语言 500 自然科学 600 技术 700 艺术和娱乐 800 文学 900 历史和地理	0 综合性图书 1 哲学 2 宗教 3 社会科学 4 自然科学 5 应用科学 6 艺术 7 语文、文学 8 地理、历史
通用复分表	总论复分类 世界地区表 中国地区表 世界时代表 中国时代表 世界种族与民族表 中国民族表 通用时间、地点复分表	总类复分表 中国时代排列表 中国地域区分表 中国各民族排列表 国际时代表 世界地域区分表 世界各民族排列表	综合复分表 中国民族复分表 中国复分表 中国地区复分表 国家复分表 国际时代复分表 世界地区复分表	形式复分表 地区复分表 年代复分表 主题复分表 汇编复分表 作者复分表	标准复分表 地理历史人物复分表 文学复分表 语言复分表 人种种族民族复分表 语种表 人员复分表	独立使用的通用辅助符号 通用辅助表的复分号 专用辅助表的复分号

主题语言表达的概念比较准确，具有较好的灵活性和专指性，不同的检索系统、不同的专业领域可以有各自的主题词表。

（1）标题词语言　又称标题法，是一种先组式的规范词语言。它是主题检索语言系统中使用最早的一种类型。标题词是经过规范化处理的自然语言，一般分为主标题词和副标题词，表征事物本身概念的是主标题词，表示事物某个方面的词是副标题词，主、副标题词一般已预先固定组配，以此编制的检索工具，就叫标题表。标题词具有较好的通用性、直接性和专指性，使用起来不易混乱，查全率和查准率较高，但灵活性不强，适用性较差。常用的标题词表有《美国国会图书馆标题词表》（LCSH）。

（2）单元词语言　单元词是一种最基本的、不能再分的单位词语，亦称元词，是从文献内容中抽取出来的表征文献主题内容的，经过规范化处理，表达主题最小、最基本、字面上不能再拆分的词语。例如“信息检索”是一个词组，“信息”和“检索”才是单元词。

单元词具有相对的独立性，词与词之间没有隶属关系和固定组合关系，标引时可根据需要加以组配。单元词具有词表篇幅小，使用灵活的优点，但由于是字面组配，容易产生组配误差，降低检索效率。现已被叙词语言取代。

（3）关键词语言　关键词是直接从原文标题、摘要或全文中抽选出来的、具有实质意义的、未经规范化处理的自然语言词汇。关键词语言是为适应计算机自动编制索引的需要而产生的，是作为信息存储和检索依据的一种检索语言。关键词一般不作规范，但在关键词索引中，常常对关键词作以下处理：

①词和符号的改写。即将希腊字母、化学符号、数字符号等计算机打印设备不能打印的或容易混淆的词和符号进行改写。例如：C3H2 改写为 Carbon（3）Hydrogen（2），把 T99 改写为 Technetium—99m 等。

②采用缩写词。由于计算机自动编制的关键词索引常常篇幅庞大，为尽可能减少篇幅，而较多采用缩写词。所采用的特定缩写词往往有缩写词表随索引一同出版以备查询。

③词的分析和联用。当一个复合词分拆后可经索引轮排技术而提供较多检索入口时，就将其分拆成两个关键词；相反，由两个词组成的一个专有名词，如第二个词不必作为检索入口词，则该两词就用连字符联结作为一个关键词。

关键词表达概念直接、准确，不受词表控制，运用关键词语言编制的关键词索引，其关键词是按字顺排列构成索引款目，所抽取的关键词都可以作为标引词在索引中进行轮排，作为检索“入口词”进行检索。如文献标题在相当程度上反映了文献内容，因此，可以把文献标题中著者所用的具有实质意义的原词即关键词作为标引——检索用词，在编制索引时，对关键词进行轮排，这样文献标题中每一个具有实质意义的词都可以作为检索入口进行检索。

由于关键词语言直接采用出现在最新文献中的专业自然语言，一些在科学发展中最新出现的专门名词术语能及时地进入索引系统。同时，计算机编制关键词索引速度快、时差短，因此，其具有标引简单，检索途径多，查准率较高的优点。但因其用词不作规范，对自然语言中大量存在的同义词、拼法变异词不明确等同关系，同一主题的文献常因词不同而分散，造成漏检的可能性较大，族性检索功能较差。同时，若平均每篇文献标引的关键词较多，虽然可以减少漏检，但误检的可能性会增大。此外，关键词法不显示词间等级关系和相关关系，增加了检全文献的难度。

(4) 叙词语言 叙词是指一些以概念为基础、经过规范化处理、具有组配功能的动态性的词或词组。叙词语言是专门为文献标引和检索而设计的人工性后组式语言，是以表示单元概念的规范化语词为基础，以概念组配为基本原理，对文献主题进行描述的一种检索语言。

叙词表是叙词语言的核心体现。叙词表一般由一个主表和若干个附表构成。主表是叙词字顺表，该表将叙词完全按字顺排列，并有标注事项和参照系统。附表主要包括：叙词分类索引、词族索引、轮排索引、双语种对照索引、专用叙词索引等。目前，国内外常用的叙词表有：我国的《汉语主题词表》、英国《科学文摘》使用的《INSPEC 叙词表》、美国《工程索引》使用的《COMPENDEX 叙词表》等。

叙词语言吸收了其他众多检索语言的原理与方法，吸收了体系分类法的基本原理，编制了叙词范畴索引和词族索引，从多方面来反映主题词之间的等同关系，等级关系和相关关系等；吸取了单元词语言可组配的特征，采用组配分类法的概念组配代替单元词的字面组配，进一步加强了组配功能；借鉴标题词语言中语词规范的特点，对叙词进行严格控制规范，保证词与概念的一一对应；采纳标题语言的先组原理，将某些组配容易产生歧义的词在叙词表中预先进行固定搭配，形成词组，并作为一个独立的叙词单元，提高了叙词的专指性；吸收了关键词语言的轮排方法，编制了各种叙词索引。

二、检索语言的发展

1. 检索语言的电子化发展

检索语言的电子化为在网络环境中的应用提供了数据保证和技术支持。如《杜威十进分类法》于 1993 年研制出 DDC2.0 版的 DOS 版光盘“电子杜威”，1996 年 8 月推出 DDC2.1 版的电子版“视窗杜威”等都提供与分类号相对应的 LCSH 标题，还增补了大量印刷文本的相关索引中未收录的索引词，并提供了方便的等级浏览功能。《中国图书馆分类法》（第四版）也推出了电子版。

2. 自然语言和人工语言的不断融合

随着计算机技术的发展，人工语言和自然语言正在不断地融合，一种完全基于数字资源产生的、新的知识体系（networked knowledge organization systems/schemes/services，简称 NKOS）开始发展起来，它融合了叙词表、标题词表、语义网络、分类体系的功能，得到普遍关注，并开始在各类数据库、搜索引擎以及知识管理方面应用，例如 Yahoo、Google 的主题分类指南，以及许多企业门户网站的分类索引服务即是 NKOS 体系应用的雏形。当然，NKOS 若要发展成熟，还需要相当的时日。

第二节　文献信息检索工具的功能与特征

检索工具，是指用于报道、存储和查找文献信息的工具。它以一次文献源为蓝本，根据所收录文献的外部和内容特征，按照特定的标识系统对文献进行组织、报道、存储，为用户提供多种检索渠道，方便用户查检文献信息，具有存储和检索两大功能。

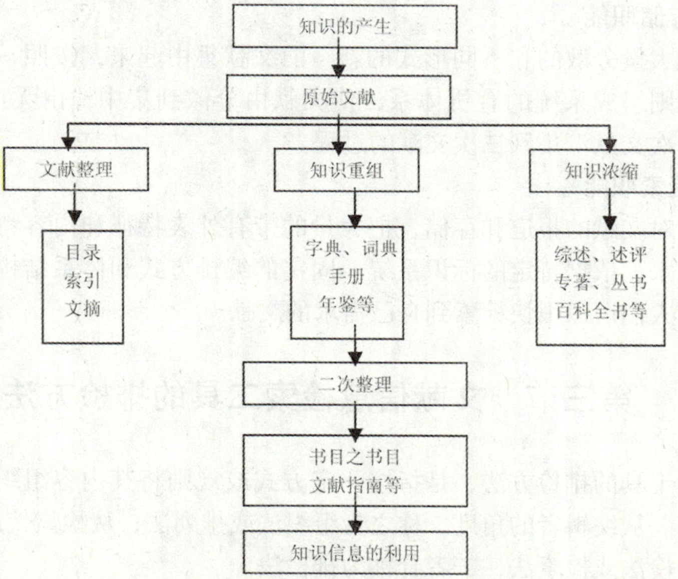

图 3－1　检索工具在文献结构系统中的位置

检索工具是信息资源被整理、加工后的成果，是信息检索必备的物质基础，也是检索的得力手段。

一、社会科学文献检索工具主要特征

1. 以一次文献源为蓝本

不管检索工具对一次文献源的处理程度如何，或只是起收集、汇总作用，或通过摘录、索引等方式加工，或作深层次的综述、概括，其最终均以一次文献为蓝本。

2. 揭示文献源特征

检索工具根据所收录文献的外部和内容特征对文献进行组织、报道、存储，并且有特定的标识系统、固定的编排方式和体系结构。

3. 提供多种检索手段

揭示、报道的文献内外部特征在用户检索使用时构成多个检索点，多种检索途径与辅助检索手段，同时检索工具依附多种载体形态，呈现出多种多样的类型，又为用户提供多种检索的渠道。

二、社会科学文献检索工具主要职能

1. 报道职能

通过文献报道的方式来揭示文献的具体内容是检索工具的主要作用。这样，用户可以很快地了解和掌握文献的具体内容。

2. 存储职能

它把大量分散的和不同形式的新、旧文献集中起来，按照一定特征，依据一定规则组成系统的有机体系，使文献由分散到集中，由无序到系统化。这是由一次文献汇集到二次文献的过程。

3. 检索职能

通过对文献的报道和存储，把大量的带有外表特征和内容特征的文献条目集中起来，依据特定的标识系统、固定的编排方式和体系结构进行组织和排列，使人们可以很快检索到自己需求的文献。

第三节　文献信息检索工具的排检方法

检索工具的排检方法，是指按一定方式或规则将其内容组织起来以供检索的方法。从编辑者的角度，称之为组织法或排列法；从检索使用者的角度，称其为查检法或检索法，二者合称为排检法。

组织就是对所收文献用什么样的顺序排列的问题，如《现代汉语词典》按拼音编排，《辞海》按部首编排，《佩文韵府》按平水韵韵部编排，《尔雅》、《艺文类聚》按类编排，《四角号码字典》按号码编排等等。现代工具书中，为了查检的方便，除了用一种方法组织次序外，另外再附一种或两种与内容组织所用的方法不同的查检法，作为辅助索引。如《现代汉语词典》，它采用音序组织法，但音序排列对不认识的字和语音不准确的人是不易查到的，为让不同的使用者都能方便地使用，又附了部首和四角号码两种辅助索引。这样，这本词典实际就有了三种检索的方法。

检索工具能否满足用户的需求，除取决于检索工具所收的内容外，还有赖于检索工具的排检方法是否科学和简便。检索工具常用的排检方法大体分为两大类：一类是按字（词）作为查检的单位，规定一个排列方法，称为字序法（字顺法）或查字法，包括中文排检法和外文排检法；另一类是根据材料的内容进行编排，包括分类法、主题法、时序法和地序法等。

一、字序法

字序法是依据字或单词组织文献内容的方法，是工具书中最主要的检索方法。一般的字典、词典、索引和百科全书都采用这种方法进行编排。字序法又分为中文排检法和外文排检法。

1. 中文排检法

中文排检法大致可分为形序法和音序法。

（1）形序法

汉字有 6 万多个，其形体构造传统的有“六书”（象形、指事、会意、形声、转注、假借）之说，具有某些共同的特点，将其进行归纳、分析、归类、依次排列，即成为汉字查检的方法。这种按照汉字的形体特点设计制定的排检顺序的方法即为形序法，它比较适应汉字的特点，并符合人们从汉字的形体结构出发求音求义的查字要求。主要包括笔画法、笔顺法和部首法。

①笔画法

笔画法是按照汉字笔画数由少到多顺次排列的方法。基本形式是：笔画少的在前，笔画多的在后；同笔画者，再按部首或起笔笔形先后排列；笔画和笔形相同，再按字形结构，先左右形体，次上下形体，后整合形体。

笔画法简单易行，采用笔画法编排的工具书较多。专科词典、专科字典、字句索引、专名索引等多采用笔画法编排，如《中国人名大辞典》、《中国诗词名句鉴赏大辞典》、《十三经索引》等。有些工具书正文虽不是按笔画排列，但也附有笔画辅助索引，如《辞海》等。由于汉字的笔画搭配比较复杂，手写体和印刷体的笔画和起笔笔形常有不同，简体字与繁体字的笔画数有很大差别，书写习惯又因人而异，不尽相同，同笔画的字太多（如《康熙字典》12 画的字就有 3642 个）等，这些都影响了查检速度。

②笔顺法

笔顺法是依据汉字书写时笔形的顺序排列的方法。

按汉字的起笔笔形排列，笔顺法有多种顺序，源自清代档案中所用的有“江山千古”（丶丨丿一）和“元亨利贞”（一丶丿丨），后来又有“寒来暑往”（丶一丨丿）和“海天日月红”（丶一丨丿乛）等法，现多采用“札”字法（一丨丿丶乛）。

笔顺法虽然简单，但因书写习惯不同，笔顺和起笔有时难于确定，因此，仅有少数几种工具书采用此法编排，如陈德芸编的《古今人物别名索引》和《德芸字典》。《辞海》（1979年版）的笔画查字表，主要是用起笔笔形作为笔画法的补充。

文化部和文字改革委员会1964年12月联合公布的《印刷通用汉字字形表》是确定常用字字形和笔顺的规范。

③部首法

部首法是按汉字的偏旁部首依次排列的方法，是中文工具书中应用最普遍和最常用的一种编排方法。

汉字分为独体字和合体字。独体字大多是简单的象形字和表意字，数量很少。绝大多数汉字是由两个或两个以上形体合成的形声字和会意字，可以按相同的偏旁（形旁）归为一个“部”，共同所从的形旁字称部首。同一部首的字归属到一起，再按笔画多少的顺序排列。

部首法历史悠久，我国东汉许慎著《说文解字》，以小篆为主，分析字形结构，把9353个汉字按形旁归纳为540部，首开部首法之先河。后代的字书沿用了这一方法，但为了适应汉字由篆、隶到楷体的变化，部首又作了进一步归并。明代的梅膺祚《字汇》减为214部，清代《康熙字典》沿用，习称为“康熙字典部首”。20世纪50年代以前的汉语字、词典大都采用这一部首法，如《中华大字典》等。之后，新编的字、词典对部首作了一些调整，《新华字典》和《现代汉语词典》（修订本）都改为189部，还部分地调整了取部首的方法；《汉语大字典》和《汉语大词典》则改为200部，并对归部明显不妥的字作了一些调整；修订本《辞源》因使用繁体字，仍沿用康熙字典部首，只是同笔画的字改按起笔笔形丶一丨丿的顺序排列。

部首法的优点是符合汉字的结构特点，能够把纷繁复杂的大量汉字，按部首归并集中，检索时有规律可循，不知读音也可查检。但是由于部首的位置不固定，有些字难于确定属于什么部首。目前部首法尚未统一，通行的几部部首法部首数量不一，归部原则也不同等，查检速度有一定程度的影响。在查检时，要注意所使用的检索工具书的有关说明。

(2) 音序法

根据汉字的读音及表示读音的语音符号的顺序排列汉字的方法，称为音序排检法。主要包括汉语拼音字母排检法、注音字母排检法、韵部排检法等。

①汉语拼音字母排检法

汉语拼音字母排检法，通称汉语拼音法，是按照《汉语拼音方案》字母表的顺序编排的查字法。《汉语拼音方案》于1958年2月11日全国人民代表大会一届五次会议批准执行，1982年国际标准化组织承认汉语拼音为拼写汉字的国际标准，汉语拼音法逐步成为工具书的常用编排法之一。

基本形式为：排列汉字时根据每个字的拼音，先将第一个字母依照汉语拼音的字母顺序排列，《汉语拼音方案》字母表的26个字母中，I、U不用于音节开头，V不用于拼写汉字，共（ABCDEFGHJKLMNOPQRSTWXYZ）23部。第一个字母相同的，按第二个字母的顺序排列，依次类推；声母韵母相同的字按照声调阴平、阳平、上声、去声、轻声的顺序排列；读音完全相同的，按照汉字的总笔画数从少到多排列；如果笔画数相同，按起笔笔形（一丨丿丶乛）顺序排列；如果笔形仍相同，按照汉字在国家标准《信息交换用汉字编码字符集》中的编码值由小到大排列。

汉语拼音法简单易查，符合国际上工具书的编排规则，许多工具书采用此法编排，如《新华字典》、《中国大百科全书》等。但遇有不知读音或读音不准的字时，就无法使用此法。所以使用这种方法编排的工具书，还要有其它检字法（笔画或四角号码等），如最常用的《新华字典》就有汉语拼音法和部首法两种排检法。

②注音字母排检法

注音字母是我国第一套法定的拼音字母，又名国音字母，后改称注音符号。1913年由读音统一会制定，1918年由北洋政府教育部公布推行，1958年《汉语拼音方案》公布以前一直是汉字的重要注音体系，1984年台湾省修订公布了“国语注音符号第二式”，至今仍使用于工具书的编排中。商务印书馆解放前出版的《国语辞典》、1953年出版的《新华字典》都采用此法编排。

注音字母的形体是利用汉字偏旁和古字改造而成的，共有字母40个，声母24个，韵母16个。编排时，先按声母、再按韵母的次序排列，第一个音节是ㄅㄚ（ba），最后一个音节是ㄩㄥ（iong）。

③韵部排检法

韵部排检法是我国古代的一种音序排检法。古代将同韵的汉字归为一类，称为“韵部”。各部的标目字称“韵目”，先按上平声（阴平）、下平声（阳平）、上声、去声、入声分部，再依韵部次序编排同音字。复音词条目或按条目的末一字分韵排列，或按条目的首字分韵排列。

韵部排检法主要用于古代的字书、韵书等。宋代修订的《广韵》、《集韵》，分为206个韵部；南宋的《礼部韵略》归并为107部；金人王文郁《平水新刊礼部韵略》并为106部，通常称为“平水韵”；明初编的《洪武正韵》又把韵目改订为76部。但其中最通行的是“平水韵”，元代以来成为近体诗通行的诗韵，明清以来流行极广，许多分韵编排的重要工具书都采用这一韵目系统。如《佩文韵府》、《经籍纂诂》、《辞通》等。

表3－2 平水韵韵目

	上平声	下平声	上声	去声	入声
1	东	先	董	送	屋
2	冬	萧	肿	宋	沃
3	江	肴	讲	绛	觉
4	支	豪	纸	寘	质
5	微	歌	尾	未	物
6	鱼	麻	语	御	月
7	虞	阳	麌（雨）	遇	曷
8	齐	庚	荠	霁	黠
9	佳	青	蟹	泰	屑
10	灰	蒸	贿	卦	药
11	真	尤	轸	队	陌
12	文	侵	吻	震	锡
13	元	覃	阮	问	职
14	寒	盐	旱	愿	缉
15	删	咸	潸	翰	合
16			铣	谏	葉
17			篠	霰	洽
18			巧	啸	
19			皓	效	
20			哿	号	
21			马	箇	
22			养	祃	
23			梗	漾	
24			迥	敬	
25			有	径	
26			寝	宥	
27			感	沁	
28			（琰）俭	勘	
29			豏	艳	
30				陷	

不熟悉韵部，可以先利用《辞源》、《中华大字典》、《汉语大词典》等查出某字所属韵部，即可去查按韵部编排的工具书。如要查“骨”字，先从《辞源》中查出其属“月”韵，即可到相应工具书的入声月韵中去查。《佩文

韵府》、《辞通》的新印本都附有首字的四角号码和笔画索引，可以直接利用索引查找所需条目。

④威妥玛拼音法

英国人威妥玛（F. Wade）在 1867 年编写的汉语课本《语言自迩集》中，设计了用拉丁字母拼写汉字的方法，被普遍用于拼写中国的人名、地名等，称为威妥玛拼音法（Wade system），后来经过改进，又被称为威妥玛—翟理斯式拼音（Wade - Glies Spelling system），是国际上流行一时的中文拼音方法。编排工具书时，依拉丁字母的次序排列，不分声调。哈佛燕京学社编辑的各种引得所附拼音检字，即采用此法。西方编纂的汉学工具书也大都采用此法编排。

威妥玛拼写方法与汉语拼音字母有所区别，在使用此法时我们要加以注意，如 ch'un（春）、hisa（夏）、ch'iu（秋）、tung（冬）、jih（日）、yueh（月）。此外，威妥玛不仅 zh，j 不分，而且往往不标送气符号，所以“朱、楚、居、瞿”可能都拼作 chu。

(3) 号码法

号码法是形序排检法的变形，是以数字代表汉字的各种笔形或部件，并据以排列顺序的方法。常用的号码法有四角号码法和中国字庋撷法。

①四角号码法

四角号码法是根据汉字四个角的笔形确定号码，并按由小到大的顺序排列的查字法。它将汉字的笔形分为 10 种，分别用 0 ~ 9 十个号码代表。笔形号码的口诀是：“横 1 垂 23 点捺，叉 4 插 5 方框 6，7 角 8 八 9 是小，点下一横是 0 头”。十种笔形中，1、2、3 代表的横、垂、点三种为单笔，其余均为复笔。取笔时，凡能取复笔笔形的，尽量取复笔不取单笔。取四角号码的方法是：先将汉字的四个角的笔形转换成四个数字，每字按左上角、右上角、左下角、右下角的顺序取号，再将四个数字连成一个代码，即成四角号码，如“端” =0212，排列时，按四角号码的大小为序依次排列汉字。

“四角号码检字法”从 20 世纪 20 年代末开始使用，现通称为旧四角号码法。为适应简化字及字形规范，1964 年汉字查字法整理工作组提出《四角号码查字法》（草案），通称为新四角号码法。目前出版的工具书采用新法、旧法的均有。新法与旧法的取角方法有所不同，旧法笔形依通行的手写体，新法笔形则以《印刷通用汉字字形表》的规定为准。《现代汉语词典》、《四角号码新词典》附有《新旧四角号码对照表》列出了主要的不同点。

四角号码的优点是：只要熟悉规则，可以见字知码，取号简便，检索迅速，不受部首和读音的限制。但其具体规则较多，不易掌握；新、旧号码并行，容易混淆。

采用四角号码法的工具书有《中国丛书综录》、《二十四史纪传人名索引》等。

②中国字庋撷法

中国字庋撷法是原哈佛燕京学社引得编纂处用来编排所编60余种索引的一种号码法。庋撷（guǐ xié）二字有放入取出之意，借用为代表汉字的解剖排列法。

此法用“中国字庋撷法”五字代表汉字的五种形体结构（单体字、包托字、上下体、左壳体、左右体），以数字1—5表示；再将“庋撷”二字分解为“丶一丿十又扌糸丆目八”十种基本笔形，以数字0—9代表。各体汉字依不同方法取四角笔形号码。按“形体号/四角笔形号码+字内方格数”，组成一组代码，如“回”为2/88881，“目”为2/88113。编排时按代码由小到大排列。

中国字庋撷法取号规则烦琐，不易掌握，主要用于检索解放前出版的64种引得。查找时，可借助所附的笔画检字。近年来新影印出版的这些引得（索引）本增编了汉语拼音检字表和四角号码检字表，使用较为方便。

2. 外文排检法

目前，世界上有2000多种语言，多数有文字，其中使用范围超过5000万人口的语言有13种，即汉、英、法、俄、西、意、日、德、阿拉伯、印度、孟加拉、葡萄牙和印尼语。联合国的正式工作语言有汉、英、俄、西、法、阿拉伯等语种。

按字母的系统分，外文可分为西文、俄文、日文等文种，西文包括英文、法文、德文、西班牙文、葡萄牙文等拉丁字母的拉丁语系。通常西文（拉丁文）、俄文、日文单独分别排列。如果要将其混排在一起，可以先将俄文、日文拉丁字母化，即按俄文、日文的读音，用拉丁字母表示，而后按拉丁字母顺序排列。

字顺排检法是按字母或词的顺序进行编排的方法，是工具书最常用的方法之一。字顺排检法直接便捷，可以直接按已知或设想的适用检索词一索即得，适用于语言词典、百科全书、传记词典、地名词典、书目、索引、文摘等多种类型的参考工具书和检索工具书。

（1）拉丁文字顺排检法

拉丁文字顺排检法可分为两种：按字母顺序排检法（letter by Letter）和按词顺序排检法（Word by Word）。

按词顺序排检法又称为逐词排检法、一贯排检法、彻底字顺排检法，按词的顺序进行排列，能把首词相同的款目集中在一起，实现族性检索。广泛应用于国内外大多数图书馆的字顺目录排检，一些历史悠久的著名工具书也大多采用此法。但其对复合词、带前缀的姓氏以及其他特殊语言现象可能会产生混乱的情况，必须辅之具体的排列细则加以限定才能确保排检结果的一致性。

在西文字顺排检时，要注意下列细节问题：

·关于在款目之首或当中的虚词（如冠词、连词、介词等）的取舍问题；

·关于数字、年月等的排检问题；

·关于首字母、缩写字的排检问题；

·关于某些姓氏前缀的处理问题，如 M，Mc，Mac 和 St，Sant 等；

·关于同名异义款目的排检问题；

·德文中的 4 个变音字母 A、U、O、B，按照国际惯例，可按 A = AE，U = UE，O = OE，B = BE 来排。

需要提请注意的是字母顺序排检法和按词顺序排检法不能同时在一种工具书或一种检索体系中使用，因为同一个书名或篇名分别按这两种排检法所产生的结果是不同的。

（2）日文字顺排检法

日文字母（假名）分平假名、片假名。平假名是日语中表音符号的一种，除一两个例外，均是从中国汉字的草书演化而来的，多形成于 10 世纪前后。现代日语中，平假名常用来表示日语中的固有词汇及文法助词，为日文汉字注音时一般也使用平假名。片假名是从中国汉字的楷书取出符合声音的汉字的一部分简化而来的，主要用于外来语（外国人的人名/外国的地名等专有名词）、拟声语·拟态语、生物·矿物的日文名、第二次世界大战前的公式文书（与汉字并用）以及 1988 年 8 月以前的电报，不支持双字节的电脑系统中（使用半形片假名）。

日文书刊的排检方法：以西文开头的日文书刊，按拉丁字母顺序排在前面；以假名开头的日文书刊，按五十音图顺序排在西文书刊之后；以日文汉字开头的日文书刊排在最后。

以日文汉字开头的日文书刊在日本的排检法主要有：五十音图排检法、部首排检法和笔画排检法。

五十音图排检法：日文的字母按照它的 5 个基本母音，即な（a）い（i）う（u）え（e）お（o）排列成字母表。这个字母表从它基本音节的数目，取名为“五十音图”。五十音图排检法就是将日文汉字的读音按五十音图的顺序排列的方法。

部首排检法：根据汉字的形体特征，取其形旁相同的部分适当归类的排检方法。需要注意的是，此法不单纯依靠汉字形体特征，必须具备所查汉字的知识才能进行准确归类，完成排检过程。

笔画排检法：按汉字笔画多少及笔形先后顺序排列（详见中文排检法）。

这三种方法是目前较通用的，各具特点，相互补充。

(3) 俄文字顺排检法

俄文属于斯拉夫语系，其字母有别于拉丁字母，在外文工具书或数据库的款目或记录排检中，俄文通常按俄文字母顺序单独排列。

二、类序法

类序法又叫类别法，是一种按照文献或信息资源内容，分门别类排列的方法。

1. 分类法

分类法是将词目、条目或文献知识内容或学科属性分门别类地加以归并集中，按逻辑原则排列顺序的一种排检方法。

(1) 按事物性质分类的排检法

把知识内容按事物属性分类加以编排，这种方法是我国第一部词典《尔雅》所开创的。《尔雅》是中国最早的一部解释词义的书，也是儒家的经典之一，列入十三经之中。其按事物性质分类的这种方法为后代编纂类书、政书所借鉴。

类书以古代伦理为准则，根据事物形态，按所采事、文的内容分类编排。排列顺序先天地帝王，次典章制度，再及其他事、物。如《艺文类聚》依“天、地、人、事、物”的顺序分为46部，727目（小类）；政书则按典章制度的内容归纳为若干门类，大类下再分小类和子目。如《通典》分为食货、选举、职官、礼、乐、兵刑、州郡、边防等8门。

现代工具书如新编类书和一些年鉴、手册也基本上是按事物性质归类的，但结合了学科体系分类法的特点。

事物性质分类法直观、具体，查检方便。但分类方法和类目概念互有差异，某些事物各书归类不同。如有关桥梁的资料，《艺文类聚》列入水部，《古今图书集成》列入考工典。因此查检时先要了解分类体系及类目含义，并尽量使用辅助索引。

(2) 四部分类法

四部分类法是把文献按照所反映的知识内容归类编排，加以组织而形成的分类目录。主要用于古籍的检索。

西汉刘歆编纂的《七略》是我国第一部分类目录，它将图书分为六艺、诸子、诗赋、兵书、术数、方技六类，称为“六分法”。晋代改为四部。唐魏征编纂《隋书·经籍志》以经、史、子、集的名称标志四部类名，下分40

类，自此以后，四分法成为古代文献分类的主流。

清代乾隆年间纂修《四库全书》，纪昀等在编《四库全书总目》时将经、史、子、集四部分为44类。这个分类法成为我国古籍的主要分类法。近年出版的《中国古籍善本书目》对四部分类法进行了修订，分为经、史、子、集、丛五部48类，但没有从根本上变动它的类例。

四部分类法各部类内容如下：

经部：易类、书类、诗类、礼类（周礼、仪礼、礼记、三礼总义、通礼、杂礼书）、春秋类、孝经类、五经总义类、四书类、乐类、小学类（训诂、字书、韵书）。

史部：正史类、编年类、纪事本末类、别史类、杂史类、诏令奏议类（诏令、奏议）、传记类（圣贤、名人、总录、杂录、别录）、史钞类、载记类、时令类、地理类（总志、都会郡县、河渠、边防、山川、古迹、杂记、游记、外记）、职官类（官职、官箴）、政书类（通制、典礼、帮计、军政、法令、考工）、目录类（经籍、金石）、史评类。

子部：儒家类、兵家类、法家类、农家类、医家类、天文算法类（推步、算术）、术数类（数学、占候、相宅相墓、占卜、命书相书、阴阳五行、杂技术）、艺术类（书画、琴谱、篆刻、杂技）、谱录类（器物、食谱、草木鸟兽虫鱼）、杂家类（杂学、杂考、杂说、杂品、杂纂、杂编）、释家类、道家类。

集部：楚辞类、别集类（汉至五代、北宋建隆至靖康、南宋建炎至德祐、金至元、明洪至崇祯、清）、总集类、诗文评类、词曲类（词集、词选、词话、词谱词韵、南北曲）。

(3) 体系分类法

进入20世纪以后，一些以现代科学分类为基础的文献分类法陆续出现，分类的基础原则是知识系统性，归类的标准是学科的属性。

最初曾采用美国杜威的《十进分类法》（DDC，三大部10大类），以后出现了诸多分类法，如《人大法》（四大部17大类）、《科图法》（五大部25大类）、《中图法》（五大部22大类）、《国际十进分类法》（UDC，10大类）、《美国国会图书馆图书分类法》（LCC，六部21大类）。

按照体系分类法编排的工具书，能将同类的文献或词目、条目集中在一个类目之下，查找方便，被广泛应用于编制各种书目、索引、文摘。如《中国国家书目》就是采用《中图法》的类目，《全国总书目》、《全国报刊索引》、《复印报刊资料》等，类目体系基本参照《中图法》。《中国百科年鉴》也基本参照《中图法》的分类体系确定"百科"部分的类目。"中国学术期刊"和《中文社科报刊篇名数据库》的数据标引，均采用《中国图书资料分类法》。

(4) 组配分类法

随着科技的迅猛发展与文献量的剧增，为解决列举式的体系分类法不能充分揭示文献主题之间的关系，不便对新主题、复杂主题以及细小主题进行分类的问题，出现了组配分类法。

组配是指将两个或多个主题概念，按照一定的规则组合起来，表达一个更专指的主题概念，是提高文献标引的专指度和提供多元检索途径的重要措施，是显示概念之间关系的方法，也是对概念之间逻辑运算关系的表达，能充分体现人类知识的多维性与概念的多向成族性。目前，由于组配分类理论尚不完善，组配分类法的应用还有一定的局限性。

为更适应现代科技发展的高度分化与高度综合，人们吸收、借鉴组配分类法突出的容纳性和灵活性，较强的网罗性等优点，在体系分类法中融入大量的组配因素，形成混合型分类语言，大大提高了分类法的兼容性。如《中图法》第四版就扩大了通用复分表幅度，增加了专用复分表的数量，扩大了仿分方法与组配方法的运用。

三、主题法

主题法是以规范化的自然语言作为文献主题的标识符号，按字顺编排的方法。主要用于编制手工检索的主题目录和主题索引，更广泛用于组织计算机情报系统的存储与检索。

在国外，主题法是信息检索中最常用的方法，几乎每一种检索工具都有以主题词顺序排列的检索途径；在我国，主题法主要用于科技文献信息的检索，社会科学方面采用主题法编排的书本式目录索引并不太多。20 世纪 30 年代出版的《十通索引》，其中“四角号码索引”将“十通”中所载的制度名物、篇章节目，凡能独立成为一个名词（或词组）的，都列为条目，实际上就是主题索引。现代编制的索引，《研究马克思恩格斯著作和生平论著目录》按主题词的汉语拼音音序编排，主题词的选择参照《汉语主题词表》；《马克思恩格斯全集主题索引》是采用标题法编制的，按标题首字笔画排列；《中国百科年鉴》所附内容分析索引采用标题词和关键词混合编制；其他也还有一些工具书的辅助索引采用了主题法进行编排。

四、时序组织法

时序组织法是按照事物发生、发展的时间顺序进行组织的一种方法。我国古代的历书依、年、月顺序排列，开创了这一体例，以后类书、政书依此编排资料，史书中的年表、年谱等也依此编排。

时序组织法也广泛应用于现代工具书的编排中。查找年代和历日的年表、历表是严格按照年、月、日的自然顺序组织的，如《中国历史纪年表》等；记载历史事件的大事年表是按照事件发生、发展的时间顺序编年组织的，如《中外历史年表》、《中华人民共和国大事记》等。此外，一些查找人物资料的检索工具也采用时序组织法，按照人物的生卒年依次组织，如《历代人物年谱总录》等。

有些书目、索引也按发表时间编排，或在分类编排的前提下依发表时间的先后排列。时序组织法编排、检索方便易行。

五、地序组织法

地序组织法也称地序法，是按照文献中所涉及的国家、地域等为标识来编排文献的方法。它把同一地区的不同学科的各种文献全部集中起来，便于人们按照事物所在的地理位置、行政区划准确地查找某一地域的文献资料，能全面地反映某一地区、某一国家的历史和现状。如《世界地图册》、《中国地方志综录》、《中华人民共和国分省地图集》、《中国名胜词典》等均按当时的行政区划编排。可按所属地区查找到需要的资料。

查找地理资料的工具书多用此法编排，但需要辅助索引配合，才能在不知所属地区时，按地名查找。

1982 年国务院批准了国家标准总局等单位关于全国省、市、自治区排列顺序的请示，此后排列省一级单位即以此为准。

六、谱系法

谱系法是按照机构建制、血缘关系依次编排文献的方法。如《历代职官表》、《清代职官表》等是按照机构建制，从中央到地方逐级组织排列各政权机构的职官；各种世系表和家谱族谱则是按血缘关系依次进行组织，如清代首任台湾巡抚皖人刘铭传家的《刘氏宗谱》等。使用此类检索工具时，可阅读各具体检索工具的前言、凡例及其说明，然后查检。

以上各种检索工具的组织方法，既各有所长，又各有一定的局限性。它们不能互相代替，只能互相补充。

第四章　中文综合性传统检索工具

信息检索工具能够指引文献线索、揭示文献藏所、提供参考资料、反映学科发展、指引读书门径。随着信息技术的发展，计算机检索越来越被广泛应用，但手工检索（利用传统印刷型检索工具查找文献资料）仍然具有很强的生命力。因为还有大批的文献资料尚未制作成数据库，无法通过机检获得，尤其是从事人文社会科学的研究，经常要查阅历代积累下来的文献。而且，机检（计算机检索）是从手检发展而来的，对手检一无所知，也难以学会、掌握好机检；只有学好手检，才能更深刻地理解机检。

本章我们将介绍中文各类传统型综合性检索工具的特点、分类及主要功用。

第一节　书目、索引、文摘

一、书目

书目（Bibliography），也称目录，是对一批相关文献的名目、特征加以著录描述，并按照一定的次序编排而成的一种揭示与报道文献的工具。它不仅报道图书，而且还报道报刊、声像资料、数据库等文献。除称“目录”外，书目在我国古代还有“略”、“志”、“考”、“题解”、“录”、“提要”、“记”、“簿”等多种称谓。书目作为一种重要的文献检索工具，不仅反映了某一图书馆，甚至一个国家的文献收藏与出版情况，也反映了某一学科的最新进展情况，对于读书治学至关重要。

书目是人类文明发展的见证。我国是世界上最早出现书目的国家之一，早在西汉时期，刘向、刘歆父子就编撰了《别录》、《七略》两部书目，反映先秦以来的文献，对当时学术的发展起了重要作用。后汉的班固又在《七略》的基础上编成《汉书·艺文志》，开创了史志书目的体例。从此，我国形成了各朝代都编写艺文志或经籍志的传统，对于我国文化典籍的继承和学术发展起着巨大的作用，并逐渐形成了目录学这一学科。书目在西方也有同样悠久的历史，考古研究表明，古代的埃及、两河流域、印度到古希腊、古罗马，都曾编写过大量的书目。16 世纪，瑞士学者格斯纳（Conrad Gesner，1516—1565）编写的4 卷本《世界书目》，著录了12000 多种图书，创造了个人编目的奇迹。20 世纪以来，由于文献数量的空前增长，书目编制走向了标准化、国际化，电子计算机在书目编制的广泛应用也使图书馆的编目工作从个体走向联合。

目前世界各国在书目著录上多采用国际通用的著录方式——国际标准书目著录（International Standard Bibliography Description，ISBD），使不同语种文献的书目资源实现了国际共享。图书馆书目是书目中最有代表性的，它能向读者揭示图书馆所藏文献（图书、期刊、视听资料等）的内容。以图书书目为例，一个书目要揭示图书的两个特征：一是内在特征，主要通过分类号、主题词、提要项来反映；二是外在特征，包括书名、著者、出版项等。我国图书馆均按国家统一的标准著录条例来著录图书等文献。

书目是按一定顺序编排而成的。在书本式与卡片式目录中，西文书目一般有两种编排方式：题名书目、责任者书目、主题书目主要按字顺编排；分类书目按分类法编排。中文书目的分类书目一般按《中国图书馆分类法》等分类法编排，题名书目、责任者书目、主题书目则按笔画笔形法、音序法等几种主要的编排方法。随着书目的数字化和计算机管理的应用，书目检索更加方便、快捷。

我国书目分为古典书目和现代书目两大系统。古典书目包括史志书目、官修书目、私撰书目、版本书目等。现代书目有不同的划分方法，按收录文献的类型分为图书书目、报刊书目、视听资料书目等；按文献涉及的学科分为综合书目和专科书目；按反映文献收藏的情况分为联合书目、馆藏书目和私藏书目；按书目载体（物质形态）的不同可划分为书本式书目、卡片书目、缩微书目、机读书目等；按检索途径可分为分类书目、题名书目、责任者书目和主题书目等。西方国家一般把书目分成两大类：一是列举式书目（也称描述性书目），即对文献的题名、著者、出版项、页码等作详细的描述，这是最常见的；二是评论性书目，对著作的版本、著者身世等作详细的介绍，相当于我国的版本书目，多见于古籍书目。

下面简要介绍一些比较重要的综合书目：

1.《四库全书总目》

（清）永瑢、纪昀等奉敕编纂。中华书局 1965 年影印出版，1981 年重印，海南出版社于 1999 年、河北人民出版社于 2000 年也分别出版了这一书目。它是我国历史上最大的一部题解目录，收录比较完备，基本上包括了清乾隆以前的我国古代重要著作，著录了古籍 3461 种，79309 卷；存目有 6793 种，93551 卷。全书按经、史、子、集四部编排，书后还有“四库禁毁书提要”、“四库未收书提要”、“四库全书总目校记”等。

2.《贩书偶记》

孙殿起编，1936年初刊，中华书局上海编辑研究所1959年重印，上海古籍出版社1982年出版增订本。这是一部古籍知见书目，收录的绝大部分是清代的著作，同时兼收少许明代小说与辛亥革命至抗战前（止于1935年）的有关古代文化的著作。见于《四库全书总目》的清代著作，只录其卷数、版本不同者。

3.《中国丛书综录》

上海图书馆编，中华书局1959—1962年出版，上海古籍出版社1983年再版。这是我国历史上规模最大、收录最广、体例最完备的一部古籍丛书联合目录，反映了全国40多个图书馆的馆藏和我国历代丛书的现存情况，是查找现存古籍的重要工具。作为补充，《中国丛书综录补正》和《中国丛书目录及子目索引汇编》可供查考。

4.《全国总书目》

先后由新华书店总店、新闻出版署信息中心、中国版本图书馆编，中华书局出版。这是一部全国性的统计登记书目，它根据各出版单位缴送的出版物样本，比较全面地登记了新中国建立以来出版的图书。1949—1954年合订为一册，1955—1965年每年出版一册，1966—1969年补编一册，从1970起每年出版一册。

5.《全国新书目》

先后由出版总署图书期刊司、出版总署图书馆、中国版本图书馆编辑出版。1950年创刊，1966年7月至1971年停刊，1972年复刊。曾为年刊、周刊、季刊、半年刊、月刊、旬刊、半月刊，现为月刊。它是一种全国性的报道登记性书目刊物，及时报道和反映我国图书出版的新情况，便于图书馆和广大读者掌握图书出版最新信息。

6.《中国国家书目》

北京图书馆《中国国家书目》编委会主编，1987年公开出版，是我国第一部正式的国家书目，全面、系统地揭示与报道中国的出版物。收录范围包括汉语文普通图书、连续出版物、地图、乐谱、博士论文、技术标准、非书资料、书目索引、少数民族文字图书、盲文读物，以及中国出版的外国语文文献。由于其覆盖范围广，书目数据丰富，印刷版与光盘版相辅，它已经成为目前查考我国当代出版物的首选检索工具。

7.《外文图书总目录》

北京608信箱编辑出版，这是“外文图书征订目录”的年度累积本。它收录了我国已进口影印出版的外文图书，是了解外文新书的重要检索工具。

8.《英国国家书目》(British National Bibliography 简称 BNB)

它以英国图书馆版本局所收到的图书为编目基础，及时报道英国和爱尔兰出版的图书和新到的报刊（即新出版的期刊或改名后的第一期），还收有乐谱、地图和某些政府出版物等。

此外，还有《美国在版图书》、《德国书目通报》、《法文出版物总目》、《全日本出版物总目录》等。

二、索引

索引（Index）是一种提供文献信息线索的检索工具，它将书刊中具有检索意义的重要信息，如篇名、人名、地名、事项等，按一定的方式编排起来，以供人们能迅速地查检到其出处。索引与书目具有同样悠久的历史，我国古代的索引有“玉键”、“韵编”、“通检”、“备检”、“引得”等称谓，“索引”一词是我国近代从日语转译而来的。一般认为，我国唐代林宝的《元和姓纂》是第一部真正意义上的人名检索图书。明清时期索引编制又有一定的发展，清代目录学家章学诚对索引的编制方法与理论进行了总结和概括。20 世纪以来，我国学者按西方索引理论和方法编制出一大批非常有价值的索引，如叶圣陶编的《十三经索引》，哈佛燕京学社引得编纂处编制出版的 64 种古籍索引，对于整理古籍，推动国学研究都起到了十分重要的作用，这些索引至今仍被学术界广泛使用。18 世纪以来，欧洲国家的索引编纂工作迅速发展，除小说外，一般图书往往在书后附有按字顺排列的人名、地名等以图书内容作“自我标引”的索引（或称内容分析索引）。19 世纪以后，随着学术研究的广泛开展，专题论文索引类刊物不断涌现，如 CA（《化学文摘》）等。索引类刊物的出版极大地方便了研究工作，推动了学术发展。“二战”以后，随着计算机在索引编制工作中的运用，克服了手工编制的种种不便，使索引的出版周期大大缩短，检索更为方便、快捷。在文献信息剧增的当今网络时代，索引这一检索工具的作用将越来越大。

索引和书目一样，都是一种揭示与报道文献的工具，有其共性。但是，索引和书目并不是等同概念，同书目相比，索引在结构和功能上有其特点，主要表现为：第一，侧重揭示文献的内部特征。书目重在书籍的宏观描述，对其外部的特征给予详细的揭示，而索引则侧重文献的微观描述，对文献的内部特定事项或单元知识给予具体而深入的揭示，在深度方面满足了读者的要求。第二，标明内容出处。索引标明文献信息单元在原文中的确切位置，这是索引区别于书目及其他检索工具的重要特征。第三，揭示范围广，信息含量大。书目的著录对象主要限于图书及其外部特征，而索引的著录范围涉及书、刊、报等各类文献，反映各类文献中的各种信息，容纳了较丰富的信息量。

索引的作用可归纳为两个方面：第一，提供学术源流和科研成果。进行科学研究，必须了解课题的学术源流，借鉴古今中外的研究成果。如何从“书山”、“刊海”中查到所需文献，索引就此提供了可靠而便捷的途径。如目前国内编制出版了各个学科和专题的书名、论文篇名索引，这类索引把散见于书刊中有关某学科某专题的文献加以系统整理，使同一性质的资料聚集在一起。通过这些索引可了解我国某一学科领域研究的历史和现状，对确定研究课题的起点和方向，具有较高的学术参考价值。从这一点来看，索引具有“辨章学术，考镜源流”的作用。第二，索引能从多种途径为学习和研究提供较广较深的文献信息。学习和研究需要参考引用大量资料，仅靠书目是不能完全解决的，还必须借助于索引。当前的科学研究，无论是自然科学还是社会科学，都需要借助于索引类刊物或数据库。因为期刊是反映各个学科研究前沿的主要文献载体，以期刊论文为标引对象的各类索引刊物和数据库汇总了最新的研究成果，是研究者的首选工具。目前电子报刊发展很快，尤其是电子期刊建设较完善，在查询索引时有条件的应首选计算机检索，条件不够时，才考虑手工检索。索引给学习和研究提供了广泛、准确的参考资料，利用索引可收到“踏破铁鞋无觅处，得来全不费功夫”的效果。

索引可以从不同的角度来划分为不同的类型，按内容和收录范围可分为综合性索引与专科索引；按收录资料的时期可分为现期索引和回溯性索引；按出版形式划分，有书籍索引、报纸索引和期刊索引；按被标引对象的不同又可分为书刊篇名索引和书籍内容索引等。下面简要介绍书刊篇名索引和书籍内容索引。

1. 书刊篇名索引

书刊篇名索引是摘录图书的书名和报刊文章的篇名，著录其名称、作者及出处，按一定方法编排而成的索引。具体又分为书目索引、书籍篇目索引、报刊篇目索引和论著索引。

（1）书目索引

书目索引指专以群书（如总集、丛书、类书）中的图书目录为标目，以一定方式编排而成的索引。如《四库全书总目》、《艺文志二十种综合引得》等。也有的书目索引附于图书目录之后，如《丛书子目书名索引》。引书索引也是一种书目索引，这种索引揭示某种图书引用了哪些书籍，以便查阅引文，如《史记三家注引书索引》。

（2）书籍篇目索引

书籍篇目索引又可分群书篇目索引和专书篇目索引。群书篇目索引揭示群书中的篇目，如《清代文集篇目分类索引》，它将440种清代学者文集里的文章篇目逐一编成索引；专书篇目索引揭示一书的篇目及出处，如《全上古三代秦汉三国六朝文篇名目录及作者索引》，是专为查《全上古三代秦汉三国六朝文》中的作者和篇名编制的。

（3）报刊篇目索引

这是专门揭示报刊中的文章篇目，也可分为两种，一种为单刊索引，如《光明日报索引》，其单刊索引都附在该刊每年的末期后，是一种年度索引，对查阅一年的文章很方便。另一种是群报群刊索引，如《报刊资料索引》。

（4）论著索引

这是将某学科某专题的图书书名、报刊论文篇名并录的索引，如《中国现代史论文书目索引》等。

2. 书籍内容索引

书籍内容索引是摘录图书中的主题、事物、人物、地名、词名等而编制的，具体又分为主题索引、字词句索引和专名索引。

（1）主题索引

主题索引是汇集书内的有关资料，将能表达文献主题的名词术语加以标引所编排的索引，典型的如《马克思恩格斯全集主题索引》。主题索引的另一种形式是关键词索引，它选择那些对于文献内容有实际意义的重要词语加以标识编排，据此可查到有关专题的具体资料，如《食货志十五种综合引得》。

（2）字词句索引

这种索引将书中所有的字、词、句或句子逐字、逐词、逐句按一定次序加以编排，标明其在原始文献中的具体位置，如页数、篇数、段数、句数等，以便查找。这类索引又可细分为字词索引和句子索引。字词索引是将专书中每一个字或词单独标目加以编排的，包括单字索引和字词索引。单字索引即逐字索引，它将专书中的单字逐一标目，如《杜诗引得》和《诗经引得》。句子索引是将书中所有句子按句首尾字逐一标目而编成的索引，如《十三经索引》。

（3）专名索引

专名索引是将文献中有关人名、地名等专有名词加以摘录整理而编成索引，它可分为人名索引和地名索引。人名索引包括人物传记索引、别名索引和著作索引。人物传记索引将传记资料的人物整理编排，提供其具体出处，如《二十五史纪传名索引》；别名索引直接提供人名的特殊内容，如《室名别号索引》；著作索引则提供人物的著述线索，常和书目索引或篇目索引合编，如《元人文集篇目分类索引》。地名索引以文献中的地名为索取对象，如《三国志地名索引》，也有的地名索引附于书后。

常见的中文综合性报刊索引主要有：

《**全国报刊索引**》（哲社版），月刊，1951 年创刊，由上海图书馆编辑出版。原名《全国主要期刊重要资料索引》，由山东省图书馆编印，1955 年由上海报刊图书馆接办，1973 年 10 月改成现在用名。1959 年分为“哲学、社会科学部分”和“自然、技术科学部分”两个分册。该索引国内外公开发行，是我国收录报刊种类最多、出版时间最长、与新文献保持同步发展的权威性检索刊物，是报导、积累和检索中文报刊文献的主要工具。除印刷版外，还发行磁盘和光盘数据库版。

《**复印报刊资料索引**》，中国人民大学书报资料社编，自 1979 年逐年编辑出版资料索引已复印和未复印的全国主要报刊上的文章，已复印的文章是由该社精心筛选出来的具有较大的参考价值，其中含有大量的新观点新材料新动向。该索引自拟 90 多个专题。

三、文摘

文摘（Abstracts）是索引的延伸，它在指明资料来源方面和索引有着相同的作用。关于文摘的定义，我国国家标准局给予这样的解释：文摘是“以提供文献内容梗概为目的，不加评论和补充解释，简明、确切地记述文献重要内容的短文”。因此，文摘主要摘录图书、期刊论文的内容。文摘具有学术性、检索性，强调知识信息的揭示，并有严谨的检索语言。文摘性检索工具是不仅通过描述文献外部特征，而且还简明深入地摘录原文内容要点来报道新文献的一种出版物。文摘作为系统报道和检索文献的重要工具，是二次文献的核心。

文摘和索引虽有指引文献出处的共同点，但它们间有一定的区别：第一，文摘不仅指明资料的出处，而且提供简要的内容摘要；而索引只指明何处可查到资料，并不介绍资料的内容。第二，与索引相比，文摘一般倾向更狭窄的学科范围，即某一个专题方面的资料，但内容也往往是国际性的。第三，索引的收录对象以单一的出版物形式（如期刊论文）为多，而文摘往往兼收期刊、图书等多类出版物。第四，在编排方式上，索引大多按人名、主题和题名分别排列或混合排列，而文摘通常按分类排列为多。第五，索引往往有季度、年度、甚至跨年度累积本，而文摘除其索引有累积本外，文摘本身无累积本。第六，索引的出版周期通常要短于文摘的出版周期。

文摘作为一种独立的文献形式最早产生于 17 世纪的欧洲，当时创办的学术杂志均设有文摘专栏，后来逐渐出现了各学科、专题的学术文摘刊物。我国文摘的起源可追溯到南宋袁枢的《通鉴纪事本末》，但这还不算正式的文摘，一般认为 1897 年 5 月陈念萱在上海倡设的《集成报》是我国最早的正式文摘。从20世纪80年代起，我国的文摘才步入正规发展，到目前为止，我国社科文摘已出版了30多种。世界各国出版的大量文摘刊物，是学术研究十分重要的参考工具。

常见的中文综合性文摘主要有：

1.《新华文摘》

新华文摘社编，人民出版社1979年起出版。月刊，原名《新华月报（文摘版）》，1981年1月改为现名。它是一种综合性文摘杂志，选用的报刊近240种，主要是中央和省一级的刊物。摘文形式分为全文刊载、详细摘编、论点摘要、报刊文章篇目辑览等四种类型。转载内容包括政治、哲学、经济、历史、文学、文化教育、科技等方面的学术理论文章，也转载优秀的小说、散文、诗歌和美术作品。“论点摘编”、“台港澳学术”等专栏，发表200字至300字左右的文摘。“报刊文章篇目辑览”分为政法、哲学、经济、历史、文艺、文教、科技等7个专题，每期报道量在250篇左右，仅列题名、作者、出处。还设有“国内外大事记”。总的来说，该刊物虽非纯粹的检索刊物，但所摘录的文章具有较高的学术水平和参考价值，可从中查阅当前发表在国内主要报刊上较有学术水平或参考价值的论文、资料。

2.《高等学校文科学报文摘》

本刊编辑部编，上海师范大学高等学校学报文摘社出版。1983年试刊，1984年1月创刊（季刊），1986年改为双月刊，是哲学社会科学综合性大型文摘。它以全国高校200多种文科学报为选材对象，每期摘录近200篇文摘，分类排列，书后附“学报文章篇目选录”，能及时提供学术论文，传递学术信息，综述学术观点，提供学术研究信息资料等。

3.《中国社会科学文摘》

中国社会科学杂志社主办，2000年3月创刊。该刊从全国两三千种社会科学期刊，特别是500余种核心期刊中选优拔萃。

4.《现代外国哲学社会科学文摘》

上海社会科学院情报研究所该刊编辑部出版。1958年创刊，1980年复刊，月刊。该刊是综合性国外社会科学学术情报刊物，主要译载国外社会科学和新兴学科中的新思潮、新理论、新动态和新资料，包括经济学、文学、社会学、政治学、法学和其他新兴学科、边缘学科的重要学术理论文章，设有论文摘要、书刊评介、名词选译、学术动态、人物机构、外国学者在上海讲学、外国学者论改革、新书介绍等栏目。

5.《社会科学文摘》

河南省社会科学情报研究所编辑、出版。1983年创刊，原名《学术资料（文摘版）》，1985改名为《学术文摘》，1985年7月改为现名。它摘编全国报刊上社会科学方面的重要文章，报道国内外社会科学的最新动态，反映各学科的不同特点，及时提供学术研究资料。

6.《中国社会科学学位论文、学术论文活页文摘》

中国社科院文献情报中心编，光明日报出版社出版。包括“学位论文文摘”和“学术论文文摘”，摘要报道中国社科院文献情报中心收藏的全国社会科学博士、硕士和留学生的学位论文、社会科学院系统出版的学术刊物以及台湾出版的部分社科刊物的学术论文等，共分为马列主义和哲学、社会科学总论、政治和法律、经济、文化教育、语言和文学艺术、历史和地理等。

7.《国外社会科学快报》

中国社科院文献情报中心主办，科学技术文献出版社出版。1983 年创刊，1987 年起为月刊。该刊能迅速反映当前世界各国社会科学理论信息，刊载范围包括马列主义研究、哲学、经济学、社会学、政治学、教育学，心理学、历史学、文化学、文学、情报学、科学学、未来学、语言学、法学及国外学术会议报道、书评书讯等。

8.《文摘卡片》

中国人民大学书报资料中心编辑出版。从 1978 年按学科专题编辑，是以卡片形式发行的提要性或摘录性的报刊学术论文文摘，目前出版 18 种社科专题卡片。《文摘卡片》由于连续出版，能系统地积累精华信息，对了解本学科本专题的学术研究和历史的发展轨迹，有较大的使用价值，又因卡片文摘，使用方便，深受读者的欢迎。

第二节　字典、词典

一、概述

字典是以字为单位，按一定次序排列，每个字注上读音、意义和用法的工具书。词典亦称辞典或辞书，是收集词汇加以解释供人检查参考的工具书。我国古代的字典、词典没有严格的界限，一般称为字书（以解释字形为主）、训诂书（以解释字义为主）或韵书（以解释字音为主），直到《康熙字典》问世才称“字典”。我国最早的字书是周代的《史籀篇》，第一部系统完整、体例严谨的字书是东汉许慎的《说文解字》，第一部以训释字义和词义为主的训诂书是《尔雅》，我国现存的第一部完整的以归纳字音、探求声韵源流为主的韵书是《广韵》。

字典、词典的特点主要有，第一，具有简明性。释文简练明了，常以凝练的语言来表达丰富的知识。第二，具有规范性。字体的收录规范，解释与说明准确，资料的选用和引证可靠、切题。第三，具有检索性。字典、词典都按照一定的次序排列，易于检索，使读者能快速查检语言文字知识和科学知识。

字典最早的有序排列是按部首排列，由东汉许慎所创立，共有540个部首。后来不断归纳淘汰，《辞源》中的部首只剩下240余个，到了《汉语大词典》只有200余个。1925年之后，部分中文字典开始使用由王云五发明的四角号码检字法，而大部分现代汉语字典是根据普通话音标来排列的。

字典、词典的类型随着社会的发展而变化。如今，根据字典、词典的收录内容、解释方法及作用，人们一般将字典、词典分为语文性字典词典、专科性字典词典以及百科性字典词典。语文性字典、词典收录语言中的普通字或词语，并解释其读音、意义及用法，如《新华字典》、《现代汉语词典》等。专科性字典、词典收录的是某一学科专用的名词术语，如《法学词典》、《医学问典》等。百科性字典词典主要解决阅读学习中的疑难，为学习各种知识提供材料，如《中国百科大辞典》。

二、中文综合性字典、词典举要

1.《尔雅》

战国到西汉时期儒生为解说经传而纂写的词典，是中国最早的解释词义的书。全书有19类，包括释诂、释言、释训、释亲等。本书是我国古汉语词汇学的发端和训诂学的开山之作，在训诂学、音韵学、词源学、方言学、古文字学等方面都有着重要影响。《尔雅》的解释非常简单，因此后代又出现了许多注释它的著作。

2.《说文解字》

东汉许慎撰，中华书局1963年、1984年缩印出版。收篆字9353个，重文（古文、籀文等异体）1163个，分别归入540部，540部又归并为14大类，全书共15篇，每字先解释字的本义，再根据“六书”（象形、指事、会意、形声、转注、假借）分析字的形体结构，以形求音求义。《说文解字》是我国第一部系统分析字形和考究字源的专书，也是世界上最古老的字典之一，反映了上古汉语的词汇面貌，为研究汉语源学、古音学、古文字学提供了宝贵资料，是研究古代汉语、阅读先秦文献的重要参考书。

3.《康熙字典》

清代张玉书、陈廷敬等在明朝《字汇》、《正字通》基础上编成的一部集大成的字典，康熙内府刊本；商务印书馆1933年影印本附王引之《字典考证》、四角号码索引，上海书店1985年重印。全书收字47035个，另有重复的古字1995个，共49030个，沿用214部编排。每字先注音后释义，先本音本义，后别音别义，有所考辨则加按语。全书前有“总目”、“检字”、“辨似”、“等韵”，后有“补遗”（补正集未收之冷僻字）、“备考”（收不通用之字）。《康熙字典》收字多，义训详细，引例丰富，是中国古代字书的“典范”，是阅读古书，查找生僻字必备的工具书。

4.《中华大字典》

徐元诰、欧阳溥存等编纂，中华书局 1915 年初版。1932 年合印本，1958、1978 年重印。全书收字 48000 多个，按 214 个部首排列，每个字后附有韵部。本字典字义解释简明扼要，是阅读古籍、查找生僻字的一部重要工具书。《中华大字典》是现代第一部汉语大字典，标志着我国现代辞书编纂体例的确立。

5.《辞源》

陆尔奎、方毅等编，是我国现代第一部较大规模的综合性辞典。1915 年出版正编，1931 年出版续编，1939 年出版正续编合订本，增加四角号码索引，1958 年重印。全书共收单字 13000 个，复词 10 万多条。全书以字统词，单字按 214 部首排列，复词以字数多少为序。用反切注音，并注直音、平水韵韵目。

6.《辞源》（修订本）

商务印书馆编辑部与广东、广西、湖南、河南《辞源》修订组合编，吴泽炎、刘叶秋、黄秋耘主编，商务印书馆 1979—1983 年出版，1988 年出版合订本。本书经过修订保留了释词溯源的特色，全书收单词 12890 个，复词 84134 条，以语词为主，兼收百科条目，所收词语以古汉语词汇为主，百科中不收现代自然科学、社会科学和应用技术的词语，收词一般截止到鸦片战争时期。正文单字沿用 214 部排列，注音用汉语拼音、注音字母、《广韵》（或《集韵》反切，标出声调、韵部、声纽；释义用浅近文言，并引书证，译词多附英文。该词典新旧兼容、查找方便，可用来解决阅读古籍时关于语词典故和有关古代文物典章制度等知识性疑难问题。

7.《辞海》

《辞海》编辑委员会编，舒新城、陈望道、夏征农先后主编，上海辞书出版社 1936 年初版，是继《辞源》之后，第二部兼收单字、一般词语和百科条目的大型综合性辞书。1999 年版的《辞海》收词 122835 条，单字 19485 个，内容包括成语、典故、人物著作、历史事件、古今地名、团体组织等，正文按部首排列，排检方便，注音准确，释义确切、稳定、知识性强，并且增加了许多新词、新义，可供各学科专业的读者查考。

8.《新华字典》

商务印书馆出版。本字典共收字 11100 个，大致以现代汉语所用字词为限，适当收录古代文献和方言所用字词以及历史上的外来语。它注音科学准确，第一次采用汉语拼音字母注音，释义按照字体义、引申义、比喻义、转义等进行解释。基本上可满足阅读一般哲学社会科学著作和报刊的需要，并能起规范汉字的作用。

9.《汉语大字典》

徐中舒主编，四川辞书出版社、湖北辞书出版社 1986—1990 年出版。它系统地整理了古今楷书汉字，并收录能反映形体演变关系的、有代表性的甲骨文、金文、篆书和隶书形体。本书共收楷书单字 56000 多个，是目前世界上收集汉字最多的一部巨型历史性详解字典。该书对每个字的形、音、义都作了历史的、全面的反映，除用汉语拼音字母注明每字的现代读音外，并用《广韵》、《集韵》等的反切标注中古音。第 8 卷是各种附录和全书检字表、补遗。

10.《现代汉语词典》

中国社会科学院语言研究所词典编辑室编，商务印书馆 1978 年出版，1983 年重排出版。它是一部以收录普通话语汇为主的中型词典。全书收词除一般语汇外，也选收了一些常见的方言词语、文言词语、旧词语，一些常见的专门术语，还收录了一些用于地名、人名、姓氏等方面的生僻字和少数现代不很常用的字。全书收录 5.6 万余条目，其中单字 10609 个。本书是为推广普通话，促进汉语规范化而编写的，释义以现代汉语普通话为标准，字词以汉语拼音字母顺序排列，并且对口语、方言、文言词语和外来语逐一注解。同时积极吸收汉语词汇的发展变化情况，对一些新词、新义也进行了收录。

11.《四角号码新词典》

商务印书馆编辑部编写，以语词为主，兼收百科的通俗性语文工具书。主要收现代词语，也收一些古词古义，释义力求简明，重在实用，供中等文化程度的读者使用。是新中国出版的唯一一部四角号码词典。其第九次修订重排本包括繁体字和异体字在内共收单字 10600 多个，复词 20400 多条，兼收各门学科中的基本名词以及历史上的一些人物。

12.《中文大辞典》

本书编委会编纂，张其昀主编，台北中国文化学院出版社 1962—1968 年出版，1976 年出版修订普及本。该书广泛取材于各种古籍，并参考各种字典、词典和类书，是目前收字和收词较多的一部综合性的汉语大辞典，共收单字 49905 个，词汇 37 万多条，有词汇、成语、术语、格言、叠字、诗词曲语、人名地名、职官名、年号、书名、动植物名、名物制度等类别。2003 年出版电子版，现在可在网上查询。

13.《中华成语大辞典》

向光忠主编，吉林文史出版社1986年出版。该书采用实用性与科学性相统一、普及与提高相结合的原则，总计收录词条1.2万余条，除汇释常用的成语外，还酌情选收较冷僻的成语和少量同成语相近的俗语以及正向成语转化的短语。该书所收词条均按汉语拼音字母顺序编排，辅以笔画为序。尤其值得一提的是该书从现代著作中选取例句，以表明成语的实际用法。

第三节 百科全书、年鉴、手册

一、百科全书

1. 概述

百科全书，顾名思义，是各种知识的总汇，是以辞典的形式概要记述人类一切知识或某一学科全部知识的工具书，收集各学科专门术语、重要名词（人名、物名、地名、事件名称等），分列条目，加以详细的叙述和说明，并附有参考书目及完备的检索系统和参见系统。百科全书一词源于希腊文“enkyklopaideia”，有“全面教育”、“完整的知识体系”之意。英文为“encyclopedia”，我国早期译为“大类编”、“百科类典”或“百科学典”，后来通称为“百科全书”。

百科全书是历史上科学文化的总结与综述，也是全面系统地介绍当代世界上各个学科的全部知识，特别是最新成就的总库，对各门学科的历史、发展与现状，力求作出全面、客观、富有时代感的概述。其撰稿人都是各专业有名的学者、专家，以保证其内容的可靠性、权威性。百科全书是查找某一知识领域具体问题的权威性工具书，被称为“工具书之王”、“没有围墙的大学”。是否有一部优秀的综合性百科全书，常常是衡量一个国家科学文化发展的尺度之一。目前，全世界有五六十个国家编有综合性百科全书达两千多种。

目前，世界上最著名的综合性的百科全书有《美国百科全书》（The Encyclopedia American，EA）、《不列颠百科全书）（The Encyclopedia Britannia，EB）、《科里尔百科全书》（The Collier's Encyclopedia，CE），这三部称之为世界百科全书ABC。在我国，虽然明代解缙等编纂的《永乐大典》被英国《不列颠百科全书》称之为“世界上最大的百科全书”，之后也有不少学者借鉴百科全书的形式编写了一些著作，如1903年范迪吉编译《编译普通教育百科全书》、民国时期的《日用百科全书》、《中国文学百科书》等，但皆不是真正意义上的百科全书。1980年出版的《中国大百科全书》，才称得上是中国

第一部学术性、综合性的完整意义上的百科全书。

百科全书的特点可归纳为，第一，具有汇编性。以已有的大量资料作为基础，博采众说，全面叙述，避免缺漏、偏狭。第二，具有权威性。编纂人员均是各学术领域的名流、学者和专家，且编纂队伍较为庞大，故百科全书具有很高的权威性。第三，具有系统性。以知识的科学分类体系作为编纂的基础。第四，具有检索性。有完善的参见系统和检索系统。第五，具有可读性。可供阅读和浏览。

虽然百科全书都由众多的专家撰稿、审定，但因其内容浩瀚，出版时间长，难以及时反映最新科技动态及发展，为此，不少百科全书出版相应的百科年鉴来补充。

百科全书按不同的标准可分为许多种类。按选收范围可分为综合性百科全书和专业性百科全书。综合性百科全书收录的内容广泛全面、涵盖人类知识的各个方面，如《不列颠百科全书》。专业性百科全书收录仅限于某一学科或某一领域，如《科学技术百科全书》。

2. 综合性百科全书举要

(1)《国际社会科学百科全书》

是一部包容领域较全、学术性强的社会科学百科全书。收有 1900 个条目。内容上把重点放在社会科学的基本理论、方法论、心理学和社会学方面。本书第 17 卷有全书总索引，共 40000 条分析索引，还编有全书条目分类表。

(2)《社会科学百科全书》

(英) 亚当·库珀，杰西卡·库珀主编，上海译文出版社 1989 年出版。该书概述了国际社会科学各主要领域的各种思潮、观点、研究成果和新发现，介绍了各学科有重大影响的著名人物。其中对人口学、传播学、犯罪学、符号学、妇女研究等学科有比较充分的论述。

(3)《中国大百科全书》

中国大百科全书总编辑委员会编，中国大百科全书出版社 1980 年陆续出版。《全书》按学科分类分卷出版，包括 66 个学科和知识领域，社会科学与科学技术内容的比例各占 50%。《全书》共收 77859 个条目，大约 12568 万字。《全书》最大的特点是新、精和实用。它既关注基础，又偏重前沿；兼顾过去，又重视现代；既侧重中国，又涵盖世界。它阐述的基本知识和提供的学术资料，其广度、深度和质量使之成为一套比较完整的知识体系。该书按学科或领域分成 74 卷，包括《天文学》、《外国文学》Ⅰ、Ⅱ、《体育》、《戏曲·曲艺》、《纺织》、《环境科学》、《法学》、《教育》、《矿冶》、《力学》、《交通》、《考古》、《大气科学·海洋科学·水文科学》、《民族》、《电子与计算机》Ⅰ、Ⅱ等等，另外附有总索引。2000 年 10 月，《中国大百科全书》光盘版正式向社会广为发行。

(4)《中华百科全书》

中国文化大学与中华学术院、中国百科全书编委会编辑，张其昀主编，台北中国文化大学出版社出版。包括哲学、宗教、文学、史学等38个门类，辞目约15000余条。除介绍中国传统及台湾当代的思想、学术、文化外，也兼收世界有关的知识。2004年起开发了多媒体网络版，供用户查询。

(5)《世界百科全书》

光复书局编辑部编，台北光复书局1986—1987年出版。这是一部介绍世界各国概况的百科全书。比较详细地介绍了各国的国土、人口、城市、经济、历史、艺术、旅游等情况。全书共20卷，其中1—7卷为欧洲、8—13卷为亚洲、14—16卷为非洲、17—20卷为美洲、大洋洲和南极洲。包括历史、国家行政机构、自然环境、经济民俗等栏目。

(6)《中国文化大百科全书》

本书编委会编，长春出版杜1993年版。内容包括中国大文化，涉及哲学、美学、逻辑、伦理、经济、军事、历史、宗教、文学、艺术、语言、新闻、民俗以及中医药、饮食、建筑、版饰、名胜古迹、旅游文化等。

(7)《简明不列颠百科全书》

中国大百科全书出版社《简明不列颠百科全书》编辑部译编，中国大百科全书出版社1985—1986年出版。内容包括社会科学、文学艺术、自然科学、工程技术等各学科的概述和专名、术语、各国人物、史、地、团体、机构等。其中有关中国的条目是由我国专家学者重新编写的。

二、年鉴

1. 概述

年鉴是系统汇集一年内重要时事文献、学科进展与统计数据等，以供人查阅的工具书。年鉴按年编辑出版，报道上一年度的大事、动态，与手册、表谱均属“便捷型工具书”。年鉴的主要部分一般由重要文献、概况、专题论述、大事记、统计资料及附录组成，专题论述是年鉴的主体，它叙述一年来的重要事件的新进展、新成果。年鉴的数据资料主要来源于政府文件、权威性报刊及各类统计报告，资料新颖丰富、系统准确，反映了国内外社会、学科的发展情况，而且查找方便。因此，年鉴既是检索资料的工具，又是编年体的信史。

年鉴源于西方的历书。中世纪的欧洲，历书的出版较为兴旺，后来其内容逐渐由天文、气象、占星术转向兼容宗教、医学和实用知识的工具书，发行量也越来越大，最终演变成真正意义的年鉴。世界第一部以“年鉴”命名的书出版于1457年，16世纪以后逐渐演变为年度性出版物，英国1758年创刊的《年鉴摘录》，法国1818年创刊的《世界历史年鉴》，美国的《世界年鉴》都是历史悠久、颇具影响的年鉴。据统计，从17世纪至19世纪中叶，仅美国就先后出版了大约1.4万多种年鉴。我国“年鉴”一词最早出自于《宋史·艺文志》，我国第一部年鉴是公元1864年创刊的《海关中外贸易年刊》。辛亥革命以后，相继出版了不少年鉴。到1949年前，虽然出版了一定数量的年鉴，但多是短版，甚至一年版年鉴。1949年至1980年间，我国出版了几部有影响的年鉴，但都于“文化大革命”期间停刊。20世纪80年代以后，我国走上正规的年鉴编辑出版道路。目前，全国出版的行业、学科、省市等年鉴达600种左右。

年鉴的特征主要有三方面：一是年鉴按年出版，连续性强。当年出版的年鉴反映上一年资料，是连续出版物；二是内容新颖。这是因为年鉴按年出版，能及时反映上一年的新信息，故时效性强、资料广泛；三是比较全面。年鉴概括各学科新知识、新进展、新成果，对本学科或行业的发展情况有一个较全面的综述。

年鉴按编写方式的不同，分为记叙型和统计型两大类，前者以文字叙述为主，后者以统计数据为主，当然，大量的年鉴既有文字的描述，又有大量的统计数据。按内容所涉及的地域范围，年鉴也可分为国际性年鉴、国家年鉴和地方年鉴。按内容所涉及的领域，年鉴可分为综合性年鉴与专业性年鉴，综合性年鉴提供全面而系统的反映政治、经济、文化等社会各个领域、各个学科的重要资料，如《世界年鉴》（美国）、《世界知识年鉴》、《中国年鉴》等；专科性年鉴提供某一学科、某一主题或某一行业部门等范围内的基本材料和基本知识，是对其一年来发展状况的概述。如《中国哲学年鉴》、《唐代文学研究年鉴》、《中国统计年鉴》、《中国内科年鉴》等。

2. 综合性年鉴举要

（1）《中国年鉴》

新华通讯社主办，1981年创刊，分别以中、英两种文字同时出版的大型综合性年鉴，1988年起改名为《中华人民共和国年鉴》。它取材于新华社庞大的资料库，并有各有关部门的专家、权威人士撰稿，包括中国概况、特载、彩图专辑、大事纪要、分类条目、附录等部分，反映了上一年度中国（不含台湾省）各方面的情况，分政治、经济、文化军事等28个部类，以文字叙述为主。

（2）《世界知识年鉴》

本书编委会编，1953年创刊，原名《世界知识手册》，1958年改为现名、1966年停刊，1979年复刊后更名为《各国概况》，1982年改刊名为《世界知识年鉴》，逐年出版。它是一部关于国际政治、经济和文化等方面的综合性工具书。内容一般包括各国概况、国际组织和国际会议、专题统计资料、世界大事记以及便览等五个部分。便览实为附录性内容，包括我国加入的国际公约一览表、我国驻外使馆（领事馆）一览表、上一年度诺贝尔奖获得者名单、国际体坛记录等。

（3）《中国百科年鉴》

《中国百科年鉴》编辑部编，中国大百科全书出版社于1980年起逐年出版，它可作为《中国大百科全书》的补充。这是我国第一部百科全书性的大型年鉴，反映上一年度国内外重大事件和各个领域、各个学科的新情况、新成果、新动态。一般由专栏、概况、百科、附录等部分组成。“专栏”有“专文”和“特稿”，分别就某一领域和某一事件进行论述，并有“大事志”、“新闻人物”、“诺贝尔奖金获得者”、“逝世人物”和“新词语”等栏目。“概况”部分包括中国概况、各省、市、自治区概况、各国概况、国际会议、国际组织等基本情况。各年类目分为政治、军事、外交、法律等部类。“附录”部分有回溯性的大事志、人名录等参考资料。卷首有“分类目次表”，卷末有“关键词索引”，按汉语拼音字顺编排，便于读者检索。这是国内权威的年鉴。

（4）《人民手册》

《大公报社人民手册》编辑委员会编辑（1956年以前署名张篷舟等编），大公报社1950—1966年逐年出版。《人民手册》虽名为手册，但逐年出版，每册汇集上一年的下半年至本年的上半年资料，所以应称为年鉴，其称谓不规范，是因为年鉴编辑出版也有一个学习、研究、规范的过程。1979年复刊。本手册按年度汇辑了我国政治、经济、文化等各方面的重要文件和资料，其内容包括党和国家领导人的指示、讲话、电文，党和国家重要会议的决议，党和政府所颁发的方针、政策和发表的声明，党报刊的重要社论以及有关我国政治、外交、财政、经济、工农业生产、交通运输、文教卫生、体育运动等各方面的重大事件及统计资料。

（5）《申报年鉴》

《申报年鉴》社编辑，上海申报馆1933—1942年出版。此年鉴共出版五次：第一次为纪念《申报》六十周年而创刊，1933年编成，第二次于1934年出版，第三次于1935年出版，第四次于1936年出版；第五次为续版，于1942年出版。本年鉴所取材料，以调查统计为主，又特约专家撰稿，遇有新颖精确足以考证的专著也适当辑录。内容按类编排，第二次出版时类目增补较多，包括国内外大事概述、如人口、党务、政治、外交、劳工、海外侨况、学术宗教及出版、国内外大事日志、世界、便览等等。

三、手册

手册（handbook，manual）是一种汇集某一学科或主题的基本知识资料，系统地加以编排而成的以备随时翻检的便捷型工具书。手册所收知识偏重于某一学科或某一方面的基本知识，方便人们的日常生活或学习，是一种便捷式参考书。手册有许多异称，如指南、便览、大全、全书、概要、万宝、必备、必读、须知、百科、总览、入门等。

手册所收基础知识和基本事实既可是字词文句、书籍篇目，也可是人地名、机构名或其他资料，因而当代手册和辞书、书目、索引、年鉴、名录、百科全书都有着交叉关系，起着多种工具书的职能。例如：《汉字古音手册》可为字典，《出版名词术语手册》可作词典，《文史书目手册》可为书目，《＜马克思恩格斯选集＞短语速查手册》实属索引，《人民手册》实为年鉴，《各国国家机构手册》可当名录，至于《社会主义市场经济全书》，实可当作一部专题性百科全书。

手册按内容侧重可分为综合性手册和专业性手册两大类，综合性手册汇编许多知识领域的实用资料，概括的知识面比较广泛，如《当代外国社会科学手册》、《读报手册》等；专门性手册又分为三种，一是侧重为某一学科专业提供基础知识、基本事实包括数据、图表、条例等，并反映该学科专业新研究成果，如《哲学基本知识》、《当代世界经济实用大全》等；二是侧重为某项具体工作或某一具体活动提供特定的实用性知识，如《编辑工作手册》、《图书管理工作指南》等；三是介绍生活实用知识，如《家庭生活手册》、《妇女实用大全》、《男子汉手册》、《桥牌比赛手册》、《交谊比赛手册》、《口琴学习手册》等。

第四节 类书、政书

一、类书

类书是采辑古典文献资料，按类别或韵目编排，以供寻检、征引用的工具书。类书是百科全书式的大型“资料汇编”，具有资料性、汇编性、分类性的特点，举凡诗文、辞藻、人物、典故、天文、地理、典章、制度、飞禽、走兽、草木、虫鱼等，几乎无所不包。类书能够查找事物起源、典故出处、查检诗词文句、检索参考史料、校勘考证古籍及辑录古书佚文，是取之不尽、用之不竭的史实宝库。类书与百科全书近似，但性质并不相同，类书是汇集前人著作，着眼于过去，沿袭着传统观念。百科全书采用条目形式写成专文，对各类知识做全面系统的叙述，更注重新知识的介绍。

我国的类书起源于三国时代王象等人编纂的《皇览》，这是我国第一部类书，可惜已失传。现存最早的类书是历代欧阳询等编的《艺文类聚》，中国最大的类书是明代解缙等编的《永乐大典》，全书22937卷，今存约810卷。现存最大的类书是清代陈梦雷等原编、蒋延锡等重新编校的《古今图书集成》，全书10040卷。

类书大体可分为古代类书和现代类书两种形式：

1. 中国古代类书

（1）《杜堂书钞》

（唐）虞世南编，1888年南海孔氏刻本，台湾宏业书局1974年影印。它是我国最早的一部比较完整的综合性类书，记载了隋以前的一些宝贵资料。

（2）《艺文类聚》

（唐）欧阳询等奉敕编，中华书局1965年出版，上海古籍出版社1982年重印，这是我国现存最早的一部完整的官修类书。该书用途较广，宋以后多用来校勘古籍，轶录佚文以及查找唐以前的文献资料和诗文典故，颇有学术价值。上海古籍出版社重印本附有《艺文类聚》索引。

（3）《太平御览》

（宋）李昉，扈蒙等奉敕编，中华书局1960年缩印，1985年重印，这是宋代一部综合性类书，保存了大量古代社会的政治经济、文化及自然博物等方面的资料，钱亚新编有《太平御览》索引。

（4）《永乐大典》

（明）解缙、姚广孝等奉敕编，于1408年成书。中华书局1984—1986年缩印，这是我国历史上内容最广博、卷帙庞大的一部综合性类书，人称世界上最大的“百科全书”。

（5）《古今图书集成》

（清）陈梦雷原编，蒋廷锡奉敕校补，中华书局1934年影印铜活字本，中华书局、巴蜀书社1986年起影印出版。这是我国现存规模最大、内容最丰富、体例最完善，用途最广的一部类书，该书于1725年告成，它不仅搜罗丰富，而且分类细密、体例完善，检索甚为方便，要查阅本书，除用书前的目录外，要注意使用影印本的《古今图书集成》索引。

（6）《太平广记》

（宋）李昉等奉敕编，中华书局1961年出版校订本，1981年重印，这是一部专录汉代至宋初的志怪小说、杂史传记等资料的专门性类书。它为小说史研究提供了丰富的资料，而且对史料的辑佚与校勘也颇有参考价值，另外《太平广记索引》为查检校订本《太平广记》提供了方便。

(7)《册府元龟》

(宋)王钦若、杨亿等奉敕编，中华书局1960年据明刊本影印，1982年重印，该书1013年编成，所录主要选择历代史事起于上古，下至五代，是宋代最大的专门性类书，原名为《历代君臣事迹》，全书1000卷。与其他类书相比，此书取材范围较狭窄，多限于钦定的“正史”，内容主要有关政治制度和君臣事迹，不涉及自然科学，是一部史料性类书。

(8)《佩文韵府》

(清)张玉书等奉敕编，商务印书馆1937年影印，上海古籍书店1983年重印。此书搜罗广博，蕴藏极富，而且体例详明，可供查找诗赋文句和成语典故用，也可供收集专题诗赋资料参考，商务印书馆影印本和上海古籍书店重印本均附词语四角号码索引，查检方便。

2. 现当代类书

(1)《马克思主义思想宝库》

邢贲思主编，南海出版公司1990年出版，本书荟萃了马克思主义全部内容之精华。全书分为哲学编、政治经济学编、科学社会主义编（含党的建设），为掌握马克思主义基本原理和精华提供了很大的方便。

(2)《中华民族优秀传统汇典》

门岿主编，天津社会科学院出版社1991年出版。这是一部有关中华民族优秀传统文献资料的汇辑，它全面阐述了中华民族优秀传统的基本特征和具体表现，全书分为爱国、勤劳、智慧、勇敢、重德、革命六编。该书取材广泛，包括先秦典籍与诸子著作，对于继承和发扬中华民族的优秀传统查考有关的文献资料，具有重要的参考价值。

(3)《中华思想宝库》

吴枫主编，吉林人民出版社1990年出版。本书是一部中华民族的思想荟萃，它收录了从孔夫子到孙中山的1千余位历史上卓有影响的政治家、思想家、哲学家、文学家、史学家、教育家、科学家、艺术家、军事家、法学家、经济学家以及社会贤达名士等思想文献史料。该书既选取了古代人文思想之精华，又体现出当代的研究水平，具有较高的学术价值。

(4)《西方思想宝库》

(美)莫蒂默·艾德勒等编，《西方思想宝库》编委会译编，吉林人民出版社1988年出版。本书是一部西方的思想荟萃，摘录了从古希腊到近现代西方思想精华，涉及几千年间西方哲学家、作家、科学家、神学家等一千多部著作，被誉为三千年西方思想的第一部巨著。

二、政书

政书是辑录文献中的典章制度资料，分门别类地加以编排和叙述以便查考的工具书。它是历史著作的一个门类——典章制度专史，记载着历代典章制度的沿革变化以及政治、经济、文化发展情况，具有资料汇编性质，一般作为查考典章制度的工具书使用。

类书、政书是系统、全面地查检古代史实典故、诗赋文章、名物实事以及典章制度的主要工具，也是我们索取古代社会科学文献的主要来源。政书和类书的最显著的区别是，类书只是辑录原始资料，不加改动，按类堆砌；而政书却要将采撷来的原始资料加以组织熔炼，使之成为一个整体。

1. 中国古代政书

中国古代政书分为两类：一类是查历代典章制度的政书，另一类是查一代典章制度的政书。中国历代几乎都有断代政书，旧称会要或会典，如《春秋会要》、《七国考》、《西汉会要》、《东汉会要》、《三国会要》、《唐会要》、《元典章》、《大清会典》等。

中国通史性质的政书主要有“十通”。所谓“十通”，是由十部政书组成的。1935 至 1937 年由商务印书馆影印出版，近年又再次影印。《十通》中的十部政书是由“三通典”、“三通志”、“四通考”组成。

唐代杜佑的《通典》、清乾隆三十二年官修的《续通典》和《清朝通典》，并称“三通典”。《通典》共 200 卷，所记典制上起上古，下至唐代中期（肃宗、代宗）。后两书的体例基本上同前书，只是所记典制时间范围不同，一为唐肃宗至明末，一为清初至乾隆中期，都分为九部：食货、选举、职官、礼、乐、兵、刑（《通典》目录兵、刑合一，为“兵刑”，正文则分开为两部）、州郡、边防。部下有子目，最后按时代列述典制沿革。

宋代郑樵的《通志》、清代乾隆三十二年的《续通志》、《清朝通志》，并称“三通志”。《通志》200 卷，所记典制上起上古、下至隋唐（“略”至唐），其余二书体例与《通志》相同，分为五部：本纪、世家、年谱、列传、略。《通志》20 个“略”，是全书的精华，其中礼、职官、选举、刑法、食货 5 略为《通典》创例，其余 15 略为作者自创或发挥个人见解，而氏族、六书、七音、都邑、昆虫草木 5 略为旧史未备。每略都可以说是一部专题史，颇具参考价值。例如“图谱略”是研究图谱的产生、作用和发展概况的，所载资料甚富，并有子目标识，十分清晰。

元代马端临的《文献通考》、清代乾隆三十二年编的《续文献通考》、《清朝文献通考》，并称“三通考”。《文献通考》共 348 卷，所记典制上起上古、下至南宋宁宗嘉定末年，后二书体例基本同此。《文献通考》分为 24

考，是据《通典》细分并增设的。其中田赋、钱币、户口、职役、征榷、市籴、土贡、国用等8考从“食货”部析出，学校、郊社、宗庙、王礼等考从“礼”部析出，并增设有经籍考、帝系考、封建考、象纬考、物异考等五考。每考之前冠以序言，每考之下再设子目，每目之下按时代顺序进行叙述，中间穿插按语，均系作者研究之心得，甚有参考价值。《文献通考》是《十通》中篇幅最大者，史料极为丰富，为读者所常用。该书“所载宋制最详，多宋史各志所未备。案语亦多能贯穿古今，折衷至当。虽稍逊《通典》之简严，而详赡实为过之，非郑樵《通志》所及也。”（《四库全书总目提要》），例如卷三百二十七、四裔考四之“扶桑”，考述甚详，内容涉及国名由来、法律、婚姻等。

清末（1911年）刘锦藻编了《清朝续文献通考》，体例同《文献通考》，收史料上起乾隆五十一年、下迄宣统三年，与“三通考”合称“四通考”。以上共“十通”。“十通”中由清朝乾隆钦定的《续通典》、《续通志》、《续文献通考》，又称为“续三通”。“续三通”均续至明代末年。《清朝通典》、《清朝通志》、《清朝文献通考》，又称为“清三通”，主要反映了清代初年至乾隆年间的典章制度。

利用《十通》，应注意从分期、分类入手。《十通》作为一个整体全面系统地反映我国自上古直至清末（辛亥革命前夕）的全部典制沿革历史，但“续三通”、“清三通”等反映的时限不同，例如要查唐代前期的赋税制度，最好还是利用《通典》，因为该书收录唐代资料既准确且丰富。如果要查历代的赋税制度，则可利用“三通典”的“食货”部，“三通志”的“食货略”和“四通考”的“征榷考”。

利用“十通”时，可借助1927年出版的《**十通索引**》（当时随《十通》出版），该索引包括四角号码索引和分类索引两个部分，前者可检出《十通》中的一切大小篇章节目，包括小标题等在《十通》（商务印书馆1935—1937年影印本）中的出处，查检时只要按条目的首字全码和第二字头两码即可检得。分类索引部分是三通典、三通志、四通考详细类目的总汇。

2. 现代政书——法规条约

法规条约均属广义的典章制度范畴，此处主要介绍几个近现代的法规条约。

(1)《中外旧约章汇编》

王铁崖等编，三联书店1957—1962年出版，收录了自1689年中国开始对外订立的条约至1949年止的我国对外签订的条约，协定章程合同等1200多件。

(2)《中华人民共和国条约集》

中华人民共和国外交部编，1957 年开始，先后由法律出版社、人民出版社、世界知识出版社陆续出版，该书收集了中华人民共和国与外国签订的条约性文件。

(3)《中华人民共和国多边条约集》

中华人民共和国外交部条约法律司编，法律出版社陆续出版，收录 1949 年 10 月 1 日以来我国参加的多边条约。

(4)《国际条约集》(1648—1871)

世界知识出版社 1984 年编辑出版，从 1648 年威斯伐利亚条约开始至 1871 年的重要国际条约，该书的续集《国际条约集 1872—1916》由世界知识出版杜 1986 年编辑出版。《国际条约集 1917—1971》由世界知识出版社，商务印书馆 1961 年开始编辑出版，所收内容皆是多边条约，该书对于国际政治关系的研究极具参考价值。

第五节 图录、名录、表谱

一、图录

图录，是一种以图形揭示历史文物各种事物形象的工具书，它包括地图、历史图谱、文物图录、人物图录、艺术图录等，主要用图像或简要文字，反映事物、文物、艺术等图谱工具书。原始社会的氏族图腾，上古民族的器物图纹，可视为最原始的图录，古人有“左图右史”之说，可见图录自古为人们所利用。图录具有资料性、形象性、艺术性的特点。

图录包括地图和图谱两类。地图是地表事物和现象标绘于图纸上的缩影，供查检地名及其位置，可分为普通地图，如《世界地图集》；历史地图，如《中国历史地图集》；专业地图，如《中国交通图册》。图谱，是用图像表现事物、文物或人物形象的工具书，有《中国历史参考图谱》、《中国古代度量衡图集》、《人体解剖图谱》、《眼科图谱》等等。

1. 地图

(1)《中华人民共和国地图集》

地图出版社编制出版，1957 年初版，1984 年出版了 16 开缩印本。图集中有全国性专题图 30 幅，省区图 31 幅，城市图 14 幅，图表、略图附于各图幅背页或图廓外，图集共收地名 32000 多条，文字说明约 10 万字，比较全面地介绍了我国地理面貌及经济建设成就。

（2）《清内府一统舆地秘图》

又名《皇舆全览图》，清康熙年间编绘，沈阳故宫博物院1921年石印本。1708年，清朝廷聘用西洋传教士测量绘制，1717年告成。此图为我国首次根据实测绘制的大型地图，开创了中国近代地图的先河。编绘成功标志着中国制图业一大进步，它“不但是亚洲当时所有地图中最好的一幅，而且比当时所有的欧洲地图都更好、更精确。”

（3）《中国历史地图集》

谭其骧主编，地图出版社1982—1987年出版。以中国历代疆域政区为主，自原始社会至清末，按历史时期分为8册、20个图组，共304幅地图，全面、客观地反映了1840年以前我国各个时期的政区设置和部族分布的基本概貌。

（4）《世界地图集》

地图出版社编制出版，有1987年版。这是我国出版的一部较详密的世界地图集，主要分为世界和洲图、分区和分国图、地区补充图三级，共含各类地图225页，文字说明15万字，地名索引6万2千条。它简要地介绍了各国和地区的概况、居民、自然环境、自然资源、经济概况、重要城市等内容。

2. 历史图谱

历史图谱反映人类各个历史时期主要运动与发展，内容如疆域、政治军事形势、民族迁徙、重大历史事件及经济文化科学成就等基本情况。

（1）《中国历史参考图谱》

郑振铎编，上海出版公司1947—1951年出版。这是一部收录广泛、材料精详的中国历史图谱，它收集了我国历史上重要的文化遗址、名人图像、墨迹、古代器物、重要文献、善本书籍以及雕刻、壁画、书画、工艺品等珍贵艺术品，内容涉及自然环境、历史人物、历史事件、历史现象、建筑艺术、日常用品、衣冠制度等方面，为研究我国历史提供了形象的材料。

（2）《中国近代史参考图录》

中国历史博物馆编，上海教育出版社1981—1984年出版，全书收录我国1840—1919年间有关重大历史事件的图画、实物照片、人像、历史文献等2000幅。可供学习和研究中国近代史参考之用。

（3）《古代世界史参考图集》

朱龙华编，人民教育出版社1960年出版。本图集选了有关古代世界史的各种重要图片495幅，分原始社会、两河流域及西南亚洲其他地区之古代文明、古代埃及、爱琴文化、古希腊及古罗马等六部分。内容包括：生产工具及社会经济状况，阶级斗争和阶级关系情况，政治事件及历史人物、文化艺术等，每幅图片均有简要说明。可供研究世界古代史者参考。

3. 文物图录

(1)《国宝》

朱家溍主编，北京故宫博物院、商务印书馆香港分馆联合编辑，1983 年影印出版。本书选录故宫博物院有代表性文物精品 100 件，均为稀世珍宝，共有彩图 270 帧，书后附索引。

(2)《新中国出土文物》

外文出版社编辑，该社 1972 年出版。本书选录建国以来发掘古代遗址、墓葬中出土的历史文物。分为原始社会、奴隶社会、封建社会三个时期。这些文物对于研究和了解我国历史政治、经济、文化、军事及中外友好往来等方面，具有重要参考价值。

(3)《中国古代服饰研究》

沈从文编著，香港商务印书馆 1981 年出版。本书精选了殷代至清代间出土的和传世的服饰图像资料 700 幅，对我国历史上不同时代，不同阶层服饰制度的发展沿革，以及与当时社会物质生活、意识形态关系，作了探讨。

(4)《中国古代度量衡图集》

国家计量总局主编，文物出版社 1981 年出版，1984 年修订出版。本书精选新出土和传世的我国商代至清代度量衡物 240 件，分度、量、衡三部分，其中度尺 77 件，量器 75 件，权衡 88 件，每部分又以时代先后为序编排。

4. 人物图录

(1)《无双谱》

(清) 金古良绘，中华书局上海编辑所编，中华书局 1961 年出版。书中选择了从西汉至南宋 1400 年间许多众口流传的有名人物故事，绘制成图。其中人物有英雄、豪杰、史学家、文学家共 40 幅，代表了 17、18 世纪中国画像木刻画的独特风格。

(2)《中国历代名人图鉴》

苏州大学图书馆编，瞿冠群、华人德执笔，上海书画出版社 1989 年版。本书选收我国上古至清代著名人物 1133 人的图像 1165 幅，其中包括政治家、哲学家、科学家、军事家、史学家、语言学家，并酌收历代帝王及部分后妃，按人物年代先后顺序排列。图像为古人所作画像，如木刻像、石刻像、塑像以及近代照相等。

5. 艺术图录

(1)《中国美术全集》

中国美术全集编辑委员会编，人民美术出版社、上海人民美术出版社、文物出版社、中国建筑工业出版社 1984 年联合出版。这是一部大型美术图录总集。全书选编历代有重要价值、有代表性的作品，内容广博，资料丰富，作品的制作均属上乘，装帧十分考究，堪称我国历代美术精品之总汇。

(2)《中国版刻图录》(增订本)

北京图书馆编，文物出版社1961年版。该书汇辑了我国历代善本书及版画书影，共550种724幅，内容包括刻版、活字本、版画三部分。这部图录荟萃了我国现存版刻之精华，为研究古代版本和版刻艺术提供了珍贵材料。

二、名录

名录是对有关专名（人名、地名和机构名录等）及其基本情况作简要介绍的一种工具书。名录具有资料性、简明性、新颖性等特点，分为机构名录、人名录、地名录三类。

1. 机构名录

机构名录也称机构指南，它提供人们查询某机构组织的地址、宗旨、历史、成员、出版物以及其它方面情况的工具书。

机构名录包括学术机构名录、政府机构名录、企业机构名录等。利用机构名录一般可以解决以下几个方面的问题：第一，机构全称、地址、邮政编码和电话号码。第二，机构的成立年代、历史沿革和近况、机构的性质和活动范围。第三，机构的规模、成员的多少、机构的首要人物等。第四，某机构的业务介绍、服务项目以及出版物等情况。第五，有的机构名录还提供与该机构有关的个人的传记资料。

(1)《中国企事业名录大全》

廖季立主编，经济科学出版社1986年出版。这是一本综合性的机构名录。收录全国企事业单位15万个，包括工商物资、农林建设、财贸金融、文教卫生等各行各业系统。

(2)《中国政府机构名录》

新华社中国新闻发展公司编，新华出版社1989年版。此书介绍我国政府机构概况，收录国务院各部委、办事机构、直属机构，各部委归口管理的国家局和事业单位共79个，以及除台湾以外的30个省、自治区、直辖市及其所属厅局级职能单位和事业单位、地（市）级政府。

(3)《中外出版发行机构便览》

李军主编，长春出版社1989年版，本书收录中外16个国家12000多个出版发行机构。

(4)《世界各国高校名录》

国家教委外事局编写组主编，北京语言学院出版社1991年版。本书介绍世界88个国家和地区的6900所高等学校的基本情况。

（5）《中国报刊名录》

本书编辑部编，新华出版社 1985 年，收录全国县以上公开发行的报纸及发行机构。

2. 人名录

人名录也称“名人录”，收选对象是一定专业领域的知名人士，内容一般包括姓名、出生时间、职务、学历、工作单位、家庭住址、简历及主要成就等，属传记性工具书。人名录一般比人名辞典介绍得要详细、深入，但与人物传记相比则要简略得多。

人名录一般可分为三种类型：

（1）综合性人名录

收录的对象来自社会各界，只要符合条件，都予以收录。规模一般都比较大，世界著名的人名录一般也都是综合性的。

《中国人名大词典》，上海辞书出版社、北京出版社编辑，上海辞书出版社出版（1989—1992）。它分为 3 卷：历史人物卷、当代人物卷和现任党政军领导人物卷，共收录 3 万余人。

（2）国别或地区人名录

以某一地区公民为收录对象的人名录，如：

《新中国名人录》，京声、溪泉编，江西人民出版社 1987 年版，收录 1949 年 10 月 1 日到 1984 年 10 月间去世的中国各界名人 1500 人，包括党、政、军、工、农、商、民主党派、文化教育、文化艺术等方面的著名人物。

《中国当代名人录》，中外名人研究中心编，上海人民出版社 1991 年版，本书收录当代中国（不合港、台）社会各界名人 7564 人，皆为有杰出贡献，社会知名度较高的人物。

《中华人民共和国全国人大、中央和地方政府，全国政协历届负责人名录》，中国革命博物馆编，人民出版社 1984 年版，收录 1949 年 10 月至 1982 年 12 月 31 日期间中华人民共和国全国人大，中央和地方政府，全国政协等人物。

（3）专业性名人录

收录在某一专业领域内做出突出贡献的著名人物。如《中共党史事件人物录》等。

3. 地名录

（1）《中国地名录——（中华人民共和国地图集）地名索引》

国家测绘局编，地图出版社 1983 年版，每个地名都注明所在省、市、自治区和经纬度。

(2)《世界地名录》

中国大百科全书出版社编，肖德荣主编，中国大百科全书出版社1984年版，收录中外地名30万条。是查找世界地名重要工具。

(3)《全国乡镇地名录》

中华人民共和国民政部行政区划处编，高岩主编，测绘出版社1986年版。本书收除台湾以外全国乡镇地名95895个，其中80273个乡，2794个民族乡，8318个镇，3608个街道办事处及其它地名902个，资料截止至1985年。

三、表谱

表谱是一种用简单的文字或准确的数字，以表格、谱系或其他较为整齐的形式，按年次记载史实和时间的工具书。特点是眉目清楚、容易查检，信息密集，可以代替许多文字说明。通常用于查检时间、历史事件、人物资料等。表谱一般可具体分为年表、历表和专门性表谱三种类型，是历史研究的重要参考工具书。

年表是表谱的主要形式，产生最早，其他表谱都是在它的基础上演变而成的。年表分纪元年表和记事年表。纪元表以时间为主，不述史事，主要用于查考历史年代和帝王庙号、谱号、谥号、年号、干支等各种历史纪元；记事年表以年月为纲，记载历史大事，供查考历史事件的原委及线索。记事年表又可细分为综合性记事年表和专门性记事年表。据史料记载，我国在殷周以前就有史官记载帝王年代和事迹的谱碟，《汉书·艺文志》记载的表谱类著作有《周谱》、《古帝王谱》，二十四史也都列有年表，记述一代或历代的编年大事。近代以来，采用公元编制的年表受到欢迎，特别是建国以来，编制了许多年表，其内容更为丰富，检索也十分方便，极大地方便了学术研究。

历表是一种将不同历法的年月日列于一表，便于换算的表谱。如果单纯换算年代，可使用纪元年表，而全面换算不同历法的年月日，则要使用历表，它是为了查考和推算年月日而特地编写的。我国最早的历表是晋杜预编的《春秋长历》，此后历代都有人编写历表，以供学者查考和推算历史年月。近现代以来编写出版了许多经过深入研究和精密推算的历表，不仅可以推算我国古代的年月日，而且可以推算中外不同历法和年月日，几十年来常用不衰。

专业性表谱包括人物年谱、人物生卒年表、职官表、地理沿革表等。

1. 年表

殷周以前就有史官编制的帝王年代及事迹的年表。最早的年表是《汉书·艺文志》，《汉书·司马迁传》中记载的《古帝王谱》和《春秋历谱谍》，它正式开创了年表的编制体例。19世纪，西方自然科学和社会科学著作逐渐翻译到我国，便产生了采用公元编制世界大事的年表。如1861年李凤苞和美国传教士林乐知编译的《四裔年表》，是我国第一部用公元配合我国帝王纪年法编制的年表。本世纪八十年代后是年表编制的鼎盛时期，其特点是几乎各学科领域都有了年表，能清晰地揭示各学科主要事件的发展历程，为了解各学科发展史提供了丰富的资料。

年表分纪元年表和纪事年表。纪元年表以时间为主，不述史事，主要用于查考历史年代和帝王庙号、谥号、年号、干支、公元等各种历史纪元。

(1)《中国历史纪年表》

万国鼎编，万斯年、陈梦家补订，商务印书馆 1956 年出版。该书出版了自公元前 841 年到 1949 年中华人民共和国成立以前的中国纪年和公元对照，包括公元，纪年干支、各朝代的国号、帝王名称、庙号、年号、年数等项。

(2)《中国历史纪年表》

方诗铭编，上海辞书出版社，1980 年版。从公元前 841 年至 1949 年中华人民共和国成立，按时代分为 15 个纪年表，后附三代世系表、辛亥革命期间所用黄帝纪年对照表及韵目代日表三个表。为明确公历纪年和中国历史纪年对照的绝对年份，从公元 1 年开始，在第三栏内左方加注同公历相当的中国历史纪年的月日，如公历 1141 年 12 月 31 日所注（十二）（二），即表明公元 1141 年的 12 月 31 日相当于宋高宗绍兴十一年十二月初二日。

(3)《中外历史年表》

翦伯赞主编，齐思和、刘启戈、聂崇歧合编，前后由三联书店、中华书局出版。把公元前 4500 年至公元 1918 年、公元 1919 年至 1951 年中国和外国比较重要的历史事件，按照年代的顺序简明扼要的加以编纂。

(4)《中国历史大事年表》

沈起炜等编著，上海辞书出版社，1997—2001 版。该书分古代卷、近代卷、现代卷三部分，由三位作者分别编写。纪事上起远古，下讫 1994 年，对政治、军事、经济、文化等各方面都尽量有所反映。卷末附有人名索引，以姓氏笔画为序排列。

(5)《世界七千年大事总览》

［美］伯纳德·格伦主编，雷自学、王迎选译，邓蜀生校，东方出版社 1990 年出版。这是一部大型的综合性分类历史年表。它以表格形式，逐年分类汇集了公元前 5000 年至公元 1978 年世界大事，以欧美为主，兼及亚非。每年分列历史、政治、文学、戏剧、宗教、哲学、学术、观赏艺术、音乐、科学、技术、发展、日常生活等七个栏目。

(6)《中国学术界大事记 1919—1985》

王亚夫、章恒忠主编，上海社会科学院出版社 1988 年出版。本书按编年方式纪录我国“五四”运动以来至 1985 年间学术界大事件和活动。主要内容包括：党和国家关于学术问题的重大决策、决定、指示和重要文献的发布；中共和地方的主要学术机构、高等院校、学术团体的成立和活动；学术界的重大活动和改革；重要学术文物的发现；有重大意义的学术论战；有较大影响的学术论著，以及著名学者的生卒年月；有较大影响的学术报刊、书店、图书馆、出版社的创建和活动情况；中外学术交流的重大活动等。

2. 历表

各国历法不同，因而对年月日计算也不同，用以纪录时间的符号也不一样。我国最早的历表是（晋）杜预编《春秋长历》。我国不同历史时期采取不同的历法，不同的民族又采用了本民族的历法。比如藏族有藏历，傣族有傣历，这就需要掌握历法的基本常识，学会检索有代表性的历表的使用方法。

中国历史上纪年法有星岁纪年、年号纪年、干支纪年、生肖纪年等，至于目前使用的公元纪年，是公元前6世纪527年开始实行的。我国从1911年以来开始使用公历。

（1）《两千年中西日历对照表》

薛仲三、欧阳颐编，商务印书馆初版，三联书店1956年修订版。本书逐日对照公元1—2000年中历与西历的历日。以中历（阴历）年、月、日列为表格，填入西历年、月、日，可以直接检出，非常简便。星期及纪日干支则需另行推算，（以阴历日序与星期或干支栏的数字相加即得）。附有各朝代朔闰表等18个表，与正文配合使用。

（2）《中国史历日和中西历日对照表》

方诗铭等编著，上海辞书出版社，1987年版。该书可供中西历的年月日换算，分上编、下编、附编三个部分。上编为公元前历史表，起于西周共和元年，迄于西汉哀帝元寿二年；下编为公元后历日表，起于西汉平帝元始元年，迄于中华民国三十八年，共计19个表；附编列有殷历日表，共和元年前西周历日表、1949—2000年历日表、韵目代日表、六十干支表等。书后附年号索引。

近年来常用历表还有《公历农历干支日历对照表》、《新编中国三千年历日检索表》、《中国历史纪年及中西日历表》等。

3. 专业性表谱

专业性表谱包括人物年谱、人物生卒年表、职官表、地理沿革表等。

（1）人物年谱

年谱产生于宋代，我国较早的年谱是宋代胡舜陟等编的《孔子编年》。发展到清代，年谱已成为一个独立类目。年谱的体例严谨、材料充实，对查考人物生平，研究社会历史有较高的学术价值。

《马克思恩格斯生平事业年表》，中共中央马克思恩格斯列宁斯大林著作编译局编译，人民出版社1976年出版。本年表以编年的形式记述了马克思和思格斯的革命实践和创作活动。

《二十一史四谱》，清沈炳震编，商务印书馆1936年出版。本书以时间先后为序可以从年号查到帝王，历代宰相官职和姓名。亦可从人名查到官职，从人名查到谥号。

（2）职官表谱

职官宗谱作为工具书产生于清代。但记官职制度的文献始于《周礼》，汉代以后这类书逐渐增多。职官表的编制叙述清晰，为研究中国政治制度史，考察历代官制之因袭沿革收集了丰富的资料。

《历代职官表》，（清）永瑢、纪昀等奉敕修撰，中华书局1936年据武英殿本校刊，台湾商务印书馆1983年影印。这是一部大型的职官沿革表。以清代官制为纲，查官职沿革，为研究历史，查考历代职官沿革提供了很大的方便。

常用的职官表谱还有《中国历代官制简表》、《历代官制、兵制、科举制表释》、《清季新设职官年表》、《辛亥以后十七年职官年表》、《清季中外使领年表》、《中国驻外使领年表》（1912—1949）等。

（3）地理沿革表

地理沿革即指地名考证的研究，将各朝代地理志连缀起来，即形成地理沿革工具书，地理沿革表以表格与简洁文字处理地名考证研究成果，反映了地名在历史上的变化变动情况。东汉班固的《汉书·地理志》，是我国第一部以疆域政区地名为主体的地理沿革研究著作，至唐代地理沿革成为专门学问。

《历代地理沿革表》，（清）陈芳绩编，黄廷鉴校补，商务印书馆1935年出版。按古代地方三级行政区，分别列述虞及秦，汉到明、部（州）郡、县的因袭沿革。

《中国近现代政区沿革表》，张在普编著，福建省地图出版社1987年出版。所录材料上起1820年，下至1984年底。本书以我国现今的行政区划分为纲、以地为经，详细编列县级以上（含县级）行政区划的沿革过程。

《中华人民共和国县级以上行政区划沿革》，中华人民共和国民政部编，测绘出版社1986年出版。本书系统汇辑了1949年至1983年中华人民共和国县级以上各级行政区划的变革资料，每表之后相应注明了建制变更、更名、省界变革、隶属关系变革、驻地迁移等情况。

第五章　中文综合性检索系统

第一节　CNKI 系列数据库

一、概述

国家知识基础设施（National Knowledge Infrastructure，CNKI）的概念，由世界银行于1998 年提出。中国的 CNKI 工程是以实现全社会知识资源传播共享与增值利用为目标的信息化建设项目，由清华大学、清华同方发起，始建于1999 年6 月，被国家科技部等五部委确定为“国家级重点新产品重中之重”项目。在全国学术界、教育界、出版界、图书情报界等社会各界的密切配合和清华大学的直接领导下，项目采用自主开发并具有国际领先水平的数字图书馆技术，并正式启动建设《中国知识资源总库》及 CNKI 网格资源共享平台，建成了世界上全文信息量规模最大的“CNKI 数字图书馆”。它涵盖了我国自然科学、工程技术、人文与社会科学期刊、博士硕士论文、报纸、图书、会议论文等公共知识信息资源，用户遍及全国和欧美、东南亚、澳洲等各个国家和地区。

CNKI 除了主站点（http：//www. cnki. net）外，还在国内外设立了一些专业和地区镜像站点，即电信全国中心、教育全国中心、军队、美国交换中心，遍及华北、西北、西南、华东北、华中、华南、东北、华东南、香港、台湾地区和东南亚。

CNKI 的子网站群有：CNKI 知网数字图书馆、中国医院数字图书馆、中国农业数字图书馆、中国企业创新知识网、中国城建数字图书馆、中国法律数字图书馆、中小学多媒体数字图书馆、文献规范与计量评价网等。产品包括学术文献、国际文献、行业数字图书馆和特色文献系列，此外还提供学术趋势搜索、学术导航、定义搜索、图形搜索、表格搜索、学术概念搜索、汉语词典、双语词典、专科词典、百科全书、历史上的今天、图片鉴赏、翻译助手等服务。目前学术文献总库文献总量4667 万篇。文献类型包括：学术期刊、博士学位论文、优秀硕士学位论文、工具书、重要会议论文、年鉴、专著、报纸、专利、标准、科技成果、知识元、哈佛商业评论数据库、古籍等。还可与德国 Springer 公司期刊库等外文资源统一检索。

二、重点数据库

1.《中国学术期刊网络出版总库》

收录1915至今国内正式出版的7000多种学术期刊，内容覆盖自然科学、工程技术、农业、哲学、医学、人文社会科学等各个领域，其中核心期刊、重要评价性数据库来源期刊近2600种。现有文献2550多万篇，每日更新。

2.《中国工具书网络出版总库》

收录1973年至今近200家出版社的字典、词典、百科全书、图录、表谱、手册、名录等共2000多部，含1000多万个条目，70万张图片，其内容涵盖自然科学与人文社科各领域，每月更新。

3.《中国统计年鉴全文数据库》

收录1949年至今中国国内的中央、地方、行业和企业等正式出版的396种2100本各类统计年鉴的全文文献，是目前国内最大的连续更新的动态年鉴资源全文数据库。现有文献总量近14万篇，每月更新。

4.《中国年鉴网络出版总库》

收录1912年至今我国国内的中央、地方、行业和企业等正式出版的1590种10086本年鉴的全文文献，是我国第一部拥有国家标准刊号并连续出版的年鉴全文数据库，收录内容覆盖基本国情、地理历史、政治军事外交、法律、经济、科学技术、教育、文化体育事业、医疗卫生、社会生活、人物、统计资料、文件标准与法律法规等各个领域。现有文献总量近950万篇，每月更新。

5.《中国博士学位论文全文数据库》

收录1984年至今近400家博士培养单位的学位论文，现有论文9万多篇，每日更新。

6.《中国优秀硕士学位论文全文数据库》

收录1984年至今500多家硕士培养单位的学位论文，现有论文近70万篇，每日更新。

7.《中国重要报纸全文数据库》

收录2000年至今500多种地市级以上报纸，现有文章497万多篇，每日更新。

8.《中国重要会议论文全文数据库》

收录1953年至今1400多家单位举办的1万多个国际、国内学术会议论文，现有论文103万多篇，每日更新。

9.《中国图书全文数据库》

收录1949年至今我国国内公开出版的图书全文，主要遴选国内外部分经典专著，以对科学技术和社会文化进步有重要贡献的原著、经典专著、名家撰写的教材为核心，包括工具书、教科书、理论技术专著、科普作品、古籍善本、经典文学艺术作品、译著、青少年读物等。现有文献3800多本，每月更新。

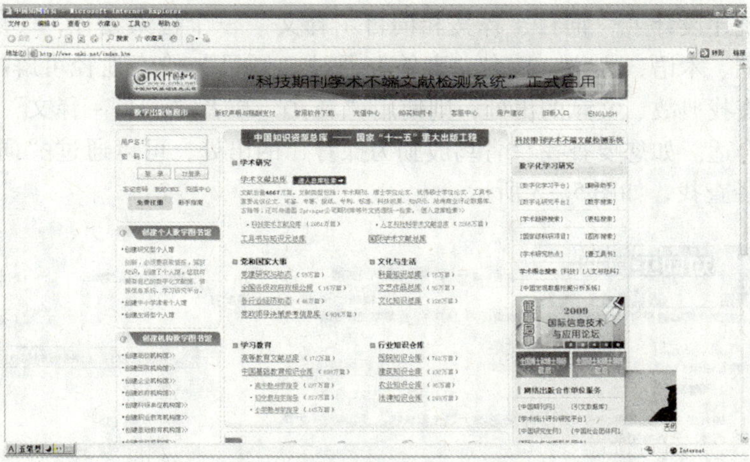

图5－1　中国知网主网页

二、《中国工具书网络出版总库》检索

《中国工具书网络出版总库》(http：//gongjushu. cnki. net) 是“十一五”国家重点电子出版物规划选题和国家重大网络出版工程，可方便用户查询名词术语、人物、地名、事件、器物、年表、同义词、反义词、成语、俗语、歇后语、谚语、方言、典故等等。

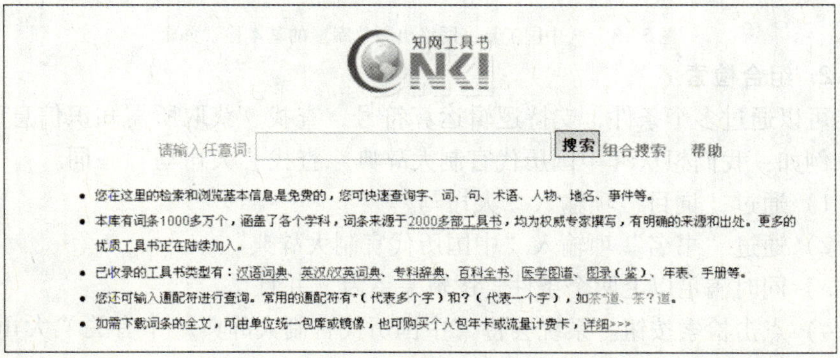

图5－2　《中国工具书网络出版总库》首页

1. 基本检索

在检索框内输入问题的关键词，答案就会立即呈现出来。系统默认为“精确”检索。如果“精确”检索不能满足需求，或者是用户想扩大检索范围，可以选择“模糊”检索。如果想要更加自由的检索，还可选择“通配符”检索。系统支持使用“?”和“＊”字符来代表不限定的条件，其中“?”准确代表一个字母或汉字，“＊”则代表没有或者多个。

系统还设计了“词目、释文和词目＋释文”三个检索途径，一般来说，查找名词、术语、人物、地名、事件等通过“词目”检索途径可解决问题，但如果查找典故、文献的出处，则使用“释文”或者“词目＋释文”的检索途径更合适。如您要查找“青鸟殷勤为探看”的出处，可以通过“词目＋释文”途径查找，如图5－3所示。

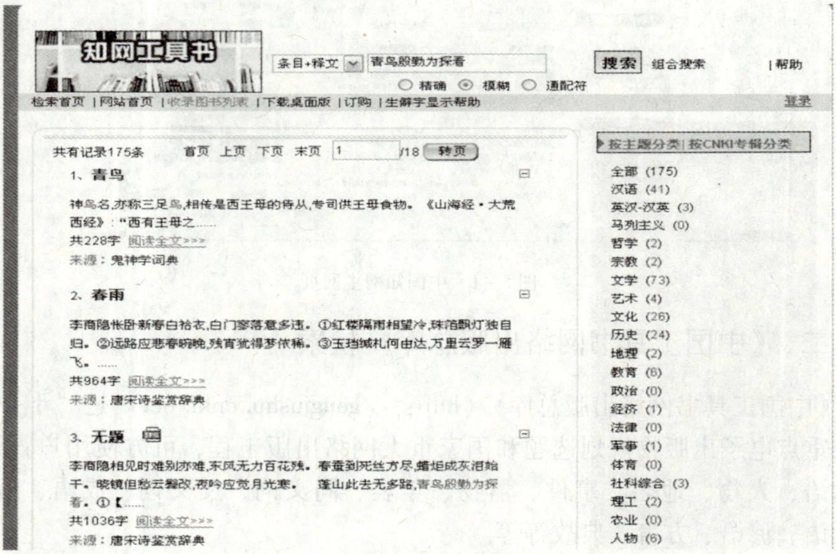

图5－3　《中国工具书网络出版总库》的基本检索页面

2. 组合检索

可以通过多个条件，支持逻辑运算符号，查找、获取所需知识信息的过程。例如：我们想从《中国历代官制大辞典》查找“大司马”一词。

1）通过“词目”项输入“大司马”。

2）通过“书名”项输入“中国历代官制大辞典”。

3）同时满足以上两个条件，逻辑关系为“并且”。

4）点击检索按钮。系统会将《中国历代官制大辞典》中有关“大司马”的条目查找出来，如图5－4所示。

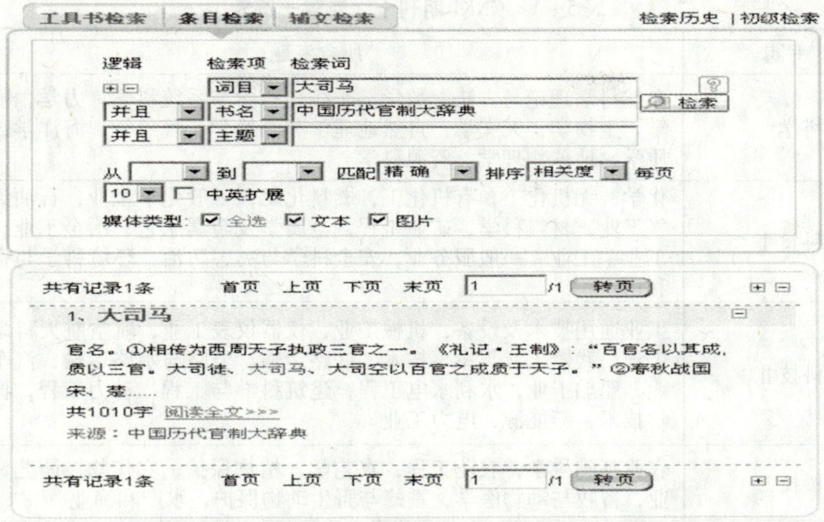

图 5-4　《中国工具书网络出版总库》的组合检索页面

三、《中国学术期刊网络出版总库》检索

《中国学术期刊网络出版总库》是目前世界上最大的连续动态更新的中国学术期刊全文数据库，数据信息每日更新，各镜像站点通过互联网或卫星传送数据可实现每日更新，专辑光盘每月更新，专题光盘年度更新。收录的期刊均已有印刷版，电子版的速度要晚于印刷版。发行方式有 WEB 版（网上包库）、镜像站版、光盘版。光盘版分为整库和专题库等几种不同的形式供用户按需选择；网络版分为全文数据库和题录数据库两种。题录库是免费的，可以免费浏览题录、摘要和知网节。若需要下载全文，则先要注册个人账户，并通过知网卡、银行卡、神州行卡等方式给账户充值，也可由单位统一办理团购。

全部期刊分为十大专辑，类目名称与所含专题经过调整，现在分为：基础科学、工程科技Ⅰ、工程科技Ⅱ、农业科技、医药卫生科技、哲学与人文科学、社会科学Ⅰ、社会科学Ⅱ、信息科技、经济与管理科学。十专辑下分为 168 个专题文献数据库和近 3600 个子栏目（见表 5-1）。

1. 检索

《中国学术期刊网络出版总库》根据学术文献检索的需求，提供了快速检索、标准检索、专业检索、作者发文检索、科研基金检索、句子检索、来源期刊检索七种检索方式；根据学术期刊的特点，在平台首页和检索结果页都提供了"文献检索"与"期刊导航"两个通用菜单，以方便用户检索；通过知网节功能，提供以节点文献为中心的知识网络，可以看到所引用参考文

表5-1 CNKI期刊十大专辑一览表

专辑	所含专题
基础科学	自然科学理论与方法，数学，非线性科学与系统科学，力学，物理学，生物学，天文学，自然地理学和测绘学，气象学，海洋学，地质学，地球物理学，资源科学
工程科技Ⅰ	化学，无机化工，有机化工，燃料化工，一般化学工业，石油天然气工业，材料科学，矿业工程，金属学及金属工艺，冶金工业，轻工业手工业，一般服务业，安全科学与灾害防治，环境科学与资源利用
工程科技Ⅱ	工业通用技术及设备，机械工业，仪器仪表工业，航空航天科学与工程，武器工业与军事技术，铁路运输，公路与水路运输，汽车工业，船舶工业，水利水电工程，建筑科学与工程，动力工程，核科学技术，新能源，电力工业
农业科技	农业基础科学，农业工程，农艺学，植物保护，农作物，园艺，林业，畜牧与动物医学，蚕蜂与野生动物保护，水产和渔业
医药卫生科技	医药卫生方针政策与法律法规，医学教育与医学边缘学科，预防医学与卫生学，中医学，中药学，中西医结合，基础医学，临床医学，感染性疾病及传染病，心血管系统疾病，呼吸系统疾病，消化系统疾病，内分泌腺及全身性疾病，外科学，泌尿科学，妇产科学，儿科学，神经病学，精神病学，肿瘤学，眼科与耳鼻咽喉科，口腔科学，皮肤病与性病，特种医学，急救医学，军事医学与卫生，药学，生物医学工程
哲学与人文科学	文艺理论，世界文学，中国文学，中国语言文字，外国语言文字，音乐舞蹈，戏剧电影与电视艺术，美术书法雕塑与摄影，地理，文化，史学理论，世界历史，中国通史，中国民族与地方史志，中国古代史，中国近、现代史，考古，人物传记，哲学，逻辑学，伦理学，心理学，美学，宗教
社会科学Ⅰ	马克思主义，中国共产党，政治学，中国政治与国际政治，思想政治教育，行政学及国家行政管理，政党及群众组织，军事，公安，法理、法史，宪法、行政法及地方法制，民商法，刑法，经济法，诉讼法与司法制度，国际法
社会科学Ⅱ	社会科学理论与方法，社会学及统计学，民族学，人口学与计划生育，人才学与劳动科学，教育理论与教育管理，学前教育，初等教育，中等教育，高等教育，职业教育，成人教育与特殊教育，体育
信息科技	无线电电子学，电信技术，计算机硬件技术，计算机软件及计算机应用，互联网技术，自动化技术，新闻与传媒，出版，图书情报与数字图书馆，档案及博物馆
经济与管理科学	宏观经济管理与可持续发展，经济理论及经济思想史，经济体制改革，经济统计，农业经济，工业经济，交通运输经济，企业经济，旅游，文化经济，信息经济与邮政经济，服务业经济，贸易经济，财政与税收，金融，证券，保险，投资，会计，审计，市场研究与信息，管理学，领导学与决策学，科学研究管理

献的记录、被引用情况及相关文献的记录。

（1）期刊导航

期刊导航按期刊的不同属性对期刊分类，包括如下分类导航：

①首字母导航：点击任何一个字母，出现名称以该字母开头的期刊。

首字母导航 A B C D E F G H I J K L M N O P Q R S T U V W X Y Z

②专辑导航：按期刊知识内容分类，分为 10 个专辑，168 个专题。点击任何专辑（专题）的名称，可以显示该专辑（专题）下所有期刊。

③世纪期刊导航：按期刊的知识内容分类，只包括 1994 年之前出版的期刊。世纪期刊也是按照期刊的专辑与专题分类体系（10 专辑 168 专题）进行分类的。

④数据库刊源导航：按期刊被国内外其他数据库收录情况分类。包括 CA 化学文摘（美）、SA 科学文摘（英）、SCI 科学引文索引（美）、CBST 科学技术文献速报（日）、Рж（AJ）文摘杂志（俄）、EI 工程索引（美）、中国科学引文数据库和中国人文社会科学引文数据库。

⑤刊期导航：按期刊的出版周期分类。期刊出版周期有如下几类：年刊、半年刊、季刊、双月刊、月刊、半月刊、旬刊、周刊。

⑥出版地导航：按期刊的出版地分类。所在区域有华北、华东、华南、东北、西南、西北和华中。

⑦主办单位导航：按期刊的主办单位分类。期刊主办单位按单位性质分类显示。单位性质有：学会、出版社、大学、科研院所。

⑧发行系统导航：按期刊的发行方式分类。包括邮发期刊、非邮发期刊和国际发行期刊。

⑨期刊荣誉榜导航：按期刊的获奖情况分类。包括百种重点期刊、第三届（2005）国家期刊奖获奖期刊、第三届（2005）国家期刊提名奖期刊、第二届全国优秀科技期刊、首届全国优秀社科期刊、中国期刊方阵和 Caj－cd 规范获奖期刊。

⑩核心期刊：按 2004 年“中文核心期刊要目总览”核心期刊表分类，只包括被 2004 年“中文核心期刊要目总览”收录的期刊。分为哲学、社会学、政治、法律、军事，经济，文化、教育、历史，自然科学，医药、卫生，农业科学和工业技术七大类。

⑪中国高校精品科技期刊：2006 年获教育部“中国高校精品科技期刊奖”荣誉的期刊，包括北京大学学报（医学版）、清华大学学报（自然科学版）、武汉理工大学学报、哈尔滨工业大学学报等 52 种期刊。

通过期刊导航，用户可直接浏览期刊基本信息，按期查找期刊文章。这种浏览方式层次清晰，方便快捷。

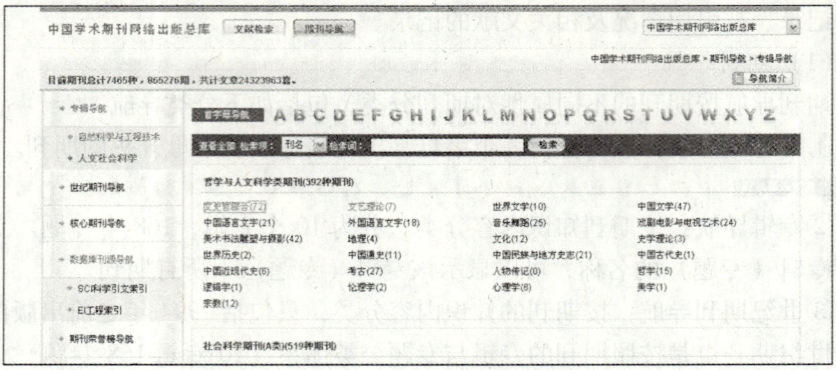

图5-5　《中国学术期刊网络出版总库》期刊导航页面

（2）文献检索

①快速检索

快速检索提供了类似搜索引擎的检索方式，用户只需要输入所要找的关键词，点击 快速检索 就查到相关的文献。

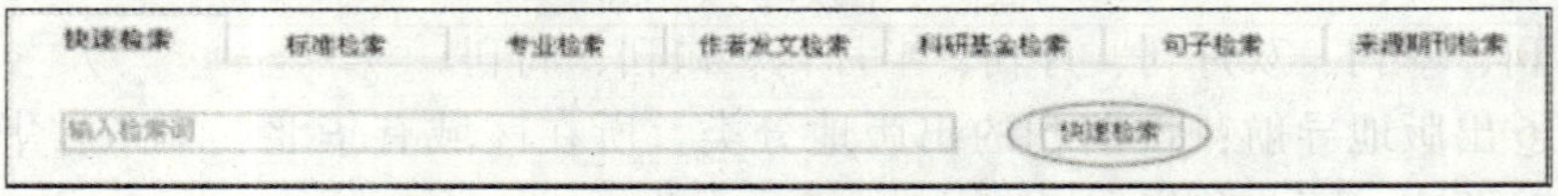

图5-6　《中国学术期刊网络出版总库》快速检索页面

②标准检索

在标准检索中，将检索过程规范为三个步骤：

1）输入发表时间、支持基金、文献来源（来源期刊、来源类别）、作者信息（作者、作者单位等检索控制条件，对检索范围进行限定；

2）输入篇名、主题、关键词、摘要、全文、参考文献、中图分类号等基于文献内容特征的检索条件，若一个检索项需要两个关键词做控制，可选择“并且包含”、“或含”或“不含”的关系，在第二个检索框中输入另一个关键词；

点击检索项前的⊞增加逻辑检索行，添加另一个文献内容特征检索项；点击⊟减少逻辑检索行；

3）对检索结果的分组排序，如果对一次检索结果不满意，还可以进行进一步的筛选，修改所需的检索项内容，以得到最终满意的结果。

③专业检索

使用逻辑运算符和关键词构造检索式进行检索。可用主题、题名（篇名）、关键词、摘要、全文、作者、第一责任人（第一作者）、机构（单位）、中文刊名 & 英文刊名（刊名）、引文（参考文献）、发表时间、年、基金、

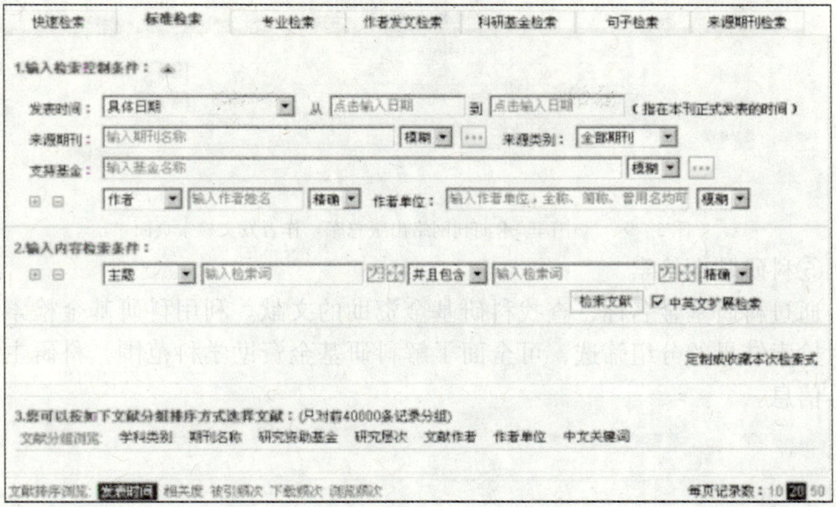

图 5－7　《中国学术期刊网络出版总库》标准检索页面

中图分类号、ISSN、统一刊号、ISBN 和被引频次共 18 个检索字段构造检索表达式，多个检索项的检索表达式可使用 AND、OR、NOT 逻辑运算符进行组合；三种逻辑运算符的优先级相同；如要改变组合的顺序，可使用英文半角圆括号（）将条件括起。

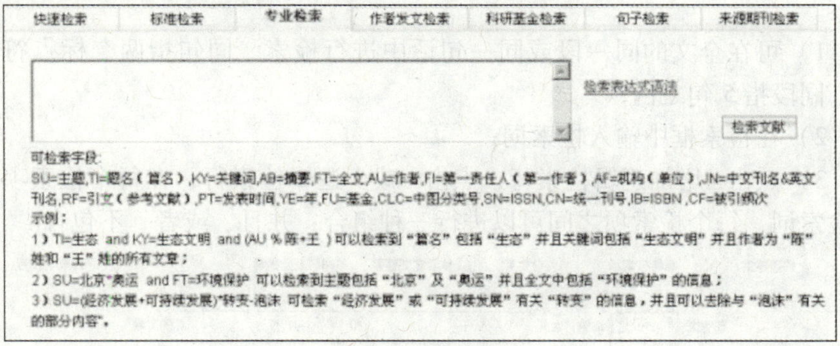

图 5－8　《中国学术期刊网络出版总库》专业检索页面

④作者发文检索

通过作者姓名、单位等信息，查找作者发表的全部文献及被引下载情况。通过作者发文检索不仅能找到某一作者发表的文献，还可以通过对结果的分组筛选情况全方位的了解作者主要研究领域，研究成果等情况。

检索项包括作者姓名、第一作者名和作者单位，可在检索框中直接输入相关名称进行检索。对于作者单位检索项，点击检索项前⊞增加逻辑检索行，点击⊟减少逻辑检索行。

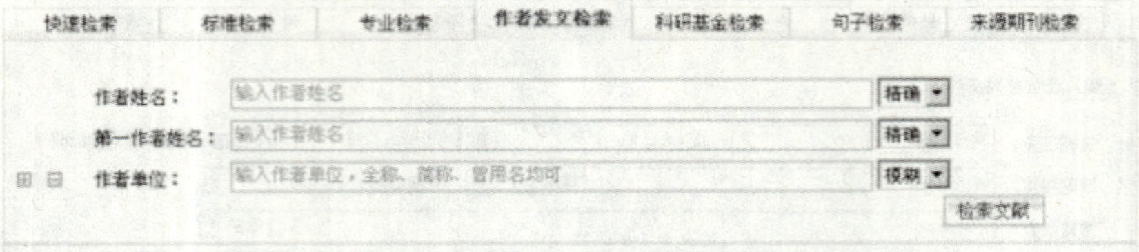

图 5－9　《中国学术期刊网络出版总库》作者发文检索页面

⑤科研基金检索

通过科研基金名称，查找科研基金资助的文献。利用科研基金检索，通过对检索结果的分组筛选，可全面了解科研基金资助学科范围，科研主题领域等信息。

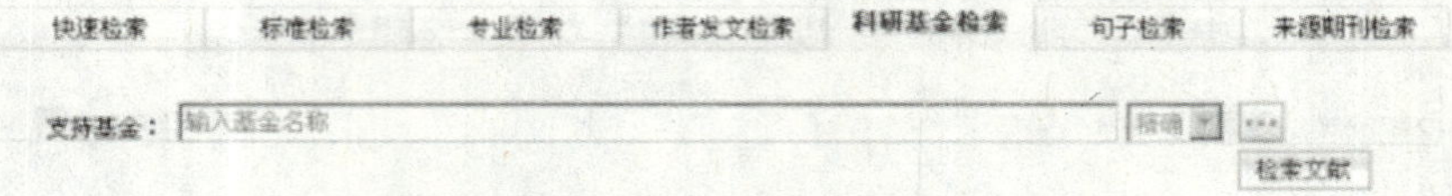

图 5－10　《中国学术期刊网络出版总库》科研基金检索页面

⑥句子检索

通过用户输入的两个关键词，查找同时包含这两个词的句子。由于句子中包含了大量的事实信息，通过检索句子可以为用户提供有关事实的问题的答案。

1）可在全文的同一段或同一句话中进行检索。同句指两个标点符号之间，同段指 5 句之内；

2）在检索框中输入检索词；

3）点击⊞增加逻辑检索行，点击⊟减少逻辑检索行，在每个检索项后输入检索词，每个检索项之间可以进行三种组合：并且、或者、不包含。

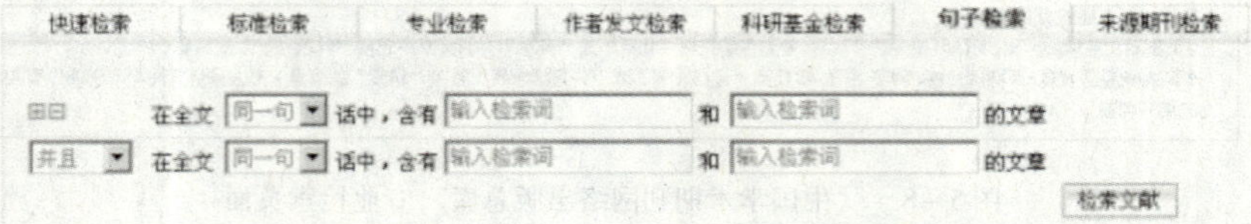

图 5－11　《中国学术期刊网络出版总库》句子检索页面

⑦来源期刊检索

通过输入来源期刊的名称、类别和年期等信息，来查找包含相关信息的期刊。

1）可在检索框中直接输入相应期刊名称作为检索词，也可以点击 [...] 对期刊进行选择。

2）根据期刊所属类别，选择全部期刊、SCI 来源期刊、EI 来源期刊或者

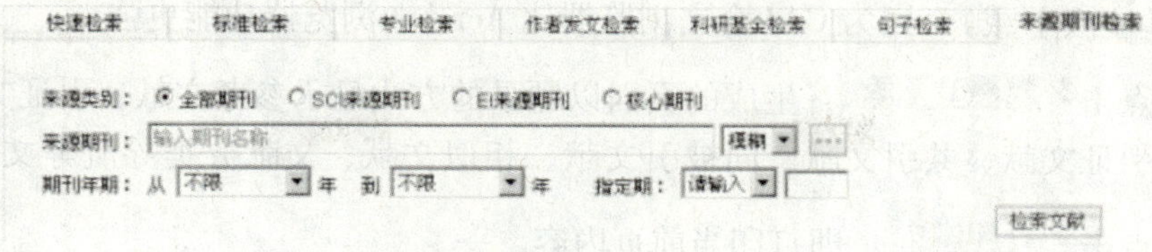

图 5－12 《中国学术期刊网络出版总库》来源期刊检索页面

核心期刊。系统默认为“全部期刊”。

3）期刊年期，默认“不限”。期刊年也可以从下拉框中选择。指定期，可以直接输入检索的期数，也可以在下拉列表中选择期数，一般为 1－24 期之间的数字。

3. 检索结果处理

《中国学术期刊网络出版总库》检索结果页面通过检索平台将检索结果以列表形式展示出来，并提供对检索结果进行分组分析、排序分析的方法，来准确查找文献。

检索结果分组类型包括：学科类别、期刊名称、研究资助基金、研究层次、文献作者、作者单位、中文关键词。

除了分组筛选，系统还为检索结果提供了发表时间、相关度、被引频次、下载频次、浏览频次等排序方式。

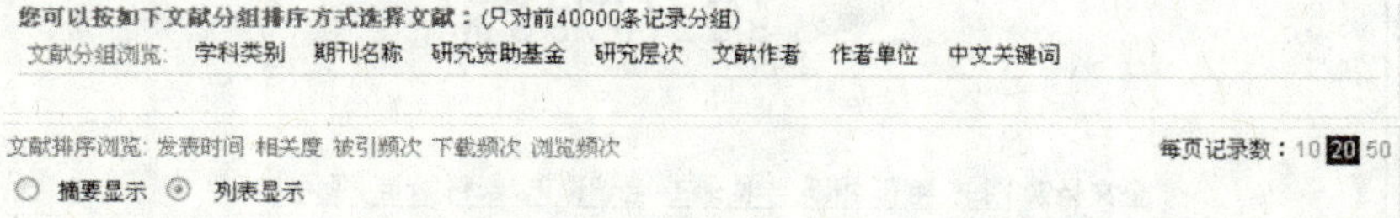

图 5－13 《中国学术期刊网络出版总库》检索结果处理页面

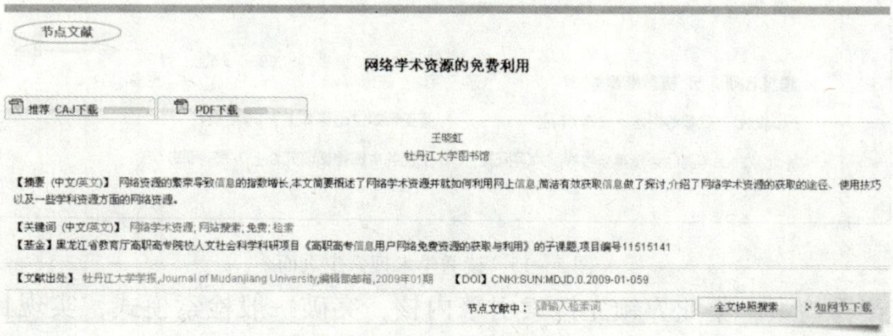

图 5－14 《中国学术期刊网络出版总库》检索结果页面

可以对检索到的内容进行处理，CNKI 数字图书馆文献资源为 CAJ 格式和 PDF 格式两种格式，初次使用 CNKI 数字图书馆，需要下载安装阅读浏览器（CAJ 全文浏览器或 Acrobat 浏览器），系统建议使用 CAJ 全文浏览器（在

CNKI 主页下载），因为 CAJ 全文浏览器比 Acrobat 浏览器功能更强。

点击 知网节下载 ，生成的页面以题录的方式显示参考文献、引证文献、二级引证文献、共引文献、同被引文献、相似文献、文献分类导航等文献内容，点击 打印本页 ，即打印当前页内容。

第二节　读秀学术搜索

一、概述

读秀学术搜索（www. duxiud. com）由北京超星信息技术发展有限公司开发，是一个海量全文数据及元数据组成的超大型数据库。包括 218 万种中文图书等文献数据，占 1949 年以来已出版中文图书的 95% 以上。数据调查含 170 万种图书原文、6 亿页资料、2 亿条目次，并以至少 10 万种/年的速度更新。它集文献搜索、试读、传递为一体，可以对文献资源及其全文内容进行深度检索，并且提供文献传递服务。

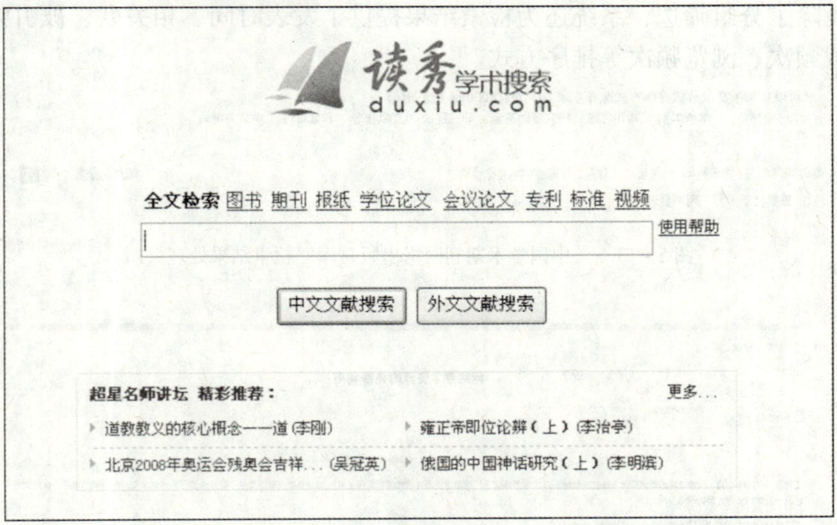

图 5－15　读秀学术搜索主页面

读秀检索，集业界领先搜索引擎内核，突破一般检索模式，实现目录和全文的垂直检索，使读者在最短的时间内获得最深入、最准确、最全面的文献信息。使用读秀全文检索，用户可以跳过选择图书的过程，直接将检索精确到知识点的分类和子分类上，有效地缩小检索结果的范围，使用户在海量数据中迅速锁定目标，直接命中知识点。一目了然的原文阅读不仅提供传统的文献信息，还提供封面页、版权页、目录页、前言页、正文部分页面阅读，以帮助读者清楚地判断是否是自己所需的图书，进而提高信息的检准率和读者检索的效率。

读秀还为读者提供了文献传递服务，采用 E－mail 进行文献传递，使读者足不出户就可以获得大量文献资源，大大提高了信息传播的速度和效率。

二、读秀学术搜索检索

读秀学术搜索提供全文检索、图书、期刊、报纸、学位论文、会议论文、专利、标准、视频等九个频道的检索，可以一站式检索馆藏纸质图书、电子图书、期刊等各种异构资源。

1. 全文检索

全文检索，是将数百万种的图书等学术文献资料打散为 6 亿页资料，当读者输入一个检索词，如“红楼梦”，读者将获得 6 亿页资料中所有包含“红楼梦”这个关键词的章节、文章等，并且可以对任何一个章节进行 7 页－30 页不等的试读。

系统还会揭示与该主题相关的中文期刊、中文学位论文、中文会议论文、中文专利、中文视频文献数量等。

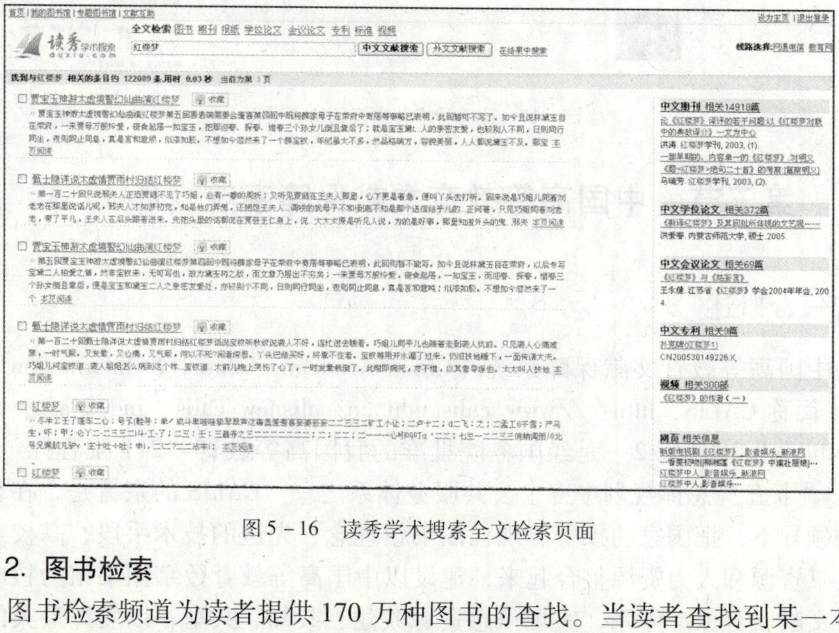

图 5－16　读秀学术搜索全文检索页面

2. 图书检索

图书检索频道为读者提供 170 万种图书的查找。当读者查找到某一本书时，读秀为读者提供该图书的封面页、版权页、前言页、目录页以及正文部分页（7 页－30 页不等）的试读。同时如果该本图书在馆内可以借阅或者进行电子全文的阅读，读秀提供给读者“本馆馆藏纸书”、“本馆电子全文”两个相关链接，可以使读者直接借阅图书或者阅读全文。

读者还可以通过文献传递中心，对图书进行文献传递（将图书原文发送到自己的邮箱），文献传递提供版权范围内的部分全文，同一本图书单次文献传递不超过50页，一周累计文献传递量不超过整本的20%，文献传递有效期为20天，超过20天，读者邮箱中文献传递的链接将无法打开。

3. 期刊、报纸、学位论文、会议论文、专利、标准、视频等检索

期刊、报纸、学位论文、会议论文、专利、标准、视频是新增的7个元数据搜索频道，为读者提供的都是题录检索，不提供试读。但是为读者提供文献传递服务（将检索到的期刊等原文内容发送到读者自己的邮箱）。

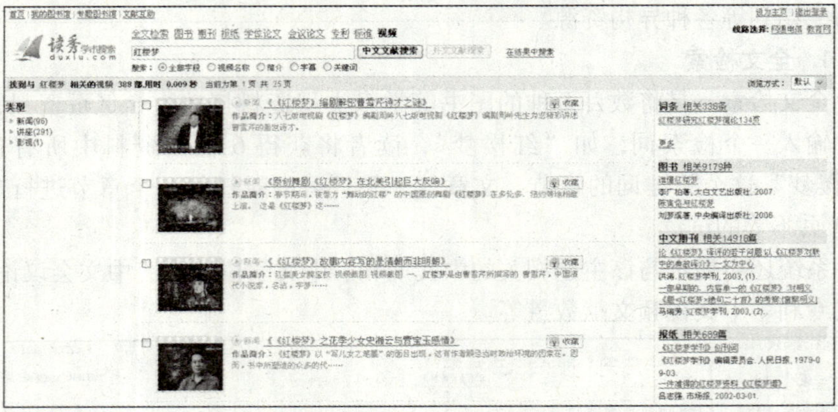

图5-17 读秀学术搜索视频检索页面

第三节 中国高等教育文献保障系统（CALIS）

一、概述

中国高等教育文献保障系统（China Academic Library & Information System，简称CALIS，http：//www. calis. edu. cn/calisnew/calis_ index. asp？class =1&fid =1/2007/6/2）是经国务院批准的我国高等教育“211工程”、“九五”、“十五”总体规划中三个公共服务体系之一。CALIS的宗旨是，在教育部的领导下，把国家的投资、现代图书馆理念、先进的技术手段、高校丰富的文献资源和人力资源整合起来，建设以中国高等教育数字图书馆为核心的教育文献联合保障体系，实现信息资源共建、共知、共享，以发挥最大的社会效益和经济效益，为中国的高等教育服务。

CALIS管理中心设在北京大学，下设了文理、工程、农学、医学四个全国文献信息服务中心，主要起到文献信息保障基地的作用。其中文理、工程两个全国中心分别设在北京大学和清华大学，农学和医学两个全国中心则分别设在中国农业大学和北京大学医学部。CALIS 还有华东北、华东南、华中、华南、西北、西南、东北七个地区文献信息服务中心和一个东北地区国防文献信息服务中心。

从 1998 年开始建设以来，CALIS 管理中心引进和共建了一系列国内外文献数据库，包括大量的二次文献库和全文数据库，采用独立开发与引用消化相结合的道路，主持开发了联机合作编目系统、文献传递与馆际互借系统、统一检索平台、资源注册与调度系统，形成了较为完整的 CALIS 文献信息服务网络。迄今参加 CALIS 项目建设和获取 CALIS 服务的成员馆已超过 500 家。

"中英文图书数字化国际合作计划"（简称 CADAL）是"中国高等教育文献保障系统"公共服务体系二期建设的重要组成部分，项目名称为"中国高等教育文献保障体系——中国高等教育数字化图书馆（China Academic Digital Library & Information System，简称 CADLIS）"，由 CALIS 和 CADAL 两个专题项目组成。项目目标是以系统化、数字化的学术信息资源为基础，以先进的数字图书馆技术为手段，建立包括文献获取环境、参考咨询环境、教学辅助环境、科研环境、培训环境和个性化服务环境在内的六大数字服务环境，为高等院校教学、科研和重点学科建设提供高效率、全方位的文献信息保障与服务，成为中国经济和社会发展的重要基础设施。

CALIS 的主要功能有：

1. 公共检索

利用 CALIS 文献信息资源服务网络，用户不仅可以检索国内外的馆藏、数据库，而且还可以相互交换数据，上传和下载书目数据信息。目前可供用户检索的数据库和可利用的系统包括：

（1）联合书目数据库

即全国"211 工程"100 所高校图书馆馆藏联合目录数据库。

（2）中文现刊目次库

收录了 CALIS 成员馆收藏的全部国内出版的中文学术期刊 5500 种。

（3）西文现刊目次库

收录了 24 万种西文学术类期刊的二次文献数据。

（4）高校学位论文库

收录包括北京大学、清华大学等全国著名大学在内的 83 个 CALIS 成员馆的硕士、博士学位论文。

（5）会议论文库

收录"211 工程"中 61 所重点大学每年主持的国际会议论文。

(6) 统一检索系统

能对国内目前采购的大部分国外数据库和国内主流数据库做跨库统一检索。

(7) 馆际互借系统

它是依照馆际互借国际标准来设计的，是全方位的网络系统。

2. 联机合作编目

联机合作编目中心是 CALIS 管理中心下设的子中心之一，也是中国高等教育文献保障体系的两大服务中心之一，其宗旨是"共建、共知、共享"，致力于 CALIS 联合目录数据库的建设及服务。联机合作编目系统正式启动于 2000 年 3 月，它以联合目录数据库为基础，以高校为主要服务对象，开展联机合作编目、编目数据批量提供、编目咨询、系统培训等业务，方便了成员馆的编目工作，提高了书目数据库建设效率。

3. 文献协调采购

CALIS 一方面对国内外文献进行订购前的查看与协调，另一方面能使高校各馆相互交流信息，互通有无，采购经费合理分配使用，书刊品种不重复，使资源得到了最合理的分配，经费得到最有效的利用。

4. 文献传递服务网

它是馆际互借与文献传递网的简称。对于本馆没有的文献，在本馆用户需要时，根据 CALIS 统一的制度、协议和办法，向其他馆借入（获取）；反之，在其他馆用户提出互借（传递）请求时，借出（提供）本馆所拥有的文献，满足用户的文献需求。在馆际之间签订协议的前提下，CALIS 利用馆际互借与文献传递应用软件，通过馆际互借或文献传递的方式，为成员馆提供了丰富的文献信息资源服务，主要包括：办理委托服务、帮助异地查询以及通过网络、E-mail、电话、传真、邮递等多种途径和渠道开展文献传递。

5. 特色数据库资源共享

CALIS 全国中心为满足各成员馆对文献信息资源的需求，进行馆际互借和文献传递，实现资源共享，引进和共建了一系列国内外各种类型数据库，其中包括中外文书刊联合目录、网上电子资源镜像、中文专题数据库、中外文全文数据库和光盘资料等，用户利用 CALIS 可上传和下载数据，实现 CALIS 数据资源共享。如：《邮电通信文献数据库》、《敦煌学数据库》、《世界银行出版物全文检索数据库》、《上海交通大学学位论文全文数据库》等。

6. 电子资源导航

根据各校重点学科建设的需要，进行统筹规划和分工，CALIS 通过对网上的电子资源（如研究进展报告、电子期刊论文、研究机构、专家学者等）按图书馆学的原理和方法进行收集、加工和整序，形成虚拟图书馆资源，补充和扩大CALIS的文献资源，提供用户浏览和查询电子资源，提供学科导航服务。

二、中国高等教育文献保障系统（CALIS）检索

以CALIS联合目录公共检索系统高级检索为例：系统以WEB方式提供查询与浏览。

按照语种划分为：中文、西文、日文、俄文四个数据库；按照文献类型划分为：图书、连续出版物、古籍。如图5－18所示。

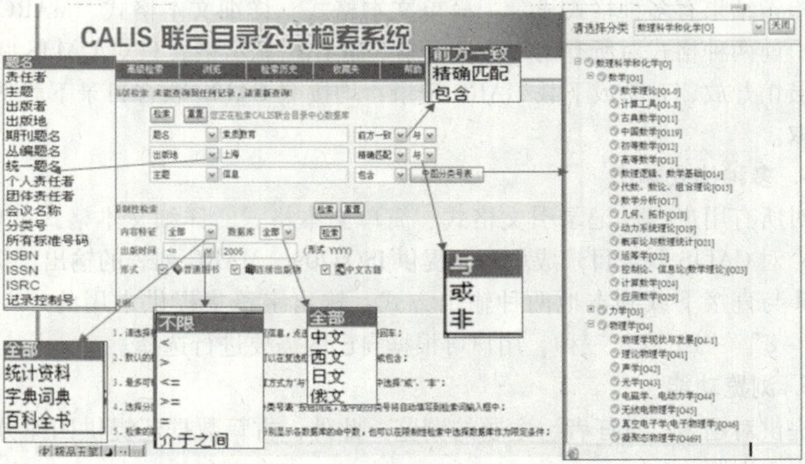

图5－18 中国高等教育文献保障系统（CALIS）联合目录公共检索主页面

检索结果显示所需书刊题名、责任者、出版信息及馆藏情况。可以详查成员馆收藏状况，还可进行“二次检索”等。如图5－19所示。

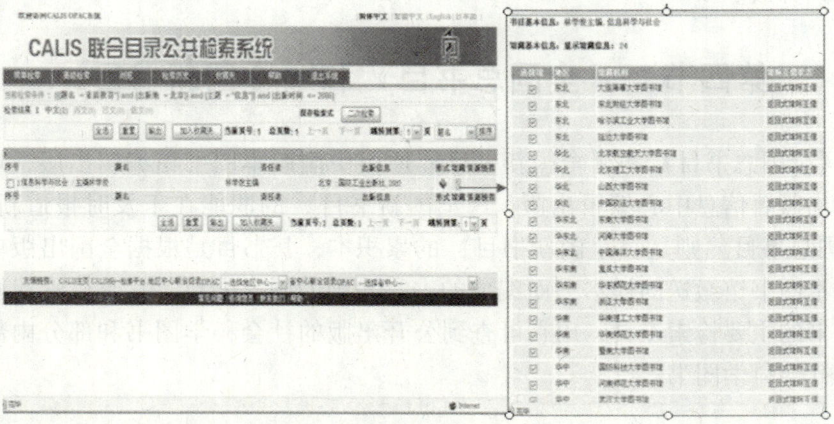

图5－19 CALIS联合目录公共检索系统检索结果页面

系统其他功能：

1. 排序功能

检索结果分库显示，单一数据库中的检索结果少于200条，方提供排序，默认的排序优先次序是：题名、责任者、出版社。检索结果超过200条则不提供排序功能。

2. 检索历史

保留用户发出的最后10个检索请求，用户关闭浏览器后，检索历史将清空。

3. 多种显示格式

检索结果有多种格式显示：简单文本格式、详细文本格式、MARC显示格式。前两种格式对所有用户免费开放，MARC显示格式只对CALIS联合目录成员馆开放，查看或下载MARC记录，均按照CALIS联合目录下载费用标准收取。

4. 多种格式输出

对所有用户提供记录引文格式、简单文本格式、详细文本格式的输出，此外，对CALIS联合目录成员馆还提供ISO2709、MARC列表的输出。提供E-mail与直接下载到本地两种输出方式。输出字符集提供常用的"GBK"、"UTF-8"、"UCS2"三种，用户可根据自己的需要进行选择。

5. 浏览功能

提供对题名、责任者、主题的浏览，此外，古籍数据还提供四库分类的树型列表浏览。

6. 收藏夹功能

对有权限的用户提供保存用户的检索式与记录列表，目前该功能不对普通用户开放。

第四节 《全国总书目》和《全国新书目》

《全国总书目》和《全国新书目》原由中国版本图书馆编辑出版，现由新闻出版署信息中心编辑出版。《全国新书目》的职能在于及时报道新书，《全国总书目》则是《全国新书目》的累积本，其书目是根据全国出版单位向版本图书馆缴送的样本书而编成的，是我国的国家书目。它是检索我国出版图书的主要检索工具，用它可查到公开出版的社会科学图书和部分内部出版的社会科学图书。

一、《全国总书目》

《全国总书目》创刊于1949年，年刊，是图书年鉴性质的综合性、系列性图书目录，自建国以来，逐年编纂。它是根据全国所有出版单位向中国版本图书馆缴送的、公开发行的出版物样本编辑而成的，集全国出版物之大成，是检索我国出版图书的主要检索工具。它基本上按年度收录全国各正式出版单位的当年出版物，包括公开发行或限国内发行的各种文字的初版和改版图书（港台出版的未收）。收录报道我国各正式出版单位出版并公开发行的各种文字的初版和修订版的图书，其编排分为三部分：分类目次、专题目录和附录。专门书目包括少儿读物目录、技术标准目录、盲文书籍目录、少数民族文字图书目录、外国文字图书目录、翻译出版外国图书目录、教学用书目录、丛书目录等，附录包括全国报刊杂志目录、出版社一览表、丛书索引和书名笔画索引等。

《全国总书目》每年出版一套数据检索光盘，可为用户查找已出版图书，为图书馆、出版社及文献收藏单位的图书分类、编目、建立书目数据库提供服务，为各级领导机关决策和出版单位选题策划提供参考。光盘界面格式含中图法分类索引和全国各出版社索引，光盘中每条书目数据包含书名、著者、出版者、关键词、主题词、分类号、ISBN 号、内容提要等内容，用户可进行全方位的组合检索和单项检索。

二、《全国新书目》

《全国新书目》是及时报道全国新书出版情况的刊物，半个多世纪以来，一直是国内唯一公开发行的大型书目信息刊物，为全国各级图书馆、图书发行机构和书商提供及时、准确的数目信息，同时为出版社和广大读者提供数据分析、选题指导、畅销书策划和新书资讯服务。

《全国新书目》创刊于 1950 年，月刊，是在国内出版物呈缴本的基础上编制的定期书目刊物，是全面反映最新出版信息的刊物。它以现行的国家标准著录，按《中国图书馆分类法》分类，并附有内容题要，主要收录全国出版部门送缴出版总署的初版、再版及修订本、增订本的新书和初次重印的旧书，附有新书介绍、新书预告、出版消息等栏目。据此，可预先掌握所需图书的出版情况，是广大读者了解最新图书出版情况和选购新书的窗口，也是了解各专业国内新书的重要检索工具。

三、《全国新书目》检索

1. 光盘检索

只要将《全国新书目》光盘插入计算机中，自动运行安装程序，将程序安装到要安装的目录下即可。功能有：

（1）全文检索　在字段选择下拉栏中选择“全文检索”项，再将要检索的关键字输入检索框中，点击检索按钮便可检索出所有含有所输入的关键字的条目。

（2）字段检索　在字段选择下拉栏中选择要检索的字段，再将要检索的关键字输入检索框中，点击检索按钮便可检索出选择的字段中含有所输入的关键字的条目。

（3）复合检索　点击菜单栏中复合检索的按钮，弹出复合检索对话框，在相应的对话框中输入检索关键字，就能进行复合检索。

（4）上下翻页功能　在书目内容显示窗口内每页显示 10 条书目，上下翻页是指向上或向下翻看上 10 条或下 10 条书目的内容。

（5）查看窗口状态标志　在整个窗口的最下方有一栏状态栏，可以查看当前显示的书目名称和条目数及条目总数。

（6）切换书目　在检索结果窗口左上方有“新书目”和“可供书目”两个切换按钮，点击其中的一个按钮窗口便显示当前书目的检索内容。

（7）切换出版社和图书馆分类　在主界面左边的窗口栏内，以树形结构方式显示目录，在窗口上方有按“出版社”和“图书馆分类”两种方式显示，用鼠标点击他们可以在这两种显示方式中切换。

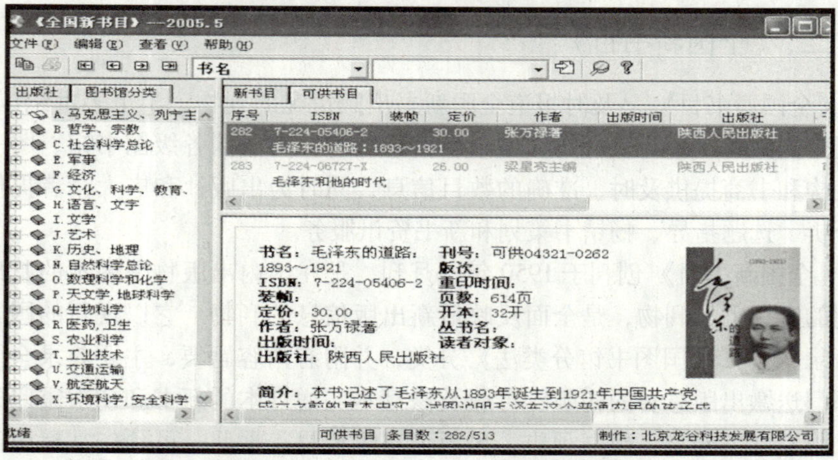

图 5－20　《全国新书目》光盘检索窗口

2. 网络检索（http：//www. cppinfo. com/HangYeMT/qgxsm_ index. aspx）

通过中国出版新闻网“全国新书目”栏目可以根据期次和出版物类别进行新书登记查询，还可以根据书名、著者、出版社、出版年和 ISBN 号检索《全国总书目》。

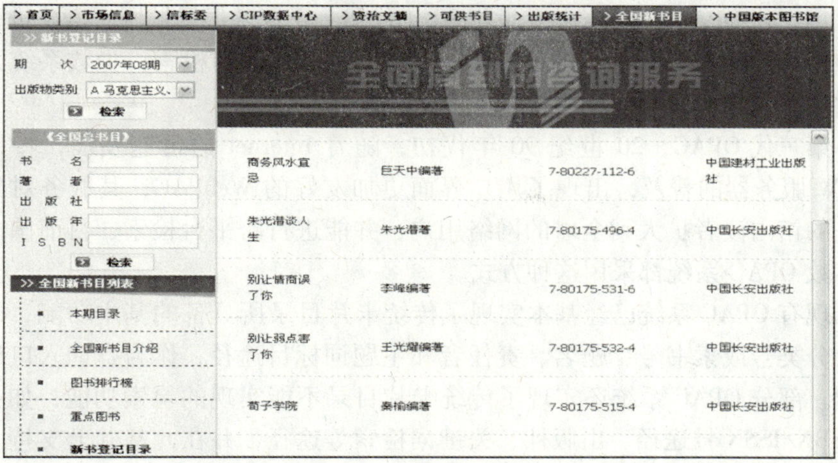

图 5－21　《全国新书目》网络检索页面

点击书名，可查看该书详细信息。

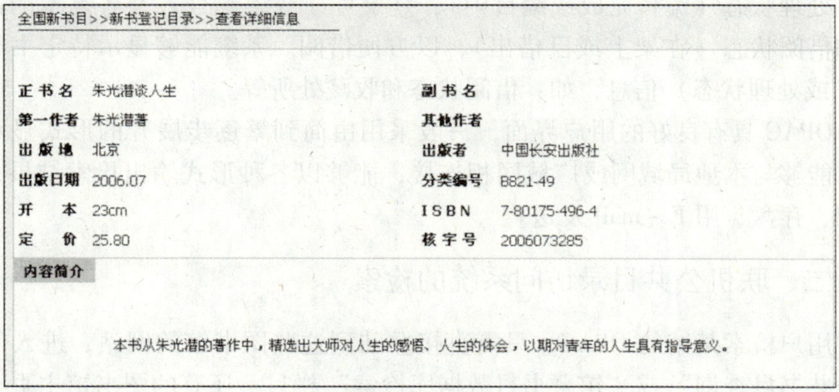

图 5－22　《全国新书目》网络检索结果页面

第五节　联机公共目录访问系统（OPAC）

一、概况

联机公共检索目录（Online Public Access Catalog，OPAC）于 20 世纪 70 年代初起源于美国一些大学图书馆和公共图书馆，它的出现使读者可以不必在塞满卡片的目录抽屉中翻找目录了。从技术上讲，它经历了以下三个时段：

第一代 OPAC，仅仅是传统目录卡片的计算机化处理。即：用机读目录代替卡片目录，可以利用终端联机检索，检索的内容和途径与卡片目录基本一致。

第二代OPAC，起源于20世纪80年代初，系统基于局域网，若要进行远程检索，要通过Telnet方式来实现。大多采用命令语句检索，少数系统开始提供菜单引导检索功能，增加了关键词检索。

第三代OPAC，20世纪90年代初，随着Internet的迅速发展，特别是WWW服务器的普及，出现了用户界面更加友好的WebPAC，其服务对象从单一的馆内读者扩大到全球的网络用户，并能进行跨平台检索，目前国内外大多数OPAC系统都采用这种方式。

现有OPAC系统已经基本实现了传统卡片目录所具备的基本功能，即都能从分类号或索书号、题名、责任者和主题词标目途径，作为查询入口进行检索。部分OPAC系统还实现了传统卡片目录不能实现的检索功能，如：提供ISBN/ISSN号途径、出版社、关键词检索等途径，并在此基础上支持多种检索策略，如布尔逻辑检索、截词检索和全文检索等。

当读者查到某馆拥有其所需的特定文献后，就需要进一步了解它的索书号、处理状态（编目完成或编目中）、登录号（或条码号）及各复本的馆藏地和借阅状态（在架上或已借出），以方便借阅。系统能够显示特定书刊状态（或处理状态）信息，如：借阅状态和收藏处所等。

OPAC具有良好的用户界面，一般采用由简到繁逐步展开的形式显示结果，能够与本地局域网或广域网相连接，能够以各种形式输出检索结果，如打印、存盘、用E－mail发送。

二、联机公共目录访问系统的检索

用户检索某馆的OPAC，只需直接登陆到这些图书馆的网站，进入“联机公共书目查询”或“馆藏书目数据库检索”栏目。还有的图书馆主页上整理了“国内上网图书馆”、“国外上网图书馆”、“国内高校图书馆馆藏书目检索”等，通过这些入口，可以进入国内外大多数图书馆的主页，进而检索其OPAC。下面以国家图书馆（http：//opac. nlc. gov. cn/F）为例，介绍计算机书目检索系统的特点。

（1）在“选择检索字段”框内有所有字段、正题名、其它题名、著者、外文第一著者、主题词、中图分类号、论文专业、论文研究方向、论文学位授予单位、论文学位授予时间、出版地、出版者、出版年、丛编、索取号、ISSN、ISBN、ISRC、条码号、系统号等十多个检索途径，读者可以选取一项作为检索入口。

（2）在输入检索词方框中输入相应内容，填写力求准确。

（3）根据文种需求，选择数据库（中文及特藏数据库、外文文献数据总库）。

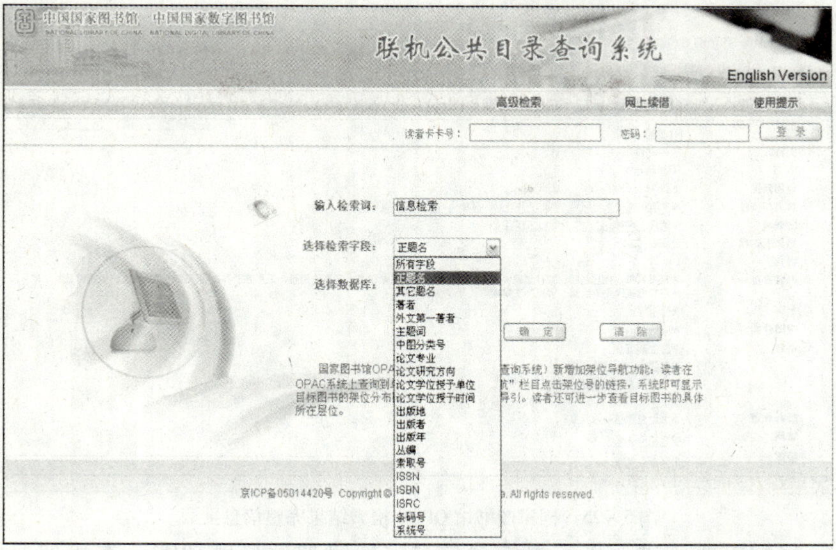

图 5－23　国家图书馆联机公共目录查询系统（OPAC）主页

（4）点击“确定”按纽，计算机进行检索。

（5）计算机显示数据库中满足条件的文献，包括序号、题名、著者、资料类型、出版年、馆藏地等基本信息。如图 5－24 所示。

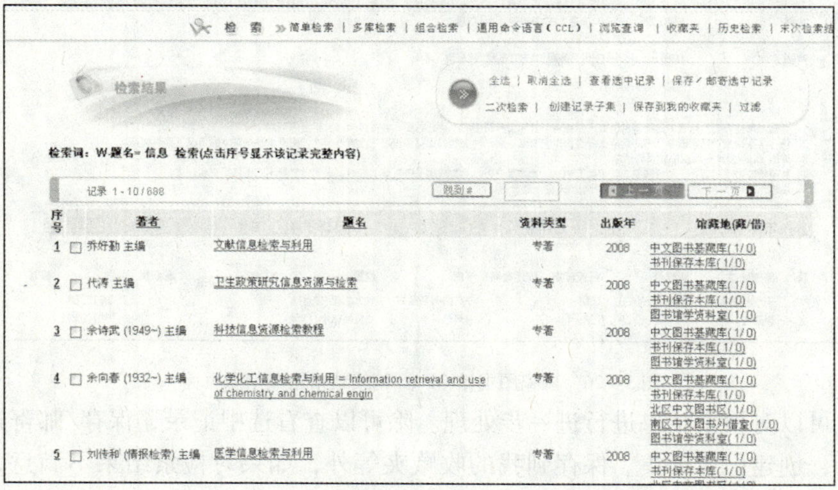

图 5－24　国家图书馆 OPAC 检索结果页面

如想对某一具体文献作进一步了解，可点击序号，查看完整信息。如图 5－25 所示。

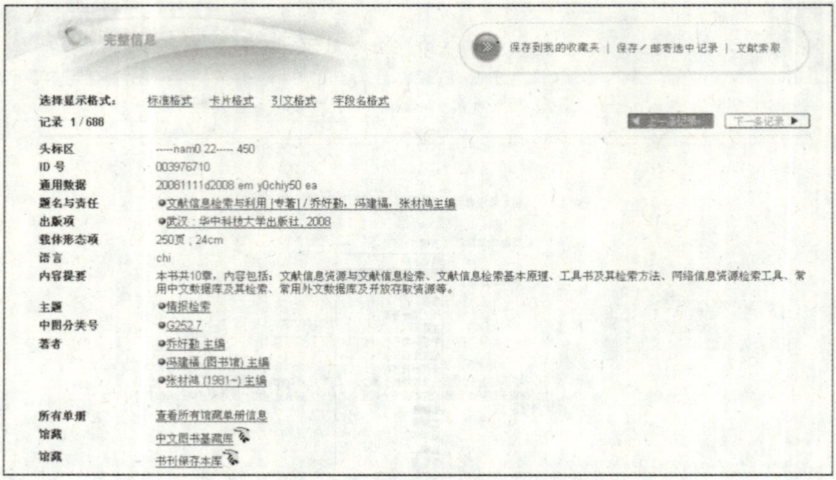

图 5－25　国家图书馆 OPAC 检索结果完整信息页面

可根据需要，进一步查看馆藏信息。通过架位导航功能，查找到目标图书的架位分布图和明确的路线导引，还可进一步查看目标图书的具体所在层位。如图 5－26 所示。

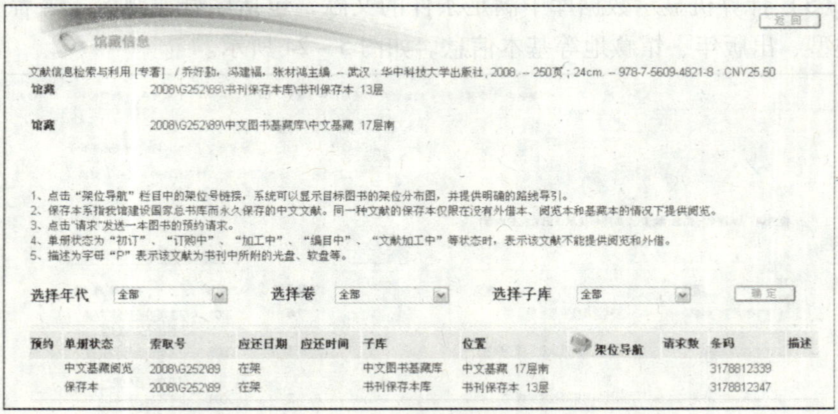

图 5－26　国家图书馆 OPAC 检索结果馆藏信息页面

可以对检索结果进行进一步处理。除可以查看选中记录，保存/邮寄选中记录，创建记录子集、保存到我的收藏夹等外，如果对检索结果不满意，还可以进行二次检索，直至检索到目标文献。

第六节 超星数字图书馆

一、概况

超星数字图书馆是国内四大著名数字图书馆网站（即北京超星信息技术发展有限公司的超星数字图书馆、北京书生科技有限公司书生之家的“中华图书网”、中国数字图书馆有限公司的网上图书馆、北大方正电子有限公司的方正阿帕比数字图书馆）中成立最早的网站，也是国家863计划中国数字图书馆的示范工程，是由中国国家图书馆联合国内数十家地方图书馆和高校图书馆以及出版社共同组建的数字图书馆工程。2000年1月，超星数字图书馆在互联网上正式开通，超星数字图书馆是国内最早开展数字图书馆相关技术研究和应用的公司，现已发展成为全球最大的中文数字图书馆，目前拥有数字图书百余万种。

超星数字图书馆具有电子图书分类与海量存储，利用方式多样和检索功能强大等特点，还具有书签和交互式标注，提供永不闭馆的24小时连续在线服务等多种实用功能，且可以尽量保持原书的本来面貌，包括原书的分段、分页、插图、附注等，不会存在文字错误的现象。如：

1. 图书下载

可以根据自己喜好，在线阅读或者下载到本地阅读。

2. 文字识别

阅读超星PDG图像格式的图书时，可以使用文字识别功能将PDG转换为TXT格式的文本保存，方便了信息资料二次利用。使用方法：在阅读书籍页面点击鼠标右键选择“文字识别”，然后按住鼠标左键任意拖动一个矩形，其中的文字全部被识别，识别结果在弹出的一个面板中显示，识别结果可以直接进行编辑、导入采集窗口或者保存为TXT文本文件，也可粘贴到WORD文档里进行编辑。

3. 剪切图像

在阅读书籍时点击鼠标右键选择“剪贴图像”，然后按住鼠标左键画框，将所要剪贴的图像全部包围进矩形框中，松开鼠标阅览器弹出提示框，您可以直接将剪切的图像保存为BMP格式的图片；同时，剪切的图像被放入了系统的剪贴板中，也可以粘贴到图像处理软件或word文档中保存。

4. 书签

对于一些阅读频率较高的图书，在超星数字图书镜像站点中可以添加“个人书签”。这样就免去了每次检索的麻烦，使用的时候需要先在站点注册一个用户名，进行用户登陆后即可实现书签的功能。在下次阅读图书的时候用自己的用户名和密码登陆页面时就可以看到以前添加的个人书签，点击即可直接进入此书的阅读状态。

5. 标注

标注是指在自己下载到本地计算机的书上做出阅读标记，阅读的感想或注释等功能。

6. 书评功能

在每本图书的书目下方有一个“发表评论”的入口，点击进入后会看到书评发表的信息栏。每一位读者都可以发表对此本书的读后感，可以用匿名发表。填写完成后，点击“提交”按钮，此时您的评论已经可以让所有的读者分享了。

7. 自动滚屏

实现屏幕自动滚动。

8. 手动翻页

在浏览器中每次只显示一页，可通过窗口工具栏中的上下翻页按钮连续阅读，也可用 PageDown/PageUp 键和向下的箭头键来翻页浏览。

9. 放大镜

共有两个放大镜，放大镜 1 是一个固定区域放大镜，放大镜 2 是一个可变区域放大镜。功能相同，却提供了不同的方便。

10. 到指定页

根据需要指定“页号”到相应的页，想看第几页，就可以直接跳到第几页。

二、超星电子图书检索

超星电子图书数据库根据《中图法》分类，在“分类浏览”栏目下（或主页的图书馆分类下）选择书籍对应的分类，依次进入二级分类、三级分类等，直至显示书目。也可利用检索窗口，直接输入所需书名、作者、出版社、出版日期等信息查找所需图书。

1. 简单检索

可以按图书的书名、作者、索书号和出版日期进行单项模糊查询。对于一些目的范围较大的查询，建议使用该方法。查询结果会显示出来，从中选择您感兴趣的图书，双击进入就可阅读。

2. 高级检索

利用高级检索可以实现图书的多条件查询，可以通过“等于或包含”的检索式，在书名、作者、索书号和出版日期这四项中设置参数进行检索，查询结果会显示出来，从中选择您感兴趣的图书，点击进入阅读按钮就可阅读电子图书或下载电子数据。对于目的性较强的读者建议使用该查询。如图5－27所示。

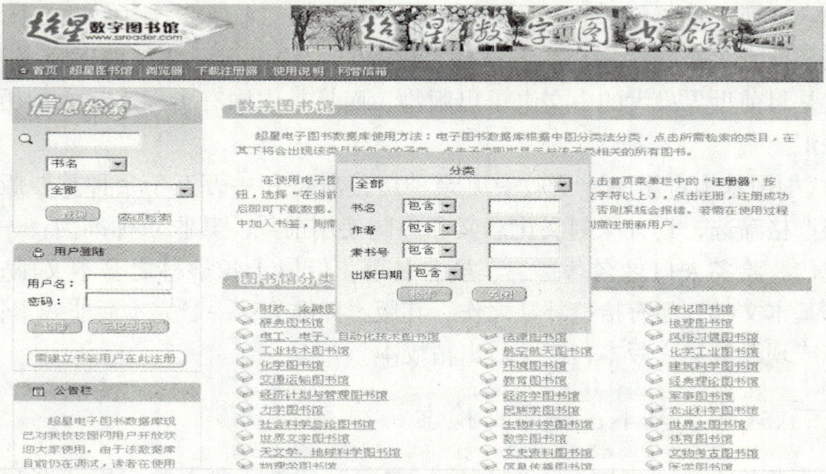

图5－27 超星电子图书检索页面

注：每一位读者通过互联网都可以免费阅读超星数字图书馆中的图书资料。凭超星读书卡可将超星数字图书馆中的数字图书下载到用户本地计算机上进行在线阅读。初次使用时显示、下载全文，需先安装“全文浏览器”。在使用电子图书数据库过程中，若读者需下载数据，则需点击首页菜单栏中的“注册器”按钮，选择“在当前位置运行该程序”，随意输入用户名（需三位字符以上），点击注册，注册成功后即可下载数据。下载图书的详细方法请查看主页上的“使用说明”。下载后的图书可在本机阅览，如果您要把下载后的图书在非下载机器上阅览，请在非下载机器上重新运行“注册码”，用下载时用的用户名重新注册。

第七节 中国基本古籍库

一、概述

《中国基本古籍库》是对中国文化的基本文献进行数字化处理的宏伟工程，1997年11月由北京大学教授刘俊文提出创意和规划，先后列为北京大学重点科研项目、全国高等院校古籍整理研究工作委员会重点项目和国家重点电子出版物十五规划项目，著名学者季羡林、任继愈担任学术顾问，两院院士罗霈霖、王选担任技术顾问，北京爱如生数字化技术研究中心开发制作，黄山书社出版发行。

《中国基本古籍库》从传世的十余万种古籍中，精选上自先秦下至民国的一万余种历代典籍，共十七万卷。每种典籍均提供一个通行版本的全文信息和一至两个重要版本的原文图像，总计全文约二十亿字，图像约二千万页。收录范围涵盖全部中国历史与文化，内容总量约等于三部《四库全书》。它不仅是目前世界最大的中文电子出版物，而且是中国有史以来最大的历代典籍总汇。

《中国基本古籍库》所收一万余种历代典籍和一万五千余种重要版本都是经严格筛选，具有深刻文化意义和广阔使用前景。其收录标准为：一、千古流传、脍炙人口之名著；二、虽非名著，但属于各学科之基本文献；三、虽非基本文献，但有拾遗补缺之作。其版本标准为：一、完本而非残本；二、母本或现存最早之版本；三、后出精校本。

二、《中国基本古籍库》检索

读者在使用《中国基本古籍库》之前，首先需要下载并安装客户端程序：打开图书馆主页，点击“中国基本古籍库”，下载客户端安装程序。下载完成后，先解压，然后运行 softsetup. exe，当出现请选择安装路径页面时，选中“客户端”，点“继续”，即可完成完装。安装完成后，最好点击“确定”，重新启动计算机。

运行中国基本古籍库客户端，请点击“开始”→“程序”→“中国基本古籍库”→“客户端应用程序”，然后输入以下信息：服务器：210. 45. 204. 49，用户：1，密码：1，点击“进入”，即可使用。

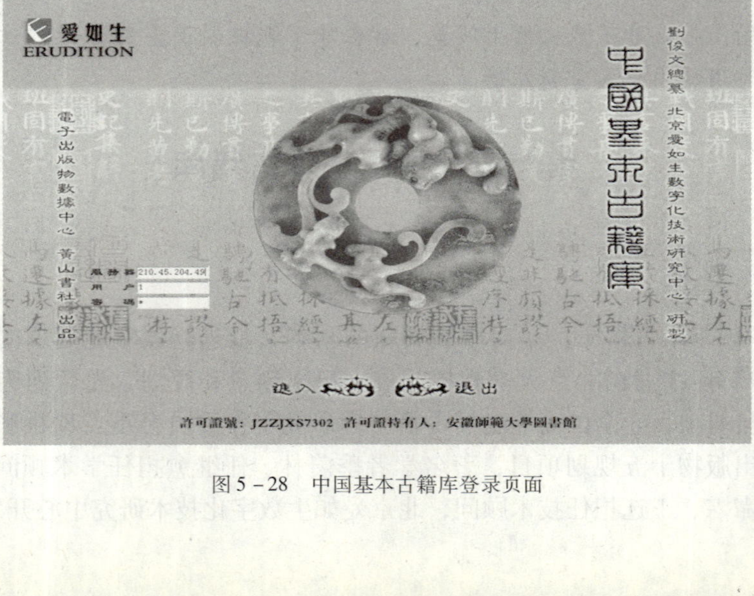

图 5－28　中国基本古籍库登录页面

《中国基本古籍库》提供分类检索、条目检索及全文检索三种检索方式，无论何种检索方式，均可模糊匹配。

1. 分类检索

进入《中国基本古籍库》，点击主页面上的“分类检索”，出现“中国基本古籍库”，双击“中国基本古籍库”，可看到哲科、史地、艺文、综合四个子库，双击各个子库，可浏览子库下的思想、宗教等20个大类，大类下又分为100个细目，双击细目，在页面的右方显示出该目录下收录的图书。总之读者通过库、类、目的树型结构可以进行定向检索，检索到某一领域的某些或某种书，并可预览其概要。

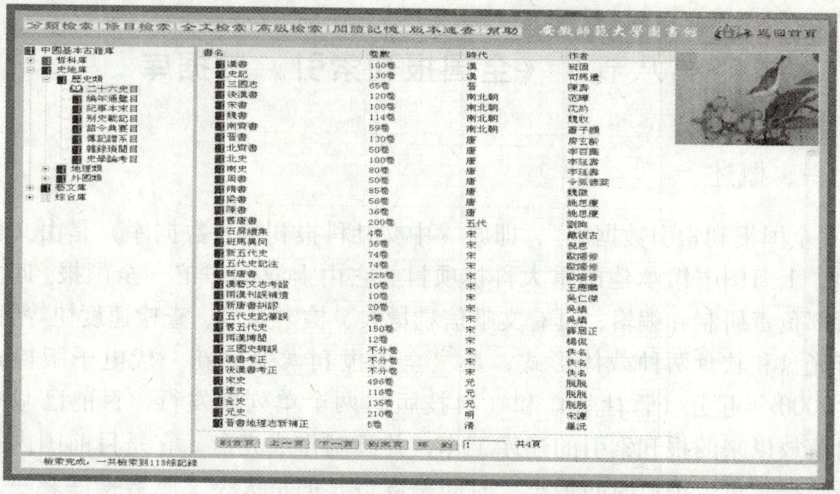

图5－29　中国基本古籍库检索页面

2. 条目检索

限定书名、时代、作者、版本、篇目等条件进行目标检索，可检索到某时代某作者某书某版本某卷某篇，并可预览其概要。

3. 全文检索

输入任意字、词或字符串进行爬梳检索，可检索到1万种书中所有的与之相关信息，并可预览其例句。如在检索结果的范围内进行二次检索，则可排除大量无用信息，直接检索到所需内容。

在《中国基本古籍库》的阅读界面上提供有11个基本功能：

（1）版本对照　可根据需要调阅数个版本，实现全文与图像，以及图像与图像对照校勘。

（2）背景音色　可选择不同的古曲和底色，营造愉悦的操作环境。

（3）放大镜　可放大字体的大小，以利辩读。

（4）目录　可提供被阅读图书的篇章细目。

（5）字体转换　可实现文字的繁简、大小、粗细及色彩的自由转换。

（6）版式设定　可随意调整版面，或设定竖排，或设定横排；或设定有列线，或设定无列线。

（7）标点批注　可在浏览原文时添加标点及批注，以记录心得。

（8）阅读记忆　可自动记录二十条前次浏览的典籍及页码。

（9）分类书签　可自动收藏并分类管理以前查阅的信息，以便归纳研究。

（10）原文打印　可全部或部分打印典籍原文。

（11）编辑下载　可拷贝全文或节选章节导出到其它文档，重新编辑。

第八节　《全国报刊索引》数据库

一、概述

《全国报刊索引数据库》，即原《中文社科报刊篇名数据库》是由文化部立项、上海图书馆承建的重大科技项目。它由上海图书馆《全国报刊索引》编辑部负责研制和编辑，具有文献信息量大、检索点多、查检速度快等特点，并有光盘和软盘两种载体形式，是《全国报刊索引》新一代电子版检索工具。2000 年起分（哲社版）和（科技版）两个单列库发行，目前已基本完成自解放以来的报刊索引的建库工作，并已制作成光盘。它是目前国内唯一收录数据总量、报道时间最早、时间跨度最长的特大型文献数据库之一，总数据量已达到 560 万条。

全国报刊索引数据库收录了全国哲学社会科学和自然科学期刊 8000 多种，报纸 200 余种，基本上覆盖了全国邮发和非邮发的报刊。学科范围包括马列、毛泽东思想、哲学、社会科学、政治、军事、经济、文化、教育、体育、语言文字、文学、艺术、历史、地理和自然科学等各个学科。数据库格式严格按照国家有关标准，其著录字段包括顺序号、分类号、题名、著者、著者单位、报刊名、卷期年月、所在页码、关键词等十项。2000 年开始数据分类标引采用《中国图书馆分类法》第四版。数据库现有目次库、篇名库、会议库和西文库。

二、《全国报刊索引》数据库检索

《全国报刊索引》篇名库收录篇目时间跨度较长，从 1857 始至今。它的题名、单位、刊名和摘要字段支持模糊匹配检索，年份、主题词、分类号和著者字段支持精确匹配检索。进行期刊检索时，刊名、译名、主办单位、出版地、编辑部地址字段支持模糊匹配检索，邮发编号、CN、ISSN、出版国家、分类及中图定购号字段支持精确匹配检索。

进行会议检索时，会议名称、会议录名称和主办单位字段支持模糊匹配检索；会议分类、会议地点、会议日期和会议录编者字段支持精确匹配检索。数据库支持前方一致检索，逻辑运算符为“？”。

数据库检索的默认页面即为普通检索界面，普通检索支持字段检索：可在全字段、分类号、题名、著者、单位、刊名/会议名、年份、基金项目、主题词、摘要、卷期中进行检索。

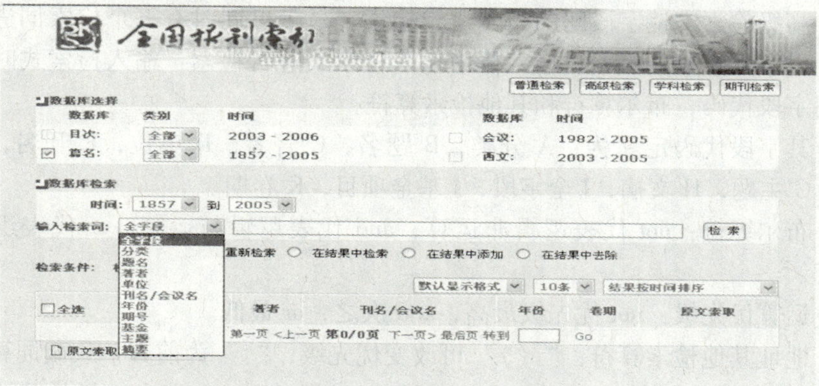

图 5－30　《全国报刊索引》主页面

1. 普通检索

首先要选择数据库和数据库的时间段限制，输入检索词进行检索。如，选择篇名数据库，在全字段中检索 1857－2005 年有关“和谐社会”的文献只需在检索途径中选择相应的字段，然后在检索式文本框中输入检索词，进行检索，就可以得到检索结果了。如图 5－31 所示。

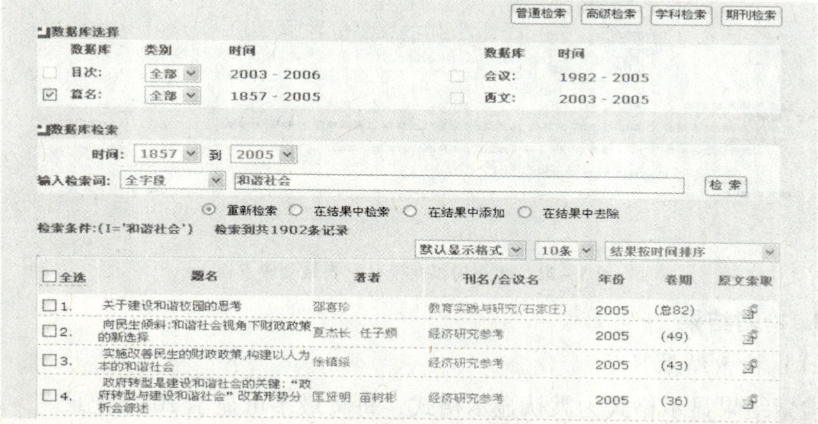

图 5－31　《全国报刊索引》普通检索页面

点击检索结果记录的文献题名，查看记录的详细内容，其中黄色的分类号、个人著者、个人著者单位、刊名/会议名、主题词字段内容及刊名/会议名后蓝色的“详细信息”可以直接点击进行超链检索。

如果检索结果太多，对检索结果不太满意，可以进行二次检索，普通检索的二次检索功能包括三个：在结果中检索、在结果中添加、在结果中去除。

2. 高级检索

高级检索功能支持字段检索，可在全字段、分类号、题名、著者、单位、刊名/会议名、年份、基金项目、主题词、摘要、卷期中进行检索。

高级检索支持字段间的布尔逻辑检索，最多可同时有五个检索词进行组配；也可以直接在检索式输入框中输入检索式进行检索：输入检索式时字段采用字段代码，布尔算符和其他检索算符。

其字段代码定义为：A 分类，B 题名，C 著者，D 单位，E 刊名，F 年份，G 主题，H 文摘，I 全字段，J 基金项目，K 卷期。

布尔算符：not 代表逻辑非运算，and 代表逻辑与运算，or 代表逻辑或运算。

运算优先级：not 优先级最高，and 次之，or 最低。

地址其他检索算符：“ ()”可改变优先级，“?”为前方一致截词算符。

注：输入时布尔逻辑算符必须在半角状态下输入，布尔逻辑算符前后必须空一格。

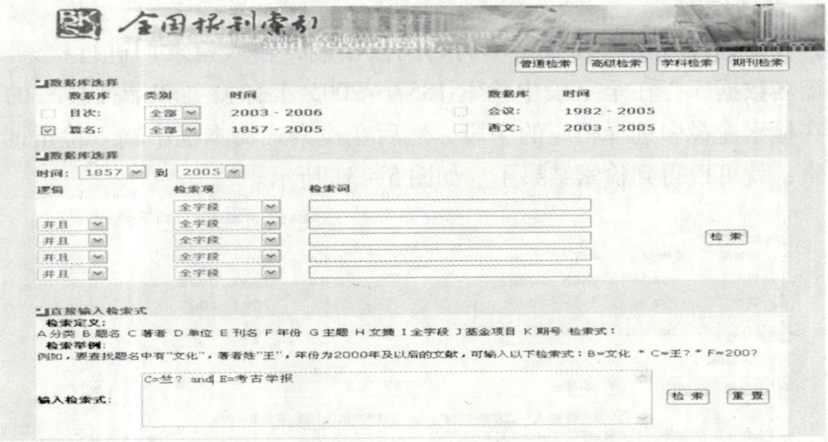

图 5－32 《全国报刊索引》高级检索页面

3. 检索结果

(1) 检索结果显示

检索结果显示格式为默认显示格式，每页最多可显示 20 条记录。

普通检索、高级检索、学科检索、期刊检索和专题数据库检索的默认显示格式字段包括：题名、著者、刊名/会议名、年份和卷期；会议检索的默认显示格式字段包括：会议名称、会议地点、会议日期、会议录名称、主办单位、会议录编者。

（2）检索结果排序

检索结果有三种排序方式：按时间排序、按刊名（或会议名）排序和按相关度排序。

（3）检索结果下载、存盘

选中检索结果中需要下载的记录，点击检索结果页左下方“数据下载”进行数据下载、存盘。

如果想索取原文，可以点击检索结果每条记录后的“原文索取”图标，或选中需要进行原文索取的文献记录后点击页面最下方的“原文索取”图标进入原文提供页，可选择通过邮件、邮寄或传真三种方式获取原文。

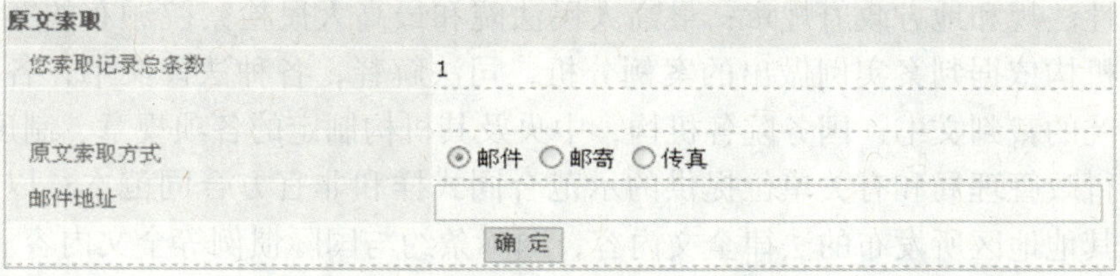

图 5-33　《全国报刊索引》原文索取页面

第九节　万方数字资源（ChinaInfo）

一、概述

《万方数据资源系统》由万方数据股份有限公司开发，万方公司是国内第一家以信息服务为核心的股份制高新技术企业，中国科技信息研究所是公司的大股东。它是国内最早的中文信息资源产品与服务提供商之一，1997 年 8 月向社会开放。

万方公司是集信息资源产品、信息增值服务和信息处理方案为一体的综合信息服务商。万方数据资源包括全文类信息资源、文摘题录类信息资源及事实型动态信息资源，其中全文资源包括会议论文全文、学位论文全文、法律法规全文、期刊论文全文等。

（1）会议论文全文数据库是国内最具权威性的学术会议全文库，收录了 1998－2004 年国家一级学会在国内组织召开的全国性学术会议近 7000 余个会议，45 万余篇会议论文全文，是目前国内收录会议数量最多，学科覆盖最广的数据库。

（2）学位论文全文数据库由国家法定学位论文收藏机构——中国科技信息研究所提供，并委托万方数据加工建库，收录了自1980年以来我国自然科学领域博士、博士后及硕士研究生论文，其中全文60余万篇，每年稳定新增15余万篇，是我国收录数量最多的学位论文全文库。

（3）中国标准全文数据库收录了国内外的大量标准，包括中国国家发布的全部标准、某些行业的行业标准以及电气和电子工程师技术标准；收录了国际标准数据库、美英德等的国家标准，以及国际电工标准；还收录了某些国家的行业标准，如美国保险商实验所数据库、美国专业协会标准数据库、美国材料实验协会数据库、日本工业标准数据库等。

（4）中国法律法规全文库收录了自1949年建国以来全国人大及其常委会颁布的法律、条例及其他法律性文件；国务院制定的各项行政法规，各地地方性法规和地方政府规章；最高人民法院和最高人民检察院颁布的案例及相关机构依据判案实例做出的案例分析，司法解释，各种法律文书，各级人民法院的裁判文书；国务院各机构，中央及其机构制定的各项规章、制度等；工商行政管理局和有关单位提供的示范合同式样和非官方合同范本；以及外国与其他地区所发布的法律全文内容，国际条约与国际惯例等全文内容。

（5）中国专利全文数据库收录了从1985年至今受理的全部发明专利、实用新型专利、外观设计专利数据信息，包含专利公开（公告）日、公开（公告）号、主分类号、分类号、申请（专利）号、申请日、优先权等数据项。

（6）数字化期刊全文数据库收录了理、工、农、医、哲学、人文、社会科学、经济管理与教科文艺等8大类100多个类目的近5500余种各学科领域核心期刊，论文引文关联检索和指标统计。基本包括了我国文献计量单位中自然科学类统计源刊和社会科学类核心源期刊。不仅是我国首家网上期刊的出版联盟，而且是核心期刊测评和论文统计分析的数据源基础。

文摘、题录以及事实类数据库资源主要包括大量科技文献、政策法规、名人机构、企业产品等100多个数据库，是科研机构进行科学研究，企业单位技术创新、产品研发，科技管理机构进行科研决策的信息依据。择要介绍如下：

万方数据企业产品数据库（CECDB），1998年创始，目前标准版已经收录96个行业16万家企业及其产品的信息，客户遍及北美、西欧、东南亚50多个国家和地区，是国内首屈一指的商情数据库，被DIALOG联机检索系统列为国内首选经济信息数据库。

科技名人录，是我国第一部以CD－ROM形式出版的科技名人录，收录了中科院院士、中国工程院院士、我国科技界卓有成就的科学家、工程师、科技管理者、政策制订人及企业科技负责人的全面信息，包括《中国科技名人数据库》和《全国一级建筑师数据库》，收录了我国总计上万位科技名人与专家的详细信息。

科教机构数据库，包括《中国科研机构数据库》、《中国科技信息机构数据库》和《中国高等院校数据库》，内容包括机构名称、地址、邮编、负责人、电话、传真、成立年代、职工人数、科研成果、学科研究范围等，收录了我国总计上万家科技机构的详细信息，是社会各界了解我国科研院所、信息机构、高等院校情况的重要窗口。

二、万方数据资源检索

用户可以根据检索需求，选择自己需要的数据库。用户可以在界面上输入检索条件进行检索，系统对用户输入的检索条件，在选定的数据库中查找满足条件的记录，也可以进入跨库检索变更检索范围后进行检索。

图5－34　万方数据资源跨库检索页面

万方数据资源系统的各子检索系统可进行关键词检索、高级检索、优化检索、分类检索，支持布尔逻辑运算。下面介绍万方数字化期刊子系统检索。

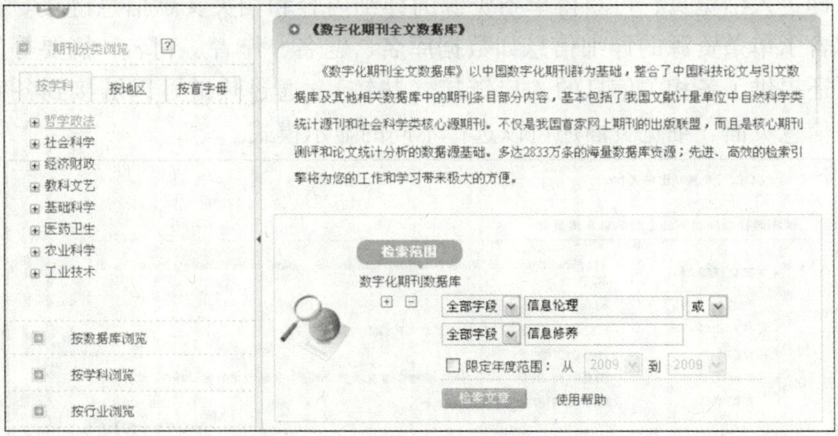

图5－35　万方数字化期刊全文数据库检索页面

首先要选择检索字段，点击检索项的下拉列表，选择按哪一个字段（如：全部字段、论文题名、关键词、作者等）来检索，在文本框中输入您所需的检索词。如果有两个或两个以上的检索词，可以通过选择逻辑运算符来确定两个检索关键词之间的关系，然后勾选限定年限范围前的复选框，点击年限下拉列表框，选择起始年份，使其在限定的年份范围内检索（只有当数据库中有“年”这个字段时，选择年限的复选框才可用）。如果不选择时间范围和期刊类别，系统就按缺省范围检索。

当用户检索命中记录时，便进入检索结果页面，检索结果页面分为两个部分：二次检索区和结果显示区。结果显示区显示本次检索结果的描述信息（总的检索结果记录数、数据库以及单个数据库命中记录数）和按页显示的结果列表（可更改每页显示记录的条数）。在二次检索区可以进行二次检索，如图 5－36 所示。

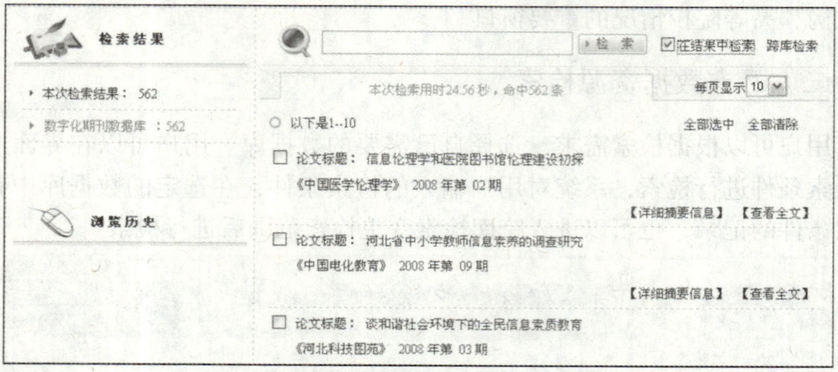

图 5－36　万方数字化期刊全文数据库检索结果页面

在检索结果页面上点击某条记录的【详细摘要信息】或【查看全文】链接，即进入细览页，可获得单条资源的详细内容和相关文献信息链接。它不仅包含了单条资源的详细信息如数据库名、题名、作者、刊名、摘要等，细览页还提供了各相关信息的入口链接（热链），通过热链可以链接到各字段相关信息页面，细览页面还可以选择不同的显示模式。

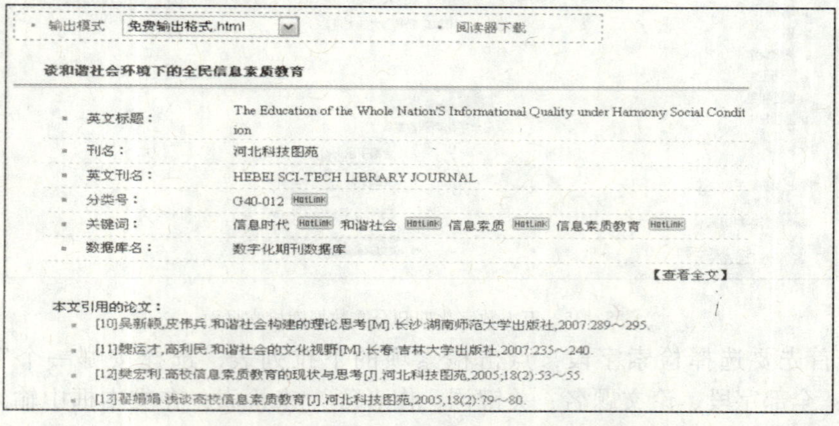

图 5－37　万方数字化期刊全文数据库检索结果细览页面

点击“查看全文”链接即可下载浏览全文。

第十节 维普信息资源（VIP）

一、概述

《维普信息资源》是由重庆维普资讯有限公司研制的网络信息资源，源于中国科技情报所重庆分所（西南信息中心）1989年创建的以自然科学为主的，涉及数、理、化、生物、农业、机械、医学等领域的期刊文献《中文科技期刊篇名数据库》。其重要数据库有《中文科技期刊全文数据库》、《中文科技期刊引文数据库》、《外文科技期刊文摘数据库》，其中《中文科技期刊全文数据库》是国内目前收录期刊最多的数据库，收录了1989年以来中文期刊12000余种，全文2300余万篇，引文3000余万条，并以每年250万篇的速度递增。2005年1月起，《中文科技期刊全文数据库》增加收录文、史、哲、法等学科分类的文章、期刊，形成社会科学专辑，社科数据回溯到2000年起。

《中文科技期刊数据库》分类体系采用《中国图书馆分类法》，所有文献分为：社会科学、自然科学、工程技术、农业科学、医药卫生、经济管理、教育科学和图书情报等8个专辑，28个专题。发行有全文版、文摘版和引文版三个版本。

《中文科技期刊数据库》（全文版）提供镜像安装、网上包库和网上免费检索流量计费下载方式等多种使用方式，供用户单位选择。

二、《中文科技期刊数据库》检索

《中文科技期刊数据库》提供简单检索、传统检索、高级检索、分类检索、整刊检索等方式。

1. 快速检索

直接在文本框中输入需要检索的内容，选择检索词的字段限定，可以进行范围、年限、显示方式的选定。进入结果页面后显示检索列表，然后可以选择重新检索、在结果中检索、在结果中添加、在结果中去除等二次检索项，从而更加准确的锁定用户所需要的数据。

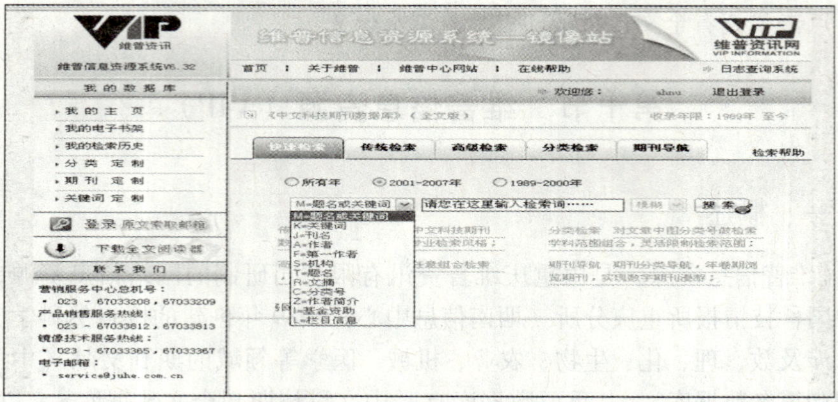

图 5－38　维普信息资源系统检索主页面

2. 传统检索

（1）检索入口　提供关键词、作者、第一作者、刊名、任意字段、机构、题名、文摘、分类号、题名或关键词等，也可以直接输入检索式进行检索。

简单检索直接输入检索式；复合检索分为二次检索和直接输入检索式两种情况。

（2）二次检索　是在一次检索的检索结果中运用“与、或、非”进行再限制检索，其目的是缩小检索范围。

（3）限定检索范围　可进行学科类别限制和数据年限限制。

（4）学科类别限制　分类导航系统是参考《中国图书馆分类法》（第四版）进行分类的，每一个学科分类都可以按树形结构展开，利用导航缩小检索范围，进而提高查准率和查询速度。

（5）数据年限限制　数据收录年限从 1989 年至今，检索时可进行年限选择限制。

（6）期刊范围显示　期刊范围限制包括：全部期刊、核心期刊和重要期刊三种。检索界面如图 5－39 所示。

3. 分类检索

分类检索页面相当于提前对搜索结果做个限制，在搜索前可以对文章所属性质做个限制。可在分类表中选择分类，将勾选的分类添加到右边“所选分类”方框中；也可在快速检索的输入栏中输入需要的分类进行查找。

4. 高级检索

高级检索提供了两种方式供读者选择使用：向导式检索和直接输入检索式检索。

（1）向导式检索　提供分栏式检索词输入框，可以输入检索词，也可以

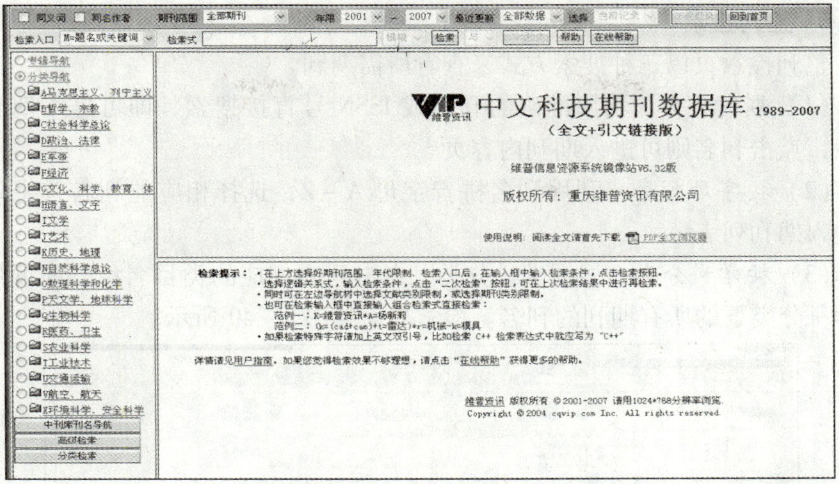

图 5－39 维普中文科技期刊数据库传统检索页面

输入逻辑检索式，其执行的优先顺序是严格按照检索框由上到下的顺序进行。除可选择逻辑运算、检索项、匹配度外，还可以进行相应字段扩展信息的限定。

（2） 直接输入检索式检索 在检索框中直接输入逻辑运算符、字段标识等，点击“扩展检索条件”并对相关检索条件进行限制后点“检索”按钮即可。

（3） 扩展功能 在输入框中输入需要查看的信息，再点击相对应的按钮，即可得到系统给出的提示信息。

（4） 查看同义词 比如用户输入“伦理”，点击查看同义词，既可检索出伦理的同义词：伦理道德、伦理观、伦理规范、伦理学、伦理原则、道德哲学，用户可以全选，以扩大搜索范围。

（5） 查看变更情况 比如读者可以输入刊名“文学评论”，点击“期刊导航”，通过期刊导航系统，用户可以获得更多的有关该刊的信息，包括期刊简介、主要栏目、期刊主办信息、联系方式、订刊信息等。

（6） 查看分类表 读者可以直接点击按钮，会弹出分类表页，操作方法同分类检索。

（7） 查看同名/合著作者 比如用户可以输入张三，点击查看同名作者，即可以列表形式显示不同单位同名作者，用户可以选择作者单位来限制同名作者范围。为了保证检索操作的正常进行，系统对该项进行了一定的限制：最多勾选数据不超过 5 个。

（8） 查看相关机构 比如用户可以输入中华医学会，点击查看相关机构，即可显示以中华医学会为主办（管）机构的所属期刊社列表。为了保证检索操作的正常进行，系统对该项进行了一定的限制：最多勾选数据不超过 5 个。

5. 整刊检索

整刊检索页以三种搜索方式来查看所需期刊。

(1) 期刊搜索　利用准确的刊名或 ISSN 号直接搜索，即可进入期刊名列表，点击刊名则可进入期刊内容页。

(2) 按字母顺序　利用刊名拼音字母 A－Z，选择相应的刊名首字母即可进入期刊列表。

(3) 按学科分类　根据学科分类，点击列表相应的类目名称，即可列出该学科分类下的所有期刊的刊名。检索界面如图 5－40 所示。

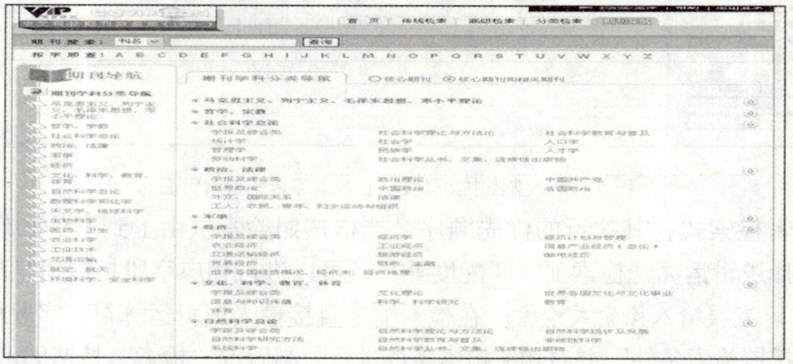

图 5－40　维普中文科技期刊数据库整刊检索页面

6. 检索结果处理

检索结果显示简单格式，并有检索提示。也可以在初次检索结果的基础上进行二次检索，如果觉得检索效果不够理想，还可以点击“在线帮助”以获得更多的帮助。点击题名可查看详细题录内容，系统提供题录下载、全文下载功能。

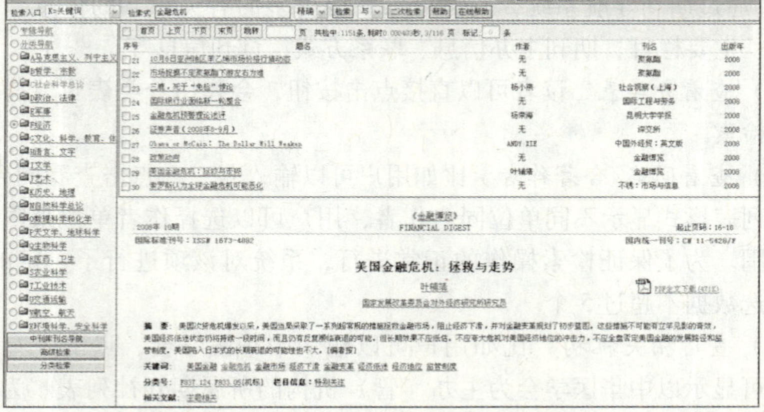

图 5－41　维普中文科技期刊数据库检索结果页面

第十一节　中国人民大学复印报刊资料数据库

一、概述

《复印报刊资料》由中国人民大学书报资料中心编辑出版，始于20世纪50年代末，最初只有9个专题，1966年停刊，1978年复刊。目前已形成110多个专题，分月刊、双月刊、季刊出版。每期有影印全文和专题索引两部分。精选公开发行报刊上各学科或专题的重要论文和重要动态、背景资料，当期未被选印的文献编排为题录索引，排在正文之后，是该学科或专题的论文和有关材料篇目的定期汇集。

《复印报刊资料数据库》是由中国人民大学书报资料中心与北京博利群电子信息有限责任公司联合开发制作，分索引库和全文库两个数据库，收录自1995年至今120多个专题全文复印资料，共分四大类：马列、哲学、政治、法律、社会科学总论类；经济类；文化、教育、体育类；语言文字、文学、艺术、历史、地理、其他类，内容选自国内公开和内部发行的报刊近3500多种，核心期刊全部被收录。该数据库是查检社会科学论文的综合性文献数据库。

二、《复印报刊资料数据库》检索

系统启动后，用户首先要进行登录。在“用户标识”框中输入用户标识，在“用户密码”中输入密码，单击**登录**按钮即可登录；如果要是以访客身份登录，就不需要输入用户名和密码，直接单击**登录**按钮即可登录；如果用户要退出系统，单击**注销**即可退出。

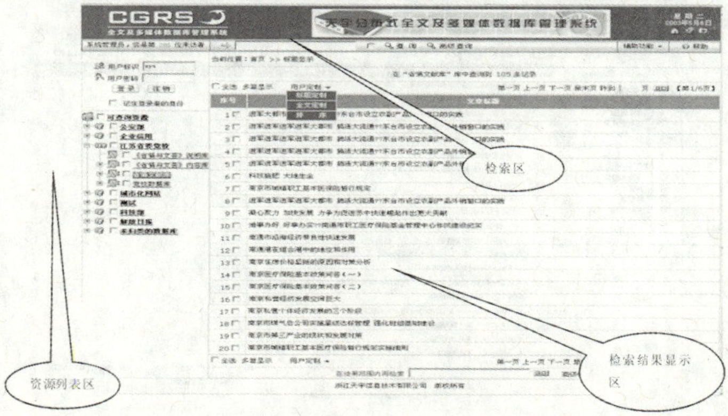

图5－42　《复印报刊资料数据库》检索主界面

《复印报刊资料数据库》检索主界面分为四个区：资源列表区、库命中结果区、检索区、检索结果显示区。

资源列表区显示所登录用户的所有可查询资源。检索区用来输入检索条件，执行检索命令。可以进行查询或高级查询；也可以使用帮助来获得更多信息。检索结果显示区用于显示检索结果的区域，在此可进行本次检索范围的再次查询。

进入主界面后，应首先查看该服务器中的可用资源。单击**目录**，则资源列表区会自然展开并显示出该服务器中所有的资源，选择资源是非常重要的，因为您要检索记录，必须先选择好准备检索哪些资源。在资源目录中显示的每一项资源前面都有一个空白框供您选择。当您选择时，用鼠标点击这个空白框，框中即出现一个√，表示该资源已被选中。如果同时对多个资源进行检索时，可以在多个资源前打√。

1. 新查询

假如想要有选择地检索信息（例如：在省情文献库、党校数据库中检取所有有关“南京”的文章），就需要在检索框中输入关键词（如“南京”），并在资源目录中选择所需资源（如：省情文献库、党校数据库），再单击**查询**，系统就会很快地检索出存在于省情文献库和党校数据库中的与“南京”相关的文章。这样，您可以有选择地查阅在某个资源中所查询到的信息。

2. 二次查询

若想在查询出来的信息中，继续进行缩小范围的检索，则可在“在结果范围内再检索”后的输入域中输入您想继续查找的词（如：“政策”）并按下“GO”按钮，此时在检索结果显示区中就会显示与“南京”和“政策”都相关的文章。如图5－43所示。

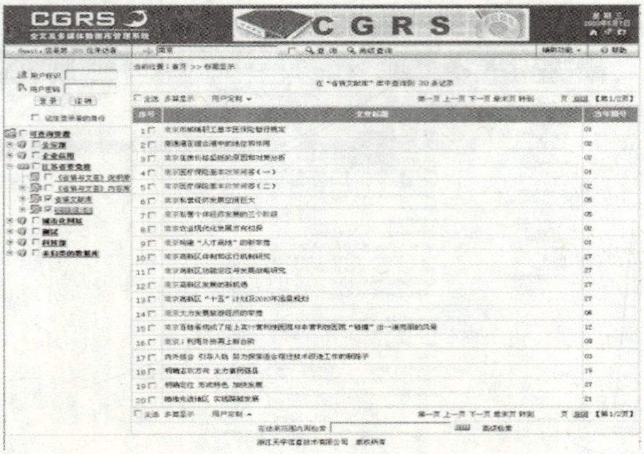

图5－43　《复印报刊资料数据库》检索结果页面

3. 高级查询

高级查询功能和查询相类似，单击高级查询（或称高级检索），则打开高级查询对话框。

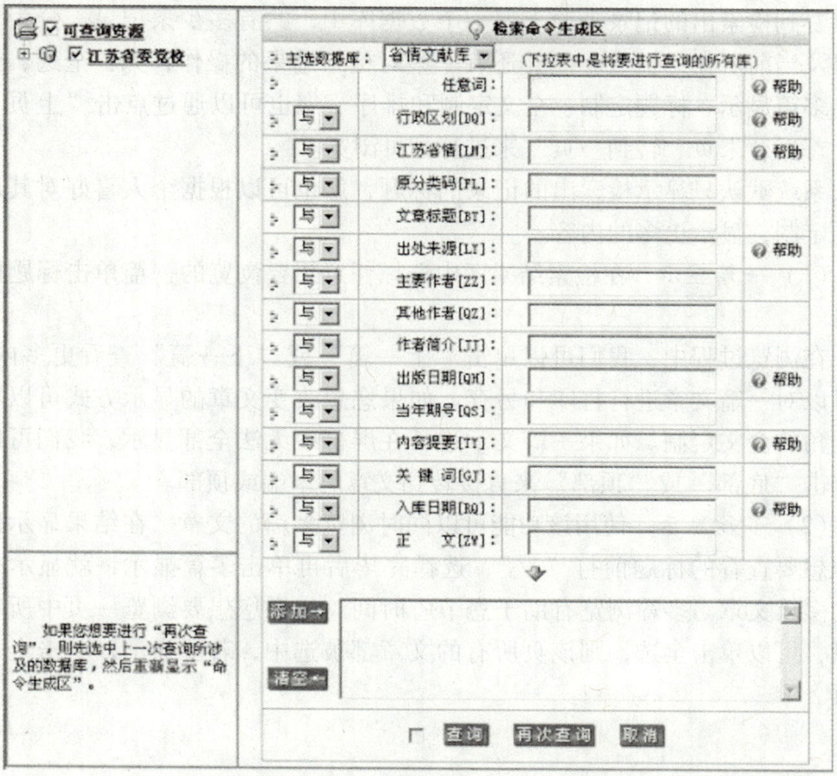

图 5－44　《复印报刊资料数据库》高级查询对话框

左边显示的是您所选中的所有资源或是您可使用的所有资源，可以在想要查询的资源前的空格中打“√”，并单击左下角的“重新显示”；也可以直接用鼠标点击想要查询的某个（或某批）资源。此时选择名称的背景变色，右边区域就出现了该资源或该类资源的（共有的）可查询字段。

如图 5－44 所示，可以检索的字段有：任意词、行政区划、江苏省情、原分类码、文章标题、出处来源、主要作者……等等。在各个字段中输入您想要检索的相应的内容，单击“添加”按钮，再单击“查询”或“再次查询”按钮，即可显示查询结果。有些字段输入域后面有“帮助”按钮，表示您可以通过单击这些帮助键来获得更多的信息。

系统支持布尔检索。

如果您需要同时从多个资源中查询内容，可以在左边要选择的资源前打“√”，再单击“重新显示”。然后在显示字段中输入相应内容，单击“查询”

或“再次查询”，即可显示从多个资源中检索出来的信息。

4. 查询结果显示

当检索完成后，在检索结果区中可以看到检索的结果。在检索结果区中可以看到检索出的记录来源于哪一个数据库中，共有多少条记录、分为多少页以及当前所在的页数。此外还有一些对检索结果的操作，如：全选、全不选、多篇显示、标题定制、全文定制和排序。您也可以通过点击“上页、下页、首页、末页、转到_页”来进行翻页浏览。

系统默认只显示检索出的记录的标题，您也可以根据个人喜好对其进行标题定制，显示更多的内容。

（1）一篇显示　在检索结果区中选择任意想要浏览的一篇单击标题即可浏览。

在浏览过程中，我们可以单击“上一篇”或“下一篇”查看更多内容，也可以对一篇文章进行打印和另存。如果您想改变文章的显示方式可以单击右上角的全文定制。如果一篇文章过长在屏幕中无法全部显示，我们可以通过点击“底部”或“顶部”来直接转到文章的末端或顶部。

（2）多篇显示　使用该功能可以同时浏览多篇的文章。在结果显示区中对您想要查看的标题前打“√”，选择完毕后再单击多篇显示，就显示您选择的多篇文章。多篇浏览有助于您节省时间。如果您想要浏览一页中所有的记录，可以单击全选，则该页所有的文章都被选中，若要撤消，单击全不选即可。

第六章　人文科学信息检索工具

在认识和了解综合性检索工具后，我们将分专题介绍人文社会科学各专业的主要检索工具，除介绍一些重要的传统印刷型检索工具外，还举要介绍各专业的网络检索工具。人文社会科学各专题的网络信息汗牛充栋，本章所举仅是冰山一角，主要是为用户指引路径，帮助用户通过各专业网站链接到更多的专业网站，以获取更多的文献信息。

第一节　马克思主义经典文献及研究资料检索

马克思主义产生于19世纪40年代的西欧，是消灭资产私有制的思想，是国际无产阶级领袖和革命导师卡尔·亨利希·马克思和弗里德里希·恩格斯创立的思想体系，是无产阶级政党的指导思想的理论基础。它包括科学世界观、社会历史发展学说、无产阶级革命理论以及社会主义和共产主义建设理论在内的科学理论体系，是工人阶级政党的理论基础和指导思想，是人类优秀文化遗产的产物，是无产阶级认识世界和改造世界的思想武器。它的主要特征是科学性和革命性的结合，理论和实践的统一。马克思和恩格斯逝世后，他们的继承者继续把马克思主义推向前进。列宁把马克思主义同俄国革命的具体实践结合起来，创造性地发展了马克思主义，创立了马克思主义的帝国主义理论，发展了马克思、恩格斯关于无产阶级革命和无产阶级专政的理论，制定了关于建立新型无产阶级政党的学说。他总结了苏维埃俄国的实践经验，提出了社会主义建设的基本原则和指导思想。列宁对马克思主义的发展使马克思主义进入到一个新阶段——列宁主义阶段。在中国，以毛泽东为代表的中国共产党人把马克思主义的基本理论与中国历史、社会实践相结合，创立了毛泽东思想。随着改革开放，又进一步产生了邓小平理论。

一、查找经典著作的单篇著作

在学习或研究中，我们常需要学习或引用马克思主义经典作家的某篇文章，但有时又不知原文在全集哪一卷，或篇名不详，只知大意，此时需要查找原文，可通过经典作家的全集篇名目录或篇名索引、选集索引工具书找到原文。

1.《马克思恩格斯全集目录（1－39卷）》

人民出版社1976年编辑出版，可用于查找《马克思恩格斯全集》中文版前39卷的著作和书信。这部目录分为两部分：《马克思恩格斯全集目录》和《马克思恩格斯全集篇目索引》，后者又包括马克思和恩格斯的著作索引、马克思和恩格斯书信索引和马克思恩格斯全集附录索引。

查找马克思恩格斯的著作可从著作发表时间或著作篇名首字汉语拼音音序途径进行查找。查找马克思恩格斯的书信，如果是马克思、恩格斯之间的通信，可按写信的时间去查找；如果是马克思、恩格斯写给其他人的书信，可按收信人姓氏首字的汉语拼音字母顺序去查；马克思、恩格斯写给机关团体的书信，则按信件篇名的汉语拼音字母顺序查找。

《马克思恩格斯全集》不少卷内的附录中收有一些重要或珍贵的历史文献，具有历史文献的价值，如《全集》第16卷附录就收有《国际工人协会章程和条例》等。如要查找，可按附录篇名首字汉语拼音字母顺序进行查找。

2.《马克思恩格斯全集目录、说明、索引》

马恩列斯著作编译局马恩室编译，人民出版社，1988年版。可用于查找《马克思恩格斯全集》第40卷至50卷的文献。

3.《列宁全集目录（第1－39卷）》

人民出版社1965年编辑出版，1980年重印。可用于查找《列宁全集》中文版39卷本的每篇著作、书信。《目录》后附“篇目索引”，可按所查著作篇名首字笔画进行查检。

4.《毛泽东著作、言论、文电目录》

中国人民解放军政治学院训练部图书资料馆1961年编印。本书提供了毛泽东同志从1917年至1960年8月这一期间所发表的著作、言论、文电、题字和言论辑录的出处。据此还可查考同一著作在不同时期发表时所用的不同篇名。

查找毛泽东单篇著作可供使用的目录不多，如果需要查找，只有从选集、选读、文稿、文集中去查找。如《毛泽东选集（1－4卷）》（第二版），人民出版社，1991年版以及《毛泽东文集（1－8卷）》，中共中央文献研究室编，人民出版社，1993年版，等等。

二、查考经典著作的原著版本

在学习和研究马克思主义经典文献时，我们有时需要查考原著的版本，可以通过一些相应的工具书进行查找。

查找建国前翻译出版的马克思主义文献中译文本，可查阅《**中国出版史料补编**》一书中张静庐所编的“马克思恩格斯著作中译本年表”（修订稿，1906—1949）、“列宁著作中译本年表”（修订稿，1920—1949）。每部年表均按年次著录了发表或出版的中译文版本基本情况，记载了书（篇）名、著者、译者、出版者或发表期刊卷期，并对著作中译文本作了简注。

查找建国后翻译出版的马克思主义文献中译文本，可查《**马克思恩格斯列宁斯大林著作中文本书目版本简介**（1950—1983）》人民出版社马列著作编辑室编，人民出版社，1985年版。

《**马克思恩格斯著作中译文综录**》，北京图书馆马列著作研究室编，书目文献出版社，1983年版。该书汇集了1980年以前出版的各种马克思、恩格斯著作中译文本517种（包括少数民族语文译本），共有条目5717，是至今查找马克思、恩格斯著作中译文本比较完整的书目。

《**毛主席著作书目**》，北京图书馆1958年编印。该书收录了毛泽东自1926年以来各个历史时期的重要著作的各种版本196种，以及旧选集、诗词等，共收书606种，是查找20世纪60年代以前出版的毛泽东著作版本的工具书，60年代以后出版的毛泽东著作，可以查考《全国新书目》、《全国总书目》。

三、查找经典著作的文句出处

在学习和研究问题时，我们常常会引用马克思主义经典文献，为保证准确无误，需要找到出处，解决这一类问题最方便的工具书是文句索引。

《（马克思恩格斯选）短语速查手册》，通过它可以迅速查到四卷选集中的任何一句话。例如，要查找恩格斯说的“伟大的阶级，正如伟大的民族一样，无论从哪方面学习都不如从自己犯错误的后果中学习来得快”这段话，其方法是：第一步确定短语，此段话可看作三个短语；第二步在本手册“首字目录”中查到该短语首字“正”字；第三步查该短语的尾字，查到以“正”字开头，以“民族一样”结尾的条目，后面注明的4—285—12，就是选集的卷数、页数和行数。按照此线索即可找到原文。

还可以利用主题索引来查找文句，只是复杂些，虽不如文句索引查得快，但也一样可以查到。

四、查找经典作家关于某一专题的论述

除了利用有关的专题汇编之外，主要是利用主题索引。

1.《马克思恩格斯全集名目索引》

中共中央马恩列斯著作编译局编印，人民出版社，1986年版。如，我们

要查找马克思恩格斯关于民主问题的论述，利用《马恩全集名目索引》，以“民主”为主题词，可以查到全集中所有有关民主问题的论述的线索，根据这个线索在全集中找到原文。

2.《列宁全集索引（第1—35卷）》

中共中央马恩列斯著作编译局编印，人民出版社，上册，1963年出版；下册，1984年出版。上册是单纯的主题索引，下册包括著作索引、人名索引等等。这部索引具有主题索引和篇目索引两种作用。

3.《毛泽东选集索引》

王世儒、王燕均等编，人民出版社，1994年版。该索引以《毛泽东选集(1—4卷)》第二版（1991年）为底本，抽取书中的关键词组成，有些关键词构成主题词，如文化、社会主义、义和团等，可用来查找毛泽东有关专题论述的出处。

4.《毛泽东、周恩来、刘少奇、朱德、邓小平著作主题集成》

于成主编，辽宁大学出版社，1991年版。该书包括毛泽东、周恩来、刘少奇、朱德、邓小平著作主题索引、著作篇名索引和篇名索引、毛泽东周恩来书信篇目索引和篇名索引三部分。

5.《邓小平文选（1—3卷）索引》

杨端志、周晓瑜等编，山东人民出版社，1994年版。从中可以查找到邓小平的理论观点、语言文句。

五、查找马克思主义研究论著

各国理论工作者都撰写了大量论述马克思主义的文章可供我们参考。查找这些资料的工具书有：

《研究马克思恩格斯著作和生平论著目录》（1983年出版），收录了研究马恩著作和生平的论著532部的书目、论文1438篇的篇目。

《毛泽东的智慧》（上下册，1993年出版），收录了研究毛泽东思想的各类论著，分类编排，既有研究论著索引，还有观点综述以及重要研究著作与论文的摘录与评价。

六、马列主义研究相关网站举要

1. 马克思主义研究网（http://myy.cass.cn/）

中国社会科学院马克思主义研究院2005年开通。共有6大版块，81个频道，有研究导向平台、文献检索平台、资料查阅平台、成果发布平台、学术交流平台和信息整合平台等，人们可通过这些平台对网站内所有信息进行动态管理和全文检索。目前，该网站已收录有2万多条信息，并根据马克思主义研究的基本内容分成：科学发展观、马克思主义、列宁主义、毛泽东思想、邓小平理论、“三个代表”重要思想、中国共产党党史、国际共运史、当代世界社会主义、国外马克思主义流派、当代资本主义与资本主义发展史、专题参考十二个频道。同时，根据不同内容，网站分别设置栏目。如基本文献有：经典原著、重要文献、文件、文章、讲话、社论等；理论研究有：专题研究论文；社会实践有：相关历史时期的社会活动；参考资料主要收录与频道内容相关的学术信息及动态。

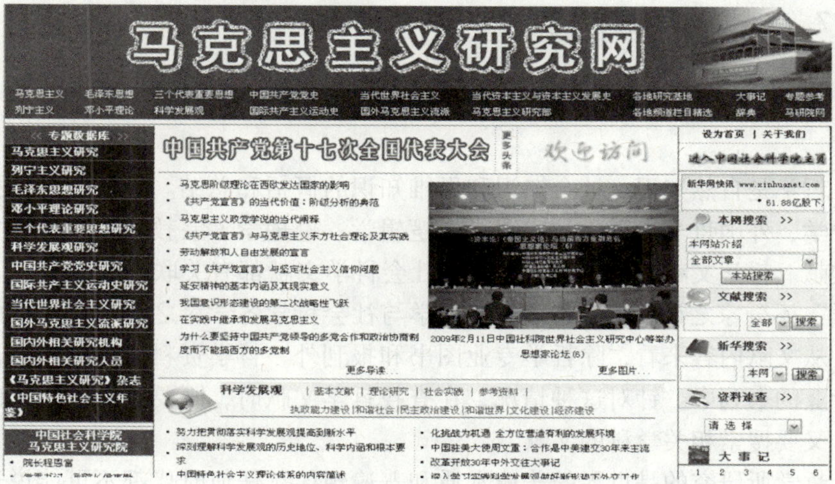

图 6－1　马克思主义研究网首页

2. 人民网（http：//www. people. com. cn/）

它是世界十大报纸之一《人民日报》建设的以新闻为主的大型网上信息发布平台，也是互联网上最大的中文和多语种新闻网站之一。有中文（简、繁体）、蒙文、藏文、朝鲜文和英文、日文、法文、西班牙文、俄文、阿拉伯文等 10 种语言 11 种版本，以图片文字、动漫、音视频、论坛、博客、播客、掘客、手机、聚合新闻（RSS）、网上直播报道等多种形式参与重大活动的报道，每天 24 小时在第一时间向全世界网民发布信息，其“科学发展观”专栏可以帮助我们了解马克思主义在中国最新发展的理论研究。人民网在海内外的影响很大并在日益扩大，读者覆盖 200 多个国家和地区。

人民网强国论坛是中国网络媒体创办的第一个网上时政论坛，被称为“最著名的中文论坛”。2008 年 6 月 20 日，在人民日报创刊 60 周年之际，中共中央总书记、国家主席、中央军委主席胡锦涛和中共中央政治局常委李长春来到人民日报社考察工作，并视察人民网。胡总书记在人民网强国论坛，通过视频直播同广大网民在线交流，他在回答网友提问时说：“虽然我平时工作比较忙，不可能每天都上网，但我还是抽时间尽量上网。我特别要讲的是，人民网‘强国论坛’是我上网必选的网站之一。”

3. **马克思主义哲学网络资源导航**（http：//www. lib. whu. edu. cn/dh/mks/wdjs. htm）

武汉大学主办，为 CALIS 项目中的“211”工程重点学科导航库。

4. **新华网**（http：//www. xinhuanet. com/）。

5. **毛泽东思想研究**（http：//www. mzdsx. com/mzdsx. asp）。

6. **中国新闻网**（http：//www. chinanews. com. cn）。

7. **实践共产主义网**（http：//www. sjgczy. com/）。

第二节　哲学专题信息检索

哲学是自然知识、社会知识和思维知识的概括和总结。哲学文献包括中国哲学、外国哲学、科学技术哲学、逻辑学、伦理学、宗教学、美学等方面的文献。哲学文献与自然科学文献及社会科学文献都有关联。理论界有“文史哲”不分家之说，概括地表明了哲学与社会科学各学科之间没有严格的界限。从文献内容来看，除哲学专业图书和报刊外，哲学资料往往散布在非哲学专业的书刊中。针对这种情况，在查找哲学文献时，既要查阅本学科的文献，又要搜索相关学科的文献。

哲学所研究的是世界的普遍本质和普遍规律，任何时代都不可能说达到了哲学的顶峰。因此，在哲学研究中，我们既要关注今天的研究成果，包括哲学的和具体科学的研究成果，又要吸收前人的研究成果，即使是错误的结论或已失去效用的成果，也都是哲学研究所需要的资料。如孔子距今天已 2500 年，但我们仍在研究孔子哲学思想的现代意义。

哲学属于上层建筑，在有阶级的社会中，哲学文献是具有阶级性的。这就要求我们在利用哲学文献时，要运用马克思主义的立场、观点和方法加以分析、鉴别，去伪存真，剔除糟粕，吸取精华。无论是今天的文献资料，还是前人的文献资料，都不能无条件地兼容并蓄，而要有原则地进行筛选，尽量选用有独创见解的、科学性较高的资料。

一、哲学名词术语的检索

查找名词术语的解释、定义以及演变情况，主要是利用综合辞典和专业辞典以及百科全书等。

1. **《哲学大辞典》**

冯契主编，上海辞书出版社，1985—1988 年分卷出版，1992 年出版汇编本，2001 年出版修订本。分卷本分别为：马克思主义哲学、中国哲学史、外国哲学史、逻辑学、伦理学、美学6卷，共收12400余条词目，包括中外古今哲学上的术语、学说、学派、人物、著作、组织、事件、会议等。汇编本改为统一编排，修订本对初版中5000余条词条作了重大修改或重新撰写，其余词条也作了不同程度的修订，并新增了2000余条词目。

2.《东西方哲学大辞典》

蒋永福，吴可，岳长龄主编，江西人民出版社，2000年版。该书内容包括西方哲学史、西方现代哲学和东方哲学。另有《外国哲学中文译作、著作书目提要》、《外国哲学期刊一览表》和《国际哲学组织与机构》附录，这是目前国内其他图书中所没有的。

3.《心理学大词典》

林崇德，杨治良，黄希庭等编著，上海教育出版社，2003年版。该辞典收录心理学术语、学说、学派、人物、著作、组织、机构等词目约1.7万条，内容涉及普通心理学、实验心理学等21个分支学科，约600万字，是我国目前规模最大的一部心理学专科辞典。

4.《逻辑学大辞典》

彭漪涟，马钦荣主编，上海辞书出版社，2004年版。该辞典共收词6000余条，约250万字，是国内目前规模最大、收词最多、内容最丰富的逻辑学大辞典。所收的词目，涉及传统逻辑、现代逻辑、辩证逻辑、语言逻辑、科学逻辑、法律逻辑、非形式逻辑与批判性思维以及中国逻辑史、西方逻辑史、印度逻辑与因明等各个方面的名词术语、学说学派、人物著作。另附有逻辑学大事记、建国后逻辑学重要书目、逻辑学词目外文索引等。

5.《宗教大辞典》

任继愈主编，上海辞书出版社，1998年版。此书由《宗教词典》(1981)修订、扩充而成，收词目11970条，包括宗教学、佛教、基督教、伊斯兰教、道教、儒教、中国民间宗教、其他宗教等16类，按各类宗教体系介绍其教派组织、人物、教义、经籍著作、名词术语、教制、器物、节日、寺院及神名等。

此外，还可以使用《诸子百家大辞典》(1993年)、《美学辞典》(1993年)、《自然辩证法百科全书》(1993年)、《美学百科全书》(1989年)等等。

二、哲学论文的检索

首先可以考虑利用的工具书有：大型检索性刊物《中国社会科学文献题录》的分册《马克思主义·哲学》(双月刊)，大型复印报刊资料的《哲学原理》(月刊)，以及附载于《国内哲学动态》杂志的《全国主要报刊哲学论文索引》(1980 年起改名为《全国报刊部分哲学论文目录索引》)。

此外，还有《**中国哲学论文索引**》(1900—1980)，南开大学图书馆、哲学系 1980 年编印。

《**1900—1949 年全国主要报刊哲学论文资料索引、附解放后外国哲学史等专题论文资料索引**(1949—1980)》，四川大学哲学系等编，商务印书馆，1989 年版。

《**二十二种大藏经通检**》，童玮编，中华书局，1997 年版。

《**解放后关于道家、道教、玄学部分论文索引**(1949—1982)》，和光编，《中国哲学》第 11 期，人民出版社，1984 年版。

《**中文圣经论文索引大典**》，(美）芳泰瑞编，台北中华世界资料供应出版社，1997 年版。

此外，中国社会科学院编印的《中国哲学年鉴》、《世界哲学年鉴》，连续反映我国和世界各国哲学界各年的研究情况和进展、新书选介、论文选介、发展动向等，对进行研究也有着重要的参考价值。

三、哲学图书的检索

查找中国哲学史料，可利用：

1.《中国哲学史史料学初稿》

冯友兰编著，上海人民出版社，1962 年版。该书介绍了哲学史料及历史上主要哲学家的基本著作及版本情况。

2.《中国哲学史史料学》

张岱年著，三联书店，1982 年版。该书讲述了先秦至近代的哲学史史料，并在书后附了《汉书·艺文志·诸子略》、《有关中国佛教的思想文献简明目录》、《有关哲学史的丛书举要》等，为研究中国哲学史提供了极为重要的资料线索。

3.《中国现代哲学史教学资料选辑》

北京大学哲学系现代中国哲学史教研室编，北京大学出版社，1989 年版。辑录 1899 年至 1949 年间 60 多位思想家、政治家的文章论著 300 余篇。

查找中国哲学书目，可查：

4.《1949—1980 年部分哲学书目》

中国社会科学院研究所编，载《中国哲学年鉴(1982)》附录。该书目收录了建国以来出版的重要哲学书籍 408 种。

5.《民国时期总书目·哲学心理学》

收录 1911—1949 年 9 月国内正式出版的哲学心理学中文图书 3450 种。

6.《周秦汉魏诸子知见书目》

严灵峰著，中华书局，1993 年版。收录周秦汉魏六朝诸子书的各种著述（包括历代注释、校勘翻译及世界主要语言的著译）6000 余条。

7.《孔子研究论著索引（1900—1983.6）》

董乃强编，北京师范大学历史系 1984 年编印。本书收录 1900 至 1983 年 6 月间国内（包括港、台地区）公开出版的孔子研究专著 116 种。

8.《中外社会科学名著千种评要·中国哲学》，《中外社会科学名著千种评要·西方哲学》

华夏出版社社科编辑室编，华夏出版社 1992 年版。前者收录先秦至现代中国哲学学术名著评要 100 种；后者收录古希腊至现当代西方哲学名著评要 100 种。

查找美学方面的有：

9.《中国现代美学论著、译著提要》

蒋红等编著，复旦大学出版社，1987 年版。选介从“五四”以来国内正式出版的美学论著 111 种、译著 105 种。另附《1919—1983 年美学论著、译著出版目录》。

心理学著作书目有：

10.《心理学著作辞典》

张人骏、朱永新著，天津人民出版社，1989 年版。该书收录中外古代至近代心理学著作、篇目 425 条。

查找宗教著作，可利用：

11.《佛教书目》

佛经流通处 1938 年编印。收录佛学图书 4000 余种。

12.《中国佛教史籍概论》

陈垣撰，中华书局，1962 年版。该书以丰富的史料，旁征博引，对佛教史籍进行了考订，并校正了《四库全书总目提要》中有关佛教书籍的错误记载，有重要的参考价值。

13.《道藏书目提要》

潘雨廷著，上海古籍出版社，2003 年版。该书择取《道藏》287 种文献编写提要，介绍每一文献的史实和内容，并阐明意义。

《在华耶稣会士列传及书目（上、下册）》，（法）费赖之著，冯承钧译。**《在华耶稣会士列传及书目补编（上、下册）》**，（法）荣振华著，耿昇译，中华书局，1995 年版。

四、哲学人物资料的检索

人物资料在社会科学文献中几乎无所不在，可以根据具体的检索对象和要求，从史部传记类书籍、正史和笔记野史、书目提要中进行查找，可以从方志、回忆录、年鉴等途径进行查找，还可以利用各类人名辞典和传记集。

如**《中国古代著名哲学家评传》**、**《中国古代著名哲学家评传续编》**、**《中国近代著名哲学家评传》**，辛冠洁等主编，齐鲁书社1980—1983年版。全书8卷9册，共收录我国哲学家116人，各分册均附“人名索引”和“名词索引”，全书最后附《中国哲学家生卒年表》。

《中国佛教人名大辞典》，震华法师遗稿，王新等校补，上海辞书出版社，1999年版。全书收录自佛教传入中国以来与中国佛教有关的人物词目16973条（含近现代佛教人物），以中国汉传佛教人物为主，兼及藏传、南传佛教人物，以及与我国汉传佛教有交流记载的国外高僧大德。

五、哲学研究相关网站举要

1. 哲学网络学术资源导航

它是CALIS重点学科网络资源导航门户之一，而“重点学科网络资源导航库”则是CALIS“十五”重点建设项目之一。导航库的每条记录都是面向学术研究的、专门标引的高质量网络信息资源，目的是向读者提供可靠的、值得查找的资源。“哲学网络学术资源导航”分为马克思主义哲学、中国哲学、外国哲学、逻辑学、伦理学、美学、宗教学、科学技术哲学等栏目。可选择资源类型，标题、作者、出版者、语种等限制条件进行检索。

2. 哲学在线（http：//www. philosophyol. com/pol/）

中国人民大学哲学院主办，为十五“211工程”重点学科公共服务体系哲学信息资源系统。设有哲学在线、爱智论坛、专题栏目、哲学日志、哲学互动网、人大哲学、世界哲学频道。

3. 香港人文哲学会（http：//humanum. arts. cuhk. edu. hk/ ~hkshp/）

香港中文大学主办，以中文繁体（Big5）提供服务界面，并可切换到英文版，设有网上哲学论著、网上中国哲学经典、网上外国哲学经典、哲学一般、世界哲学界、学术资料库、人文月刊等频道。可以使用主题浏览方式检索文献信息，也可使用关键词搜索。检索结果可以是“任何语言”，也可以限定在中、英、法、德、日、俄等20多种语言中的任一种，它以丰富的学术资源和比较健全的检索功能深受用户欢迎。

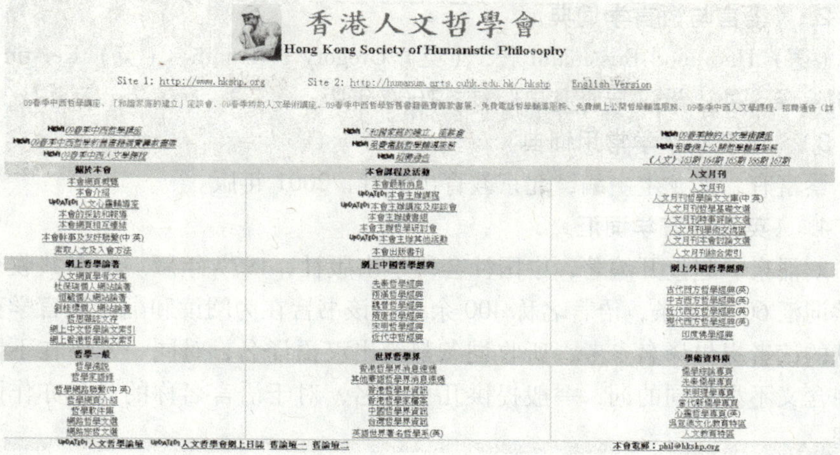

图 6－2　香港人文哲学会首页

其它重要的网站有：

哲学网（http：//www. zhexue. com. cn/）。

中国社会科学院哲学研究所（http：//philosophy. cass. cn/）。

中国哲学网（http：//www. chinaphilosophy. com. cn/）。

国学网（http：//www. chinaguoxue. net/）。

中国高校心理在线（http：//www. chinapsy. net/index/index. ASP）。

中国佛教信息网（http：//www. buddhism. com. cn/）。

第三节　语言文字学专题信息检索

语言学是以人类语言为研究对象的学科，探索范围包括语言的结构、语言的运用、语言的社会功能和历史发展，以及其他与语言有关的问题。传统的语言学称为语文学，以研究古代文献和书面语为主。现代语言学则以当代语言和口语为主，而且研究的范围大大拓宽。广义的语言学包括语文学。

一、语言学名词术语的检索

1.《语言学和语音学基础词典》

（英）戴维·克里斯特尔编著，方立、王得杏、沈绪伦译，北京语言学院出版社，1992 年版。书中收录 20 世纪以来应用广泛、在语言学文献中出现频率较高的语言学和语音学术语 1000 余条，还包含带有词条词头的短语 1000 余条，所收词条附有定义和解释，并对大多数术语使用的历史环境、与有关领域的术语关系等加以说明。

2.《语言与语言学词典》

（德）Hadumod Bussmann 著，（英）Gregory P. Trauth、（英）Kerstin Kazzazi 编译，外语教学与研究出版社，2000 年版。

3.《语言文字学常用词典》

蔡富有、郭龙生主编，北京教育出版社，2001 年版。

4.《英汉语言学词汇》

刘涌泉、赵世开编著，中国社会科学出版社，1979 年版。本书共收录语言学词汇 6000 余条，语言名称 400 余条。该书旨在为阅读和翻译语言学英语文献的读者提供译名参考，所收词条都给出汉语译名，对同一术语在不同学派中含义不尽相同的词，一般提供几个译名，对于语言名称的译名亦作同样处理。

5.《剑桥语言百科全书》

D·克里斯特尔编著，朱永生、郑立信主译，湖南教育出版社，1992 年版。该书从语言学的角度详细介绍了有关语言的概念、种类、结构、行为等各方面的知识以及目前的研究成果。书中配有 300 余幅照片及图表。

6.《语言学百科词典》

戚西村等主编，上海辞书出版社，1993 年版。该书收词目 5000 余条，包括古今中外语言学的术语、理论、方法、学科、流派、人物、著作、事件及世界诸语言等。

7.《传统语言学辞典》

许嘉璐主编，河北教育出版社，1990 年版。传统语言学包括文字、音韵、训诂和语法。本书含术语（基本理论和学说）、人名、书名、主要学派四类词目，时限截止到 1919 年。

还有一些专门的词典，如：

8.《语音学和音系学词典》

（英）R. L. 特拉斯克编，本书编译组译，语文出版社，2000 年版。

9.《音韵学辞典》

曹述敬主编，尉迟治平等编，湖南出版社，1991 年版。

10.《语法学词典》

王维贤主编，浙江教育出版社，1992 年版。

11.《修辞学词典》

王德春等编，浙江教育出版社，1987 年版。

二、语言学论文资料的检索

1.《中国语言学论文索引》

中国科学院语言研究所编，分甲、乙编两册。甲编由科学出版社于1965年出版，收录1900至1949年全国报刊、论文集中的语言学论文5000余篇。乙编由商务印书馆1983年出版增订本，收录1950年至1980年全国报刊、论文集中语言学论文12000余篇。甲、乙编均按语言与语言学、汉语、少数民族语言三大类编排，附著者姓名索引。

2.《中国语言学论文索引1981—1985》

杨秀君等编，吉林省图书馆学会1986年印行。

3.《中国语言学论文索引1986—1990》

吉林省图书馆学会1994年编印。该索引共分为5个部分：语言学、汉语、中国少数民族语言、附录、责任者索引。

4.《语言学论文索引》

董树人主编，先后由北京语言学院出版社、北京语言文化大学出版社出版，自1991年起每年辑录一册。

5.《台湾五十年声韵学暨汉语方音学术论著目录初稿1945—1995》

林炯阳、董忠司主编，台北文史出版社，1996年版。

6.《语文教学篇目索引》

《中国语文》编辑部编，上海教育出版社，1982年版。收录1950至1980年报刊上所发表的语文教学论文约10000篇。

7.《外国语言研究论文索引1949—1989》

路式成等主编，上海外语教育出版社，1992年版。

8.《外国语言研究论文索引1990—1994》

路式成等主编，上海外语教育出版社，1996年版。

9.《外国语言研究论文索引1995—1999》

路式成等主编，上海外语教育出版社，2001年版。

10.《中国辞书学论文索引1911—1989》

上海辞书学会、辞书研究编辑部编，上海辞书出版社，1990年版。该书收录文章篇目约3900条，分辞书学通论、语文词典、专科辞典、综合性辞典、百科全书、其他工具书、辞书类、辞书排检法八个部分。

11.《古代汉语虚词研究论文索引》

北京大学中文系编，连接于该系网页（网址：http://chinese.pku.edu.cn/jiaoyjg/guhan.htm）上。

三、语言学专著的检索

1.《小学考》

（清）谢启昆撰，汉语大词典出版社，1997 年版。全书 50 卷，著录历代训诂、文字、声韵、音义四方面书籍 1180 种，所录各书，除列撰者姓名、书名卷数之外，注明存佚，详载原书序跋及诸家评说。若著者爵里、生平见于史传、笔记、方志，也辑录于后。谢氏有所考证，则以案语形式附于条末。

2.《语言文字学书目》

中国文字改革委员会图书资料室编印。全书两辑，1955 年出版第 1 辑，收书 1400 余种。1957 年出第 2 辑，收书 1870 种。

3.《汉文字学要籍概述》

罗君惕著，中华书局，1984 年版。该书依时代先后介绍自周至清历代重要的文字学著作。

4.《汉语语言学书目：1980—1997》

徐烈炯、王志洁主编，外语教学与研究出版社，2001 年版。

5.《中国文字学书目考录》

刘志成撰，巴蜀书社，1997 年版。该书汇录上自先秦下迄 1995 年文字学著作凡 2664 种，涉及作者 1820 人，是迄今收集最全的中国文字学书目。

四、语言学人物资料的检索

1.《中国现代语言学家》（全五册）

本书编写组编，河北人民出版社 1981—1986 年出版，该书收录 1898 年《马氏文通》出版以来我国的语言学家，对各人主要经历作了简要介绍，对其学术成就进行评述，并附有论著目录。

2.《中国语言学人名大辞典》

陈建初、吴泽顺主编，岳麓书社，1997 年版。该辞典广泛收录古今中外从事中国语言学教学、研究和管理工作并取得一定成果的各类人员，同时全面地反映这些人员在中国语言学领域所作的贡献，列出他们各种形式的成果，并注明发表和出版的时间、刊物和出版社。该书既可以用来查找历代中国语言学研究学者，也可以用来检索历来中国语言学研究论著。

3.《中国语文学家辞典》

陈高春编，河南人民出版社，1986 年版。该辞典收录历代语文学家 1951 人，介绍与之相关著作 5500 余部，上自先秦，下至明、清。辞条编排以作者生年或卒年的先后为序，书后附有辞目音序索引、辞目笔画索引、异名笔画索引、语文学著作笔画索引和主要参考书目。

五、汉语字、词检索

1. 查字音、字形、字义

（1）《甲骨文字典》

徐中舒主编，四川辞书出版社，1989 年版。该字典收录单字 1112 个，按《说文》的部编排，说文所无之字附于各部之后。各字解释分为字形、解字、释义三部分，书前附有楷书字形笔画索引。

（2）《古文字诂林》

本书编委会编，上海教育出版社，1999 年起出版。该书是我国迄今为止规模最为宏大的古文字训释类专业工具书。它“集万卷于一册，汇众说于一编”，荟萃迄今为止古文字形体与研究考释成果的大型工具书，所收考释资料涵盖出土古文字（包括甲骨文、金文、战国秦汉玺印文、战国货币文、陶文、战国秦汉简牍文、帛书、石刻文、春秋战国石盟书等八种文字）和传世古文字（包括《说文》篆文、或体、古文、籀文、奇字、《三体石经》古文，《汗简》和《古文四声韵》古文等），几乎囊括了古文字的所有门类。包括约 1 万多个字头，16 万个古文字字形，参照《说文》部首排列，首列隶定楷书字头，加注篆书，以下依次收录字形和考释文字。考释资料总量约 1000 字，时代起自殷商、迄至秦汉，是 100 年来的古文字考释研究成果的集大成。

2. 查通假字、避讳字

通假是我国古代“六书”中的一种，是古书中使用异体字、同音字记词的一种现象。我们在阅读、利用古籍时，常常需要识别古人通假字的应用。查通假字，目前可以利用的工具书有：

（1）《古字通假会典》

高亨纂著，董治安整理，齐鲁书社，1989 年版。

（2）《通借字萃编》

郑权中著，涂宗涛等整理修订，天津古籍出版社，1990 年版。

由于封建礼制、礼俗的规定、约束或出于敬重、迷信畏忌等原因，古人用字时多有忌讳，他们创造性地发明了包括缺省、代字、改称、缺笔等在内的各种各样的避讳方法。我们在阅读和利用古籍时，也需要弄清历代有哪些避讳字。查避讳字，可利用：

（3）《历代避讳字汇典》

王彦坤编著，中州古籍出版社，1997 年版。该书收历代避讳字（词）987 个，依朝代及避讳对象不同分立 1298 条，涉及历代因避讳而产生或窜改之人名、地名、书名、职官名等近 1 万个，共征引古今图籍近 500 种，所收避讳材料上至先秦，下迄民国，以敬讳材料为主，兼及忌讳、憎讳材料；以史料为主，兼顾非史材料；公讳、私讳兼收，正讳、偏讳、嫌名并录。全书按各朝或各人的避讳本字设立条目，各条目按汉语拼音字母顺序编次，卷末附有以书中所涉全部避讳字、避讳代用字、因避讳而产生或窜改的人名、地名、书名、职官名等专有名词作为检索对象的《四角号码综合索引》。

3. 查语词

(1)《中国隐语行话大辞典》

曲彦斌主编，辽宁教育出版社，1995 年版。全书从古今近 200 种有关文献、调查资料和研究报告中，选释了唐宋以来至当代市井诸行、江湖秘密社会及各种犯罪团伙的隐语行话近 2 万余条。

(2)《语海》

本书编委会编，上海文艺出版社，2000 年版。该书收录条目 10 万条，分为六大类，其中谚语 2.5 万条、俗语 2 万条、歇后语 3 万条、惯用语 1 万条、俗成语 1 万条、暗语 5000 条。反映了当代学者对民间口语的最新研究成果。

(3)《方言》(全名《輶轩使者绝代语释别国方言》)

汉扬雄著，晋郭璞注，《四部丛刊》影印宋刊本。这是我国第一部方言词汇，体例仿《尔雅》，类集古今各地同义词语，以当时的通语解释，于每组词语后分别说明其通行地区。原来不分类，明人陈与郊归纳为 16 类，今本共 669 条。《方言》创立了以方言释古语、以通语释方言的从时间和空间两方面研究语言的原则，所用材料主要来自实地调查。查检时，可利用《方言校笺及通检》(周祖谟校笺，吴晓铃编通检，科学出版社 1956 年合印本)。校笺以《四部丛刊》本为底本，参校有关著作 33 种写成，通检是《方言》及郭璞注中词语的综合索引，按笔画排列。

(4)《现代汉语方言大词典》

李荣主编，江苏教育出版社，1993—1999 年出版。该书是一本分卷本方言词典，由 41 个分地点词典构成，包括崇明、苏州、厦门、长沙、娄底、西宁、太原、贵阳、南昌、武汉、梅县、乌鲁木齐、南京、丹阳、忻州、柳州、黎川、西安、扬州、徐州、金华、海口、银川、洛阳、济南、东莞、万荣、杭州、温州、上海、宁波、萍乡、南宁、牟平、成都、哈尔滨、福州、建瓯、广州、雷州、于都，基本上涵盖了现代汉语方言中除徽语以外所有重要的方言类型，共收词条 32 万条，每部分卷本词典收词在 8000 条左右，卷前有音序检字表，书后附义类索引和词条首字笔划索引。

(5)《汉语方言大词典》

许宝华、(日) 宫田一郎主编，中华书局，1999 年版。该书共 5 卷，收录各种方言词语 21 万多条，涵盖了汉语十大方言区 1000 多个县市，引例数十万条，涉及古今文献资料1200多部，较为全面地反映了汉语方言的实况和方言之间的异同。书后附有检字索引两种，及“全国各县市汉语方言系属简表”、“引用文献目录”、“中国汉语方言图”。

(6)《汉语外来语词典》

刘正埮、高明凯等编，上海辞书出版社，1984年版。该书收录源自英、日、德、意、俄、西班牙、拉丁、梵、波斯、突厥、满、维吾尔等百余种语言的古今汉语外来词1万余条。

(7)《古代汉语虚词词典》

中国社会科学院语言研究所古代汉语研究室编，商务印书馆，1999年版。共收条目1855条，其中单音虚词762条，复合虚词491条，惯用词组289条，固定格式313条，包括副词、介词、连词、助词、语气词、感叹词、助动词、代词、不定数词等广义的虚词。

(8)《现代汉语虚词词典》

侯学超编，北京大学出版社，1998年版。该词典共收各类虚词及少数格式或难于定类的词1030条。

(9)《新编联绵词典》

高文达主编，河南人民出版社，2001年版。可用来查找联绵词（汉语双音节单纯词）的音义及形体变异。

(10)《辞通》

朱起凤著，开明书店1934年版，上海古籍出版社1982年重印。这是一部古汉语联绵词通假字词典，收唐以前古籍中异形同义的双音词3万多条。

(11)《同源字典》

王力著，商务印书馆，1982年版，收录同源字（词）1026组。

(12)《同源字典补》

刘钧杰著，商务印书馆，1999年版，收录同源字（词）456组。

(13)《同源字典再补》

语文出版社，1999年版，收录同源字（词）569组。

六、少数民族语言和外国语言的检索

少数民族语言和外语对照词典，可以供我们学习和翻译其他语言时使用。这类词典数量很多，在使用时要注意先用近年出版的、收词量较多的词典。现选取一些介绍如下：

1.《藏汉大辞典》（全三卷）

张怡荪主编，民族出版社，1985年初版，1993年修订版。该书是以语词为主兼收百科的综合性词典，收词约5.3万条，附有“藏族历史年表”。

2.《新满汉大词典》

胡增益主编，新疆人民出版社，1994 年版，收满语词条 3. 5 万条。

3.《维汉词典》

新疆大学中国语文系编，新疆人民出版社，1982 年版，收维吾尔语词条 3 万余条。

4.《汉蒙字典》

内蒙古语文历史研究所语言研究室词典组编，内蒙古人民出版社，1987 年版。

5.《汉朝词典》

北京大学朝鲜语教研室、延边大学朝鲜语教研室编，商务印书馆，1989 年版。

6.《英汉大词典》

陆谷孙主编，上海译文出版社，1989—1991 年版。这是我国第一部独立研编的大型英语词典，收词 20 万条。1999 年出版《补编》1 册。

7.《新时代汉英大词典》

吴景荣、程镇球主编，商务印书馆，2000 年版，收词 12 万条。

8.《牛津英语大词典》(Oxford English Dictionary)

詹姆斯·默雷主编，牛津大学出版社，1933 年版。通常简称为 OED，共 13 卷，收词约 41. 5 万条，几乎囊括了 12 世纪以来见诸文献的所有词语，每个词的释义按年代顺序排列，词义的每一种变化均有例证。该书被认为是权威性的英语语文词典，1972—1986 年出版了补编 4 卷，1989 年出版了第二版，共 20 卷，收词 50 万条，原正编和补编的内容均包含在内，1991 年已将第二版制成光盘。

9.《韦氏第三版新国际英语词典》(Webster's Third New International Dictionary of the English Language：unbridged)

戈夫主编，美国 G·&·C. Merriam 公司 1961 年版。这是一部权威性的英语语文词典。第 2 版出版于 1934 年，第 3 版经过重新设计、编写，成为一部全新词典，收词从第二版的 60 万条降为 45 万条，计删除 25 万条，又增补新词 10 万条。韦氏三版经过了几次修订，但基本内容无太大变化，另陆续出版了几次补编。

10.《俄汉详解大词典》(全四卷)

赵洵、李锡胤、潘国民主编，黑龙江人民出版社，1998 年版。共收词 24. 6 万个，采用多层次释义，是目前收词最多、解释最详尽的俄汉双语词典。

11. 《法汉词典》

上海译文出版社，1978 年版；2000 年修订本，改名为《新法汉词典》，收词 6.5 万条。

12. 《新德汉词典》

上海译文出版社，1999 年版。本书是 1983 年版《德汉词典》的修订本，共收词 10 万多条。

13. 《日汉大辞典》

陈涛主编，机械工业出版社，1991 年版，收词汇 14 万条。

七、语言学研究网站举要

中国语言文字网（http：//www. china - language. gov. cn/），是由国家语言文字工作委员会主办，于 2002 年 6 月 26 日正式开通。网站内容主要包括工作机构、政策法规和规范标准、语文工作、学术交流、语文博物馆、中文信息处理、百家论坛、图片视频等。

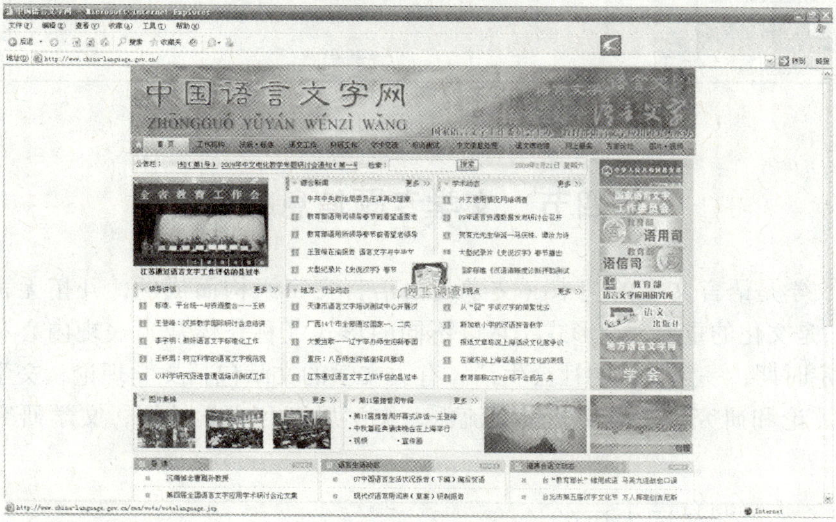

图 6 - 3　中国语言文字网首页

中国语言资源网（http：//www. clr. org. cn/）。

语言文字网（http：//www. yywzw. com/）。

许慎文化网（http：//www. xswh. com. cn/）。

中国外语教学网（http：//www. ceen. com. cn/）。

中国英语学习网（http：//www. 24en. com/）。

The Linguist List（http：//www. linguistlist. org/），该网站于 1990 年由澳大利亚西澳大利亚大学 A. R. Aristar 创建，自称为“世界上最大的在线语言资

源”。该网站主要致力于提供语言及语言分析信息，以及为语言学科的数字化提供必要的基础服务，内容包括2000多个专业网页，100多名语言学家的邮件列表、经数字化处理的濒危语言数据、专业化的语言学数据库等。The Linguist List 提供完全免费的信息服务，提供资源类型浏览和学科主题浏览两种检索方式。

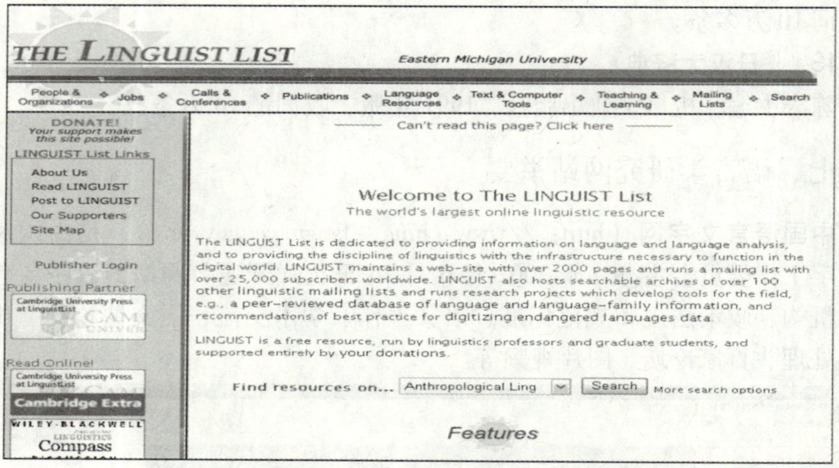

图 6-4 The Linguist List 首页

第四节 文学专题信息检索

文学是语言文字的艺术（文学是由语言文字组构而成的，开拓无言之境），是文化的重要表现形式，它以不同的形式（称作体裁）表现内心和再现一定时期，一定地域的社会生活。有关文学的文献包括文学理论，文学作品的评论和研究，文学史，文学流派，文学思潮和文学社团，文学研究等方面。

一、文学名词术语的检索

1.《中国文学大辞典》

钱仲联，傅璇琮等主编，上海辞书出版社，1997年初版，2000年第2版，收词目1.7万余条，按朝代分门类编排。

2.《中国文学大辞典》（全8册）

马良春、李福田主编，天津人民出版社，1991年版。收录词目3.3万条，包括古今中国各民族文学，涉及作家、作品、流派、社团、事件、思潮及论争等。

3.《新编二十世纪外国文学大词典》

王逢振等主编，译林出版社，1998 年版。收录 178 个国家和地区的有关条目 1.2 万条，内容涉及作家、批评家、文学流派、文学团体、文学报刊及文学奖。

4.《东方文学辞典》

季羡林主编，吉林教育出版社，1992 年版。

5.《西方文学术语词典》

刘辰诞等主编，河南大学出版社，1996 年版。

6.《世界文学术语大辞典》

陈慧、黄宏煦主编，河北教育出版社，2001 年版。

7.《文学理论词典》

郑乃臧、唐再兴主编，光明日报出版社，1989 年版。

8.《欧美文学术语词典》

（美）艾布拉姆斯著，朱金鹏、朱荔译，北京大学出版社，1990 年版。

9.《文学批评术语词典》

王先霈、王又平主编，上海文艺出版社，1999 年版。

10.《现代西方文学批评术语辞典》

（英）福勒编，周永明等译，春风文艺出版社，1988 年版。

11.《文艺心理学大辞典》

鲁枢元等主编，湖北人民出版社，2001 年版。

还有许多按文学体裁编纂的专门词典，我们也可充分利用，如：

12.《中国诗学大辞典》

傅璇琮等主编，浙江教育出版社，1999 年版。

13.《中国词学大辞典》

马兴荣等主编，浙江教育出版社，1996 年版。

14.《中国曲学大辞典》

齐森华等主编，浙江教育出版社，1997 年版。

15.《古代散文百科大辞典》（修订版）

王洪主编，学苑出版社，1997 年版。

16.《古代小说百科大辞典》（修订版）

白维国、朱世滋主编，学苑出版社，1997 年版。

17.《中国历代小说辞典》

侯忠义主编，云南人民出版社，1986—1993 年版。

18.《中国民间文学大辞典》

马名超、王彩云主编，黑龙江人民出版社，1996 年版。

还有一些文学作品专书词典，我们在查检文学术语时也要注意利用，如：

19.《红楼梦大辞典》

冯其庸、李希凡主编，文化艺术出版社，1990年版。

20.《聊斋志异辞典》

朱一玄等编著，天津古籍出版社，1991年版。

21.《水浒词典》

胡竹安编著，汉语大词典出版社，1989年版。

22.《西游记辞典》

曾上炎著，河南人民出版社，1994年版。

23.《全唐诗大辞典》

张忠纲主编，语文出版社，2000年版。

二、文学方面论文资料的检索

1.《文学论文索引》（初编、续编、三编）

陈璧如等编，中华图书馆协会1932至1936年印行，收录1905年至1935年国内575种报刊上发表的中外文学论文。

2.《全国报刊文学论文索引》

中国科学院文学研究所图书资料室编，人民文学出版社，1965年版，收录了1960年至1965年报刊上发表的文学论文及其他资料，共收篇目4556条。

3.《全国报刊文学论文索引续编》

中国人民大学书报资料社1982年出版，收录1977年至1979年各省、市、自治区报刊与文学丛刊、辑刊、集刊上发表的论文资料。

4.《中国古典文学研究论文索引》

北京师范学院中文系1981年编印，该索引收录了1905—1979年国内报刊发表的部分论文。

5.《中国古典文学研究论文索引1980.1—1981.12》

中国社会科学院文学研究所资料室编，中华书局，1985年版。

6.《中国古典文学研究论文索引1982.1—1983.12》

中国社会科学院文学研究所资料室编，中华书局，1988年版。

7.《中国古典文学研究论文索引1984.1—1985.12》

中国社会科学院文学研究所资料室编，中华书局，1995年版。

8.《中外学者文选学论著索引》

俞绍初、许逸民主编，郑州大学古籍所编，中华书局，1995年版。

9.《中国现代当代文学研究论文索引1949—1982》

田慧贞主编，郭泽芬、王毓华编，南开大学出版社，1984年版。

10.《中国文学研究年鉴》

中国社会科学院文学研究所本书编委会编，中国社会科学出版社出版，1982年创刊。年鉴汇集了有关文学研究和评论的重要文献和资料，可用来查检近年来发表的论文和论著情况。

11.《日本研究中国现当代文学论著索引1919—1989)》

孙立川、王顺洪编，北京大学出版社，1991年版。

12.《文艺理论专题目录索引》

山东师范学院中文系文艺理论教研室、资料室1981年编印，收录20世纪40年代前后至1966年6月出版的专著和发表的论文。

13.《红楼梦研究论文资料索引1874—1982》

顾平旦主编，书目文献出版社，1982年版。

14.《民间文学研究资料目录索引》(上中下)

西南师范学院中文系1980年编辑印行。

15.《儿童文学论文目录索引》

少年儿童出版社，1961年版，收录1911年2月至1960年12月所发表的儿童文学论文与著作。

16.《外国文学论文索引》

卢永茂等编，河南师范大学中文系1979年印行。该索引收录了“五四”运动前后至1978年间，除苏联文学以外的世界各国和地区的文学研究资料共1万余条。

17.《外国文学研究论文资料索引1978—1985》

河北教育学院图书馆、上海教育学院图书馆编，上海社会科学院出版社，1986年版，收录1978至1985年全国公开或内部出版的期刊和论文集刊上发表的外国文学研究论文篇目。

三、文学方面专著的检索

查找中国文学史方面的著作，可利用：

1.《中国文学史书目提要》

陈玉堂著，黄山书社，1986年版，收录清末至1949年出版的各类文学史专著300余种。

查找文学名著中的中国古典文学名著，可利用：

2.《中国古典文学名著题解》

中国青年出版社，1980年版。该书选收了250多部先秦至近代影响大、流传广的文学作品，包括诗、词、赋、神话、小说、戏曲等各种文体的原著及其有关的选注本、今译本、汇编本。

查找现代中国文学名著，可利用：

3.《**中国现代文学名著题解**》

中国青年出版社，1993年版，该书选收120位作家的作品340余部。

4.《**中国现代文学总书目**》

贾植芳、俞元桂主编，福建教育出版社，1993年版。该书收录1917年1月至1949年9月中国现代文学史上出版的文学书籍13500多种，分诗歌、散文、小说、戏剧、翻译文学5卷。

查找当代中国文学名著，可查：

5.《**当代中国文学名著提要及评析**》

胡若定等主编，南京大学出版社，1986年版。该书介绍建国以来42位作家所发表的44部（篇）名著，包括长篇、中篇、短篇小说、戏剧、散文、诗歌等。

6.《**中国当代文学作品辞典**》

佘树森等主编，北京大学出版社，1990年版。该书收录1949年建国至1988年底有代表性的小说、诗歌、话剧、散文、报告文学等1500余种，介绍主要内容与特点等。

查找古代小说，可参阅鲁迅先生撰写的《**中国古代小说史略**》、《**古小说钩沉**》、《**唐宋传奇集**》和《**小说旧闻钞**》。还可利用袁行霈，侯忠义编的《**中国文言小说书目**》，北京大学出版社，1981年版。该书收入见于正史艺文志或经籍志、各种公私撰修书目，以及重要地方艺文志中著录的文言小说2000余种。全书分先秦至隋、唐五代、宋辽金元、明、清5编，所收各书，以时代诠次。

查找通俗小说，可利用：

7.《**中国通俗小说书目**》

孙楷第编，人民文学出版社，1982年版。该书收录宋代至清末语体旧小说800余种，正文分宋元部、明清讲史部、明清小说部甲、明清小说部乙4大部分。书后附有“书名索引”和“著者姓名及别号索引”。基本包括了编者1932年编撰的《**日本东京所见小说书目**》与《**大连图书馆所见小说书目**》中的资料。

8.《**中国通俗小说总目提要**》

江苏省社会科学院明清小说研究中心、文学研究所编，中国文联出版公司，1990年版，收录唐至清末的通俗白话小说1164部，不收传奇笔记体文言小说。

查找近现代小说，可利用：

9.《晚清小说目》

阿英编，见于《晚清戏曲小说目》，中华书局，1959 年版。该书收录清光绪初年至宣统末年发表的小说1000 余种。

10.《新编增补清末民初小说目录》

（日）樽本照雄编，齐鲁书社，2002 年版。该书在编者原编《新编清末民初小说目录》基础上扩充而成，共著录清末民初小说目录词条 1.9 万余条。

11.《中国近代小说目录》

王继权、夏生元编，百花洲文艺出版社，1998 年版。

12.《中国小说提要（当代部分）》

郭启家、杨聪凤主编，百花洲文艺出版社，1990 年版。该书介绍了建国以来至 1978 年底出版的长篇小说，并尽可能收录了台、港作家所写的作品。

查找古代戏曲剧目，可利用：

13.《古典小说戏曲书目（1949—1985）》

朱一玄等编，吉林文史出版社，1991 年版。

14.《曲海总目提要》

（清）黄文旸原撰，董康辑补，人民文学出版社，1959 年版。全书 46 卷，收元、明、清初古代戏曲 684 种。

15.《曲海总目提要补编》

北婴编著，人民文学出版社，1959 年版。该书辑录了《曲海总目提要》所遗漏或文字不同的剧目提要 72 篇，后附《曲海总目提要》和《补编》的综合索引。

16.《古典戏曲存目汇考》

庄一拂编著，上海古籍出版社，1982 年版。该书著录南宋至清戏曲，并附近代作品。共收录 4750 余部戏曲作品，其中戏文 320 余部，杂剧 1830 余种，传奇 2590 余种。

查找民间文学，可利用：

17.《民间文学书目汇要》

老彭编纂，重庆出版社，1988 年版。

18.《中国现代作家著译书目》（正、续编）

北京图书馆书目编辑组编，书目文献出版社，1982—1986 年版。“正编”收录“五四”运动至 1981 年底 50 位作家所著、译、编、校图书近 3000 种。“续编”收录同时段 128 位作家作品 3400 余种。书后附录正编补遗 80 余种。

查找外国文学名著，可查：

19.《外国文学名著题解》

中国青年出版社，1983 年版。该书介绍了欧洲、美洲、拉丁美洲和澳大利亚四个地区 32 个国家及古希腊、罗马的 371 名作家的作品 726 部。

20.《中外文学书目答问》

季羡林主编，乔默、江溶编，中国青年出版社，1986 年版。

查找外国文学翻译作品可查：

21.《1949—1979 翻译出版外国文学著作目录和提要》

中国版本图书馆编，江苏人民出版社，1986 年版。该书收录中国翻译出版的五大洲 85 个国家 1909 位作家的 5677 种作品（其中包括 503 种不同译本和不同版本）。

22.《1980—1986 翻译出版外国文学著作目录和提要》

中国版本图书馆编，重庆出版社 1989 年版，共收录我国翻译出版的五大洲 81 个国家 1640 多位作家的 3300 多种作品。

要了解文学论著，可参考：

23.《二十世纪文学研究论著提要》

乔默主编，北京大学出版社，1994 年版。该书收录 1900—1992 年中国学者研究中国文学、外国文学、文艺理论、民间文学和少数民族文学的论著近 1200 种。

四、文学人物资料的检索

1.《中国文学家大辞典》

谭正璧编，上海光明书局，1934 年版，上海书店 1981 年影印本。该书收录春秋战国至 1929 年的文学家 6800 余人，依时代先后为序，所引材料均注明出处。

2.《中国文学家大辞典》

中华书局 1992 年起陆续出版，收录时限上起先秦，下迄“五四”，分为“先秦汉魏晋南北朝卷”、“唐五代卷”、“宋代卷”、“辽金元卷”、“明代卷”、“清代卷”、“近代卷”。

3.《中国历代著名文学家评传》（全六卷）

山东大学文史哲研究所主编，山东教育出版社，1983—1985 年出版，介绍先秦至“五四”前 159 名作家。

4.《中国文学家辞典》（现代 1—6 分册）

四川人民出版社 1979—1992 年版，收录“五四”至现代的文学家数千人，包括作家、诗人、文学评论家、文学史家和文学翻译家等。

5.《中国现代作家传略》

四川人民出版社 1981—1983 年版，收录现代作家 249 人。

6.《世界文学家大辞典》

丁廷敏等编，四川人民出版社，1988 年版，收录 149 个国家和地区历代文学家 7283 人，侧重现当代人物。

7.《外国文学家大辞典》

张安迪、关家鹤主编，春风文艺出版社、辽宁少年儿童出版社，1989 年版，收录世界五大洲 100 多个国家和地区的 14300 多位古今文学家，按汉语拼音字母顺序编排。

8.《外国名作家大辞典》

张英伦等主编，漓江出版社，1989 年版，收录世界上 104 个国家和地区的著名作家 1534 人。

还可以利用人物传记集或传记丛书，如中华书局 1992 年出版社《古代文学家传记》；辽海出版社 1998 年起出版的《中国古代著名文学家传记丛书》；北京十月文艺出版社 1987 年起出版的《中国现代作家传记丛书》；团结出版社 2001 年出版的《港台作家传记丛书》；浙江文艺出版社 1983 年起出版的《外国作家传记丛书》等。

我国古代人的名称较复杂，作家常有小名、表字、别号、笔名、室名等，如李白，字太白，号青莲居士；欧阳修，字永叔，号醉翁、六一居士；鲁迅原名周树人，字豫才；老舍原名舒庆春，字舍予。如果要查找，可利用：

9.《中国古代文学家字号室名别称词典》

张福庆编著，华文出版社 2002 年版。该书编入上起西周，下迄清代鸦片战争前出生的著名文学家 1100 余人，收录其姓名、别名、字、号、别称、室名等 6000 条。

10.《现代中国作家笔名录》

袁涌进编，中华图书馆协会 1936 年编印，收录现代作家 540 余人的笔名，是我国出版最早的一部现代作家笔名录。

11.《中国现代文坛笔名录》

曾健戎、刘耀华编，重庆出版社，1986 年版，收录作家和文艺工作者 2100 余人的笔名，别名 7000 多个。

12.《中国现代文学作者笔名录》

徐乃翔、钦鸿编，湖北文艺出版社，1988 年版，收录 1917 年至 1949 年 10 月这一时期有一定创作实绩的作家 6000 余人的笔名。

13.《二十世纪中国作家笔名录》（增订版）

朱宝梁编，台北汉学研究中心 1989 年印行，收录 20 世纪的中国作家 6784 人的笔名 17940 个。

五、文学网站举要

文艺学与中国文论重点学科导航库——复旦大学。

中国古典文学与传统文化导航库——中山大学。

中国文学网（http：//www. literature. net. cn/），中国社会科学院文学研究所主办，2002 年 9 月试运行。有学界要闻、学术会议、学人访谈、学者风采、学术团休、学术期刊、学术争鸣、虚拟文学博物馆、汉学园地、当代文坛、书目文献、诗文鉴赏、论著评介、专题研究、古籍整理、研究生教育等栏目。建有学术论文全文数据库、历代作家研究数据库、馆藏论文题录数据库、历史文学典籍数据库、民间文学论文数据库等学术资源数据库，并设有国学与中国文化、红学与《红楼梦》、现当代作家研究、网络文化与文学、港台与华文文学、原创文学与评论等特色频道。

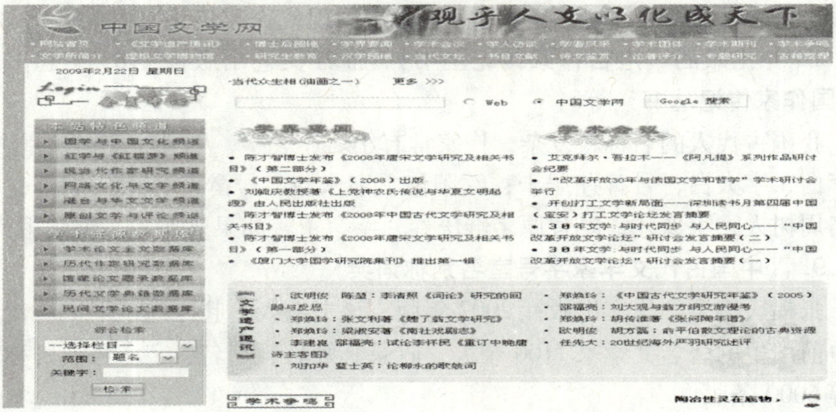

图 6－5　中国文学网首页

中国古代文学网（http：//www. lingkong. com/shuwu/lidai. asp）。

小说网（http：//www. xiaoshuo. com/）。

小说原创门户—起点中文网（http：//www. qidian. com/）。

中国古代小说网（http：//www. zggdxs. com）。

中国现代文学馆（http：//www. wxg. org. cn/Main1024. html）。

现代散文（http：//www. lingkong. com/shuwu/xdsw. asp）。

诗歌杂志网（http：//www. shigezazhi. com/）。

Inlibris（http：//www. inlibris. com/），由 Badosa. com 公司开发的文学搜索引擎，提供近 54000 链接，自称“可能是因特网上最大的文学资源索引”，可用于检索文学领域的电子文本、超文本、作家、出版、文学工作室、字典、书店、图书馆以及其他与文学和语言相关的网站等。可以使用题名或关键词进行搜索，还可以进行网址的搜索。

Inlibris 提供两项特殊服务：一是“cc E－mail”服务，即 Inlibris 将自动把注册用户的检索结果寄至检索者指定的电子邮箱内；二是检索实例服务，检索者只需在主页上点击“Another User's Search”，便可得到其他检索者的随机历史记录。

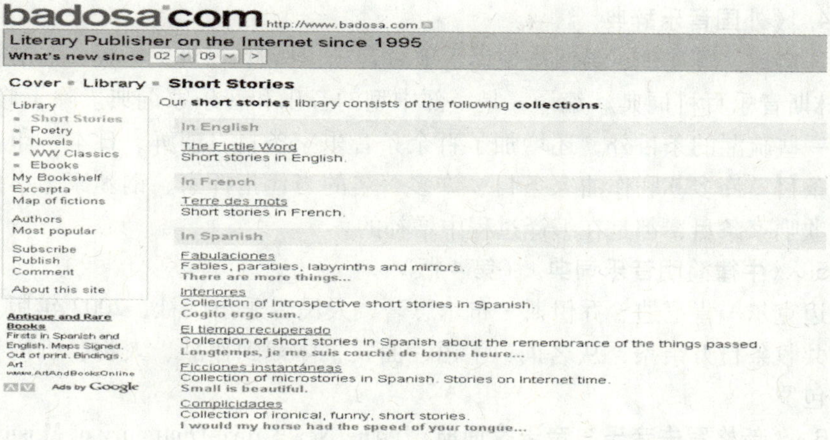

图 6－6　Inlibris 图书馆中“短篇小说”浏览页面

第五节　音乐专题信息检索

音乐是抽象的艺术，它是用有组织的乐音来表达人们思想感情、反映现实生活的一种艺术，分为声乐和器乐两类。有关音乐的文献包括音乐学、乐理、音乐美学、音乐史学、曲式与作品分析等。

一、音乐名词术语的检索

1.《中国音乐词典》及其续编

中国艺术研究院音乐研究所编，人民音乐出版社 1984 年出版。本词典所收条目，包括中国音乐的乐律学、创作表演术语，历代的乐种、制度、职官机构、书刊、人物、有代表性的作品以及歌曲、歌舞音乐、曲艺音乐、戏曲音乐等有关名词术语，共 3560 条。“续编”除了从时间上对《中国音乐词典》进行补充外，部分条目属于对它的补遗。

2.《音乐百科词典》

缪天瑞主编，人民音乐出版社，1998 年版。收录内容包括中外音乐家、乐器、作品、理论和表演术语、表演团体、教育机构、著名乐器制作公司和音乐出版社，共收词 6600 余条。

3. 《音乐知识词典》

高天康编，甘肃人民出版社，1981 年版。收录内容以我国民间音乐为主，包括常见音乐名词、民歌、戏曲、乐理、乐器等音乐常识，正文条目中还对音乐名词术语附上英文名称，且书后附有 19 种“附录”。

4. 《外国音乐辞典》

汪启璋、顾连理、吴佩华编译，上海音乐出版社，1988 年版。本书根据《科林斯音乐百科词典》编译，是一部中型的音乐和音乐家词典。除了修正、补足一些疏漏的条目外，还增加了百余条音乐家条目，朝鲜、日本、印度音乐家条目、许多苏联作曲家条目、许多著名的当代指挥家、钢琴家、小提琴家和歌唱家条目，都是在编译过程中增补的。

5. 《牛律简明音乐词典》（第 4 版）

迈克尔·肯尼迪、乔伊斯·布尔思著，人民音乐出版社，2002 年版。本词典共收条目万余条，从名词、术语、曲式、体裁到作品、人物、机构无不一一包罗。

6. 《新格罗夫音乐与音乐家词典》（The New Grove Dictionary of Music and Musicions）

2001 年版。全书中有 20000 个传记词条，2200 个关于乐器及其制造者的词条，1400 个关于风格、专业术语和体裁的词条，1300 个关于世界音乐的词条，1200 个关于通俗音乐的词条。被公认为世界第一流的音乐百科全书。

7. 《中外通俗歌曲鉴赏辞典》

杨晓鲁、张振涛主编，世界知识出版社，1990 年版（1992 年重印），收词条 589 条，正文部分以中外通俗歌曲曲目为线索编排。

8. 《音乐表情术语字典》

张宁和、罗吉兰编，人民音乐出版社，1958 年版。

9. 《外国音乐表演用语词典》

本书编写组编，人民音乐出版社，1984 年版。

10. 《钢琴艺术百科辞典》

高晓光、吴国翥编著，中国大百科全书出版社，2001 年版。

11. 《乐器法手册》（增订本）

梁广程、潘永璋编著，人民音乐出版社，1996 年版。上篇介绍我国民族乐器 75 件，下篇介绍西洋乐器 45 件，共 120 件。

12. 《歌唱艺术手册》

卢齐厄·马南著，人民音乐出版社，1981 年版。

二、音乐论文、论著的检索

1.《中外音乐家研究文选》

《中央音乐学院学报》编辑部，中国戏剧出版社，1981 年版。

2.《中国音乐国际研讨会论文集》

香港中文大学中国音乐资料馆、香港民族音乐研究会编，山东教育出版社，1990 年版。

3.《中国音乐书谱志：先秦—1949 年音乐书谱全目（增订本）》

中国艺术研究院音乐研究所资料室编，人民音乐出版社，1994 年版。参加本联合目录的共有 37 个图书馆，收录图书 5000 余种，是迄今为止这方面的最完备的书目。

4.《中国古代音乐书目（初稿）》

中央音乐学院中国音乐研究会编，人民音乐出版社，1961 年版。

5.《中国近代音乐书目：1840—1949》

中央音乐学院中国音乐研究所，1960 年编印。

6.《中国现代音乐书目；1949—1959》

中央音乐学院中国音乐研究所，1960 年编印。

7.《中国音乐期刊目录：1908—1965》

中央音乐学院中国音乐研究所，1982 年编印。

8.《二十世纪中国音乐期刊篇目汇编（上下）》

李文如编，文化艺术出版社，2005 年版。

三、音乐作品的检索

1. 声乐作品的检索

（1）《古代歌曲》　中国音乐研究所 1961 年编辑出版的（民族音乐参考资料之五）。

（2）《新定九宫大成南北词宫谱校译》　著名词曲学专家刘崇德据清内府本校译，天津古籍出版社，1998 年版。书中收唐宋词、元曲、明清戏曲及民歌共 4500 首，套曲 200 余套，反映了我国自唐宋至明清近千年音乐、戏曲及词曲艺术全貌。

（3）《中国民间歌曲集成》　该书是由吕骥主编，中华人民共和国文化部、国家民族事务委员会和中国音乐家协会主办，全国艺术科学规划领导小组实施组织编纂出版的一部大型系列丛书。按地区分卷，集中展示了中华民族有史以来各个历史时期流传在田野市井并依靠口头传承的方式代代相传下来的各民族的民间歌曲。采用音、谱、图、文、像等多种手段，对流传在本地区的民歌进行全面的普查和收集，再按照统一的体例，用音谱同步、图文并茂的方式予以编纂。每一卷书通过图片、文字、曲谱及民间歌手介绍等四个组成部分向读者展示出本地区民间歌曲特有的风貌。收入精选的各民族民歌共40000余首，以及民歌演唱活动的精美照片近2000幅。

(4)《五月的鲜花：五四以来歌曲选》 人民音乐出版社编辑部编，人民音乐出版社，1980年出版。

(5)《五四以来电影歌曲选》 陈寿楠、韩渊编，中国电影出版社，1980年版。

(6)《中国创作歌曲集》 曹成章主编，花山文艺出版社，1998年版。

(7)《中国优秀艺术歌曲集》 储声虹主编，湖南文艺出版社，2001年版。

(8)《中国独唱歌曲选：我和我的祖国》 唐琳编，西南师范大学出版社，1999年版。

(9)《新编中国声乐作品选》 霍立等编，春风文艺出版社出版。

(10)《中国声乐作品选》 徐朗、颜惠先编，上海音乐出版社，1992年版。

(11)《牛津简明音乐词典》(第4版) 迈克尔·肯尼迪、乔伊斯．布尔恩著，人民音乐出版社，2002年版。

(12)《西洋百首名曲详解》 人民音乐出版社编辑部编，人民音乐出版社，1985年版。

(13)《世界声乐艺术珍品博览：中、外名曲赏析与演唱指南》 殷梅编著，西南师范大学出版社，1996年版。

(14)《西洋歌剧故事全集》 古斯塔夫·科贝著、张洪岛译，人民音乐出版社出版。

(15)《世界电影经典歌曲500首》 薛范编，中国电影出版社，1996年版。

(16)《世界民歌金曲》 马伟民编选，上海三联书店，2002年版。

(17)《外国声乐作品选》 徐朗、颜蕙先编，上海音乐出版社，1992年版。

(18)《往事如歌——外国经典歌曲集》朱莉、刘振华选编，湖南文艺出版社，2003年版。

(19)《外国艺术歌曲精选》 温恒泰编，广东高等教育出版社，2001年版。

2. 器乐作品的检索

(1)《中国民族音乐欣赏》(修订本) 江明编著，高等教育出版社，1999年版。该书由文字和曲谱两个部分组成，文字部分包括综述、民族器乐、曲艺音乐、戏曲音乐等；曲谱部分与文字部分相对应，提供了各类代表曲目的实例。

(2)《中国传统名曲欣赏》 陆敏编著，安徽文艺出版社，2004年版。

（3）《音乐欣赏教程》　王伟任、王顺通编著，人民音乐出版社，1995年版。

（4）《中外名曲赏析》（第2版）　王盛昌、李保彤主编，山西教育出版社，2005年版。

（5）《中国民族器乐名曲赏析》　杨修生编著，吉林音像出版社，2001年版。

（6）《中国民族音乐大系：民族器乐卷》　东方音乐学会编，上海音乐出版社1989年版。

（7）《欧洲古典名曲欣赏》　罗传开、田晶著，中国国际广播出版社，1986年版。

（8）《365首外国古今名曲欣赏（修订版）器乐篇》（上册）及其“续集”　贺锡德编著，人民音乐出版社，2003年版。

（9）《世界著名交响曲欣赏》　杨朝婴、杨子耘编著，上海音乐出版社，1999年版。

（10）《世界著名圆舞曲欣赏》　罗传开编著，上海音乐出版社，1985年版。

（11）《世界著名序曲欣赏》　王毓麟、王亚平编著，上海音乐出版社，1999年版。

（12）《世界著名交响诗欣赏》　钱亦平编著，上海音乐出版社，1989年版。

（13）《名曲事典》　（日）属启成著，张怀惠等译，人民音乐出版社，2001年版。

（14）《音乐课：音乐艺术欣赏》　（美）罗杰·卡曼著，徐德译，海南出版社、三环出版社，2004年版。

还可以利用器乐作品专集进行外国器乐作品曲谱的检索。外国器乐作品大都以作品体裁形式、演奏形式、演奏乐器及其创作者、演奏者等结集出版，种类繁多，内容繁多。此处仅以钢琴器乐作品曲谱的检索为例：

（15）《钢琴名曲大全》　（美）威尔（A. E. Wier）编，人民音乐出版社，1988年版。它是一本各种风格齐备的、目前最大最全的，按古典、近现代、通俗和歌剧音乐分类的钢琴作品集。

（16）　《世界钢琴名曲大全：巴洛克时期—古典时期—浪漫时期》（英）盖尔·史密斯编，陈世宾、刘非译，山西教育出版社，2002年版。该书精选巴洛克、古典和浪漫时期音乐作曲家的优秀钢琴作品，由易到难，并且每部作品都有作曲家中英对照生平简介。

（17）《柴可夫斯基钢琴曲选》　（俄）柴可夫斯基曲，但昭义编，上海音乐出版社，2004年版。

（18）《巴赫平均律钢琴曲集》　（德）布鲁诺·穆杰里尼编订，李雪梅译，湖南文艺出版社，2005年版。

(19)《大音乐家钢琴曲库》 上海音乐出版社，2004年版。有“巴赫”、“莫扎特”、“贝多芬”、“舒伯特”、“肖邦”、“李斯特”、“勃拉姆斯”、“柴可夫斯基”、“格里格”、“德彪西”、“拉赫玛尼诺夫” 等分辑。

四、音乐人物资料的检索

1.《中国当代文化艺术名人大辞典》

刘波主编，国际文化出版公司，1993年版。

2.《中外歌唱家辞典》

冯光钰、薛良主编，北岳文艺出版社，1993年版。

3.《外国著名音乐表演艺术家辞典》

陈建华编，上海音乐出版社，1999年版。

4.《外国著名钢琴家词典》

洪士鉎编著，人民音乐出版社，1988年版。

5.《外国著名小提琴家词典》

章彦编著，人民音乐出版社，1988年版。

6.《外国著名声乐家词典》

黄伯春编著，人民音乐出版社，1998年版。

7.《外国著名指挥家词典》

陈贻鑫、龚琪编著，人民音乐出版社，1999年版。

8.《中国音乐家名录》

中国音乐家协会编，广西人民出版社，1990年版。

9.《中国近现代音乐家传》

向延生主编，春风文艺出版社，1994年版。

10.《中国近现代音乐家评传》

汪毓和著，文化艺术出版社，1992年版。

11.《中国现当代音乐家与作品》

周畅著，人民音乐出版社，2003年版。

12.《中国现代音乐家传略》

颜廷階编撰，台北绿与美出版社，1993年版。

13.《外国音乐家传》

（日）门马直卫等著，阎泰公编译，文化艺术出版社，1986年版。

14.《外国名音乐家传》

（美）亨利·托马斯、黛娜·莉·托马斯著，黄鹂译，陕西人民出版社，1984年版。

15. 《西方名音乐家传》

（苏联）尤里·凯尔第什编，《西方名音乐家传》翻译组译，人民音乐出版社，1992 年版。

16. 《世界钢琴大师自述》

冯川编译，中国民族摄影艺术出版社，1997 年版。

17. 《世界著名小提琴家传略》

吕金藻编译，中国音乐家协会贵州分会，1981 年版。

18. 《20 世纪小提琴大师精粹》

景作人著，世界图书出版公司，1998 年版。

19. 《乘着歌声的翅膀：世界著名声乐艺术家》

张宁等著，文化艺术出版社，1997 年版。

20. 《伟大的西方音乐家传记丛书》

江苏人民出版社 1999 年起出版。目前已出两辑，各包括 10 位音乐大师。如第一辑就收入了贝多芬、瓦格纳、李斯特、舒伯特、莫扎持、舒曼、巴赫、肖邦等人；第二辑收入了德彪西、柏辽兹、普罗科菲耶夫、里夏德·施特劳斯等人。

五、音乐网站举要

1. 九天音乐网（http：//www. 9sky. com/）

目前国内最大最全的正版音乐网站，成立于 1999 年，如图 6－7 所示。拥有国内曲目数量最大，歌曲收录最全的音乐数据库，汇集了从 20 世纪 70 年代至今的各个时期的知名歌手的专集以及时尚流行的音乐形式，提供超过 75 万首曲目的正版数字音乐和原创、翻唱音乐，提供包括音乐及音乐相关产品听、载、看、唱、写等全方位服务，可根据歌手及歌名搜索歌曲。多年来一直被各国内、外知名网站评为国内流行音乐第一站。

2. 中国音乐网（http：//www. music. cn. net）。

3. 中国艺术研究院（http：//www. zgysyjy. org. cn/main. jsp）。

4. 音乐在线（http：//www. mtvtop. net/）。

5. 北京音乐台（http：//www. fm974. com. cn/）。

6. beemp3（http：//beemp3. com/）

喜爱国外音乐者，可以使用 beemp3 音乐搜索引擎，它可以直接提供搜索音乐文件的下载（需要保证阅读和同意相关的免责和版权条款，并同意试听后删除文件）。目前可以检索到 80 万首 MP3，并以每日 1 万个文件的速度递增。

7. Skreemr（http：//skreemr. com/）

号称是世界上最好的音频搜索网站，提供在线音乐搜索服务，如图6－8所示。Skreemr 界面简洁，用户只要输入想搜索音乐的相关信息：歌名，音乐人等，就可以搜索到相应音乐信息。Skreemr 还提供高级搜索功能，用户可以限定更多的搜索条件，如音乐类型，音乐的长度等。Skreemr 还提供了 Firefox 插件，让 Firefox 可以直接使用此音乐搜索服务，Skreemr 还有一个排行榜，显示 Skreemr 上面的热门搜索。

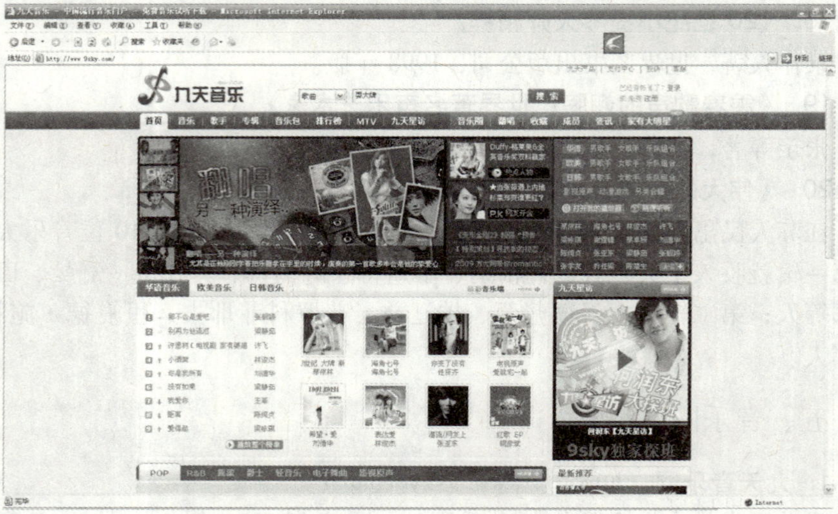

图6－7　九天音乐网首页

图6－8　Skreemr 音乐搜索主页面

第六节　美术专题信息检索

美术，亦称“造型艺术”或“视觉艺术”，它是运用一定的物质材料，通过造型的手段创造出来的具有一定空间和审美价值的视觉形象；是反映客观世界、表达思想感情的一种艺术。美术文献包括了绘画、雕塑、书法、建筑艺术、工艺美术等门类的文献。

一、美术名词术语的检索

1. 《中国美术辞典》

沈柔坚主编，上海辞书出版社，1987 年版。该书着重收录美术各门类的基础知识，按分类排列词目。

2. 《简明美术词典》

薛锋、王学林编，黑龙江人民出版社，1982 年版。该书共收词目 3650 条，收录美术各领域里的名词术语，附图 99 帧。

3. 《美术大辞典》

台北艺术家工具书编辑委员会编，台北艺术家出版社，1981 年版。内容包括总类、外国美术、中国美术、书法、篆刻、装裱、工艺、摄影、建筑、博物馆等，收词目 2653 条，插图 2000 帧。

4. 《西洋美术辞典》

台北雄狮图书股份有限公司，1982 年版，所收词目以文艺复兴时期到当代西洋美术家为主，包括绘画、雕刻、技法、术语等，收词目 1800 余条。

5. 《俄汉对照美术专业常用词汇编》

张荣生编译，商务印书馆，1959 年版，收词目 4500 条。

6. 《色彩辞典》

李桢泰著，辽宁美术出版社，1989 年版，该辞典包括文字解说和标准色卡 2 册。

7. 《英汉美术词典》

钟肇恒编，上海外语教育出版社，1984 年版。该词典共收录美术词汇、术语 1000 余条，包括绘画、雕塑、工艺美术、建筑艺术、色彩、艺用透视、美术史等方面，附中外美术家 1000 余人的简介，并选印中外名家代表作品 198 幅，文字插图 28 幅。

8. 《摄影手册》

贺修桂等编，中国摄影出版社，1983 年版，较详细地介绍了摄影器材及摄影技术等。

9. 《书法字典》

王刚编，重庆出版社，1982 年版。

10. 《中国书法工具手册》

杨再春编著，北京体育学院出版社，1986 年版，内容包括历代名人佳句、中外名人格言、中国古联句萃、笔法、章法、印章、历代碑帖目录、历代书法家小传、文房四宝、托裱等 1 万多条目。

二、美术论著与报刊资料的检索

1. 《美术理论书目》（1912—1949；1949—1979）

温肇桐编，上海人民美术出版社于 1965 年、1983 年出版，收录 1912—1979 年 10 月所出版的美术理论书籍。该书分类编排，包括了美学、美术史、美术创作、美术技法、工艺美术、美术教育等方面的图书。

2. 《全国报刊造型艺术资料索引》

人民美术出版社资料室编，人民美术出版社，1987 年版，收录全国各地报刊 1976 年— 1980 年所发表的有关美术方面的资料。

3. 《造型艺术研究》（复印报刊资料）

中国人民大学书报资料中心编辑出版，月刊。除原文复印选载最新研究文章外，还收录了近期发表在各种报刊上的造型艺术方面的论文题目，并著录了作者、出处、发表年月、卷期、页码等，为检索最新资料提供了线索。

查找古代和近代的美术论著资料，可利用：

4. 《四部总录·艺术篇》

丁福保、周云青编著，商务印书馆，1957 年版。著录包括书、画、法帖、版画等方面的图书 1500 种，后附傅惜华编的版画书目两种：《明代画谱解题》、《中国版画研究重要书目》。

5. 《书画书录解题》

余绍宋撰，浙江人民出版社，1982 年据 1932 年本影印，是中国书画论著的书目提要，收录东汉至近代有关书画的书籍 850 余种，分类编次，有史传、作法、论述、品藻、题赞、著录、杂识、丛辑、伪托、散佚等 10 类，尽可能载明卷数、版本、作者，并有简评，书后附作者索引。

6. 《历代中国画学著述目录》

虞复编，中国古典艺术出版社，1958 年版。

7. 《中国画论辑要》

周积寅编著，江苏美术出版社，1985 年版。

三、美术人物资料的检索

1.《中外美术史大事对照年表》

奚传绩编，江苏美术出版社，1998年版。该年表所列中外美术大事，包括绘画、雕刻、建筑、工艺美术、书法、篆刻、美术考古等领域，涉及的国家，以对世界美术发展有较大贡献或独具特色者为标准。所收年代上自公元前2000年，下迄1917年，全书依年代顺序排列，中外美术家的生卒年代，凡有据可考者，一般均在表中出现。生卒年代有争议者，用记号标出，同时将异说附注在括号内。尚健在美术家未列入该年表。

2.《中国画家大辞典》

1983年北京中国书店根据1934年上海神州国光社排印本重印，原书名《中国画家人名大辞典》。本书所收画家，上自远古，下至近代，在每个画家姓名之下，注明时代、里居、字号、绘事及画论，条目按画家姓氏笔画排列。

3.《唐前画家人名辞典》

朱铸禹编，人民美术出版社，1961年版，收录先秦至隋代的画家，材料翔实，对创作方面记载尤详。

4.《唐宋画家人名辞典》

朱铸禹编，中国古典艺术出版社，1958年版，收录唐、五代、宋、辽、金代画家，附录6种，有唐宋时代的壁画表、画家生卒年表、别名、称号、索引等。

5.《中国历代书画篆刻家字号索引》

商承祚、黄华编，人民出版社，1960年版。它是一部查考我国历代书画篆刻家字号、姓名、籍贯、生卒年、技能等的工具书，收录秦汉至民国书画篆刻家约16000多人，按字号和姓名的笔画次序排列，既可以从字号查本名，也可以从本名查字号。

6.《宋元明清书画家年表》

郭味蕖编，1958年初版，人民美术出版社1962年、1982年重印。共收宋、元、明、清及现代已故书画家4000余人，其中包括一部分金石书画鉴赏收藏家、著述家以及个别外国画家，书中列出了他们的生卒年、重要事迹和代表作等。

7.《历代流传书画作品编年表》

徐邦达编，上海人民美术出版社，1963年版。本书分甲、乙两表，甲表以人名为主，以生活年代为先后，集中作品名称，可见各书画家的生平创作活动的发展过程；乙表以年代为主，按年再分人，可见各个时期的美术创作倾向。既可查美术人物情况，也可用于作品检索。

8.《中国摄影家辞典》

陈之安、丁文方主编，山东大学出版社，1985 年版。收录“五四”以来有影响的摄影家 1566 人，包括摄影家照片、原名、笔名、生卒年、籍贯、简历、摄影实践活动、代表作品、论著、获奖情况等。附录有《全国主要摄影组织简介》、《全国主要摄影展览一览表》、《全国主要摄影展览（评选）获奖作品一览表》等。

9.《世界美术家简介》

人民美术出版社，1962 年版。该书从《苏联大百科全书》中选译，分辑出版。

10.《西方著名画家传记丛书》

上海人民美术出版社，1997 年起出版，已出版的有：《塞尚传》、《伦勃朗传》、《雷诺阿传》等。

四、美术作品的检索

美术作品的检索，可以通过两种途径：一是利用收载作品的总集、全集和别集；二是利用检索工具，查到作品的线索，再设法去获取作品。

1.《中国美术全集》

本书编委会编，人民美术出版社等出版，分绘画、雕塑、工艺美术、建筑艺术和书法篆刻五大类，是我国 5000 年来美术精品之总汇。

2.《伟大的艺术传统图景》

郑振铎编，上海三联书店 1989 年重印。此书是《伟大的艺术传统》一书所附的插图的一部分，介绍中国历代重要的雕刻、建筑、绘画及其他艺术品，以图为主，文字说明为辅，是总览中国艺术精品的参考书。

3.《中国美术史图录丛书》

上海人民美术出版社 1981 年起陆续出版，共 9 种，分 30 册。这 9 种是：《中国绘画史图录》、《中国雕塑史图录》、《中国版画史图录》、《中国书法史图录》、《中国民间年画史图录》、《中国印章史图录》、《中国工艺史图录》、《中国陶瓷史图录》、《中国建筑史图录》。各书以图为主，每图有作者介绍和文字说明。

4.《中国古代书画目录》

中国古代书画鉴定组编，文物出版社，1984 年起出版，到 1988 年已出 1—5 册。入目的书画均为真迹中具有珍藏价值者。配合本书的出版，从 1986 年起，还出版了《中国古代书画图录》。已出的第一册收载了北京地区 13 个单位自晋至清的藏品共 1019 件，部分书画还附有历代名家题跋、钤印等。

5.《当代中国画》

华君武主编，新世界出版社，1983 年版，收录当代中国画坛齐白石、徐悲鸿等 90 位画家的 90 幅作品。

6.《当代美术家画库》

天津杨柳青画社 1988 年开始编辑出版，选收中国现代画家作品分辑出版，现已出 1－17 辑。

7.《中国新兴版画运动五十年》

李桦等编，辽宁美术出版社，1981 年版，反映了 50 年来我国新兴版画发展的历史面貌，其中有《1931—1981 五十年大事年表》。

8.《中国版画年鉴》

本书编委会编，辽宁美术出版社出版，1982 年创刊，时间上接续上书，按年度收录有关版画的各项资料。

9.《故宫历代法书全集》

日本东京堂 1976—1980 年据台湾故宫博物院收藏的历代名家书帖真迹影印，收晋代至清初书法珍品 690 件，编为 30 卷。这批法书乾嘉时曾作为《石渠宝籍》、《秘殿珠林》编目行世。据原件影印出版此为首次。

10.《中国书法大字典》

林宏元主编，光华出版社，1980 年版。选中国历代名书法家手迹，将字迹剪贴影印，按康熙字典排列，共采录书法家 360 余人的作品，字体以楷、行草为主体，每字下皆注明朝代、作者，附有被选录书法家一览表和碑碣法帖一览表。

有关书法艺术作品的汇录还有：

11.《草字汇》

（清）石梁辑，中州古籍出版社，2005 年版。清著名书法家石梁集历代名家碑版书帖草字为汇典，分十二集。

12.《草字编》

洪钧陶编，文物出版社，1983—1984 年版，四册。该书是历代著名书法家所写草字体的汇编，共收真书首文 7900 余字、草书重文 97800 余字，草字大致以书法家时代为序，并注明姓名及出处。

世界古今美术名作的大型画册有：

13.《世界美术全集》

日本平凡社，1928—1929 年版，共分正集 36 册，续集 18 册，附年表及总索引。

14.《大系世界の美术》

日本“学习研究社”，1973—1974 年版，共 20 册，1979 年第 7 次印刷。

在检索中我们还应注意利用各种美术丛书。如上海人民美术出版社从1981年起出版的《**世界美术家画库**》、人民美术出版社自1978年起出版的《**外国美术介绍**》、朝花美术出版社1987年起出版的《**美术技法画库**》、《**实用美术技法**》等。

五、美术网站举要

1. 中国美术家协会网（http：//www. caan. cn/）

中国最权威的美术网站，是美术行业最具指导性的网站。有网上画展、各省美协、美术资讯、美术家、美协会员、新人新作、美术作品、美术市场、美术社区、美术网址等栏目，囊括了中国最著名的一些美术网址，方便用户访问。如图6－9所示。

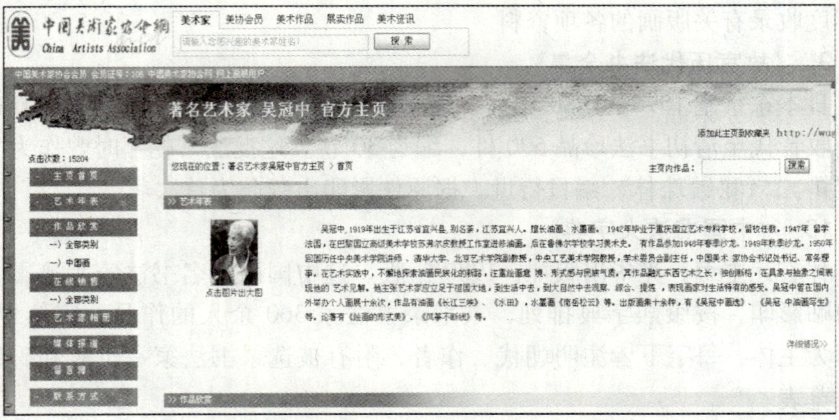

图6－9　中国美术家协会网页面

2. 中华美术网（http：//www. ieshu. com/）。

3. 中国美术馆（http：//www. namoc. org/）。

4. 荣宝斋中国美术网（http：//www. rbzarts. com/）。

5. 世界名人书画网（http：//sunming. worldsh. com/）。

6. 艺术百科全书 Artcyclopedia（http：//www. artcyclopedia. com/）

ArtCyclopedia是一个收集了超过10万幅艺术作品的线上黄页式网站，由加拿大人约翰·梅隆建立，拥有一个根据世界上百余个大型艺术展览馆和博物馆网站中的艺术家信息、图像档案的实体制作成的索引数据库，目前该站已收录有1200个艺术网站、大约有7500位艺术家。如图6－10所示。

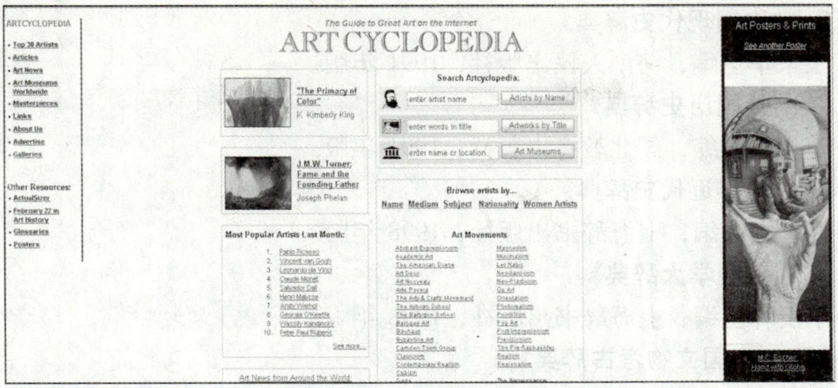

图 6－10　Artcyclopedia 首页

第七节　史学专题信息检索

史学亦称“历史学”，是研究和阐述人类社会发展的具体过程及其规律性的科学，是人类文化遗产的一个重要组成部分。它从不同角度对人类进步作记录，对社会的发展和进步有着极为重要的借鉴作用。史学文献包括解释学史学、史学理论、泛史学、国别史、结构史、专题史、新史学、微观史、史学史、口述史学等等。

一、史学名词术语的检索

1.《史学理论大辞典》

蒋大椿、陈启能主编，安徽教育出版社，2000 年版。

2.《中国历史大辞典》

郑天挺等主编，上海辞书出版社，2000 年版，收录词条 67514 条，包含了从先秦到辛亥革命前各个时期断代史和专门史的重要历史内容，附有大量图片、附表（历代世系表、历史纪年表、历史大事年表等）和 24 幅各朝历史地图。

3.《中国通史史论辞典》

赵俪生、郑宝琦主编，黑龙江人民出版社，1992 年版。

4.《中国近代史词典》

陈旭麓等主编，上海辞书出版社，1982 年版。

5.《民国史大辞典》

尚海等主编，中国广播电视出版社，1991 年版。

6.《中国现代史辞典》

王宗华主编，河南人民出版社，1991 年版。

7.《外国历史辞典》

李植楠主编，湖北教育出版社，1991 年版。

8.《世界近代史辞典》

光仁洪主编，上海辞书出版社，1998 年版。

9.《敦煌学大辞典》

季羡林主编，上海辞书出版社，1998 年版。

10.《中国文物考古辞典》

何贤武、王秋华编，辽宁科技出版杜，1993 年版。本书收词目约 3000 条，插图 800 余幅，分考古、铜器、钱币、陶瓷、铁器、古建筑、书画、壁画崖画、石刻、石窟、工艺等 11 类。

11.《考古工作手册》

中国社会科学院考古研究所编，文物出版社，1982 年版。该书全面系统地介绍考古工作的有关技术，分为 8 部分：田野考古方法、出土文物的清理与修复、考古摄影、考古测量、考古绘图、花粉分析与考古学、人骨与兽骨鉴定、几种断代方法。各部分均由有关专家撰写，并配有多幅插图和表格。

二、史学论文资料的检索

1.《中国史学论文索引》（第一编）

中国社会科学院历史研究所资料室、北京大学历史系编，中华书局，1980 年新 1 版。全书 2 册，收录 1900 年至 1937 年 7 月 1300 余种刊物发表的论文 3 万余篇。

2.《中国史学论文索引》（第二编）

中国社会科学院历史研究所编，中华书局 1979 年版。全书 2 册，收录 1937 年 7 月至 1949 年 9 月国内出版的 960 余种杂志和数种报纸上发表的史学论文 3 万多篇。

3.《中国史学论文索引》（第三编）

中国社会科学院历史研究所编，中华书局，1992 年版。全书 3 册，收录 1949 年 10 月至 1976 年 12 月国内出版刊物上发表的史学论文。

4.《建国以来中国史学论文集篇目索引初编》

张海惠、王玉芝编，中华书局，1992 年版。该索引收录了 1949—1984 年国内出版的史学理论、中国古代史、近代史及经济、思想、地理、考古、文学艺术和自然科技等专史的论文集 1000 余种，论文篇目 1.5 万多条。

5.《1522 种学术论文集史学论文分类索引》

周迅、李凡、李小文编，书目文献出版社，1990 年版。

6.《中国古代史论文资料索引 1949. 10 — 1979. 9》

复旦大学历文系资料室编，上海人民出版社，1985 年版，共收录论文资料 3 万余条。

7.《战国秦汉史论文索引 1900—1980，1981—1990，1991—2000》

张传玺编，北京大学出版社，1983 年出版，1992 年出版续编，2002 年出版三编，三本索引为一个完整的世纪索引系列。

8.《清史论文索引》

中国社会科学院历史研究所清史研究室、中国人民大学清史研究室编，中华书局，1984 年版。

9.《中国近代史论文资料索引 1949—1979》

徐立亭、熊炜编，中华书局，1983 年版。

10.《中国现代史论文书目索引 1949. 10—1984. 12》

李光一主编，河南大学出版社，1986 年版。

11.《世界通史论文资料索引 1949—1984》

复旦大学历史系资料室等编，复旦大学出版社，1987—1988 年版。

三、史学专著的检索

1.《八十年来史学书目 1900—1980》

中国社会科学院历史研究所编，中国社会科学出版社，1984 年版。该书收录 1900—1980 年中国人著译的现代史以外的史学著作 12400 余种，分上、下编。上编包括史学理论和历史研究法、中国史、世界史、考古学和物质文化史、综合参考等；下编包括经济史、政治史、军事史、农民战争史、民族史、宗教史、社会生活与社会问题、学术思想史、文化史、艺术史、教育史、文学史、语言文字史、科学技术史、地方史和历史地理、中外关系史、史学交和史料学。书末附著者索引。

2.《中国地方志联合目录》

中国科学院北京天文台主编，中华书局，1985 年版。该书著录全国 190 个公共、科研、大专院校图书馆、博物馆、文史馆、档案馆所收藏的 1949 年以前编纂的通志、府志、州志、厅志、县志、乡土志、里镇志、卫志、所志、关志、岛屿志等 8200 种，按行政区划排列，以省、府、州、县、乡为序，书后附四角号码法编排的“书名索引”。

3.《战国秦汉史论著索引续编》

张传玺主编，北京大学出版社，1992 年版。上编收录 1981—1990 年论文资料，下编收录1900—1990年专著资料，含台港澳地区出版的论著。

4.《秦史研究论著目录》

田静编，陕西人民教育出版社，1999年版。

5.《中国近八十年明史论著目录1900—1978》

中国社会科学院历史研究所明史研究室编，江苏人民出版社，1981年版。

6.《中日甲午战争研究论著索引1894—1993》

中国甲午战争博物馆、北京图书馆阅览部编，齐鲁书社，1994年版。

7.《中国近代史论著目录1949—1979》

复旦大学历史系资料室编，上海人民出版社，1980年版。

8.《中国近现代史论著目录总汇1980—1990》

徐舸主编，南京大学出版社，1992年版。

9.《中国现代史论文著作目录索引1949—1981》

荣天琳主编，成汉昌、张注洪等编，北京大学出版社，1986年版。

10.《中国历史地理学论著索引1900—1980》

杜瑜，朱玲玲编，书目文献出版社，1986年版。

11.《甲骨学与商史论著目录》

濮茅左编，上海古籍出版社，1991年版。

12.《敦煌学论著目录1909—1983》

刘进宝编，甘肃人民出版社，1985年版。

13.《敦煌学研究论著目录1908—1997》

郑阿财、朱凤玉编，台北汉学研究中心，2000年版。

14.《国家图书馆藏敦煌遗书研究论著目录索引1900——2001》

中国美编，北京图书馆出版社，2001年版。该索引共收录1910 — 2001年国内外发表的有关敦煌遗书研究论著目录8511条。

15.《敦煌遗书总目索引新编》

敦煌研究院编，中华书局，2000年版。该书收录国内外以汉文经卷为主的敦煌遗书，包括斯坦因劫经录、伯希和劫经录、北京图书馆藏敦煌遗书简目等内容。

16.《中国民族学与民俗学研究论著目录1900—1994》

简涛主编，台北汉学研究中心，1997年版。

四、史学人物资料的检索

1.《中国近现代人名大辞典》

李盛平主编，中国国际广播出版社，1989年版。本书选录了自1840—

1988年在中国近现代史上起过一定作用或有一定影响的已故人物10750人。

2.《外国历史名人辞典》

庄锡昌主编，江西教育出版社，1989年版。

3.《中国人物年鉴》

1989年起出版，每年出版一卷，每卷收人物条目1000余人，是介绍我国各方面著名人物活动、贡献及其生平的大型工具书。

4.《中国历史人物生卒年表》

吴海林、李延沛编，黑龙江出版社，1981年版。该年表上起西周，下迄清末，共收中国历史人物6600余人，表格栏目包括姓名、别名、籍贯、生年、卒年5项。

5.《中国历代帝王录》

杨剑宇著，上海文化出版社，1989年版。本书收集的611位帝王，除中国历史上主要朝代的帝王外，还包括历史上的一些小王朝的统治者、少数民族政权短期在位而未被一般史书列入的帝王、改元执政的重要皇太后或皇后、春秋战国时的一些诸侯等。

6.《唐五代人物传记资料综合索引》

傅璇琮、张忱石、许逸民编，中华书局，1982年版。该索引采用包括新旧《唐书》、新旧《五代史》、《全唐文》、《全唐诗》等在内的与传记资料有关的各种体裁的文献83种，共收唐五代人物约3万个，全书分“字号索引”和“姓名索引”两个部分。“字号索引”用于从别称查本名；“姓名索引”用于查检传记资料所在，兼及字号、别称。两种索引都采用四角号码法编排。

7.《宋人传记资料索引》

昌彼得等编，王德毅增订，中华书局，1988年据台北鼎文书局1977年增订版影印出版，全书6册，采用资料包括宋人文集347种、元人文集20种、总集12种、史传典籍90种、宋元地方志28种、金石文8种，总数达505种之多，入收人物2.2万人。人名之下先列小传、次录传记资料出处，按姓氏笔画笔形排列。该索引囊括了原哈佛燕京学社引得编纂处编的《四十七种宋代传记综合引得》和日本宋史提要编纂协力委员会编的《宋人传记索引》两书的全部人物传记资料信息，并校正了其中的一些错误。

8.《宋人传记资料索引补编》

李国玲编纂，四川大学出版社，1994年版，全3册。该索引为续补扩充上书而作，共新增人物1.4万余人。后附“宋人别名字号封谥索引”。

9.《辽金元传记三十种综合引得》

哈佛燕京学社引得编纂处1940年编印，中华书局1987年曾出影印本。该引得采用资料包括辽代传记7种、金代传记7种、元代传记16种。全书采取姓名与字号两目混合编排的做法，以姓名为正目，下注传记所在；字号为附目，下注本来姓名。

10.《元人传记资料索引》

王德毅、李荣村、潘柏澄编，中华书局1987年据台北新文丰出版公司1979年版影印出版。该索引采用各种书籍800余种，其中包括元人别集193种、宋金人别集41种、明清人别集73种、总集38种，另有大量的正史、史补、石刻史料、杂志、笔记、目录、题跋以及元明两代的总志、方志等资料，收元代人物1.6万余人。全书5册，分为汉人（按照元人习惯，契丹、女真列入汉人之内）、非汉人（蒙古人与色目人）两大部分。前4册为汉人部分，依姓名笔画排列；最后一册为非汉人部分，按其名的罗马拼音排列。著录体例与《宋人传记资料索引》大体相同。

11.《明人传记资料索引》

昌彼得主编，中华书局1987年据台北文史哲出版社1978年再版本影印出版。该索引引用清人文集528种、史传及笔记类典籍65种、以及单行的年谱、事状、别传或期刊论文等若干种，全书依姓名笔画排列人名词条，书末附“字号索引”，可从字号查获本名。

12.《清代碑传文通检》

陈乃乾编，中华书局1959年版。该书从1025种清人文集中辑录出大约1万余人的碑传文资料。凡是死于明祟帧十七年（1644）后而生于清宣统三年（1911）以前的人，不论忠奸善恶，一律收录。全书按碑传主姓氏笔画自少而多排序，每条分列姓名、字号、籍贯、生卒、出处5项，书后有”异名表”、“生卒考异”、“清代文集经眼目录”3种附录。

13.《辛亥以来人物传记资料索引》

王明根主编，上海辞书出版社，1990年版。该索引收录1911年辛亥革命至1949年中华人民共和国成立期间的各类人物1.8万余人，采用中文传记资料8万余条，条目按照姓名笔画自少而多次序排列，书后附收录报纸期刊、论文集一览表和其他有关参考书目。

14.《中国近代人物传记资料索引》

台北国立中央图书馆编，台北“中华丛书编审委员会”1973年版。该索引收录1840—1969年间人物1588人，资料采自50种中文期刊，每一条目载被传人姓名、字号、篇名、著者、刊名、卷期页次出处等。该书是查检民国前后人物传记数据的重要索引之一。

15.《近三百年人物年谱知见录》

来新夏著，上海人民出版社，1983年版。该书收录生于明而卒于清以至生于清而卒于辛亥革命以后的人物年谱800余种，按谱主生卒年时代顺序排列。著录内容包括谱名、撰者、列本、著录情况、谱主事略、史料、编谱情况、藏者等，间附按语，颇多纠正前人误说。

16.《二十四史人名索引》

中华书局，1998年版。该索引根据中华书局二十四史点校本编制而成，凡各史中记载的人名，全部编入索引。索引按人物姓名四角号码编排，兼具《二十四史纪传人名索引》的功用，而对人物行状事迹的反映更加全面。

17.《古今中外人物传记指南录》

邵延淼编撰，江苏教育出版社出版。该书包括正编（1989年版）、前编（1990年版）与续编（1997年版），共包括合传653种、别传2367种、人名3万余人。前编索引范围为1911至1949年9月出版的各种人物传记书籍，续编索引范围为1984—1996年出版的各种人物传记书籍。

18.《外国历史名人传》

朱庭光等主编，中国社会科学出版社、重庆出版社，1981—1985年版，全书8册，共收外国古今著名人物600余人，补遗1册，补收66人。

五、史学网站举要

1. 历史学网络学术资源导航

CALIS重点学科网络资源导航门户之一，分为考古学及博物馆学、历史地理学、专门史、中国古代史、中国近现代史、世界史等栏目。

2. 中国历史网（http：//www. tqxz. com/）。

3. 中国社科院历史研究所（http：//ich. cass. cn/）。

4. 中国世界史研究网（http：//worldhistory. cass. cn/）。

5. 近代中国研究（http：//jds. cass. cn/Index. html）。

6. 中国历史文化遗产保护网（http：//www. wenbao. net/）。

7. 史学连线（http：//saturn. ihp. sinica. edu. tw/ ~liutk/shih/）

由我国台湾地区“中央研究院历史语言研究所”主办，1997年3月开通。有史学机构、史网总表、中国史、世界史、台湾史、专史、博物馆、图书查询、电子文库、全文检索、期刊杂志、地理系统、史网偶拾等栏目，包括中外历史史实、历史人物、史籍全文、研究机构、史学出版物、史学论文等内容。

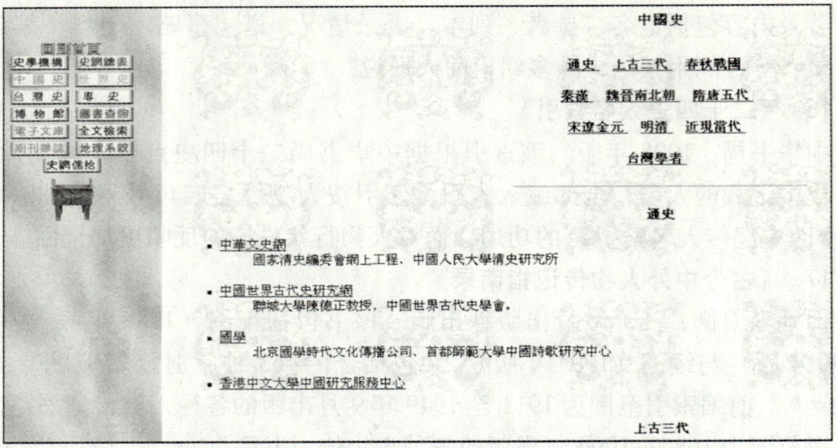

图 6－11　史学连线中国史页面

第七章　社会科学信息检索与利用

第一节　社会学专题信息检索

社会学是从社会整体出发，通过社会关系和社会行为来研究社会的结构、功能、发生、发展规律的综合性学科。它主要研究人类社会的起源、组织、风俗习惯，现代社会的发展和社会中的组织性或者团体性行为等。

“社会学”一词是由孔德（Auguste Comte）首创的，第一本以社会学为题目的书是19世纪中期的英国哲学家赫伯特·斯宾塞所著。社会学涵盖的范围广泛，包括教育社会学、社会统计学、城市社会学、农村社会学、社会心理学、数理社会学、历史社会学、社会人类学等等，研究主题众多，如群体与组织、家庭、邻里、社会角色、社会变迁等。社会学研究可用各种方法搜集经验实证，包括问卷、面谈、参与者观察及统计研究等。

一、社会学名词术语的检索

1.《新社会学辞典》

米切尔主编，蔡振扬等译，上海译文出版社，1987年版。该书收词目466条，包括社会学、社会科学、社会人类学、社会心理学、宗教社会学、知识社会学等学科常用的名词术语的译义、社会学诸学派和著名人物等。

2.《中译社会学词汇》

香港中文大学社会学系与社会研究中心编译，香港中文大学，1980年版。该书共收集与社会学有关的名词和概念4000余条，书后附有主要参考书目。

3.《简明英汉社会学辞典》

蔡文辉著，中国人民大学出版社，2002年版。该辞典是海峡两岸共同合作的成果，收录范围涉及社会学、政治学、心理学、人类学等相关科学，共收集了1374条名词定义，附有《英文词名顺序表》、《主要社会学家姓名索引》、《中文名词笔画索引》等。

4.《社会学百科全书》（Encyclopedia of Sociology）

P·J·奥康内尔主编，美国杜什金出版社，1981 年版。该书内容涉及社会学术语、社会学理论、社会学机构，以及古今杰出的社会学家，同时还包括数百篇与社会学有关的重要文章。这些文章涉及心理学、经济学、人类学、政治学和历史学等社会科学的重要概念、人物和研究成果，书中有历史的、也有近期的重要材料。全书共收集了 1300 多个条目，按字母顺序排列。条目内一般都有互见条目，个别条目附条目指南或主题图解。最后是为非专业读者编的“社会学读物选”，所收书刊论文按类排列。

5.《国际社会学百科全书》

（英）迈克尔·曼编，袁亚愚等译，四川人民出版社，1989 年版，该书侧重介绍西欧和北美社会学词目。

6.《社会学词典》

张光博主编，人民出版社，1989 年版，该书收录有关社会学的名词术语和社会学家学派等词目 1423 条。

7.《英汉社会学词汇》

虞祖尧、华青编，江西人民出版社，1983 年版。该书根据美国乔治·西奥道森和艾奇丽思·西奥道森合编的《现代社会学辞典》最新版本所包含的主要词条编译而成，词条按英文字母次序编排，书后附欧美各国社会学家人名对照表。

二、社会学论文的检索

1.《中国社会科学文摘》

双月刊，中国社会科学杂志社，中国社会科学文摘杂志社编辑出版。

2.《国外社会科学文摘》

月刊，上海社会科学院信息研究所，国外社会科学文摘杂志社编辑出版。

3.《国外社会科学论文索引》（第一辑）

中国社会科学院情报所编，中国社会科学出版社，1979 年版。

4.《当代社会学》

该书目收录书刊论文和未出版的材料，季刊，每期都提供社会学领域某一特殊专题的瞻望性报告和注释性书目，并连续登载社会学的专题研究报告及评论。

5.《社会学研究文献要览》

佐野真编，日本日外联合公司，1977 年版。这是一部重要的社会学工具书。全书分两部分：①参考图书指南，收录词典、手册、丛书、年表及个人著作目录等；②文献目录，包括图书和论文两部分。共收录社会学研究著作

3000 种，期刊论文约 12000 篇，参考图书约 600 部。该书还列有相当数量的西文书刊。

6.《社会学文摘》

被认为是社会科学领域里最好的文摘之一。收录了 19 种语言的会议报告和专题文章，但主要来自期刊论文，以核心期刊为主，兼收社会学家发表在相关学科期刊上的有关社会学文章。

7.《国内有关人口科学文献目录》

河北师范大学人口研究室 1982 年编印，收录 1903 至 1981 年有关人口学研究的文献篇目 2228 条、专著 77 种，引用、文集 445 种。

8.《台湾地区社会学论文摘要（1986—1993）》

章英华，余安邦，吕玉瑕主编，中央研究院民族学研究所，中央研究院社会学研究所筹备处，1998 年版。

三、社会学图书的检索

1.《社会学参考书目》（清末—1982）

中国社会科学院社会学研究所，南开大学社会学系编，南开大学出版社，1984 年版。此书汇集了我国三十余家大型图书馆的社会学藏书书目，收集的书目为：自清末社会学在我国出现开始，到 1982 年年底所出版的图书，总计有 3600 余条。

2.《社会学中文文献目录（1950—1977）》

国立台湾大学社会学会社会学文献编辑组编，台北成文出版社，1979 年版。

3.《国际社会学书目》

书目为年刊，旨在有选择地提供一年内全世界出版的社会学文献信息，包括书刊论文、政府出版物等，涉及社会学历史、理论、方法结构和社会问题等内容。该书具有很高的知识深度和国际性。

4.《中国社会学年鉴》

中国社会科学院社会研究所编，中国大百科全书出版社，1989 - 2008 年版。该书是由中国社会科学院社会研究所主办的社会学专业文献书刊，创办于 1989 年，至今已出版 5 卷，设“学术综述”、“论著论文题录”、“社会学界重大活动”、“社会学大事记”、“社会学界重大课题介绍”、“社会学博士点情况介绍”、“全国社会学机构目录”等栏目，全面反映了中国社会学研究现状与动态，可用来查找和了解社会学优秀科研成果、重要事件及社会学机构。

四、社会学家及研究机构资料的检索

1.《社会学研究机构指南》

该书列出了美国各大学的社会学研究生学院，以及相关教学人员，1983年版共收录250个机构，包括少量国外的机构，著录项目有系科负责人的姓名、学历、课程和经济资助等。

2.《国际社会学家辞典》

（联邦德国）威·伯恩斯多夫等主编，王蓉芬等译，中国人民大学出版社出版。该书是第一部主要以社会学家为条目的辞典，初版于1959年，1980年修订第2版改为两卷本，上卷于1980年出版，收录了1969年底以前在世的各国学者条目740条；下卷于1984年出版，收录了1969年以后大多迄今还在世的各国学者条目1800条。本书收录了中国社会思想家的条目20余条。

五、社会学研究相关网站举要

中国社会学网（http：//www. sociology. cass. cn/shxw/），是由中国社会科学院社会学研究所主办的学术性网站，有社会学家、学者书库、精品导读、文稿集锦、研究工具、社会学史等频道，开设了“社会关注”（重大问题的社会学分析）和“学术讨论”（不同学术观点的讨论）两个动态专栏，提供社会学理论、社会发展、社会保障、社会心理学、社会文化人类学等30余个专题的学术论文，介绍社会学学术刊物、研究文献、有关书籍、调查数据、考研信息，举办学术沙龙，开展学术评论，设立学者个人主页，提供社会学咨询等多种服务。按主题分类与数据库相结合的形式组织信息资源，用户可以通过导航条逐级浏览，也可以进行全文检索，找到需要的资料。

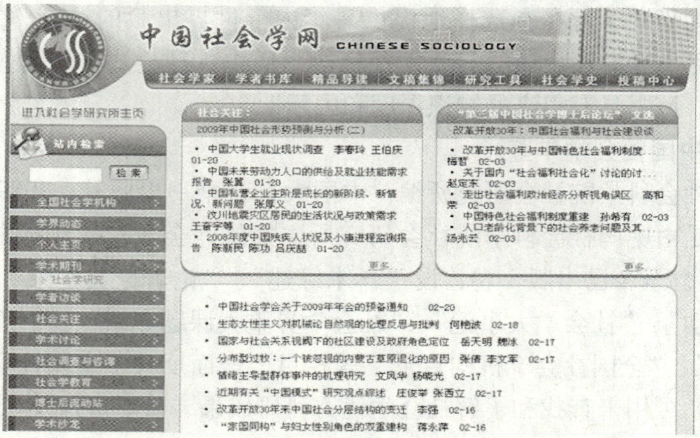

图7-1 中国社会学网首页

中国社会科学院（http：//www. cass. net. cn/）。

中国社会学会网（http：//www. sociology. cass. cn/zgshxs/default. htm）。

社会政策网（http：//www. chinasocialpolicy. org/）。

中国人口信息网（http：//kzedu. cn：8899/viewstaticres/SysContent1/d1/dd2/ddd14/836445925014/snap/one. htm）。

社会学文摘（http：//www. csa. com），美国剑桥科学文摘社（CSA）主办，收录国际上社会学以及有关社会与行为科学文献的文摘，包括2600多种期刊文章以及会议论文、学位论文、图书、专著和书评等文献类型，目前收录有60多万条记录，并以每年3万条的速度增长。该数据库为收费数据库。

社会学信息网络指南（http：//www. intute. ac. uk/socialsciences/），英国Birstol大学社会科学院主办，为用户免费提供有关社会科学、工商管理、环境科学、法律等方面经过筛选后的高质量的因特网信息，收录了5万多个有关社会学的网页。如图7－2所示。

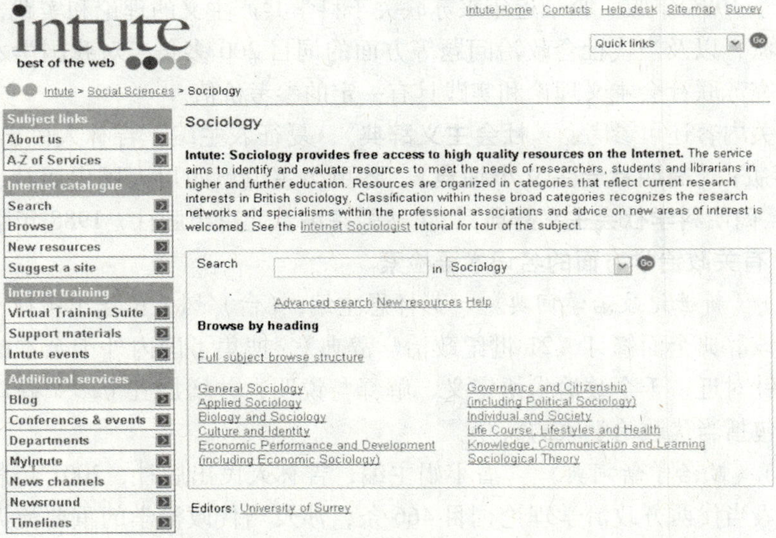

图7－2　社会学信息网络指南页面

第二节　政治学专题信息检索

政治学是系统研究国家和以国家为中心的各种社会政治现象和政治关系的一门科学。我国政治学的理论体系大体包括共产主义理论与实践、政治学原理、社会主义中国的政治制度、社会主义中国的国家管理、对各国政治制度和政治的比较研究、国际关系等各个方面。目前大体上按照政治学基本理论、政治思想、政治制度、行政管理和国际政治五大类来划分其基本内容。

一、政治学名词术语的检索

1. 有关共产主义理论与实践方面的名词术语检索

(1)《社会主义大辞典》 高放主编，河南人民出版社，1988年版。收词目2376条，按内容分为社会主义的基本概念和名词，科学社会主义的基本原理，社会主义思潮，社会主义运动和事件，社会主义国家的实践经验，社会主义政党、团体和派别，社会主义代表人物，社会主义的重要会议，社会主义的书刊、文献和其他等10类。每类中或按其性质相对集中，或按时间排列。本书反映了我国社会主义理论研究的成果，是研究社会主义问题的重要检索工具。

(2)《科学共产主义辞典》 (前苏联) 阿·马·鲁缅采夫主编，据苏联莫斯科政治书籍出版社1975年俄文版第2版译出，又据第3版校订，中国人民大学1984年版。收录近年来苏联关于科学共产主义的理论和实践，社会主义流派，以及当代社会政治问题等方面的词目200多条，对我国学术界了解和研究苏联社会主义理论和实践具有一定的参考价值。

有关内容还可参考：**《社会主义辞典》**，夏征农主编，吉林人民出版社，1985年版；**《简明社会主义小词典》**，陈更生主编，四川人民出版社，1987年版；**《简明科学社会主义辞典》**，黄达强主编，北京出版社，1988年版。

2. 有关政治学方面的名词术语检索

(1)《新世纪政治学词典》 彭怀恩主编，(台) 风云论坛出版社，2007年版。该辞典全面修订《21世纪政治学辞典》，搜集了国内外十余本的相关辞典，针对近一千个政治术语定义、解释与说明，并增加五十多个新政治学词汇，包括当代政治学家的简介。

(2)《政治学新词典》 潘小娟主编，吉林人民出版社，2001年版。该词典收入当代西方政治学理论词目466条，涉及当代政治学的重要流派、思想、人物、著作、概念等。正文后附有“重要参考书目”，每个词目的相关重要参考书目都一一列出，并按正文词目的顺序标有编号，以便为读者提供更多的信息。

(3)《简明政治学词典》 本书编写组编，吉林人民出版社，1985年版。这是建国后第一本政治学词典，收词目2000余条，包括政治学总论、阶级、政党、国家、政府、民族、国际政治、政治人物、政治思想等方面的内容。

(4)《政治学分析辞典》 [美] 杰克·普拉诺等著，胡杰、张宝训译校，中国社会科学出版社，1986年版。

二、政治史资料的检索

1. 政治制度

(1)《中华人民共和国大辞典》 张克明主编，中国国际广播出版社，1989年出版（1991年重印）。收录新中国成立以来的政治、经济、法律、军事、外交、文化、科学研究、社团组织、各界人物及名词术语等共计8520余条。

(2)《中华人民共和国国史大辞典》 张晋藩等编，黑龙江人民出版社，1992年版。全书7200余辞条，包括1949年10月－1992年6月期间，国内的重大事件、重要会议、重要组织机构、重要文献、重要理论和学术争论、重要人物六大类内容。

(3)《社会主义政治体制大辞典》 李靖宇主编，沈阳出版社，1989年版。内容包括社会主义政治体制的基本理论、重要文献、事件、党派团体、政府设置、行政区域以及军事、法制、外交、民族、人物等方面。

(4)《中国人民政协辞典》 本书编委会编，中共中央党校出版社，1990年版。这是反映中国共产党领导下的多党合作制度和政治协商制度的大型工具书，分词语、界别、机构、文献介绍、人物、资料等类，收条目约2000多条。

(5)《中国政治制度辞典》 刘国新主编，中国社会出版社，1990年版。

(6)《中外政治制度大辞典》 杨逢春主编，人民日报出版社，1994年版。该辞典分中外政治制度基本知识、中国政治制度、外国政治制度、国际政治组织四部分。其中，中国政治制度部分，除简明、系统地介绍古代、民国时期和当代政治制度外，还较系统地介绍了台湾现行政治制度，并附有香港、澳门政治制度及回归后的政治制度设计。外国政治制度部分，则从联合国现有184个会员国中，选择35个有代表性的国家。所收内容，包括宪政制度、议会制度、元首制度、政党制度、司法与监察制度、政府制度。正文按国别排列。

(7)《中国古代政治制度史辞典》 周发增等编，首都师范大学出版社，1998年版。

2. 国家管理

(1)《行政管理学大辞典》 贾湛，彭剑锋主编，中国社会科学出版社，1991年版。共收辞目5500余条，全面系统地介绍了行政管理学的知识，总结了中外行政管理经验，介绍了各种行政管理学派的理论和观点以及行政管理的历史发展和沿革。

(2)《中国行政管理大辞典》 黄达强、王明光主编，中国物资出版社，1995 年版。该书共分 17 部分：当代中国政治制度、行政与行政管理制度、政府组织与管理、中国政府机构、当代西方主要国家行政体制、公共决策与政策、行政领导、人事行政、行政监察、政府公共关系、管理心理、机关管理与办公自动化、中国行政、中国公共财政与金融、经济行政、社会行政、中国传统行政。

(3)《行政管理学词典》 (美) J·C. 帕拉洛等编著，本书翻译组译，四川人民出版社，1988 年版。全书分为 7 部分：行政管理学基础、公共政策、公共管理、官僚制度与行政组织、人事行政、财务行政、行政法规。该书较明显的特色就是作者阐释词目之后，以“意义”的形式引申论述了词目的理论意义。此外，所有词目都附注了英文，译音还编有词条索引置于书末。

(4)《行政管理知识手册》 陈祖耀等主编，劳动人事出版社，1987 年版。这是我国第一部系统介绍国内外行政管理理论和知识的工具书。全书收录 2000 余个词条，编为 4 编 36 节，内容包括行政原理、中外行政、机关管理、地区和部门行政管理、中外行政管理的不同流派和著名人物等。

(5)《劳动人事政策制度与工作技能辞典》 本书编委会编，辽宁电子出版社，2003 年版。该书包括公共部门人力资源管理、党政领导干部制度、国家公务员制度、国有企业与事业人事制度、现代人力资源管理技术、就业与公共就业服务、劳动关系与劳动合同、劳动社会保障、劳动人事法制等内容。

(6)《中国公务员百科辞典》 杨友吾、王振川主编，国际文化出版公司，1988 年版。全书分政治学法学类、现代管理科学类、领导科学类、经济科学类、党的建设与政治工作类、文秘类、哲学社会学类、文化类、科学技术类、新兴学科类和附录，共十大部类，100 多个学科，简要突出地介绍有关公务员的制度规定和当代西方国家的文官制度。

(7)《中国政府公务百科全书》 王嵩山等主编，中共中央党校出版社，1994 年版。该书内容分为基础理论、综合行政管理、财政经济管理和社会事务管理等 4 大类，共 2 万余条。

3. 中国政党

(1)《中国共产党历史大辞典（增订本）》 廖盖隆主编，中共中央党校出版社，2001 年版。该书收词目 6000 余条，以党的历史知识为主，内容包括党的基本理论、重要文献、方针政策；党史上的重大事件、重要会议；党的领导人、革命先烈和重要活动家等。

(2)《中国共产党党务工作大辞典》 孙维本主编，中国展望出版社，1989 年版。该辞典收录党务工作方面的词目共 4888 条，包括：总论、组织工作、宣传工作、统战工作、纪检工作、群众工作、军队党务工作、国际事务、文秘工作、重要事件、重要会议、重要文献、重要人物、革命史迹及附录等15部分。

同类辞典还有《**党的组织工作词典**》（孙铁编著，中国展望出版社）；《**新时期党的工作手册**》（王振川，徐祥之，刘玉庭主编，中共党史资料出版社）；《**党的建设辞典**》（范平，叶笃初主编，上海人民出版社）等。

（3）《中国党派社团辞典》　王进，杨江华主编，中共党史资料出版社，1989年版。该书全面系统地介绍了1840年至今1900个党派、社团，并对台港澳地区主要党派专条介绍，书后附有《中国主要党派社团领导人名录》和《台港澳主要社团名录》。

（4）《中国民主党派词典》　杨亲华等主编，中国政法大学出版社，1989年版。该书收词目1600余条，并附有各民主党派历届中央委员会名单，中国各民主党派活动大事记，东欧社会主义国家民主党派情况介绍，中国近现代政党介绍。

三、外国政治和国际关系资料的检索

1.《世界议会辞典》

张友渔主编，中央广播电视出版社，1987年版。收词目2987条，反映当代世界202个国家（包括中国）和地区的议会情况，包括议会组织，议会选举制度和立法制度，一般议会理论、原则，议会通过的重要文献，议会领导人，议会的重要活动，与议会有关的重大事件，以及议会国际组织等方面的内容。

2.《世界政党辞典》

熊复主编，红旗出版社，1984年版。收词目2784条，包括世界各国政党的组织和领袖、政党的纲领、思想、制度、会议、活动、事件等方面的内容。

3.《世界政党大全》

钟清清主编，贵州教育出版社，1994年版。

4.《政治体制改革辞典》

范恒山主编，中国物资出版社1988年版。该书反映社会主义各国和主要西方资本主义国家政治体制改革的历史经验、思想理论和人物事件等方面的内容。

5.《中外改革知识辞典》

中国社会科学院等单位编写，法律出版社，1989年版。收录当代国内外有关改革或重大国策调整的新词目2300余条。

6.《世界政治经济与国际关系词典》

颜声毅、俞正梁主编，吉林人民出版社，1988 年版。收词目 1642 条，包括外交与外交政策，国际事件，世界经济，战争、战略与军备控制，国际文化科技关系，国际法与国际经济法，国际组织，国际条约、协定等方面内容。

7.《国际政治手册》

薛龙根主编，南京大学出版社，1989 年版。

8.《联合国手册（第 10 版）》

联合国新闻部编，中国对外翻译出版公司 1988 年版。本书介绍了联合国成立 40 年以来的全部活动情况，着重介绍了 1978 至 1985 年间的活动情况。

四、政治事件和时政情况的检索

1.《中共党史大事年表》

中共中央党史研究室编，人民出版社，1981 年版。

2.《中国共产党大事典》

张予一主编，人民出版社 1991 年版。该书按时间顺序收录了我党在新民主主义革命时期和社会主义革命与建设时期的各个历史阶段的全部重要事件。

3.《中国共产党建设八十年大事纪要》

童阳秀编著，党建读物出版社，2004 年版。

4.《中华人民共和国年鉴》

新华通讯社主办，新华出版社、香港新中国新闻有限公司 1981 年起联合出版，是经国务院办公厅确认、国家新闻出版总署批准的我国唯一的综合性国家年鉴，包括国家机构、国防、外交、经济、社会、文化等方面，用中、英两种版本在北京和香港同时向海内外发行。

5.《人民手册》

本书编委会编辑，大公报社出版。此书名为手册，实属年鉴，从 1950—1966 年每年出一册，按年汇编我国党和国家领导人的言论著作，党和政府重要会议的文件和有关方针、政策的决定，报刊上的重要社论和文章，以及我国一年里政治、经济、文化等各方面的成就和统计资料。1980 年，人民日报社编辑出版了一本新的《人民手册》，主要收录 1979 年《人民日报》发表的资料，以后没有继续出版。

6.《中华人民共和国资料手册（1949—1999）》

蒋建华编，社会科学文献出版社，1999 年版。该书分中国概况、政治、经济、社会、科技、教育、文化、人物、大事记、港澳台等部分，通过概述、事件、统计数字、表格、单位简介、名录、索引等形式，系统全面描述了新中国成立至1999年以来的基本情况。

7.《中华人民共和国大事日志》

王一华等主编，济南出版社，1992年版。该书采用逐日编排的方式，将新中国自1949年10月1日至1991年9月30日期间发生的政治、经济、科技、教育、文化、国防、外交等领域的国家大事悉数收入。

8.《中华人民共和国大事记：1949—1999》

戴舟主编，光明日报出版社，2000年第2版。

9.《香港大事记：公元前214年—公元1997年》

李宏编著，人民日报出版社，1997年版。

10.《当代台湾大事典》

姜殿铭、邢魁山、蒋孝文主编，山西教育出版社，1995年版。该书以大事记形式逐年逐月逐日记载了1949年10月至1992年12月间发生在台湾地区或与台湾地区相关的大事。

如果想查检旧中国政治和国民党历史，可利用：

11.《中华民国大事记》

李新总主编，韩信夫、姜克夫主编，中国文史出版社，1997年版。该书记录了自1905年同盟会成立至1949年10月新中国成立前，孙中山领导同盟会创建中华民国、南京临时政府、北京政府、南京国民政府各时期的大事和要事，以反映民国时期统治阶级及其政权为主，同时对于中国共产党领导人民革命斗争的活动也给予充分的反映，不仅包括政治、军事、外交，还涉及经济、文化等方面。

12.《中华民国史事件人物录（1912年1月—1949年10月）》

黄美真、郝盛潮主编，上海人民出版社，1987年版。

13.《民国大事日志》（全二册）

刘绍唐主编，台北传记文学出版社，1978—1979年版。

14.《中国国民党大事典》

陈兴唐主编，中国华侨出版社，1993年版。该书逐年逐月逐日记载了自中国国民党创始人孙中山先生诞辰1866年12月11日起至1989年12月止，中国国民党发生的大事。

查找国际共运方面的事件，可以利用《国际共产主义运动史大事记（1846—1983）》，黄安淼主编，上海知识出版社，1987年版。该书以编年体形式，简要地记述了19世纪40年代以来国际共运的发展历史。

五、政治学研究论著的检索

1.《建设社会主义精神文明报刊资料索引》

山东省图书馆等编印，每月一辑，辑录《人民日报》等13种报刊上报导的各条战线建设社会主义精神文明的先进事迹和有关思想教育工作的资料。

2.《中共党史论著目录索引（1977—1984）》

上海市中共党史学会1985年编印，收入有关资料1万众条。

还可利用中共党史资料编辑部编辑，中共党史出版社出版的《中共党史资料》（1982年起创办），该丛书分年度编有“中共党史重要论著目录索引”。

3.《当代国际共产主义运动史中文书目和论文资料索引（1949—1984）》

中国社会科学院马列主义毛泽东思想研究所共运研究室、甘肃省西北师范学院马克思列宁主义教研室编印，共3册。同类索引还有**《国际共产主义运动史报刊文稿索引（1976—1982）》**，《国际共运》编辑部1983年编印；**《科学社会主义与国际共产主义运动史报刊资料索引》**，中央民族学院图书馆1979年编印。上述三种索引，均按专题分类编排。

4.《中共党史文摘年刊》

中共中央党史研究室科研局编，中共党史出版社出版。该年刊内容包括中共党史研究进展概述、党史文摘、党史大事记、党史新书选介及目录索引、党史论文、资料目录索引。

5.《政治学概论报刊资料索引》

郑州大学政治系政治学教研室资料室1982年编印。

由北京大学政府管理学院和北京大学政治发展与政府管理研究所编辑的**《中国政治学年鉴》**自2003年开始编辑出版，也可以用来查找有关政治学论文索引。该年鉴设“科研成果”专栏，下设有“部分政治学中文著作简介”，“部分政治学论文索引”，其中有些著作还附有内容摘要。这两部分都按著作或论文的标题中的主要关键词予以分类，共设有政治、政治科学，马克思主义、社会主义，政治制度，政治思想，国家，社会，权力，民主、人权，政党，政府、行政、管理、政策，民族，政治文明、政治文化，监督、廉政、腐败，国际政治，经济与政治，中国政治，电子政务十七个类。

六、政治学参考文献的利用

现代政治学研究参考文献种类很多，下面仅列举数种：

1. 中国共产党研究

（1）《中共中央文件选编》1－14册　中共中央党校出版社，1985－1987

年版。

(2)《六大以来——党内秘密文件》(上下) 中共中央书记处编，人民出版社，1981年版。

(3) 《中共党史报告选编》 中央档案馆编，中共中央党校出版社，1982年版。

(4)《建国以来重要文献选编》(第1-20册) 中央文献出版社，1992-1998年版。

(4)《建国以来毛泽东文稿》(第1-13册) 中央文献出版社，1987-1998年版。

(5)《三中全会以来重要文献选编》(上、下) 人民出版社，1982年版。

(6)《十二大以来重要文献选编》(上、中、下) 人民出版社，1986年、1988年版。

(7) 《十三大以来重要文献选编》(上、中、下) 人民出版社，1991年、1993年版。

(8)《十四大以来重要文献选编》(上、中、下) 人民出版社，1996-1999年版。

(9)《十五大以来重要文献选编》(上、中) 人民出版社，2000-2001年版。

(10)《十六大以来重要文献选编》(全三册) 中共中央文献研究室编，中央文献出版社，2005-2008年出版。

(11)《中国共产党历史》(第一卷上、下册) 中共党史出版社，2002年版。

(12)《中国共产党通史》 沙健孙主编，湖南人民出版社，1996-1999年版。

(13)《党的文献》(1988年创刊) 中共中央文献研究室和中央档案馆联合主办。该刊公布有关中国共产党、中华人民共和国及其领导人的重要历史文献，刊发中共领袖人物的生平思想研究文章，刊发毛泽东思想、邓小平理论和“三个代表”重要思想研究文章，同时发表党史、国史专题研究、作者亲历、访问记录、学术争鸣、研究综述、历史随笔、书评、文摘信息等方面的文章。主要栏目有：“重要文献”、“老同志访谈录”、“领袖生平思想研究”、“党史国史专题研究”、“当代理论研究”、“考订与探讨”等。

2. 中国国民党及其他民主党派研究

(1)《中国国民党历次代表大会及中央全会资料》(上下) 荣孟源主编，光明日报出版社，1985年版。所收资料自1924年1月国民党改组，在广州召开第一次全国代表大会起，至1949年7月在广州召开最后一次非常会议止，可用来了解国民党史和现代中国政治史。

此外，还可参考：

（2）《中国国民党党史文献选编（1894—1949年）》 中共中央党校中共党史教研室，中共中央党校出版社，1985年版。

（3）《中国国民党简史（1894—1949）》 李友仁等，档案出版社，1988年版。

（4）《中国民主党派史文献选编（新民主主义革命时期）》 中共中央党校党史教研室1985年编。

（5）《中国近现代政党史》 宋建华等编，黑龙江人民出版社，1987年版。

（6）《中国民主党派史》 于刚主编，中国文史出版社，1987年版。

3. 国际政治

有关国际政治研究，可供参考的资料较多，如：

（1）《社会党国际文件集（1951—1987）》 本书编译组编，黑龙江人民出版社，1989年版。

（2）《国际共产主义运动史》（修订版） 周作瀚、梁亚栋著，高等教育出版社。

（3）《共产国际与中国革命问题档案资料》 中央文献出版社。

（4）《共产国际与中国革命关系史纲》 孙武霞等编，河南人民出版社，1988年版。

（5）《不结盟运动主要文件集》 中国国际问题研究所编，中国对外翻译出版公司，1987年版。

（6）《战后历任美国总统就职演说和当前中美关系基本文件汇编》（英汉对照） 张辛民、郑淑贞编，新华出版社，1987年版。

（7）《国际政治参考资料》 北京大学国际政治系1971年编印。

七、政治学相关网站举要

1. 政治与行政资源导航——深圳大学（http://www.lib.szu.edu.cn/szulibhtm/AD_xkzt/BD_Politics/poliindex.htm）

CALIS重点学科网络资源导航库之一，如图7-3所示。

2. 中华人民共和国中央人民政府网（http://www.gov.cn/）。

3. 中国政治学网（http://chinaps.cass.cn/）。

4. 中国共产党新闻网（http://cpc.people.com.cn/GB/64162/）。

5. 北京大学政治发展与政府管理研究所（http://www.pku.edu.cn/academic/xzglx/zzyjs/index.htm）。

6. 中国社会科学院政治学研究所（http：//www. cass. net. cn/chinese/s08_zzx/indexnew. asp）。

7. 世界与中国研究所（http：//www. world – china. org/）。

8. 香港中文大学大学研究服务中心（http：//www. usc. cuhk. edu. hk/）。

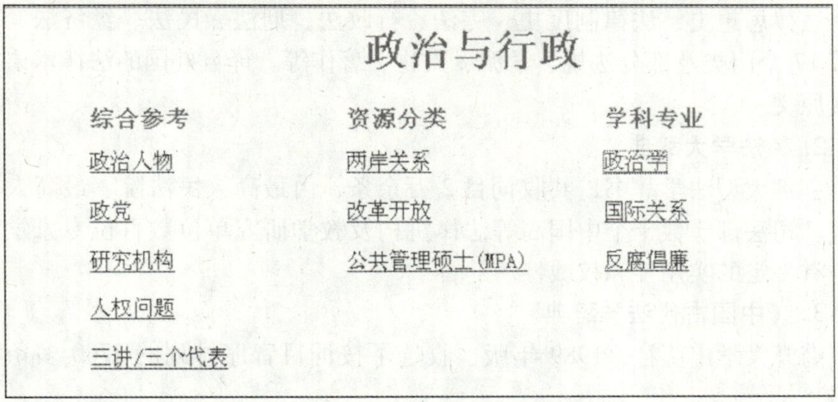

图 7 – 3　政治与行政资源导航首页

第三节　法学专题信息检索

法学是社会科学中一门特殊的科学。研究法这一特定社会现象及其发展规律，又称法律学或法律科学，其研究对象包括法的产生、本质、特征、形式、发展、作用、制定和实施以及与其他社会现象的关系等一系列问题。

法学思想最早渊源于春秋战国时期的法家哲学思想。法学一词，在中国先秦时被称为“刑名之学”，自汉代开始有“律学”的名称。在西方，古罗马法学家乌尔比安（Ulpianus）对“法学”（古代拉丁语中的 Jurisprudentia）一词的定义是：人和神的事务的概念，正义和非正义之学。

现代的法学，是指研究法律的科学。它主要包括理论法学、法律史学、国内法学、国际法学、立法学、法律解释学、法社会学、比较法学和外国法学，以及法学和自然科学、技术科学或其他社会科学之间的一些边缘学科，如科技法学、法医学、司法鉴定学、司法精神病学、法律统计学等。

法律是法律规范的总和，或者通俗一点讲就是人们在生活中解决纠纷所适用的法条的总和。狭义的法律通常用来指专门由特定的国家机关制定的规范性法律文件，包括法典、法规和制度，中国古代称典章。

一、法学名词术语的检索

新中国成立前我国就出版有法学辞典，最大的一部是郑竞毅的《法律大辞典》（上、下册）（商务印书馆，1936 年）。

1.《法学词典》

上海辞书出版社，1980 年初版，1984 年增订版。它是新中国第一部法学专科词典，收录了古今中外重要法律名称术语 4243 条，内容涉及法学基础理论、法律思想史、法律制度史、宪法、行政法、刑法、民法、经济法、国际法等 17 个门类及部分法规、学派、人物、著作等。译自外国的法律术语附有西文原文。

2.《法学大辞典》

一部大型法学辞书，共收词目 2 万余条，由最高人民法院、最高人民检察院、司法部等数十个中国高等法律机构及教学研究单位数百位专家学者编撰，有一定的实用性和权威性。

3.《中国古代法学辞典》

南开大学出版社，1989 年版，收选了按词目音序排列的 3700 多条名词术语。

4.《简明中国法制史词典》

内蒙古大学法律系编，1985 年版，着重介绍了中国的政制、法制、官制。

5.《英汉法律词典》

本书编写组编，法律出版社，1985 年版。该词典为我国第一部收集我国法律和英美法系和大陆法系的法律用语最多的中型专业词典，正文共有 40000 余词条，另有常见法律方面的缩略语近 3000 条，汉英对照词条 10000 余条，以及西方主要国家的法院组织系统表，兼有英汉、汉英两种词典特点，2008 年修订出版了第三版。

6.《英汉法律用语大辞典》

宋雷主编，法律出版社，2005 年版。该辞典以英美法律为主，共收录法律及其相关领域的用语 10 万余条（包括缩略语等），并在辞典正文之后附有拉丁语、法语等外来语附录，是目前国内规模最大，内容最完整的英汉法律用语辞典。

7.《牛津法律大辞典》

戴维·M·沃克著，李双元等译，法律出版社，2003 年版。它是国际上与《布莱克法律辞典》齐名的法律专业工具书，以收词数量大、涉及范围广、释义简明扼要而著称，其权威性为世界各国所公认。内容覆盖法学理论、法律哲学、法律制度、法律史、法律思想、刑事法、民商法、国际法、法学流派和法学家以及与法律有关的政治学、社会学、经济学等诸多领域，

8.《布莱克法律词典》（B1ack's Law Dictionary）

一部权威性的美国法学词典，1891 年以来一直是重要的法律资源，被称为法律工作者的圣经。经多次修订，现已出版第八版。全书共三万多个词条，词条中包括许多拉丁文、德文、法文、撒克逊语及其他古代法律术语，还包括许多法律警句（格言），其中许多定义出自司法判词和案例所援引的法律文件。词典所附的参考资料，如判例报告、法律期刊及其他法律出版物目录等，对法学研究有一定的参考价值。该词典可以通过西方出版公司法律文库（West Law）的数据库进行联机检索。

另一部享有盛誉的法律词典是《巴伦坦法律词典》（Ballentine's Law Dictionary. Lawyers Co－operative Pub. Co. 1969），该词典收录范围广博，有法律警句及判例、成文法和其他法源的出处，与布莱克词典可互为补充。

9.《法律词库》（LegaI Thesaurus. 2nd ed. William C. Burton ed. Maxwell Macmillan Internat，1992）

该词典侧重于阐释法律术语的用法，每一词目分别注明定义、不同用法、同义词、组合词形式、外语对译词、该词的其他用法及解释，每一不同用法均按上述顺序分别阐释。该词典索引系统完备，主要是同义概念索引，每一概念术语下均详列其所有同义词，并解释每一个词的多种含义。在理解法律用语的确切含义和用法方面要比其他辞典略胜一筹。

由于法学研究日益深入，法学综合性工具书越来越难以满足需求，编撰法学各分支学科的辞典、百科出现增长势头，篇幅越来越大，词条基本上都在 2000 条以上。

查宪法理论和名词术语的有：

10.《中华法学大辞典（宪法学卷）》

许崇德编著，中国检察出版社，1995 年版。

11.《实用宪法学新词典》

刘任武主编，吉林人民出版社，2004 年版。

查司法方面理论和名词术语的有：

12.《中国司法大辞典》

江平主编，吉林人民出版社，1991 年版。

13.《中国司法行政大辞典》

蔡诚主编，法律出版社，1993 年版。

查检察方面理论和名词术语的有：

14.《中国检察百科词典》

曾龙跃主编，黑龙江人民出版社，1993 年版。

15.《中国审判实务大辞典》

最高人民法院编，法律出版社，1994 年版。

行政法方面有：

16.《中国行政法辞典》

陈天池，张世信主编，上海人民出版社，1991 年版。

17.《现代实用行政法律词典》

张尚主编，北京出版社，1996 年版。

民法方面有：

18.《中华法学大辞典（民法学卷）》

佟柔主编，中国检察出版社，1996 年版。

19.《中国民法实用全书》

袁晓霖主编，法律出版社，1995 年版。

20.《民法商法经济法实用辞典》

李昌麒编，中国经济出版社，2002 年版。

刑法方面有：

21.《中华法学大辞典》（刑法学卷）

高铭暄，王作富，曹子丹主编，中国检察出版社，1996 年版。

22.《中国刑法词典》

本书编委会编著，学林出版社，1989 年版。

23.《刑事法学大辞书》

杨春洗等主编，南京大学出版社，1990 年版。

24.《实用刑法学新词典》

王凤芝编，吉林人民出版社，2004 年版。

经济法内容广泛，涉及商务、贸易、金融、涉外、合同、经济司法、财务、公司法、税法、保险、票据、企业管理等方面，工具书数量也更为庞大，有：

25.《经济法全书》

本书编委会主编，中国法制出版社，2004 年版。

26.《经济法律大辞典》

王家福主编，中国财经出版社，1992 年版。

27.《中外市场经济法律知识大辞典》

肖贤富主编，中国政法大学出版社，1993 年版。

知识产权方面有：

28.《国外知识产权法律纵览》

惠永正主编，科学技术文献出版社，1995 年版。该书是一部较全面、系统地介绍国外知识产权法律的工具书。共分四部分：国外产权法律法规、国外知识产权法法规简介、国际公约和附录。

国际法方面我国自己编撰的辞典不多，主要有：

29.《中华法学大辞典（国际法学卷）》

王铁崖主编，中国检察出版社，1996 年版。

30.《国际法知识词典》

马骏主编，陕西人民出版社出版，1993 年版。

31.《国际法辞典》

日本国际法学会编，世界知识出版社，1985 年版。本书收录词目 1322 条，内容以国际公法和国际私法为主，还包括国际经济法、国际刑法、国际行政法和有关的国际关系法条目，并收有大量案例和法学家传记，有不少国内较难检索到的资料。

二、法律案例检索

案例检索工具是法律专业人员和研究、教学人员不可缺少的。它们往往从经典史籍或法律实践中采集典型案件，描述其案发过程、审判情况，对执行和社会影响加以分析。如：

1.《刑案汇览三编》

（清）祝庆祺等编，北京古籍出版社，2005 年版。它是中国古代篇幅最大、涉及范围最广、分类最为详细的案例编纂类图书，可用来查找中国古代司法案例。

2.《中华法案大辞典》

肖金泉，郭成伟主编，国际广播出版社，1992 年版。该书收录先秦至民国时期的各个朝代的典型案件 4000 余个，是我国第一部系统的古近代司法案例汇编。

3.《人民法院案例选》

最高人民法院研究室编，人民法院出版社，1996—　。该书是由中华人民共和国最高人民法院决定由中国应用法学研究所编辑的，反映人民法院审判活动的一种审判业务书籍，是一种多辑、不定期出版物，案例采自地方各级人民法院当年或上一年审结的刑事、民事、经济、行政、交通等具有普遍指导意义的大案、要案和疑难案件。

4.《新编中华人民共和国司法解释全书》（2009 年版）

中国法制出版社编辑出版，自 2002 年首次出版以来，已陆续出版了八版。该书集司法解释、请示批复、司法业务文件、相关法律法规、典型案例为一体，较全面实用。收录 2008 年底之前公布的有效司法解释、司法文件、有关法律适用问题的答复等总计1549件。所收文件分为民事、民事诉讼、刑事、刑事诉讼、行政诉讼、国家赔偿六个部分。每一部分又合理分为若干子类，体系科学、查找方便。此外，全书篇首“最新增补”部分，方便读者了解新近一年来的司法解释情况。

5.《WEST美国法律百科全书》（Encyclopedia of American Law. West Publishing Co.，1998）

该书收录4000多条目，基本上是词汇、概念、事件、运动、案例和法律界的专家名人。该书的特色是设立专卷，称为“法的里程碑”，专门报道美国法律史上对社会和法学界有极大影响的著名的案例，详细介绍其有关材料，包括报告名称、出处、判决过程等。

三、法学论著的检索

1. 我国古代法学论著检索

我国封建文化，在学术上经学居首位，“经”贯穿于立法、司法和法律评价各个方面，不仅成为立法的指导思想，而且往往形成“以经注律、以经代律”的趋势。在经学中，儒、墨、道、名、法、杂等学派都有代表其所属阶层的政治法律主张，其中反映儒家学派法律思想的《论语》、《孟子》、《荀子》；反映道家“无为而治”法律观的《老子》、《庄子》、《道德经》；体现“兼相爱、交相利”思想的墨家代表作《墨子》；反映法家“以法为本”，法、势、术相结合理论体系的代表作有《商君书》、《申子》、《韩非子》等。

查找古代法学文献可供利用的书目有《四库全书总目》。法学文献，在经史子集四大类中，散见于经部、子部和集部，而法律文献集中于史部的政书类，如“刑法制”、“食货志”及诏令奏议、职官类。在“经部”，可以参考的法学文献有《书义断法》、《春秋比事》等；在“子部”，散见于儒、道、杂、墨、名等学派的相关文献，但主要集中在法家，著录了古代律令及法学理论著作；在“集部”，历代学者的著作集（“总集”或“别集”）有不少涉及政治、法律思想，如白居易的《白氏文集》内含《刑礼道》、《止狱措刑》等多篇法学文献。后人研究古代法律文献有案例选编《疑狱集》（五代）、《折狱龟鉴》（宋）；集司法经验、法医学和刑事证据检验学于一体的《洗冤集录》（南宋）；判词文书汇编《名公书判清明集》（南宋）；法律比较研究文献集《唐明律合编》等。由于丛书中含有丰富的法学文献，因此，我们还可以利用藏书楼及私人藏书家的目录，如《章氏丛书》、《知不足斋丛书》、《四部备要》、《四部丛刊》等。

2. 我国近现代法学论著检索

近代洋务派代表、改良主义者和资产阶级民主革命人士受西学东渐的影响在法学方面留下了许多文献。

《**民国时期总书目·法律**（1911—1949）》，北京图书馆编，书目文献出版社，1990年版。按16大类简要介绍了民国时期4368种法律图书，它以北京图书馆、上海图书馆、重庆图书馆的馆藏为基础编撰，基本反映了民国时期出版的法律类图书全貌。

《**中国法律图书总目**》（1911—1990），中国政法大学图书馆编，中国政法大学出版社，1991年版。收录1911—1990年来国内28000种法律图书，包括清代以前（1911年以前）法律古籍1900余种，香港及台湾出版的法律图书2900余种。

值得一提的是，张晋藩主编的《**中国法制通史**》（全十卷），法律出版社，1999年出版。该书从中国法制起源到新中国成立止，并对很多档案资料，或出土资料经过了详细的辨伪、考证。全书贯穿中国古代法律体系“诸法合体、民刑有分”的指导思想，各卷分别撰写了行政法律、民事法律、经济法律、刑事法律、诉讼法律等，是中国法律史研究百年学术史的集大成者。

论文检索工具有1935年中山文化教育馆出版的《**期刊索引·法学论文索引专号**》，收录1904—1934年间247种期刊的5193条论文篇目，台湾方面有张伟仁的《**中国法制史书目**》（台湾中国研究员历史语言研究所，1976）和佐伯富的《**宋史刑法志索引**》（台湾学生书局，1977）。

3. 当代法学论著的检索

《**中国法律图书总目**》，由法律出版社组织编写的一部法律类图书分类总目，计划每一两年出一本，收集本年度或两个年度内国内出版的全部法律类图书。该书采取部门法与学科专业相结合的方法分类，每本书简要介绍出版单位、作者及其他基本情况。为检索方便，正文后附了书名汉语拼音索引、作者汉语拼音索引。利用该书目可以方便地查找当代出版的法学图书。

《**中国法学著作大词典**》，陈兴良主编，中国政法大学出版社，1992年版。该书以现代法学专著、论文集为主，并收录上至先秦下至清末的中国法学著作3000余种。

《**新中国法律研究史料通鉴（第1—11卷）**》，张培田著，中国政法出版社，2003年版。全面、真实、客观、综合地收录了1949年至1965年新中国法制发展的各方面资料。

《**中文法律期刊文献索引**》，邹育理主编，北京大学出版社出版，是一种连续出版的检索工具书，按年代报道当年发表在国内各种期刊中的法律专业论文信息，首版2001年。它是我国第一部法律专业中文二次文献索引，收录范围包括国内700多种重要期刊、论文出版刊载的法律论文。有4种检索方式：分类检索、主题词检索、著者检索、涉外法律论文检索，是目前国内最为专业、最为齐全的法律文献索引工具书。

台湾方面的论文检索工具有按年度连续出版的**《中文法律论文索引》**，三民书局，1972至今。

《哈佛法律评论》（Harvard Law Review，1887—），在美国法的发展史上，其发挥着无可替代的重要作用，为后人留下了值得反复诵读的经典文献。2005年，法律出版社组织我国一些专家学者从中精选内容，分专辑出版了《哈佛法律评论：宪法学精粹》（张千帆译），《哈佛法律评论：侵权法学卷》（徐爱国译），《哈佛法律评论·刑法学精粹》（刘仁文，王桂萍译）。

《现行法律索引》每年8期（有季度和年度累积本），报道美英、加拿大等国700多种法律期刊上的论文资料，按主题和著者排列，也收录案例、书评、法规。该索引另有联机版和光盘版。

《法学在版书目》（Law Books in Print：law books in Egnlish published throughout the world. Ed. By Nicholas Triffin. Glanville，1990），该书目收录了全世界英文法律图书资料以及与法律相关的各种文献，包括词典、百科全书、年鉴、手册、综述、专论、文集、教科书、法规、判例汇编、目录索引、文摘等。1987年第5版共6卷，第1－2卷按作者和书名排列，第3－4卷按主题排列，第5－6卷为出版商目录和期刊杂志目录和丛书目录，还提供了缩微、视听资料和软件。

《鲍克法律在版书目和期刊目录》（Bowker's Law Books and Serials in Print，1984/85－Bowker，1984－ ），鲍克公司1981年出版了《1876－1981年法律书目》，1982年出版《法律信息》（Law Information）；1983年出版《法律信息增补卷》（Law Information Update）。以后每两年出版3卷：第1卷是法律图书主题目录；第2卷是著者目录；第3卷是书名、主题、分类索引。该书目主要提供美国的法学文献，包括缩微品、软件、联机数据库和视听资料，许多条目有注解。

回溯性法学书目有活页本的《美国基本法律出版物目录》》（Checklists of Basic American Legal Publications，Rothman，1978），英国有《英联邦法学书目》（A Legal Bibliography of the British Commonwealth of Nations. 2nd ed. London：Sweet & Maxwell 1955－64）等。

四、典制法规的检索

1. 中国古代典章制度的查找

中国历代的法律文献形式繁多，从名称上看，律、令、记、科、格、典、式、例等都是有法律效力的文献。如先秦时期西周的《吕刑》、春秋时期的《竹刑》、战国时期的《刑符》（韩）、《宪令》（楚）、《魏宪》（魏）、《国律》

(赵)、《秦律》(秦)等。秦汉时期，法律制度日趋成型，秦的法律已趋法典化,《汉律》在先秦《法经》基础上又增补三篇，史称《九章律》，到隋唐，有代表中华法系的杰出法律文献《唐律疏议》，是宋至清各朝法典之蓝本。此外还有30卷的《唐六典》、130卷的《唐大记令》，宋朝的代表性法典是《宋刑统》，元代各地制诏律令的汇编是《元典章》，共60卷，《大明律》和《明大诰》是明代的主要刑法典，清代有代表性的法典是《大清律例》(或《大清律》)，到清末又有《钦定宪法大纲》等。这些诏令、律法、朝纲构成中国古代的典章制度，主要分布在经史子集的史部，利用政书、通典、会典、正史及其他相关的工具书检索。

查找我国历代典章制度，主要利用“十通”，会要、会典也是查考古代典章制度的重要工具，它们所记载的资料往往比“十通”更为翔实。重要的会典有《唐六典》、《元典章》、《明会典》和《大清会典》，记载了这些朝代的行政机构编制、职掌、法令、事例等。利用会要、会典查找资料，可通过该书的分类目录进行查找。还要充分利用一些已经编制的索引，如张忱石编的《唐会要人名索引》(中华书局，1991)、台湾王德毅编的《宋会要辑稿人名索引》(台北新文丰出版公司，1978)等。

我们还可以利用正史进行查找，正史是纪传体的史书，主要由纪、传、表、志等构成。其中的“志”记载各方面的典章制度，如“职官志”记载国家的职官制度；“选举志”记载国家的用人制度；“食货志”记载国家的经济、财政制度等。正史中的“志”创始于《史记)，完善于《汉书》，此后历代的正史在记载典章制度时基本上都仿效了《汉书》的格局，只有《新五代史》采用了“考”这一名称。由于正史中的“志”记载的内容相当广泛，同时又缺少详细的分类，因此要注意利用已经编制的各种索引。如《食货志十五种综合引得》(哈佛燕京学社引得编纂处编，1938；上海古籍出版社，1986年重印)、《史记及注释综合引得》(哈佛燕京学社引得编撰处编，1947)、《后汉书及注释综合引得》(哈佛燕京学社引得编撰处编，1949)等均可利用。

查找正史中的典章制度还可以使用辞典。如由著名史学家戴逸主编的**《二十六史大辞典》**，吉林人民出版社，1993年版。分导论、事件、典章制度、人物、图表索引等五个部分，将“二十六史”中所载的史事、典章制度、人物等以辞条的形式加以解释。每一辞条释文注明在“二十六史”中的出处，便于读者查找原书。《二十六史大辞典》的“典章制度卷”分成礼制编、职官编、食货编、选举编、刑法编、兵制编、方域编、典籍编8编，收条目19000余条。通过查找某一典章制度，可以了解该典章制度的含义，并通过词目出处项的记载，在“二十六史”中查到原始记载。事实上，《二十六史大辞典》起到了辞典兼索引的双重功用。

查找历代典章制度还可以利用其他工具书。职官是古代典章制度中重要的组成都分，《**历代职官表**》（中华书局，1965）反映了历代职官的设置情况。该书以清代黄本骥节编本为底本，加以整理，书前附以瞿蜕园编撰的《历代职官概述》，介绍历代职官的变迁，书后附《历代职官简释》，介绍历代职官的基本知识。古代职官大部分的主要情况，都可以从此得到了解。书后还附有索引。

清代钱实甫编的《**清代职官年表**》（中华书局，1980），包括49种年表，取材于清顺治至光绪九朝《实录》及《宣统政纪》，并参考清代其他有关资料。书后附有人名录和字号、籍贯、谥号等索引，是一部详尽、完备的清代职官工具书。

2. 现代法律法规与军政建制的查找

民国政府更迭频繁，国家政权、地方建制复杂。查找这一时期的法律法规可直接利用民国时期出版的一些法律法规汇编。如：

《**中华民国法规大全**》（商务印书馆，1936），收录了民国二十五年十月（1936年10月）前颁布的法规，分根本法、民法、刑法、民事诉讼法、刑事诉讼法、官制官规、行政、立法、司法、考试、监察、党务等12部分。

《**中华民国法规大全补编**》（最高法院书记厅编，1940），收录民国二十五年十月（1936年10月）至民国二十六年十一月（1937年11月）期间颁布的法规，在时间上与商务印书馆出版的《中华民国法规大全》相衔接。

《**新增中华民国法规大全**》（司法行政部编纂室编，1941），收录民国二十九年三月（1940年3月）至同年九月颁布的法规，分根本法、官制官规、行政、立法、司法、考试、监察7类。

此外，一些机构颁布的行业法规也可参考，如《金融法规大全》（中央银行经济研究处编，1947）、《侨务法规汇编》（侨务委员会秘书处编，1935）等。

《**民国法规集成（全100卷）**》，蔡鸿源主编，黄山书社，1999年版，汇集了民国时期各类政府所颁布法律、法令、条例、规则、章程等法律文件，是查找民国时期典章制度的重要工具。

查找民国时期军政建制还有一些专门的工具书。如《中华民国时期军政职官制》（郭卿友主编，甘肃人民出版社，1990），《民国职官年表》（刘寿林等编，中华书局，1995）等等。

3. 当代法律法规与军政建制的查找

中华人民共和国成立后，国家加大了法制建设，推行依法管理，逐步向法治国家过渡。同时，在和平共处五项原则的基础上，与世界各国签订了一系列的友好条约，并加入了一些国际公约。查找这些法律法规、条约等，主要利用各种法规汇编和条约集。

《中华人民共和国法规汇编》是目前最重要的一部法律工具书，按年汇编，每年一册。该书前身是《中央人民政府法令汇编》（人民出版社、法律出版社1952年至1955年陆续出版），共5集，收录1949年10月至1954年9月中央人民政府、政务院发布的法律、条例、命令、指示等，还择要辑入中央人民政府各部、院、署等单位和省级以上地方人民政府发布的法令。各集按法规内容分类后按发布日期先后编排。1956年起改名为《中华人民共和国法规汇编》，由法律出版社继续逐年出版，直至1964年，共13集。法律出版社1981年起陆续重印，收录1954年9月至1963年12月颁布的法律、法令和各项行政法规。1965年后停止出版，1986年由法律出版社恢复出版，从1979年度开始汇编，每年一集。它是我国连续出版时间最长的图书，收录内容包括全国人民代表大会及其常务委员会通过的法律和有关法律问题的决定，国务院公布的行政法规和法规性文件，并选收了国务院部门公布的规章。

由于《中华人民共和国法规汇编》具有一定的滞后性，为了及时反映新法规的情况，中国法制出版社又编辑出版了**《中华人民共和国新法规汇编》**，1992年起开始出版，收录上一个月内由全国人民代表大会及其常务委员会通过的法律和有关法律问题的决定，国务院公布的行政法规和法规性文件，报国务院备案的部门规章，最高人民法院和最高人民检察院公布的司法解释。另外，还收录了上一个月报国务院备案的地方性法规和地方政府规章目录。现每年出版十二辑，每月一辑。

《新编中华人民共和国法律法规全书》，法律出版社，2007年版。收录全部现行有效的法律、重要的行政法规、司法解释、部门规章及规章性文件等共460余件。分国家法编、民商法编、行政法编、经济法编、社会法编、刑法编及程序法编等七大类，每一类别细分为若干细目，书末附有拼音索引。

《中华人民共和国法库》（第二版），肖扬总主编，人民法院出版社，2008年版。本书是由最高人民法院汇编的迄今为止我国最权威、全面、系统、实用的大型法律、行政法规、司法解释汇编全书，收录了新中国成立以来现行有效的法律、法律、司法解释等法律文件的权威文本，并附有重要法律文件一览表、核心词索引、拼音索引、时间索引等。

《中华人民共和国法律通典》（全26卷40册），贾春旺总主编，中国检察出版社，2006年版。本书的编辑、出版历时四年，是对新中国成立以来的法律、法规所进行的一次全面汇总，由全国人大常委会法制工作委员会最终审定，是迄今为止我国最权威、全面、系统、实用的大型法律、行政法规、司法解释汇编类工具书。

《霍尔兹伯里法律大全》（Halsbury's Laws of England），由 Butterworths 出

版。该百科全书历史悠久，内容丰富，第4版，共56卷，收录了制订法和判例法。正文基本上是法规文件和案例，按主题字顺编排，只有在脚注中才对判例、法律、法规、命令、法定文件提供许多相应的资料。有综合法规援引索引和判例援引索引，另外有分卷索引和总索引。

法律与制度密切相关。中华人民共和国成立后，我国逐渐形成并完善了以人民代表大会制度、中国共产党领导的多党合作和政治协商制度为主要特征的国家政治体制。查找新中国机构建制沿革、人员更迭的重要工具书是《**中华人民共和国职官志**》，何虎生等主编，中国社会出版社，2003年版（1993年5月初版）。介绍和记录中华人民共和国的党、政、军、人大、政协、民主党派、人民团体的领导体制和领导机关的机构沿革、称谓变化、人员更迭，分中央编和地方编两部分。每一机构、职务均系统全面记述从出现到现在的职官设置、人员更迭情况，按时间先后顺序依次记载。

《**中华人民共和国典章制度全书**》，中国民主法制出版社，1999年版，它是全面、系统介绍国家现行各项制度的总集，包括人民代表大会制度、人民法院审判制度、人民检察院法律监督制度、国务院各部门行政管理制度，以及作为我国法律体系主干的刑事法律制度、民事法律制度和行政法律制度。

如果从法律汇编中未查到所需的法规信息，可以借助法规目录。《**中华人民共和国法律法规全目**（1949—1989）》，龙希等编，沈阳出版社，1990年版，收录了有效和失效的法律、行政法规、地方性法规；司法部法制局编的《**中华人民共和国法规目录**（1949—1982）》，（法律出版社，1984年）是一部收集齐全的法规目录，包括了这一期间我国颁布的废止、失效和已修订各种法规。

由于我国不断制定新的法律法规，还可以通过《法制日报》、《人民法院报》、《检察日报》、《中华人民共和国全国人民代表大会常务委员会公报》等报刊、电视新闻等渠道了解最新的法律信息。

五、国际条约的检索

国际条约（International Treaties）是国际法主体之间以国际法为准则为确立其相互权利和义务所缔结的书面协议，是国际司法规范赖以存在的基本形式之一。国际条约包括一般性的条约和特别条约，基本内容是政治、经济、贸易、法律、文化、军事等方面的相互权利和义务的法律文件。如：WTO规则，对WTO成员的组织和公民都具有约束力。国际条约的名称很多，有条约、公约、协定、协定书、宪章、签约和宣言等。国际上没有公认的条约分类法，通常按缔约国的数目可分为双边和多边条约；按条约的法律性质，可分为造法性条约和契约性条约；按条约的内容，可分为政治、经济、文化、科技、法律、边界等类别。查找我国与外国签订的条约和加入的国际公约，主要利用出版的条约集。

反映清及民国时期与国外签订的条约，主要用**《中外旧约章汇编》**。

查找建国后我国与国外签订的条约，可利用**《中华人民共和国条约集》**，**《中华人民共和国多边条约集》**等。

查找国际条约，可以利用**《国际条约集》**，**《世界条约集》**，世界知识出版社，1986 年版。

还可以使用反映各学科或部门领域内的国际条约检索工具。如国家海洋局政策研究室编的**《国际海域划界条约集》**及其续集（海洋出版社）、中华人民共和国交通部国际合作司编的**《国际海事条约汇编》**（大连海事学院出版社）；芮沐主编的**《国际经济条约公约集成》**（人民法院出版社）等等

六、法学研究网站举要

“北大法宝”——中国法律信息总库 http：//law. chinalawinfo. com/，北大英华公司和北大法制信息中心共同创办的大型综合性网站。同时拥有中国法律检索系统、中国法律英文检索系统、中国司法案例检索系统、中国法学期刊检索系统等多个检索系统，内容全面涵盖法律法规规章、司法解释、司法案例、仲裁裁决、裁判文书、中外条约、合同范本、法律文书、法学教程、法学论文、法学期刊、参考数据及 WTO 法律文件等中国法律信息各个方面。

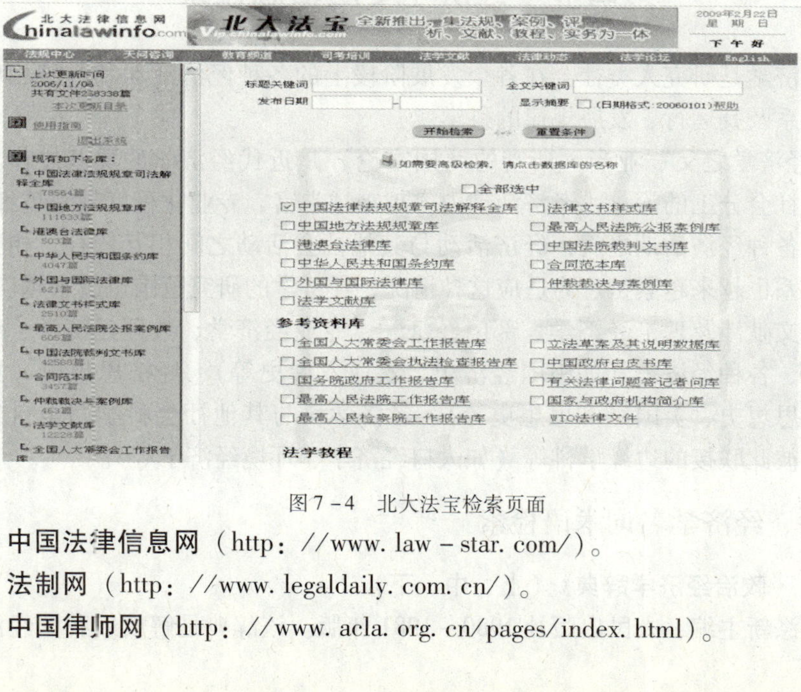

图 7-4 北大法宝检索页面

中国法律信息网（http：//www. law - star. com/）。

法制网（http：//www. legaldaily. com. cn/）。

中国律师网（http：//www. acla. org. cn/pages/index. html）。

中国法院网（http：//www. chinacourt. org/）。

中国普法网（http：//www. legalinfo. gov. cn/）。

康奈尔大学法学院法学信息网站（http：//www. law. cornell. edu/），由美国康奈尔大学法学院主办，是因特网上点击率较高的一个法学法律资源指南类网站，收录内容广泛，涉及法学法律各部门、各行业。

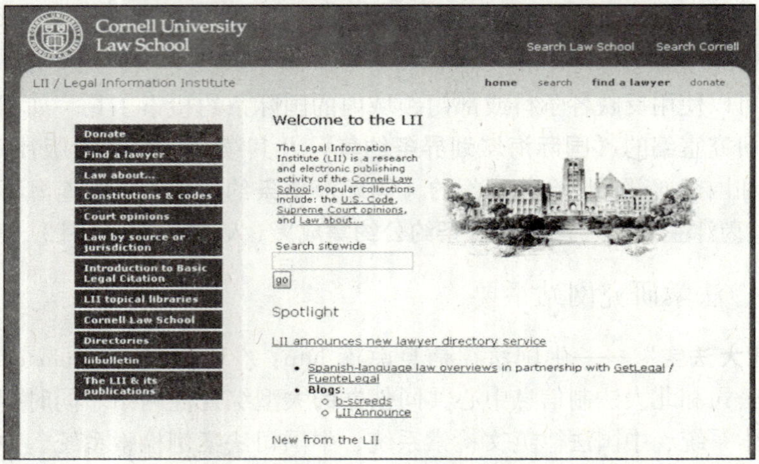

图 7－5　康奈尔大学法学院法学信息网站首页

第四节　经济学专题信息检索

经济学是研究人类社会在各个发展阶段上的各种经济活动和各种相应的经济关系及其运行、发展规律的科学。

“经济学之父”亚当·斯密的《国富论》是近代经济学的奠基之作。随着人类社会分工的深化，经济活动内容越来越丰富，专业化程度越来越细密，同时，各种经济活动之间，经济活动与其他社会活动之间相互依存、相互渗透，联系也越来越紧密。为适应这种情况，经济学的研究范围也越来越广阔。经济学文献涉及理论经济学、部门经济学、专业经济学、数理经济学、经济计量学、各种经济史（如中国经济史、农业发展史等）、经济思想史（如中国经济思想史、美国经济思想史等）、经济学科与其他社会科学乃至自然科学之间彼此联接的边缘学科等（如人口经济学、环境经济学等）。

一、经济学名词术语检索

1.《政治经济学辞典》（上、中、下）

许涤新主编，人民出版社 1980－1981 年版。该辞典是解放后我国经济学者自己编撰的第一本中型辞典，全书收录辞条达1800余条，大体上按经济范畴分类排列。

2.《经济大辞典》

于光远主编，上海辞书出版社出版，1992年版。共收词目24900余条，包括古今中外经济各学科中的名词术语、学说、学派、人物、著作等。2000年出版《经济大辞典（补编本）》共收词2310条，内容包括经济学科中新的名词术语、学说、人物、法规、事件等。同时对经济大辞典中部分内容陈旧的条目改写后收入。书后附有“中华人民共和国经济法规索引”。

3.《新帕尔格雷夫经济学大辞典》（The New PalgraveA Dictionary of Economics）

经济科学出版社于1996年出版并不断再版，其英文版于1987年面世。它是迄今为止影响最大的经济学词典，由世界34个国家900多位知名学者编撰而成，全书共收辞条2000多个，分为经济思想及学说史、同族学科、自然和人类资源、社会和政治组织、经济组织、方法、货币与宏观经济学、经济增长和发展的动力学、价值资本、其他等专题，并对经济思想史上重要的经济学家和流派作了专题介绍，收有约700多位近代和现代世界著名经济学家的小传。陈岱孙先生称该辞典为“国内一切从事于认真学习、研究经济学的个人及机构的不可或缺的参考书”。

4.《世界经济学大辞典》

李琮主编，经济科学出版社，2008年版。收专业词汇3312条，按汉语拼音顺序排列，中文词目后附有外文词目，英文、法文、德文、俄文、意大利文的，用英文或本国文字；其它语种的，采用英文译名，正文之后有4个附表，供查阅参考。

5.《政治经济学大辞典》

西蒙与舒斯特国际出版公司，1998年版。该书汇集和阐释广义政治经济学的基本词条，扼要介绍其理论与知识，强调吸收新思想、新观点、新词条，适当吸收和介绍对我国有用的国外经济学观点及知识，适当介绍国内重要的不同学术观点，每条1500字。

随着经济的不断发展，有关经济学方面的工具书也不断增多，要查检经济各部门的，可以利用专门性的检索工具。如：

6.《中国市场经济大辞典》

杨卓舒主编，中国经济出版社，2000年版。内容包括市场经济的各个方面，从有关的政治经济学基本范畴到具体操作的会计系统计算条目，从微观经济运行到宏观经济运行，从国内市场到国际市场，从生产企业到商业企业、金融保险业，从企业的经济活动到政府的宏观调控到有关的经济法和企业文化，共收条目3千多条。

7.《消费经济学大辞典》

本书编委会，经济科学出版社，2000年版。收录内容包括消费经济基本理论、消费函数、消费水平消费结构、消费心理与消费行为、消费体制与消费模式、消费者福利与收入分配、家庭消费、消费市场与消费预测、消费环境与消费美学、消费者权益保护与消费者组织、消费经济思想史等。

8.《公共经济学大辞典》

郭庆旺主编，经济科学出版社，2003年版。

9.《经济与管理大辞典》

马洪，孙尚清主编，中国社会科学院出版社，1985年版。收录有关经济与管理方面的范畴、概念、用语、中外经济学家及其学说等6000多条词目，是一部大型的综合性的经济工具书。本书内容包括马克思主义政治经济学；社会主义经济；工业；建筑业、邮电、交通运输经济及其管理；商业、外贸经济及其管理；农业（农、林、牧、副、渔）经济及其管理，财政金融经济及其管理；数量经济；技术经济；世界经济与国际贸易、中外经济史与经济思想史；专业经济，包括经济法、教育，旅游、城市、国土、生态经济等。

10.《现代金融词典》

上宫书砚主编，吉林人民出版社，1987年版。本词典共收入现代金融理论和金融业务常用词目3100余条（包括参见条），内容包括：货币流通、银行信用、工商贷款、银行会计、银行结算、银行统计、银行信息、储蓄、农村金融、保险、信托、投资、外汇管理、国际结算、国际金融等十五大类。

11.《国际经济贸易实用手册》

李传合、凤兆林编，山东科技出版社，1995年版。该书分12部分：进出口贸易、国际技术转让、利用外资、境外投资、国际工程承包和对外劳务输出、商标与标记、标准与专利、海关与商检、保险业务、国际礼仪和出国旅行知识、实用外贸英语、常用资料和名词解释。

12.《经济大辞典·对外经济贸易卷》

石林主编，上海辞书出版社，1990年版。该书共收词2487条，按学科分为国际经济贸易、中国对外经济贸易、世界市场行情、国际贸易实务、国际经济技术合作业务、国际收支信贷和投资、国际经济贸易法、进出口商品检验、海关、进出口商品包装、国际经济贸易组织和国际贸易史等12类，附录有英汉词汇对照表，书末有词目笔画索引。

13.《世界经济百科全书》

中国大百科全书出版社，1987年版。该书收录世界经济学科中最基本、最常见的名词术语和国际组织，书前有分类目录，书末附有世界经济大事年表，条目汉字笔画索引、条目外文索引和内容索引等，查检方便。

14.《中国经济百科全书》（上、下册）

陈岱孙主编，中国经济出版社，1991年版。该书是大型经济学工具书，内容以务实为主，兼容理论，包括经济领域内的各个部门，词条内容解释详尽，具有权威性。

15.《中国企业管理百科全书》（上、下卷）

中国企业管理百科全书编委会编，企业管理出版社，1984年版。该书系统整理阐述了我国企业管理的历史沿革，总结了我国企业管理的经验，并介绍了国外科学的管理理论、知识和方法，共收条目1856条，彩图438幅，黑白图341幅。全书结构按知识体系分类，以条目形式分层次编排。企业管理出版社于1990年出版了该书的增补卷，补充了1984年以后企业管理学科的新成就、新知识、新经验。共收条目1168个，配图223幅，条目编排按知识体系分类，设有分类目录，并有汉语拼音、笔画、外文和条目内容索引。

16.《国外企业管理知识手册》

高振荣等编写，山西人民出版社，1987年版。该书收入有关国外企业管理方面知识的词条近1000条，分16部分编排，分别为：企业管理理论、经营管理、计划、决策与控制、市场与销售管理、生产管理、作业管理、质量管理、物料管理、科技管理、财务管理、现代企业会计、组织与领导、人事与劳动管理、系统管理、管理信息系统和企业管理经验。

17.《实用企业经营辞典》

杨河清、秦勇主编，兵器工业出版社，1990年版。该辞典收入企业经营管理方面的辞目1173条，包括企业创办，企业运营，企业环境，企业文化等内容，书后附有"笔画索引"。

二、经济学论文资料的检索

1.《经济科学研究报刊资料索引（1982~1984）》

冯英利等编，山西人民出版社，1985年版。该书可用来查找经济学研究论文。

2.《经济论文分类索引》

袁坤祥，马果贤合编，台北成文出版社，1967年版。该书收录1945—1965年台湾及部分海外刊行的187种中文期刊上发表的论文篇目37083条。

3.《全国报刊部分经济学文章目录索引》

中国经济学团体联合会创办，1981年试刊，附载于每期《经济学文摘》。从该刊中可查到政治经济学、国民经济综合问题、经济政策、经济体制改革、工业、农业、商业、财政、金融等部门经济、经济管理和企业管理以及一些新兴经济学科论文的篇目。

4.《报刊资料索引》(经济类)

中国人民大学书报资料中心编辑出版，包括《复印报刊资料》经济专辑全文复印部分和仅列出篇名的“索引”部分。该索引按学科、专题分为7册，另有著者索引1册，共8册，分年度出版，经济类是第三分册。

5.《中国报刊经济信息总汇》

中国人民大学书报资料中心编，汇辑8个专题信息，包括食品信息、日用工业品信息、种植与养殖、投资与合作、经济政策信息、中外经贸信息、证券市场信息、企业家信息。内容选自近千种报刊，信息量大，实用性强，可用来查找经济信息。

如果要查找中国经济史研究资料，可以利用的检索工具有：

6.《中国古代经济史研究资料索引》

中山大学历史系资料室、中国古代史教研室合编，1981年印行。该索引收录建国初至1981年年底各种书刊中所发表的从古至1840年鸦片战争前有关中国经济问题的学术论著与资料目录，附有港台学者著述。

7.《中国古代社会经济史论文目录索引》

山西省社会科学研究所历史研究室1983年编印。该书收录20世纪初到1981年间的经济史论文篇目约2200条。

如要查找专题经济学资料可以用一些经济学专题目录或索引，如辽宁财经学院编印的《城市经济资料专题索引(1952—1983)》、国务院农村发展研究中心研究所编的《中国农业经济文献目录索引(1900—1981)》、中国社科院经济研究所学术资料室编的《社会主义经济理论报刊文章目录索引》、陕西师大编印的《经济学专题论文索引》、山东大学经济学系资料室编印的《全国主要报刊经济资料索引》等。

想要查找外国经济资料，可用**《国外经济文献索引》**，中国社会科学院世界经济与政治研究所世界经济资料中心编辑，中国人民大学书报资料社出版，创刊于1978年，半年刊。该书收录美、法、德、日、俄、西班牙六国经济刊物中的有关各国经济研究资料，资料来自160种外文刊物，书末附有刊物的国内馆藏单位，是目前国内编辑的查找国外经济文献资料的最大的索引。

中国经济学团体联合会办的《国外经济文献摘要》也取材于各种外文报刊和书籍，还附有《近期国外部分报刊经济论文及书目索引》。

同时可参考中国人民大学外国经济管理研究所编辑的《外国经济管理》期刊所附的“外国经济管理资料索引”。

报纸是刊载最新资料或市场信息的主要载体。我国一些重要的报纸都有自己的索引，如《人民日报索引》、《经济日报索引》等。许多索引均已有机读版，如《人民日报索引 1946－1992 光盘版》、《经济日报数据库》、《经济电讯数据库》、《人民日报·市场报全文数据库》（光盘）、《解放日报·中国经济版全文数据库》、《经济资料专题数据库》（解放日报社）、《新华数据库》、《中国科技经济新闻数据库》等。

除了上述列举的部分检索工具外，我们还可利用参考工具，如《中国工商年鉴》、《国外经济文献摘要》，也可直接利用有关书刊，如论文集、专题资料等。

三、经济学图书的检索

查找中国经济思想方面的资料，可检索：

1.《披沙录》

赵乃抟编，北京大学出版社，1980 年版。本书分上下两集，上集记录我国各时代经世学者的人名；下集选辑有关经济思想的书籍。既可从人名录中查得若干论著，又可在文献要籍的简介中，了解到若干学者的经济思想。

2.《经济学著作要目》

张泽厚，刘厚成主编，经济科学出版社，1987 年版。该书收录 1949—1983 年我国有关理论经济学和应用经济学的专著、论文集、教材、资料汇编、工具书共 7000 余种。

3.《全国经济科学总书目》

辽宁大学图书馆 1986 年编印。该书汇集 1949—1985 年全国公开出版的有关经济学理论、历史、现状以及国际国内研究方面的著作资料 16000 余种。

4.《外国经济学名著概览》

杨建文主编，河南人民出版社，1989 年版。该书收录了近百年来 131 位外国著名经济学者的经济理论著作 182 部。全书分微观与宏观、发展与增长、管理与决策、建设与改革 4 类。

除了利用这些检索工具外，我们还可借助一些参考工具，如经济学著作、译著、工具书索引。

四、经济人物与经济机构的检索

经济活动离不开经济人物，要查找经济人物，可以直接利用经济学家的年谱、传记、回忆录等。既可利用个人传记，如现代经济学的创始人亚当·斯密，经济学家凯恩斯等人，也可以利用汇集多人的传记。如：

1.《中国当代经济学家》

孙连成等主编，四川人民出版社，1985 年版。

2.《中国当代经济学家传略》

经济日报社编，辽宁人民出版社，1986年版。

3.《当代外国著名经济学家》

《经济学动态》编辑部编，中国社会科学出版社，1988年版。

也可以利用人名录、人名辞典。如：

4.《中国当代经济科学学者辞典》

刘晓东主编，上海社会科学院出版社1992年版，共收录3309位学者的工作简历、主要学术活动和论著，分18个学科编排。

5.《西洋经济学者及其名著辞典》

周宪文主编，台湾银行经济研究室，1972年版。

6.《中外经济学名人大辞典》

李成勋主编，中国财政经济出版社，1993年版。

7.《现代百名著名经济学家》

（英）马克·布劳格著，毕吉耀译，北京大学出版社，1990年版。

国外出版的经济人物辞典主要有《经济界人士及其思想—古今经济学家词典》（Men and Ideas in Ecnomics：A Dictionary of World Ecnomists Past and Present），收录世界各国古今著名经济学家700人。

《经济学家人名录》（Who's who in Ecnomic）收录1700—1980年世界上近1000名经济学家的资料。

《世界银行界人名录》（Who's Who in World Banking）收录著名人士2500多名。

还可以利用年鉴、百科全书，如《中国大百科全书·经济学》、《中国经济科学年鉴》等，也可以利用机检系统和互联网进行检索，如国研网、中国咨讯行等。

查找经济机构主要可以利用一些机构名录，如：

8.《中国经济学团体概况》

中国经济学团体联合会秘书处，中国企业管理协会办公室编，中国经济学团体联合会，1984年版。

9.《世界工商企业名录》

本书编辑部编，新华出版社，1989年版。

10.《主要国际公司名录》

该书的副标题为“世界市场指南”，收录5万家国际公司。按所在国家名称的字母顺序编排，提供每个公司的基本情况，如主要负责人、商业活动范围和标准工业分类号等。

还可以通过年鉴查找经济机构，如《中国经济年鉴》等，也可以借助一些百科全书、手册、指南等，如《中国企业管理百科全书》（企业管理出版社，1984），《世界名公司指南》（世界知识出版社，1992 年），《世界著名跨国公司实用手册》等。

我们还可以充分利用机检系统和互联网，如 DIALOG、万方数据库、中国咨讯行、中国企业产品库等。如中外企业名录、学协会会员录、人员名册等，能及时地反映当代经济界人物和机构的概况。

如**《中国企业、公司及产品数据库》**（Chinese Enterprises and Companies Database，简称 CECDB），这是一个由原国家科委支持、联合全国近百家信息机构共同开发的、以信息检索为主要目标的技术经济数据库，始建于 1988 年。经历 20 版的更新和扩充，现在收有 96 个行业的 197935 条企业详尽数据，成为国际、国内了解中国企业信息的重要途径之一。

外国企业的归属情况（corporate affiliations）比较复杂。由于跨国经营和频繁的兼并、收买活动，有的公司各有其母公司、子公司、联属公司和庞大的分支机构，形成一个个网络，其归属关系不一定是由业务或行政关系确定的，而是通过占有股份获得的，因此下属机构（a subsidiary）和分支机构（a division）的界限并不总是那么明确的。如果从分类途径检索国外企业及产品信息，就应了解标准工业分类代码（Standard Industrial Classification，简作 SIC），这是美国政府最初为了统一处理所收集的工业和经济数据，于 1972 年建立的分类系统，用于经济和工业数据标准化。该系统将美国各工业行业按一定原则划分为 78 类，7822 个行业，并用二位、三位、四位阿拉伯数字表示，位数越多，划分越细。随后，这种方法被西方国家广泛采用。许多检索工具和数据库生产商将 SIC 码作为经济信息检索中的一个主要的检索途径，使用起来灵活，有利于提高查全率和查准率。DIALOG 系统中的 59 个商业经济数据库中有 27 个使用 1972 年版的 SIC 码，16 个使用 1987 年版的 SIC 码，11 个使用 1972 年和 1987 年两个版本，其他 5 个数据库则使用英国的 SIC 代码。

国外公司名录种类繁多，可根据使用目的、资料详略等不同情况进一步分为名录数据库、财政数据库、兼并与收购信息库、产品信息库、资信评价信息库、归属关系信息库、公司新闻库等。这些数据库有政府出版的，也有民间编辑的；有统计资料型的排名表和年度报告汇编，也有投资指南和国际组织类名录；有全国性的综合名录，也有地方性的“黄页”和专业性的指南。但值得注意的是，同一企业的数据在不同的名录上有差异，在使用时应尽可能与其他名录核对。Gale 公司于 1985 年出版了**《商业企业总索引》**（Business Firms Master Index），可以很方便地核对众多名录、商业期刊所提供的某一企业的情况。

五、经济数据的检索

查找经济数据，可用一些统计资料汇编、专辑、统计手册、统计刊物、年鉴、年报等检索工具。如：

1.《统计季刊》

国民政府主计处统计局1929年至1948年编辑出版，可用于了解旧中国经济。

2.《中国近代经济史统计资料选辑》（1840－1948）

严中平等编，科学出版社，1955年版。

3.《中国信息报》

前身为《中国统计信息报》，1988年创刊，1993年改现名。该报是国家统计局主管的行业报。

4.《世界经济信息统计汇编》

陈秀英主编，中国物价出版社，1993年版。该书突出反映20世纪90年代世界经济发展的现状及热点问题，提供的世界经济统计信息准确。全书包括综合与专题，国际组织、集团及国别两大部分。

5.《世界经济统计手册》

中国社会科学院世界经济研究所编，中国社会科学出版社，1981年版。

此外还有：《中国国际贸易统计》，韩启桐编，中国社会科学院出版社，1952年版；《中国近代外债史统计资料》，徐义生编，中华书局，1962年版；《解放前的中国农村》，陈翰笙等编，中国展望出版社；《六十五年（1864—1928）中国国际贸易统汁》等。

六、经济学网站举要

1. 中国经济信息网（http：//www. cei. gov. cn/）

它是由国家信息中心组建的、以提供经济信息为主要业务的专业性信息服务网络，于1996年12月3日正式开通。为用户提供宏观经济、行业经济、区域经济、法律法规等方面的动态信息、统计数据和研究报告，是互联网上最大的中文经济信息库，是描述和研究中国经济的权威网站。这是个收费数据库，但提供简单信息的免费检索。如图7－6所示。

2. 中国经济网（http：//www. ce. cn/）。

3. 国研网（http：//www. drcnet. com. cn/）。

4. 中华商网（http：//site_ 486. biz. jqcq. com/）。

5. 中国资讯行（http：//www. 91bi. com/html/115001/20070710105527046l1. htm）。

6. 中国宏观经济信息网（http：//www. macrochina. com. cn/macro_ data/）。

7. 中国经济学教育科研网（http：//www. cenet. org. cn/）。

8. 经济学指南（http：//www. inomics. com/cgi/econdir）

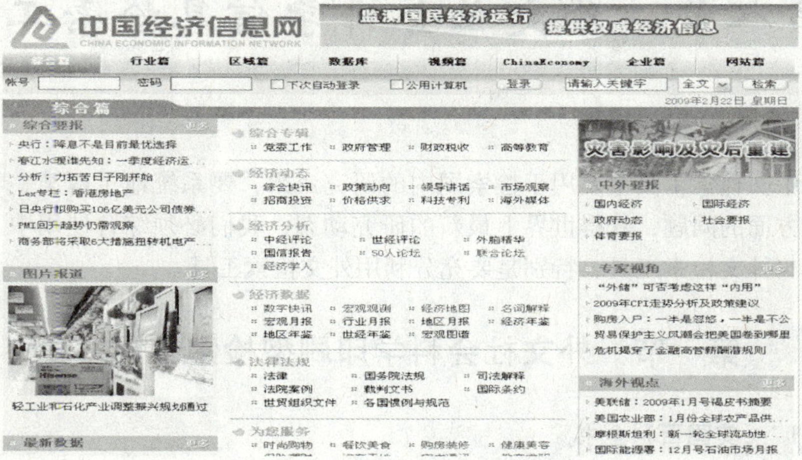

图 7-6　中国经济信息网首页

1998 年开始在网络上提供服务，是一个由 60 多个国家的志愿者合作建设的网站，目的是提高经济学研究的传播。有供检索的页面和人工编辑的供浏览的目录，内容包括经济部门、经济史、国际组织和研究机构以及经济学家等各个方面。网站还提供经济新闻、近期将要召开的经济学专业会议的信息等内容，另有 20 多个常用网站的链接。如图 7-7 所示。

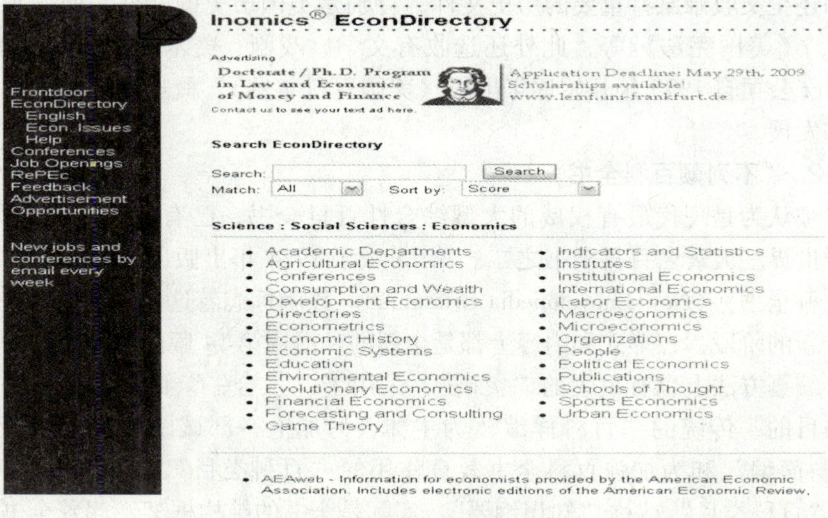

图 7-7　经济学指南网站页面

第八章　外文社会科学信息检索工具

中文检索工具主要用于检索国内的研究成果，要系统地了解某一学科或某一方面的问题，获得世界上最新的研究动态，我们必须综合使用中文检索工具与外文检索工具，特别是要充分利用外文检索工具。

第一节　外文社会科学印刷型检索工具举要

1.《美国百科全书》

标准的综合百科全书，位居世界三大著名百科全书之首。初版是德国移民 F. Lieber 于 1982—1983 年以德国《布罗克豪斯社交词典》第 7 版为范本编成的，共 30 卷，收录约 6 万个条目，内容偏重于美国和加拿大的历史、人物和地理资料，特别是 19 世纪以来的美国人物资料较其他百科全书为全。人物条目和科技内容条目篇幅较大，前者占 40%，后者占 30% 多。历史分世纪设条（如“20 世纪”条），给人以全世界政治、社会和文化的世纪总体印象。该书还全文收录某些重要的历史文件，特别是美国历史的文件，如《独立宣言》、《美国宪法》等，此外还选收有文学、戏剧、美术和音乐名著专条。Grolier 公司自 1973 年开始逐年出版《美国百科年鉴》，概述前一年的重大事件和发展。

2.《不列颠百科全书》

被认为是现代最有权威的大型综合性百科全书，已有 220 多年的历史，位居世界三大著名百科全书之二。第 15 版于 1974 年出版，书名改为《新英国百科全书》（New Encyclopedia Britannia）。该版标志着这部百科全书进入了一个新的阶段，在形式和内容上都是全新的，沿用第 14 版的原文不到十分之一，编纂方法上也有重大的“突破”，采用了“三合一”的方法，即坚持以大条目的、传统的“百科详编”为主体，另加上一部试图弥补条目不足的“百科简编”和为加强百科全书教育作用的“百科类目”，三个部分合而为一。“百科类目”或称“知识纲要”，实际是全书的结构框架，起着全书分类指南的作用，为读者提供了可参阅的知识体系总表；“百科简编”又称“便览和索引”，实际上是“小条目编”，可以独立使用，向读者提供最基本的概念和解释，另外，它是全书主体“详编”的入门索引，“简编”条目的释文之后附有大量的参见索引，指明参见“详编”的大条目和页码；“百科详编”又称“知识深入”，实际上是“大条目编”。条目大多是世界各国著名学者撰写的专门论文，对各个主要学科和主要人物、事物都有详尽的介绍和叙述，每一条目末尾，几乎都有相关的参考书目，以指引读者做进一步的研究。

3. 《科里尔百科全书》

20 世纪新编的大型英语综合性百科全书，为世界三大著名的百科全书之三。科里尔是出版家的名字，此书当前的重印本是 1980 年版本，共 24 卷，约 2100 万个词，收录约 25 万个条目。《科里尔百科全书》的特点是：适用对象广泛，雅俗共赏；材料更新及时，内容新颖可取；重事实轻论点，有近 50% 的内容是在近期内修订的；参考书目的编选内容与学校课程联系起来，对于学习参考很有益处，因此，特别适合于各种图书馆和学校以及家庭使用。

4. 《世界年鉴》（The World Almanac and Book of Facts）

美国最畅销的年鉴之一，内容涉及世界各国的历史、政治、经济、文化、体育及日常生活各个方面的知识与数据，尤以美国诸方面的情况介绍最为详尽。由于内容极为庞杂，且条目内容均由专家编写而成或由政府部门提供，较为可靠，因而受到美国各界人士的欢迎。编排依次为：a、卷首，为每年热点问题概述；b、主题索引；c、正文；d、附录，包括诺贝尔奖历年获得者、奥运会及其他体育竞赛的各项最高记录等许多表格。

5. 《欧罗巴年鉴》（The Europa World Yearbook）

一部世界性政治年鉴，由英国著名的工具书出版公司欧罗巴公司编辑出版。该书资料丰富、为社会科学研究人员经常参阅的一部工具书。1926—1959 年间，该书在内容、体例、书名方面变化较频，1960 年以来体例较为固定。编排特点：第一，卷首有“国际对比表”（International comparisons），是世界各国的国土面积、人口、GDP、人均 GDP 等的最新资料。第二，正文按机构和国名字顺排列，分两部分：第一部分“国际机构”，介绍联合国及其下属机构，其他国际组织或地区组织；第二部分“世界各国”，介绍内容包括概况、人口、气候、语言、宗教、国旗、首都、历史及各种社会和经济统计数据。第三，卷末为索引。

6. 《联合国年鉴》（Yearbook of the United Nations）

较为全面地反映联合国及其下属机构一年内的活动情况，以及世界各地的军事冲突等政治问题。

7. 《乌利希国际期刊指南》（Ulrich’s international periodicals directory）

由美国著名的书目文献出版公司 R. R. Bowker 出版公司于 1932 年首版，是目前世界上规模最大、搜罗最全的国际期刊检索工具之一。收录全世界

200 多个国家，90000 多家出版社、编辑部所出版的期刊。《乌利希国际期刊指南》所收录期刊的学科领域或主题范围达 970 种以上，以收集定期期刊为主，旁及不定期期刊。有联机版和 CD－ROM 版，其网络版收录的连续出版物不仅数量多而且更新快（每月更新）。

8.《美国在版书目》（Bowker's Books in Print Database）

全球权威性的图书书目，由美国 R. R. 鲍克公司出版，收录了来自 43 个国家超过 25 万个出版商的书目数据，图书数量超过 1200 万本。1984 年鲍克公司成立“威尔逊在线”，建设了书目数据库，每周更新，另外还有磁带版和 CD－ROM。该数据库为收费数据库，有超过 40 个检索条件，大量图书封面影像、目次、摘要、Excerp（摘录），以及大量的著名专家评论、畅销书名册、媒体报导等，帮助用户准确地找到适合的图书。

9.《英国在版书目》（British Books in Print）

英国出版商目录总集，1874 年创始，1971 年起用计算机编制。1978 年以来，有逐月更新和累积的缩微平片版，主要发布英国书业市场正在发售的图书，包括在该国经销的他国出版物，每年约收录 1 万多家出版社出版的 40 多万种书。

10.《泰晤士世界历史地图集》

英国的杰弗里·巴勒克拉夫主编，伦敦泰晤士图书公司 1978 年版。本书是一部大型的世界历史地图集，已出版了英、德、意、法、荷、日、希伯来、中文等八种文字版本。它反映了从人类起源开始，一直到 1975 年为止的整个人类历史进程，并用文字对人类重大历史主题作了高度概括。本图集在一定程度上改变了过去以欧洲为中心阐述历史的观点，并从宏观历史高度来阐述人类历史的形成和发展的规律。

11.《世界名人录》（Who's Who in World）

该书由 Marquis 公司于 1970 年开始出版，每两年出一新版，1994 年出版第 12 版。它收录当前国际事物和各重要领域中的著名人物，包括各国政府首脑、外交官、教育界人士等。

12.《国际名人录》（The International Who's Who）

该书由英国 Europa Publications 公司于 1936 年开始出版，1991 年出版第 55 版（1991—1992），每年有修订版。它收录世界著名人士 2 万名，介绍他们的简历、国籍等。

第二节 四大检索工具及其他

一、概述

SCI、EI、ISTP、ISR是世界四大重要检索系统，其收录论文的状况是评价国家、单位和科研人员的成绩、水平以及进行奖励的重要依据之一。我国大多数科研管理部门也将这四种数据库作为科研评价的权威检索工具。

1. SCI，即《科学引文索引》（Science Citation Index）

创刊于1963年，是美国科学情报研究所（ISI，http：//www. isinet. com）出版的一部世界著名的文献检索工具，是自然科学领域基础理论学科方面的重要期刊文摘索引数据库。

SCI收录全世界出版的数、理、化、农、林、医、生命科学、天文、地理、环境、材料、工程技术等自然科学各学科的核心期刊约3500余种，扩展版收录期刊5800余种。美国科学情报研究所通过它严格的选刊标准和评估程序挑选刊源，而且每年略有增减，从而做到SCI收录的文献能全面覆盖全世界最重要和最有影响力的研究成果。所谓最有影响力的研究成果，是指报道这些成果的文献大量地被其它文献引用，即通过先期的文献被当前文献的引用，来说明文献之间的相关性及先前文献对当前文献的影响力。这使得SCI不仅作为一部文献检索工具使用，而且成为对科研进行评价的一种依据。科研机构被SCI收录的论文总量，反映出整个学术团体的研究水平，尤其是基础研究的水平；个人的论文被SCI收录的数量及被引用次数，反映出个人的研究能力与学术水平。因此，SCI被国内外学术界当做制定学科发展规划和进行学术排名的重要依据。

SCI中收录的中文期刊有28种（包括台湾9种，香港1种），具体可查《SCI中引用的中国期刊目录》。

SCI的出版形式包括印刷版期刊和光盘版及联机数据库，现在还发行了互联网上Web版数据库。个人通过网络可以对SCI期刊目录进行搜索和查找，相关链接如下：

SCI收录期刊（按字母）：http：//www. isinet. com/cgi - bin/jrnlst/jlresults. cgi？ PC = K

SCI收录期刊（按分类）：http：//www. isinet. com/cgi - bin/jrnlst/jlsubcatg. cgi？ PC = K

2. EI，即《工程索引》（Engineering Index）

创刊于1884年，是美国工程信息公司出版的著名工程技术类综合性检索工具。EI 选用世界上工程技术类期刊 2000 余种，主要收录工程技术领域的论文（主要为科技期刊和会议录论文），数据覆盖了核技术、生物工程、交通运输、化学和工艺工程、照明和光学技术、农业工程和食品技术、计算机和数据处理、应用物理、电子和通信、控制工程、土木工程、机械工程、材料工程、石油、宇航、汽车工程等学科领域。具有综合性强、资料来源广、地理覆盖面广、报道量大、报道质量高、权威性强等特点。

EI 收录中国期刊 114 种，具体可查《EI 中收录的中国期刊目录》。

3. ISTP，即《科学技术会议录索引》（Index to Scientific &Technical Proceedings）

创刊于 1978 年，由美国科学情报学会编辑出版，主要收录国际上著名的科技会议文献。收录范围包括生命科学、物理学、化学、农业、生物、医学、环境科学、工程、计算机科学等学科，其中工程技术与应用科学类文献约占 35%。ISTP 收录论文的多少与科技人员参加的重要国际学术会议多少或提交、发表论文的多少有关。

我国科技人员在国外举办的国际会议上发表的论文占被收录论文总数的 64. 44%。

4. ISR，即《科学评论索引》（Index to Scientific Reviews）

创刊于 1974 年，由美国科学情报研究所编辑出版，收录世界各国 2700 余种科技期刊及 300 余种专著丛刊中有价值的评述（综述）论文。高质量的评述文章能够提供本学科或某个领域的研究发展概况、研究热点、主攻方向等重要信息，是极为珍贵的参考资料。

与四大检索工具相关的还有其它一些数据库。如：

5. SSCI，即《社会科学引文索引》

创刊于 1969 年，收录数据从 1956 年至今，是社会科学领域重要的期刊文摘索引数据库。数据覆盖了历史学、政治学、法学、语言学、哲学、心理学、图书情报学、公共卫生等社会科学领域。

6. A&HCI，即《艺术与人文科学引文索引》

创刊于 1976 年，收录数据从 1975 年至今，是艺术与人文科学领域重要的期刊文摘索引数据库。数据覆盖了考古学、建筑学、艺术、文学、哲学、宗教、历史等社会科学领域。

7. ISSHP，即《社会科学和人文会议录索引》

创刊于 1979 年，数据涵盖了社会科学、艺术与人文科学领域的会议文献。这些学科包括：哲学、心理学、社会学、经济学、管理学、艺术、文学、历史学、公共卫生等领域。

二、Web of Science 检索

Web of Science 是美国科学情报研究所（ISI）出版的 SCI、SSCI、A&HCI 三大引文数据库的 Web 版。ISI 通过国际专线提供检索服务，校园网用户检索、下载信息无需支付国际网络通信费用。

Web of Science 主要特点：

通过引文检索功能可查找相关研究课题早期、当时和最近的学术文献，同时获取论文摘要；可以看到所引用参考文献的记录、被引用情况及相关文献的记录；可选择检索时间范围，可对论文的语言、文献类型作限定检索；检索结果可按其相关性、作者、日期、期刊名称等项目排序；可保存、打印、Email 所得的记录及检索式；全新的 WWW 超文本特性，能链接到 ISI 的其它数据库；部分记录可以直接链接到电子版原文，或者链接到所在机构的 OPAC 记录，迅速获得本馆馆藏信息；数据每周更新。

Web of Science 提供 Easy Search、General Search 和 Cited Reference Search 三种检索方式。

1. Easy Search（简单检索）

通过主题、人物、单位、城市名或国别检索最近的文献，有三种检索途径，每次检索最多显示 100 条最新的记录。

（1）Topic Search（主题检索）

输入主题在文献篇名（Title）、文摘（Abstract）及关键词（Keywords）字段检索。

检索步骤：

①输入描述文献主题的单词或词组。

②选择命中结果排列顺序（Sort order）。

Relevance（相关度）：按检索词出现的频率排序，出现频率高的排在前面；

Reverse chronological order（时间顺序降序）：按 ISI 收录的时间排序，最新的记录排在最前面。

③点击 Search 进行检索

（2）Person Search（人名检索）

进入 Person Search 检索界面后，可在下面 3 个范畴中选择其一：

Show me all of the articles in the database that this person has authored（论文著者）；

Show me all of the articles in the database that cite this person's work（被引文献著者）；

Show me articles that are about this person（主题人物检索，同“Topic Search”）。

用论文著者或被引著者检索时，检索词形式为：姓氏的全拼，空格，名（包括中间名）的首字母缩写；作主题人物检索时，当仅输入姓氏仍觉范围太大时，可以同时输入名，建议用位置算符连接姓和名。

（3）Place Search（地址检索）

从著者所在机构或地理位置检索，检索词可以是国家、州/省的缩写、公司或学校名称、系或部门名等。

注意，在ISI的数据库中，机构名称和地名通常采用缩写的形式，具体规定可参考：

Corporate & Institution Abbreviations；

Address Abbreviations；

State/Country Abbreviations

2. Full Search（全面检索）

Full Search提供较全面的检索功能，分为General Search和Cited Reference Search，可以对文献类型、语种和时间范围等进行限定。

检索之前需要选择：

①一个或数个数据库（如果没有选择，系统默认为全部三个数据库）；

②依时间划分的文档[①]；

③选择检索方式：

GENERAL SEARCH——通用检索，通过主题、著者、期刊名称或著者地址检索；

CITED RER SEARCH——引文检索，通过引文著者或引文文献检索。

在Full Search检索方式下，可列出的最多记录数依选定的排序方式不同而不同：

①选择“Latest date”或“Relevance”排序时，检索结果最多为500篇；

②选择“Times Cited”、“First Author”或“Source Title”排序时，如果命中文献超出300篇，系统提示需缩小检索范围，重新检索；

③如果用户需要检索浏览较大量的文献，可以选择一年或者几年检索，不要选择所有年代。

（1）General Search（通用检索）

①输入检索式

用主题、著者、来源期刊名或著者地址检索文献。系统默认多个检索途

---

① 数据的年代指文献信息进入ISI数据库的时间，不是文献出版的时间。

径之间为逻辑“与”关系。

Topic（主题）——用在文献篇名（Title）、文摘（Abstract）及关键词（Keywords）字段可能出现的主题词（词组）检索，也可选择只在文献篇名（Title）中检索。

Author（著者）——用著者姓名检索，Web of Science 标引收录文献的全部著者和编者。若在著者姓名中恰巧包含禁止使用的检索词，可以利用引号，如 KOECHLI“OR”检索 O. R. Koechli 发表的文献。

Source Title（来源出版物）——用期刊的全称检索，或用期刊刊名的起始部份加上通配符“*”检索。Source List 列出了 Web of Science 收录的全部期刊，可以通过它粘贴拷贝准确的期刊名称。

Address（地址）——用著者地址中所包含的词（组）[①] 检索。

②对检索结果进行限定和排序

用检索窗口下方的下拉菜单限定原文的语种和文献类型，按下 Ctrl 或 Shift 键点击可选多个选项。

有以下几种方式对检索结果进行排序（Sort results），用下拉菜单选择其一：

Latest Date（默认选项）：根据 ISI 收录日期排序，最新的排在前面；

Relevance（相关性排序）：根据每篇记录中检索词出现的频率以及它们之间的靠近程度降序排序；

Times Cited：根据文献被引用的次数排序；

First Author：根据第一著者的字母顺序排序；

Source Title：根据来源出版物名称的字母顺序排序。

（2）Cited Reference Search（引用检索）

以被引著者、被引文献和被引文献发表年代作为检索点进行检索。

Cited Author——被引著者。一般应以被引文献的第一著者进行检索，但如果被引文献被 Web of Science 收录，且清华大学图书馆购买了这段时间的数据库，则可以用被引文献的所有著者检索。

Cited Work——被引著作。检索词为刊登被引文献的出版物名称，如期刊名称缩写形式、书名或专利号，点击“list”，查看并复制粘贴准确的刊名缩写形式。

---

① 在许多地址中常采用一些缩写词。按照 ISI 规定，不允许单独用这些缩写词检索。例如：在地址字段中输入 UNIV 一个词检索是无效的，应该输入 UNIV PENN 或者 UNIV PA。在地址字段中不能单独用于检索的缩写词有：UNIV、CHEM、COLL、CTR、D、DEPT、DIV、ENGN、HOSP、INST、LAB、MED、PHYS、RES、SCH、SCI、ST 等。

Cited Year——被引文献发表年代，检索词为四位数字的年号。

说明：上面三个检索字段可以单独使用，也可同时使用，系统默认多个检索途径之间为逻辑“与”的关系。当需要 AND，OR，NOT，SAME，或 SENT 作为检索词，而不是作为算符时，可以用引号（“”）将这些词括起来。

检索步骤：

①在一个或多个字段中输入检索词；

②点击 Lookup，出现 CITED REFERENCE SELECTION（引文选择）界面；

显示满足要求的被引文献。先按照引文著者排序，再按照发表引文的出版物排序，“Hits”对应被引用的次数。

说明：被引著者前如有省略符号，表示该著者不是该文献的第一著者。如果满足要求的被引文献数目太大，系统给出提示，检索者此时可以缩小范围重新检索，或者直接点击提示框中的 show 按钮[①]，查看当前的检索结果。

③在被引文献前面的方框中作标记；

标记一篇、多篇或当前页的全部（利用结果上方的 Select Page 按钮）被引文献，翻页至其它页。

④限定被引文献之文献语种、文献类型；选择结果的排序方式（方法同 General Search）；

⑤点击 Search 按钮

列出所选文档中引用上面选定的被引文献，且满足（4）中限定条件的记录。

3. 检索算符

①逻辑算符——“NOT”、“AND”、“OR”，分别规定“非”、“与”、“或”逻辑关系；

②位置算符——“SAME”或“SENT”，二者作用相同，规定其前后连接的两个词在检索记录中出现在同一句中，或同一个词组中（keyword 字段）；

③通配符——“＊”和“?”，用在检索词的中间和词尾，“?”代表一个字符，“＊”代表零个或若干个字符。

各检索字段允许使用的检索算符用字母“y”标明，如表 8-1 所示。

---

① 最大显示结果数受系统设置的限定，所以当满足检索要求的结果数目太大，可能无法看到全部结果。

表 8－1　检索字段允许使用的算符表

检索方式	检索字段	SAME/SENT	NOT	AND	OR	*	?
Easy Search	Topic	y	y	y	y	y	y
	Person	y	y	y	y	y	y
	Place	y	y	y	y	y	y
General Search	Topic	y	y	y	y	y	y
	Author		y	y	y	y	y
	Source				y	y	y
	Title						
	Address	y	y	y	y	y	y
Cited Reference search	Cited Author		y	y	y	y	y
	Cited Work				y	y	y
	Cited Year				y		

说明：逻辑算符或位置算符与检索词之间应有一个空格。

4. 保存、调用检索式

（1）保存检索式

使用 Full Search 检索方式时，输入检索式后，点击窗口中部的 SAVE QUERY 按钮，可以将检索式保存在软盘或硬盘上，自己选择路径和文件名。

（2）调用检索式

进入 Full Search 检索方式，在屏幕最下方的“Using Saved Queries”调用已经保存的检索式，用“浏览”定位保存检索式的文件，或直接键入路径和文件名，点击“Open Query”。

5. 检索结果利用

（1）浏览检索结果

实施 Easy Search 和 General Search 检索后，首先分页（每页 10 条）显示检索结果的简单记录，简单记录包括文献的前三位著者、文献标题、出版物名称（刊名）、卷、期、起止页码和出版时间。窗口上方标明检索字段及检索内容、选用的数据库和其它限定条件，满足检索要求的记录数显示在窗口的左下方。点击文献标题，可以看到该条结果的全记录（full record），包含记录的全部字段。在全记录显示窗口的左上方，Previous、Next 和 Summary 三个按钮的作用分别为转到上一条全记录、下一条全记录和分页列出简单记录。利用翻页按钮迅速跳到希望查看的页码。

（2） Mark & Unmark（标记和去除标记）

在将检索结果输出之前，需要将欲输出记录进行标记。

在分页显示简单格式窗口，点击记录前面的方框，标记/去除标记这条记录，或者点击窗口左上方的 Mark Page/Unmark Page 或 Mark All/Unmark All 按钮，对当前页的 10 条记录或检索命中的全部记录作标记/去除标记。点击 Submit Marks 按钮，提交标记的记录。注意，提交标记仅提交当前页的标记记录。

在全记录显示窗口，点击窗口上方的 Mark/Unmark，对记录作标记/去除标记。

点击窗口上方的 Marked List，显示此次登录全部被标记的记录，右上方的 Clear Marked List 按钮用于清除全部标记。

（3） Cited References（查看引用文献，即参考文献）

在全记录显示窗口，Cited References 后面的数字为这篇文献所引用文献的数目。

点击 Cited References，列出全部被引用文献的，包括著者、发表被引文献的出版物、卷、页和年。若被引文献被 ISI 收录进某个文档，且清华已定购该文档，则可以通过点击查看被引文献全记录。

（4） Times Cited（查看被引用次数）

在全记录显示窗口，Times Cited 后面的数字为这篇文献被其它文献引用的次数，点击 Times Cited，显示数据库中所有引用这篇文献的文献记录（Citing Articles），显示格式为简单记录。

（5） Find Related Records（查找相关记录）

若数据库中某两篇文献引用的参考文献中至少有一篇是相同的，则称这两篇文献为相关记录。

①在检索结果全记录显示窗口的右上方，点击 Find Related Records 按钮，列出在已定购文档中，与该文献相关的全部记录，并且可以进一步查看相关记录的全记录。

②在被引用文献列表（Cited References）中，缺省情况为每篇文献都有标记，此时点击窗口右上方的 Find Related Records，查找的相关记录同 1；若去除一篇或数篇文献的标记，查到的相关记录中不包括那些引用了去除掉标记之参考文献的记录。

点击相关记录显示窗口上方的 Search Results 按钮，返回原始检索结果显示窗口。

（6） ISI Links（ISI 超链接）

ISI Links 是指在检索结果基础上的两种超链接功能。

①如果在全记录显示窗口的右上方，出现了 View Full Text 按钮，说明清华大学图书馆定购了这篇期刊文献的电子版，点击 View Full Text 按钮，可以直接在线阅览原文；

②点击全记录显示窗口右上方的 Holdings 按钮，显示刊登文章的出版物在清华图书馆的馆藏情况。

（7）Export（输出检索结果）

在显示标记结果的窗口（点击 Marked List 后出现），可以输出这些记录。输出的格式可以选择，缺省格式为简单记录，检索者可选择增加引用参考文献、地址、文摘等字段。输出多记录时可以按时间、第一著者、原始出版物或被引用次数排序。输出方式可选择以下之一：

Foramt for Print——以简单记录格式在 WEB 浏览器中显示检索结果，借助浏览器的打印功能打印；

Save to File——以纯文本的格式将检索结果保存在检索终端硬盘或软盘上；

Export to Reference software——以 cgi 格式将检索结果保存在硬盘或软盘上，保存的文件可以输入到个人参考文献管理软件，也可以用写字板（wordpad）等软件打开；

Email——以电子邮件的形式将检索结果送出。

（8）链接到 ISI 的其它数据库

如果还从 ISI 订购了 ISI Chemistry、ISI Proceedings、Biosis Previews、Current Contents 和 JCR 等其他数据库，在全记录显示窗口，点击右上方的 Go to CC Connect 或 Go to JCR，转到 Current Contents 或 JCR 数据库，就可以查看期刊目录和引用报告。如果全记录显示窗口的右上方出现了 Reactions 或 Compounds，说明在 ISI Chemistry 数据库中也有该篇文献的记录。点击按钮，可以进入该数据库中的反应中心或化合物中心，可以看到反应或结构的详细记录。如果在窗口右上方出现 Go to Biosis Previews 或 Go to Procedings，说明在 Biosis Previews 或 ISI Proceedings 数据库中也有相应的记录，点击按钮，可以查看在这些数据库中的记录内容。

6. 改变检索策略，开始新的检索

窗口上方的 HOME 按钮用于返至 Web of Science 首页，用 New Session 开始新的检索，并清除前面检索所作的标记。LOG OFF 和 HELP 的作用分别是退出检索和查看在线帮助。

Easy Search 之结果显示窗口上方的 Reture to Search 按钮，用于返回 Easy Search 检索窗口。而 Full Search 之结果显示窗口上方的 General Search、Cited Ref Search 和 Date & DB Limits 按钮，则用于迅速打开 General search、Cited

Reference Search 检索窗口及重新选择数据库及文档。

SCI、EI、ISTP、SSCI、A&HCI 等几大著名的检索数据库，我们还可以从 DIALOG 系统中进行检索。

第三节　世界上最大的联机检索系统（DIALOG）

一、概述

Dialog 国际联机检索系统是目前世界上最大的联机检索系统，也是目前运作最成功的联机商业数据库系统之一。它创立于 1965 年，原为美国洛克希勒导弹与宇航公司的一个情报单位，自 1972 年起开始为用户提供联机检索服务，其服务方式是收费的。1981 年宣布成立该公司子公司并独立经营，1988 年由 KNIGHT RIDDER 新闻公司收购，从而成为 KNIGHT RIDDER 的子公司。

目前，它拥有 80 多个国家约 10 万多个终端用户，主机系统位于美国加利福尼亚州的 PALO ALTO 市，拥有近 900 个大型数据库，经常使用的达 600 多种，内容涉及 40 多个语种和占世界发行总量的 60% 的 6 万多种期刊。

1. 服务项目

它有各种类型信息检索、定题服务、原文定购（E-mail、FAX 或邮寄传递）等，其检索功能强大，深度和广度的检索均可做到，数据库更新及时，数据库中收录的文献年限长。利用 DIALOG 系统，可进行项目查新、文献调研、课题立项、申报专利、了解市场动态和竞争对手、新产品开发、公司的背景情况、经济预测等。DIALOG 系统仅在美国东部时间星期天上午 5 时至下午 1 时（北京时间星期天下午 6 时至次日凌晨 2 时）停止开放，其他时间均提供服务。

2. 数据库学科范围

覆盖面广，几乎涉及全部学科范围，包括综合性科学、自然科学、应用科学和工艺学、社会科学和人文科学、时事报道和商业经济等，其数据来源于各种不同的图书、报纸、杂志期刊、技术报告、会议论文、专著、专利、标准、报表、目录、手册等。按涉及学科的领域被分为 20 类，即商业与工业、商业统计、国际公司名录与公司财务、产品信息、美国公司名录与公司财务、社会科学与人文科学、法律与政治、多学科的图书、多学科的综合资料、参考工具书、美国报纸全文、世界新闻、专利商标与版权、农业与营养科学、化学、计算机技术、能源与环境科学、医学与生物学、药学、科学与技术。

3. 数据库类型

主要有四种：（1）题录文摘型数据（Abstract，主要是科技、专利类信息），这类数据库的数量远远超过市场可以买到的光盘种类，280 多个科技数据库和一些市场数据库都含有此种数据类型；（2）数值类信息（Numeric，主要是各种统计诸如价格、进出口数据、生产、销售数据等信息），除个别统计数据库外，大部分市场库都有不少分析文章，并带有统计和表格数据；（3）名录手册型数据库（Directory，主要是各种工商企业名录、百科全书、各种专用手册、药典等），此数据类型与全文型数据、数值数据经常混编；（4）全文型数据（Full－text，主要是市场行业报告、分析报告和工业报告、新闻报道、期刊、报纸），Dialog100 多个数据库均含有全文记录，加上 10 多个纯粹全文数据库，囊括了几千种期刊和全球数百种报纸，据不完全统计至少有 7000 多种期刊的全文可供选用。

4. 常用的数据库

有工程索引、科学文摘、世界专利索引、化学文摘、科学引文索引、经济商业文摘、学位论文文摘、美国政府报告、美国专利、欧洲专利、日本专利、金属文摘、污染文摘、教育文摘、医学索引、物理文摘、数学文摘、地质数据库、生物文摘、分析文摘、陶瓷文摘、宇航数据库、建筑学数据库、环境文摘、水资源文摘、会议论文索引、计算机数据库、流体工程文摘、能源科学与技术、工程材料文摘、机械工程文摘；另外还有几百个有关公司信息（名录及背景）、商业信息、工业分析、新闻报道、产品情况及商标、百科全书、统计数据的数据库。除上面我们所说的几大检索数据外，还有许多极具代表性的著名的数据库如 CA（化学文摘）、INSPEC（英国科学文摘）、MEDLINE（医学文献数据库）、MATHSCI（数学文献数据库）、BA（生物学文摘）、NTIS（美国政府报告）等；再有世界著名的 DERWENT 专利数据库以及美国专利、欧洲专利、日本专利等数据库也都可在 DIALOG 中查询。DIALOG 更有一些全文数据库，如 IAC 的计算机全文库、《纽约时报》和《华盛顿邮报》等的全文库等。具体的学科范围及数据库请参照 DIALOG 学科分类与所有数据库（按字顺排列）。

要更详细地了解 DIALOG 有哪些数据库及各数据库使用的信息，可利用蓝页（bluesheets）。蓝页是指 DIALOG 服务中每个数据库的指南，它对每个数据库提供详细的检索技术与特性的信息，包括文档描述、学科范围、时间范围、更新频率、进入 DIALOG 的日期、信息的来源、记录的样款，最重要的部分是该数据库的检索选择模式、可用来限制检索的基本索引与辅助索引、显示方式、打印格式、收费情况等。数据库蓝页网址为：http://ligrary.dialog.com/bluesheets/，用户可以按数据库名称（name）、文档号

（number）、主题（subject）浏览蓝页。

二、检索与输出

DIALOG 提供 4 种检索模式：菜单式检索（menu search）、命令检索（command search）、目标检索（target search）和 WWW 上运行的 WEB 检索。

1. 检索基础

逻辑运算符：And、Or、Not 可以对记录集或者检索关键词进行与、或、非的逻辑运算，从而扩大，减小或者是排除检索范围。

连词符（位置算符）：w 表示所连接的两个词，前后位置不变；n 表示词语，所连接前后两个词位置可互换；s 表示所连接的两个词必须出现在用逗号连接的子字段；#w（如：2w）代表两个词语之间可插入不大于 2 个单词数且前后位置不能互换；#n（如：2n）代表两个词语之间可插入不大于 2 个单词数，前后位置可以互换。

截词符：? 用于解决一些词干相同、词义相近、但词尾或词头不一致的派生词（如由同一词根派生出的名词、动名词、动词、形容词、副词等），或名词的单、复数形式，或同一词的英美不同拼写形式等词的一次输入。

2. Web 检索方法

直接上网检索，其 Web 网址为 http：//www. dialogweb. com。这种方式检索费用最低，仅在运行和调用数据的一刹那计算 Internet 费用，缺点是如果用户需要将所有检索过程存盘，就要一屏一屏地存盘，否则随着检索指令的变化，不及时存盘，数据容易丢失。

特别为专业人员推出的 Web 界面，其网址为 http：//www. dialogclassic. com。这是最新推出的界面，速度快，检索过程中的每一屏幕均被保留，不会丢失数据，便于存盘。界面是专业人员熟悉的界面，能很快地从旧检索方式转入并适应新的 Web 界面。

非专业检索人员 Web 界面，其网址为 http：//www. dialogselect. com。DIALOG Select 上的“傻瓜”界面，主要针对最终用户，而非专业人员。初学者、最终信息用户和不愿学习 DIALOG 检索指令的人可使用其“傻瓜”界面。

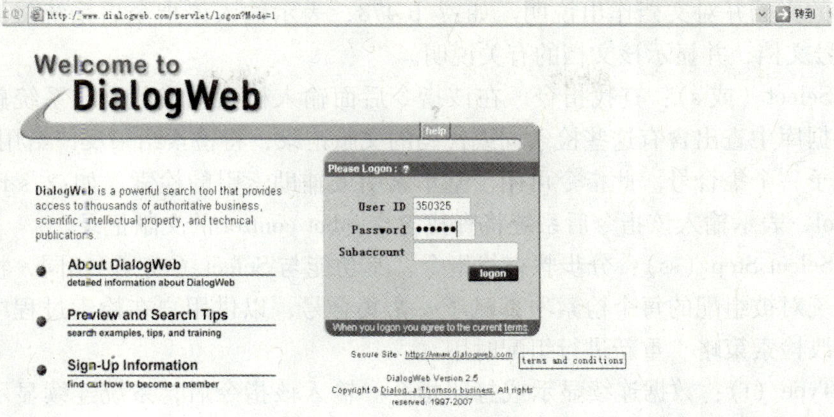

图 8-1　DIALOG 主页面

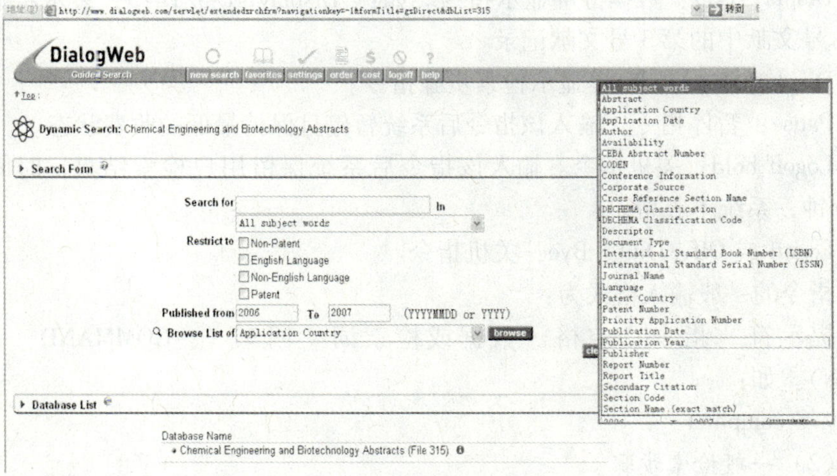

图 8-2　DIALOG 检索界面

3. 命令检索方法

DIALOG 系统的检索过程是通过输入该系统设置的指令，由指令进入文档记录中查找相关的检索词来完成。虽然在网络环境下用户可以利用 DIALOG Select 进行检索，但是通过层层超链接检索的速度相对于指令检索慢，所以掌握基本的检索指令是必要的。

（1）基本指令

DIALOG 系统有 30 多条指令，主要有 Begin（b）、Select（s）、Select Step（ss）、Type（t）、Display（d）、Display Steps（ds）、Pause、Logoff hold、Logoff 等。

Begin（或 b）：开库指令。输入该指令后，系统便进入计时状态，调用所查的文档并对文档作出说明。如:? b 478，表示输入该指令后系统将调出478号文档，并显示该文档的有关说明。

Select（或s）：查找指令。在该指令后面输入检索词或代码，系统就会从数据库中查出含有这些检索词或代码的文献记录，将检索结果反馈给用户，并赋予一个集合号。此指令可用于基本索引或辅助索引的检索。如:? s robot control，表示输入该指令后系统将查找含有robot control的文献记录。

Select Step（ss）：分步骤查找指令。其功能与Select（或s）相同，特点是系统对被组配的每个检索项都赋予一个集合号，以供用户在检索过程中不断修改检索策略、重新进行组配时用。

Type（t）：数据连续显示或打印指令。输入该指令后，系统连续显示查找或打印出命中的文献记录，如:? Type s1/TI，AU/1－5，表示将显示或打印1－5号文献的题目和作者。

Display（d）：数据分屏显示指令。如:? Display s1/3/1－5，表示将显示1－5号文献中的第3号文献记录。

Display Steps（ds）：显示检索步骤指令。

Pause：暂停指令。输入该指令后系统暂停且保持最低的收费状态。

Logoff hold：关机指令。输入该指令后系统保留用户检索结果，时间为30分钟，系统不收费。

Logoff或Off、Quit、Bye：关机指令。

指令的一般输入格式为：

提示符　指令　空格　数据或检索词　回车（? COMMAND RETURN）。如：

? S computer

（2）一般检索步骤

选择进入命令检索（Go to Command Search）；

B411：打开DIALOGINDEX；

SF：进入数据库，如：allscience，allpat等；

S…：输入检索策略，逻辑检索式。如：s librar?（s）informat?，获得预检结果；

Save temp：保存检索策略；

B hits：正式开库；

Exs：执行策略；

DS From Each：显示检索过程；

T sn/format/n from #：按指定的格式显示指定的检索结果。

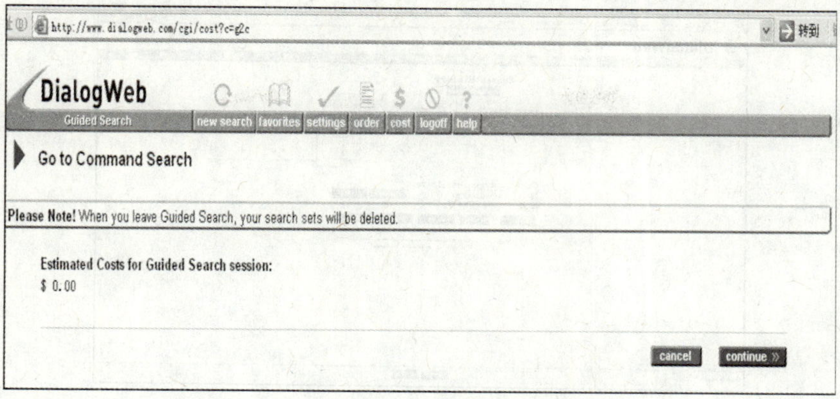

图 8－3　DIALOG 命令检索界面

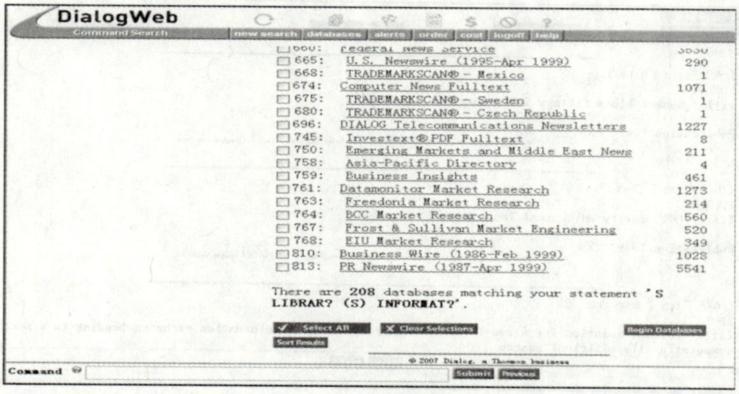

图 8－4　DIALOG 检索结果页面

4. 检索结果处理

每一个库的显示格式描述都不相同，要了解详细信息可以查找蓝页或者是输入 help format file#。

记录显示格式：t 文献组号/格式/条数范围（t s#/记录格式/记录范围），如：t s1/5/1－3。常用格式：

9 格式 Full：全记录格式；

6 格式 Free：免费格式，一般只含标题等最基本信息；

8 格式 Short：短格式，比免费信息提供的内容更多一些，如作者名；

3 格式 Medium：中格式，提供更为详细的信息，例如 DE；

5 格式 Long：长格式，除正文以外的全记录；

K 格式：关键词格式，可显示检索词在记录中出现的位置，并显示前后的词语可供参考；

ti，de…格式：还可以以字段名作为显示格式。

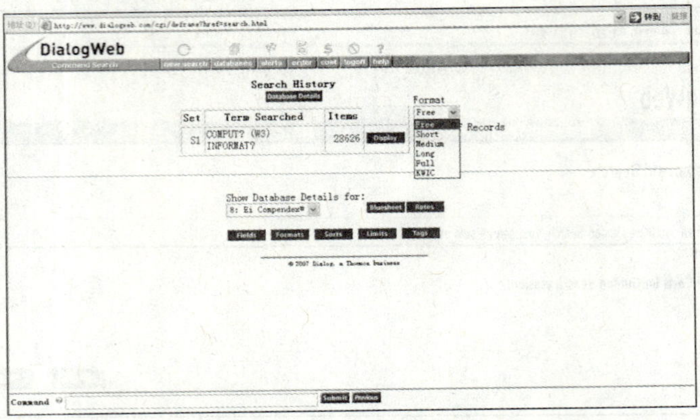

图 8－5　DIALOG 检索结果处理页面

SHORT 格式：

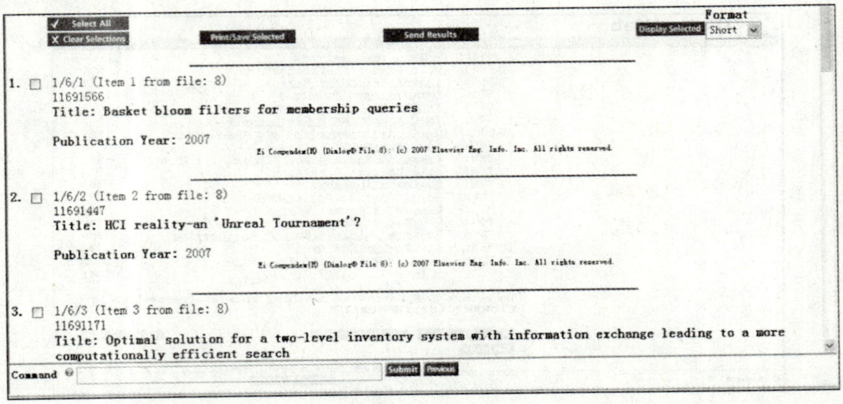

图 8－6　DIALOG 检索结果记录显示——SHORT 格式

FULL 格式：

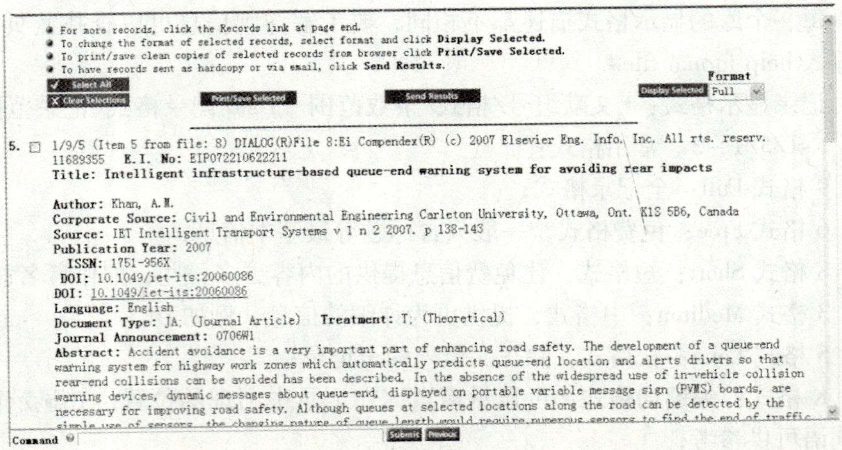

图 8－7　DIALOG 检索结果记录显示——FULL 格式

第四节　联机计算机图书馆中心（OCLC）

一、概况

OCLC（http：//www. oclc. org/）是 Online Computer Library Center 的缩写，即联机计算机图书馆中心，一个非营利的组织，其存在的目的是为促进世界各地成千上万所图书馆和信息中心之间的合作，以存取全世界的信息。

OCLC 的前身是美国俄亥俄州立大学图书馆中心（Ohio College Library Center——OCLC），初创于 1967 年，建成之初是一个包括俄亥俄州 54 所大学在内的一个区域性的计算机系统。1977 年俄亥俄州立大学图书馆中心的成员理事会对管理机构进行了调整，使州外的图书馆可以成为 OCLC 的成员及参与者，开始接受远程通讯网的访问，这一举措在 OCLC 的发展中是一个重要的里程碑，它为 OCLC 此后发展成为国际性的通讯网奠定了基础。1981 年，Ohio College Library Center 更名为 Online Computer Library Center（OCLC）。经过 30 多年的发展，现在 OCLC 已成为有欧洲分部、亚太分部、南美分部的一个国际性的远程通讯网。

OCLC 是世界上最大的图书馆及信息中心网络，向 84 个国家和地区的 45000 多所图书馆和信息中心提供各种信息服务。拥有世界上最大的书目数据库，提供文献记录和馆藏地点信息，以帮助数万家 OCLC 用户更好地进行联合编目和资源共享。OCLC 联机联合编目目录数据库 WorldCat（the OCLC Online Union Catalog）含有 37000 多万条不重复的文献记录，覆盖所有主题范畴和出版类型。同时，该数据库还收录有 6 亿 5 千多条馆藏标识，指明在世界各地的资料收藏地点。

OCLC 按地区设有许多分部，亚太地区分部的办公地点也在俄亥俄州，在网上建立了用中文制作的主页信息（http：//www. oclc. org/ap/chin/chindoc. htm），对 OCLC 提供中文的简要介绍，OCLC 中国服务中心设在清华大学。

二、功能

OCLC 在 Internet 上提供多种服务，其中有：

OCLC 第一检索服务（OCLC Firstsearch）；

OCLC 联机编目和资源共享服务（OCLC Cataloging and Sharing Service）；

OCLC 检索软件服务（OClC Site Search Software）；

OCLC 电子期刊服务（OCLC E1ectronic Collections Online Service）。

近年来OCLC的一个新产品——Firstsearch检索系统发展迅速，深受用户喜爱。现在利用OCLC产品和服务的用户已有64个国家和地区的3万多个图书馆和教育科研机构。从1991年10月开始应用的FirstSearch检索系统已有1.4万个机构在使用，服务已达1.65亿次。1999年8月推出New FirstSearch，通过该系统可检索80多个数据库，其中有30多个可检索到全文，总计包括6千多种期刊的联机全文和2千多种期刊的联机电子映像，达600多万篇全文文章。这些数据库内容广泛，学科范围覆盖工程和技术、工商管理、人文和社会科学、医学、教育、大众文化等，覆盖了各个领域和学科。

表8-2 FirstSearch基本组数据库

数据库	收录年代	收录内容	更新频率
ArticleFust	1990-	OCLC为登载在期刊目录中的文章所作的索引	每天
ClasePeriodica	1978	有关科学和人文学领域的拉丁美洲期刊索引	每季
Ebooks	公元前1000-	OCLC为世界各地图书馆中的联机电子书所编纂的目录	每天
ECO	1995-	联机电子学术期刊库，内容覆盖农业、文学、人类学、教育学等	每天
ERIC	1966-	教育方面的期刊文章和报告	每月
GPO	1976-	美国政府出版物，与美国政府有关的所有相关主题	每月
MEDLINE	1965-	医学的所有领域，包括牙科和护理的文献	每天
PapersFust	1993-	国际学术会议论文索引，涉及各种类型的国际学术会议上所讨论的主题范围	每两周
Proceedings	1993-	国际学术会议录索引，内容同上	每两周
UnionLists	2004-	OCLC成员馆所收藏期刊的联合列表库	半年
WilsouSelectPlus	1994-	H. W. Wilson公司的全文库，科学、人文、教育和工商方面的全文文章	每周
WorldAlmanac	1998-	Funk & Wagnalls New Encyclopedia及四本年鉴	每年
WorldCat	公元1000-	世界范围图书、web资源和其他资料的OCLC编目库	每天

FirstSearch的主要特色：

易于获取联机全文：与电子库ECO整合、标识全文库、全文共享、按全文限制检索、标识收藏馆、与 OCLC ILL（馆际互借）无缝链接。

强大的检索手段：帮助选库；多种检索界面及多类检索式；限制检索；相关主题、相关作者、相关数据库等的检索。

灵活多样的检索索引：随库变、数量多、形式多样。

Web 界面管理模块：帐号信息，系统、数据库设置和资源链接等。

包含馆藏信息：8.9 亿多个馆藏地点。

信息量大、更新快。

面向最终用户：收费低，服务时间长。

多语种界面：包括简体中文界面。

三、OCLC FirstSearch 检索方法

New FirstSearch 系统的检索界面是交互式的，使用非常方便。进入 FirstSearch 首页，界面提供了多种功能，如：选择一个特定主题或数据库、进入数据库说明页面、查看按主题分类的数据库等。可以在数据库介绍界面对所需数据库前做标记“√”，点击 Select 按钮，进行检索，但每次选择数据库的总数不能超过 3 个。也可以直接跳入高级检索界面，如图 8－8 所示。

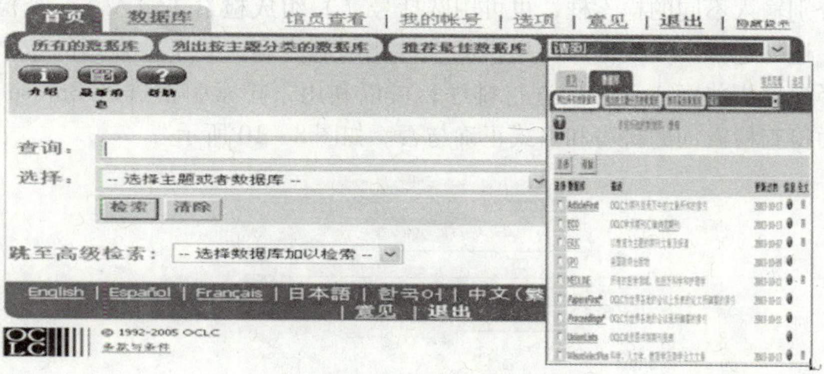

图 8－8　FirstSearch 首页

1. 基本检索

基本检索是检索课题主题词比较单一，或检索词间的逻辑关系不复杂。在选择“所检索的数据库”后，可以在“关键词”、“著者”、“题名”等提示框内分别输入一个或多个检索词内容。如果选择“限制内容”复选框，则表示结果文献都是全文；如果要检索一个准确短语，可用引号“”将短语包围起来；还可用屏幕顶部控制按钮区的 Index（索引）或用任务区 Browse Index 选择进行检索词的拼写和格式检验。如图 8－9 所示。

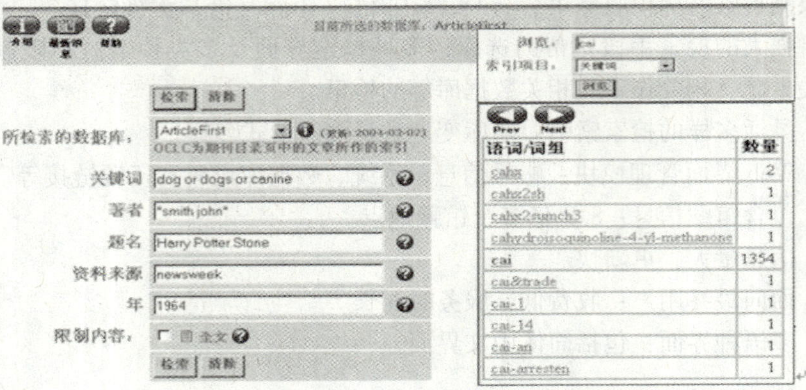

图 8－9　FirstSearch 基本检索页面

2. 高级检索

高级检索可以构造更复杂的检索式，提供字段检索、布尔逻辑检索（AND，OR，NOT）等功能。在此界面中无需输入逻辑算符、字段代码、语种、年代限制等符号，只需在系统设计的三层检索框中填入检索词，选定限制字段、逻辑算符、语种、年代和所需文献类型即可执行检索。可以把检索词分别输入不同的检索框，也可用圆括号（）组成检索式输入在一个检索框内；还可选择不同数据库所提供的个性化限制内容；对于检索到的结果可以选择根据相关度或者日期进行排序；可以利用下拉索引框进入 Browse Index 界面检查检索词的拼写和格式正确与否。如图 8－10 所示。

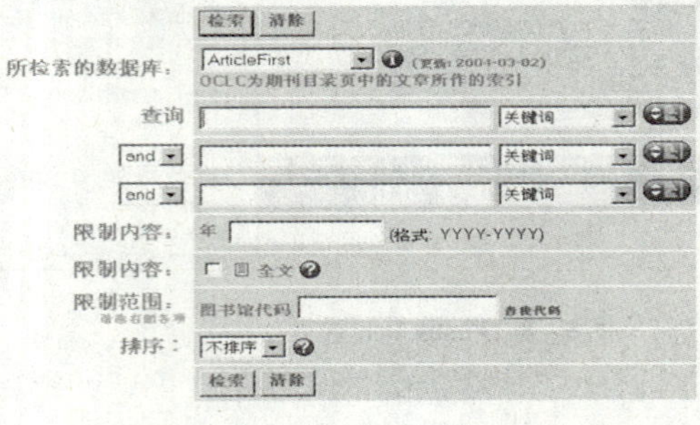

图 8－10　FirstSearch 高级检索页面

3. 专家检索

专家检索是系统为习惯使用逻辑检索式的有经验的检索人员设计的，检索式是由标识符、检索词、结合符和布尔算符组成，在检索式中需要优先检索的子项应放在括号内。如果需要检索一个准确短语，应将短语放在引号内。在专家检索中，增加了“Indexed in：”选项，这一功能适用于检索式中所有检索项只在一个索引中查找，如果检索式中的多个检索词需在不同的索引中检索时，则需使用标识符构造复杂的检索式或用高级检索方式。如图 8 - 11 所示。

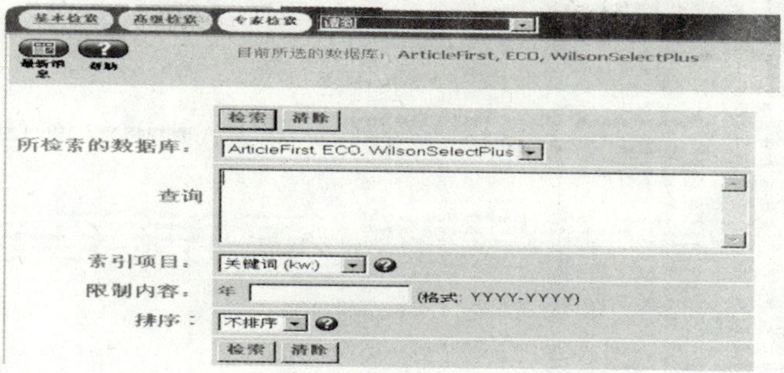

图 8 - 11 FirstSearch 专家检索页面

4. 检索结果输出

点击记录前的复选框，可标记所需要的记录，以便将标记的结果统一处理；查看相关链接可以在结果页面点击“查看全文信息”、“拥有馆藏的图书馆”等链接来查看全文或者了解所需资料的馆藏信息；“电子邮件”可以把所需记录发送至指定的信箱；“打印”可以打印所需记录；“输出”可以输出所需记录到专门的个人图书馆软件系统中；对于有全文的记录可以通过全文链接来查看全文信息，一般有 HTML 和 PDF 两种格式的全文信息。如图 8 - 12 所示。

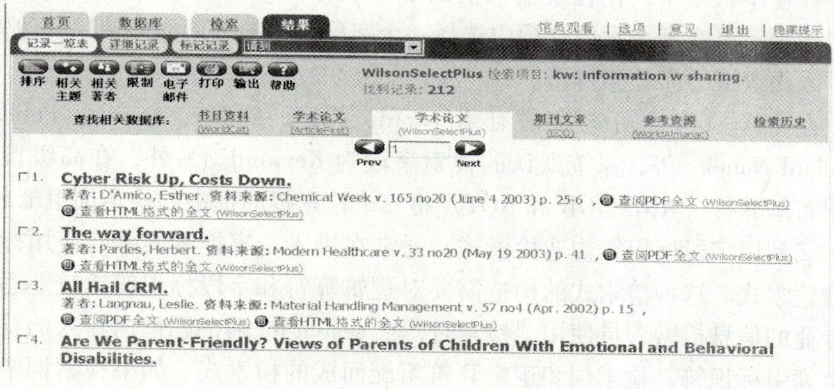

图 8 - 12 FirstSearch 检索结果页面

详细记录如图 8 - 13 所示。

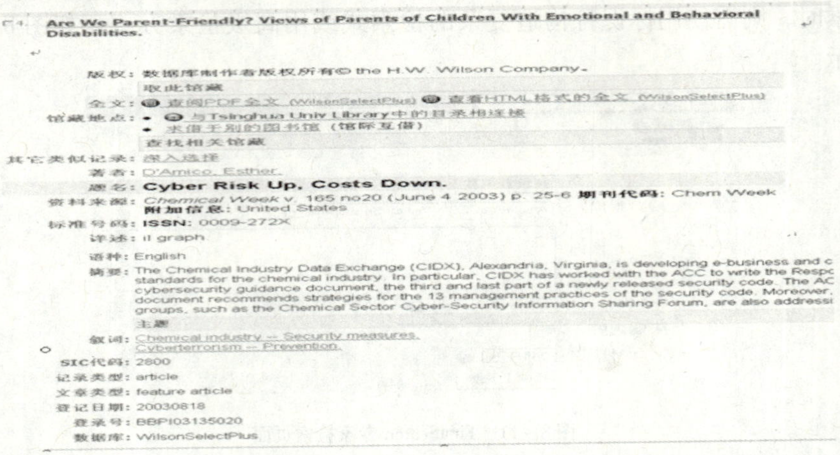
Are We Parent-Friendly? Views of Parents of Children With Emotional and Behavioral Disabilities.

版权：数据库制作者版权所有© the H.W. Wilson Company。
取此馆藏
全文：查阅PDF全文 (WilsonSelectPlus) 查看HTML格式的全文 (WilsonSelectPlus)
馆藏地点：
- 与Tsinghua Univ Library中的目录相连接
- 求借于别的图书馆（馆际互借）

查找相关馆藏
其它类似记录：深入选择
著者：D'Amico, Esther.
题名：**Cyber Risk Up, Costs Down.**
资料来源：*Chemical Week* v. 165 no20 (June 4 2003) p. 25-6 **期刊代码：** Chem Week
附加信息： United States
标准号码：**ISSN：** 0009-272X
详述：il graph
语种：English
摘要：The Chemical Industry Data Exchange (CIDX), Alexandria, Virginia, is developing e-business and c standards for the chemical industry. In particular, CIDX has worked with the ACC to write the Respo cybersecurity guidance document, the third and last part of a newly released security code. The AC document recommends strategies for the 13 management practices of the security code. Moreover, groups, such as the Chemical Sector Cyber-Security Information Sharing Forum, are also addressi
主题
叙词：Chemical industry -- Security measures.
Cyberterrorism -- Prevention.
SIC代码：2800
记录类型：article
文章类型：feature article
登记日期：20030818
登录号：BBPI03135020
数据库：WilsonSelectPlus

图 8－13　FirstSearch 检索结果详细记录页面

5. 检索提示

（1）检索式的构造

①利用索引选项或下拉菜单构造检索式：在基本检索和高级检索中分别采用索引选项和下拉菜单构造检索式。具体操作时只需在 search for 后的图框内键入一个或多个检索词，再用鼠标直接选择字段索引确定检索字段，如果要检索一个准确短语，需用引号将短语加以限制。

在基本检索中，在检索输入框的下方只有 Keyword、Title 和 Author 三个索引选项，可在三个索引选项中选择一个字段进行检索。如要使用其他索引，需进入高级或专家检索屏幕。

在高级检索中可选字段有 Keyword，Title，Author，Source，Publisher、Standard Number 等，系统默认的检索字段为 Keyword。另外，在高级检索中可用布尔算符（AND、OR 和 NOT）将三个检索提问框中的检索词组配起来。

②利用字段标识符构造检索式：通常在进入专家检索屏幕时使用标识符构造检索式。这种检索式的构造需要对逻辑算符和字段标识符比较熟悉，适合专业的信息检索人员使用。检索时，在 search for 后的图框内输入的检索式是由索引标识符、检索词和逻辑算符组配而成的检索式。如果检索词中有短语，需用引号把短语包围；如果检索式中有需要优先检索的项目，可用括号将其包围起来。

（2）检索式中的符号

①标识符：标识符通常是 2 个缩写的字符，它代表书目信息中的一个字段。如：ti（Title），au（Author）。检索时可利用标识符构造检索式，如 ti：computer 表示在 Title 字段检索出有 Computer 的信息，au = wang yingming 表示作者字段必须是精确的“wang yingming”的信息。

②逻辑符：AND、OR、NOT，可以把各个检索词组配起来，并用括号将多个被结合的检索词加以限定，如 su：（gene therapy and adenovirus），表示检出在主题字段中含有 gene therapy 和 adenovirus 检索词的记录。

③截词符（*、+）和通配符（#、?）：

复数符：+加在词尾，如：coach +（coachs，coaches）；

截词符：* 至少键入一个词的前 3 个字符，如：econ *（econometrics，economecs，economist）；

通配符：#代表一个字符，如：wom#n；? 代表零个或任意个字符，如：colo? r，（color、colour、colonizer、colorimeter），而 colo? 4r 只能获得包含 colonizer。

④位置算符（N，W）：可插入（1－25）之间的数，表示词之间允许间隔的最多词数。N 表示前后两词相邻，顺序可互换；W 表示前后两词相邻，词序不可颠倒。如：ab：head w2 class 表示在文摘字段中检索出含有 head of class 或 head of the class 的记录。

第五节　EBSCO 书目及全文数据库

一、概述

EBSCOhost 是美国 EBSCO 公司为数据库检索设计的系统，目前有近 60 个数据库，其中全文数据库 10 余个，其中，学术期刊全文数据库（Academic Search Premier）和商业资源集成数据库（Business Source Premier）是其重要组成部分，在世界范围内赢得大量的用户。

学术期刊全文数据库（Academic Search Premier，简称 ASP）是世界上最大的学术性、跨学科期刊全文数据库之一，在世界范围内收录 4425 种学术期刊文摘题录性的信息，其中收录全文信息的期刊 3481 种，而经过同行评议、专家推荐的全文期刊有 2596 种，大多为 PDF 图像文件或扫描文件。覆盖的学科包括社会科学、人文科学、教育、计算机、工程、物理、化学、语言、艺术与文学、医学、伦理学等。

商业资源全文数据库（Business Source Premier，简称 BSP）是世界上最大的商务期刊全文数据库之一，提供世界范围内商务、管理、市场和经济学方面 3350 种期刊的索引、文摘和 2804 种全文刊，而经过同行评议、专家推荐的全文期刊有 878 种，大多为 PDF 图像文件或扫描文件，有 200 多种 PDF 图像文件的全文期刊回溯到 1965 年或创刊期。其中被 SCI & SSCI 收录的核心期刊为 398 种（全文有 145 种），较著名的有《华尔街日报》（The walls

Street Journal)、《哈佛商业评论》(Harvard Business Review)、《每周商务》(Business week)、《财富》(Fortune)、《经济学家智囊团国家报告》(EIU Country Reports),涉及的主题范围有国际商务、经济学、经济管理、金融、会计、劳动人事、银行等,数据库每日更新。

二、检索与输出

1. 检索基础

(1) 截词符

使用"*"号代表后截断,"?"代表中截断(也称通配符),替代任何一个字母或数字。如:comput*,wom?n。

(2) 逻辑算符

适用于基本检索和高级检索,算符为 and、or、not,优先级() >not >and >or。

(3) 位置算符

"N"表示两词相邻,检索词顺序可以颠倒,"W"表示两词相邻,但顺序不能改变;N 和 W 都可以用数字表示两词中间相隔的词的数量。如:"information W2 management"的检索结果可以包括 information management,information technologies and management 等。

(4) 词组检索

如果两个关键词之间无逻辑算符,则按照固定词组处理。

(5) 字段限制检索

可以使用八种字段代码进行限制检索:AU = 作者,TI = 文章题名,AB = 文摘,SU = 主题,AN = 数据库存取号,IS = 国际统一刊号,FM = 图像,AS = 作者提供文摘。字段限制检索的方法是:先键入字段代码,然后输入检索式。如:TI information W2 management,ti digital library and ti reference;其中作者名称的输入方式规定为姓在前,名在后,中间用逗号隔开("姓,名"),如"AU Wiley,Ralph"。

2. 检索方法

(1) 选择数据库直接浏览

在欲检索的数据库前面的方框内单击,当方框内显示"√"时即为选中,再单击则"√"消失,表示不选。

对单个数据库进行检索时,除用上述选择方法,还可用鼠标直接点击这个数据库的名称。

对多个数据库检索,则在所有欲同时检索的数据库前的方框内打钩。

注意:同时对多个数据库进行检索可能会影响某些检索功能或数据库的

使用。如：所选多个数据库使用了不同的主题词表，则无法使用主题检索功能。

数据库选择完毕后，点击“Continue”按钮。

（2）基本检索（Basic Search）

对记录进行全文检索，方法为在检索框中输入检索词或检索策略，然后单击 search。检中记录包括检索式中的字或词，检索结果按出版日期顺序从最近期次开始排列。

常用限定选项：

Full text：只检索有全文的文章；

References Available：只检索有参考文献的文章；

Scholarly（Peer Reviewed）Journals：有专家评审的期刊中的全文；

Published Date：限定出版时间；

Publication：在限定的出版物中检索；

Publication Type：出版物的类型（期刊、报纸、书）；

Number Of Pages：全文页数。如：1－3；10－；－5；

Articles With Images：检索有图片的文章；

Cover Story：在期刊封面上着重介绍的文章中检索。

扩展检索选项：

Also search within the full text of the articles：在默认字段和全文中检索；

Include all search terms by default：包括默认的检索项；

Also search for related words：检索相关词。相关词指同义词，如 bike，bicycle。

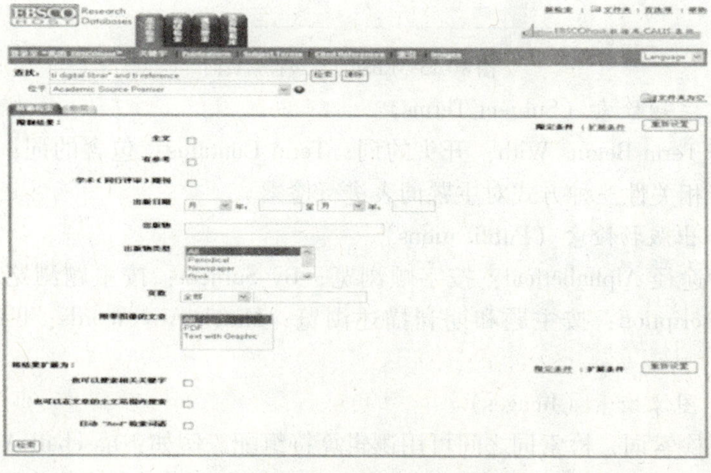

图 8－14　EBSCO 基本检索页面

(3) 高级检索（Advanced Search）

提供三个关键词输入框可输入三组关键词或检索策略，可为每组关键词限定检索字段，可指定各组关键词之间的逻辑运算关系。检索方法：在检索框中根据需要选择检索字段，输入检索词，使用逻辑算符，进行逻辑组配。

可检字段有：作者、文章题目、主题词、关键词、摘要、索取号、ISSN号、期刊名、作者提供文摘、工业代号、分类号等。

每次在高级检索中点击“Search”按钮进行新的检索，都会在历史记录表中产生一条新的检索历史记录。每一条历史记录有一个编号，可以用这个编号代替检索命令用于构建检索表达式。用历史记录构建表达式也会在历史记录表中产生一条新的历史记录。可以打印和保存历史记录表，以便再次检索时使用。保存检索历史前，用户须申请个人帐号。例如：S1 and ti（digital librar *）。

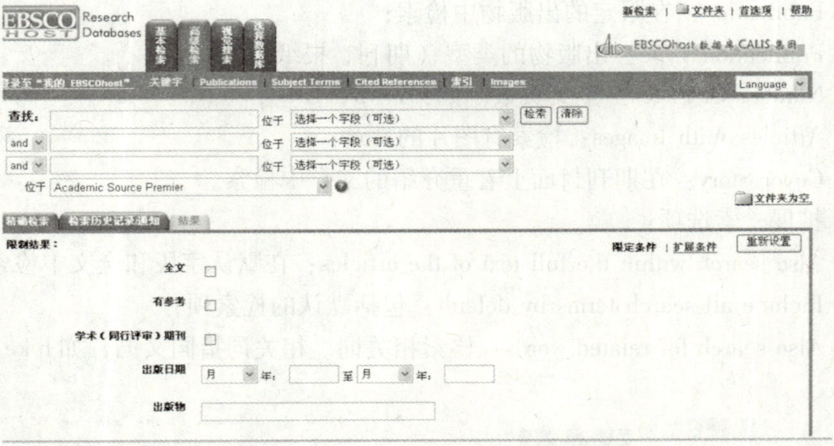

图 8－15　EBSCO 高级检索页面

(4) 主题检索（Subject Terms）

可按 Term Begins With：开头的词；Term Contains：包含的词；Relevancy Ranked：相关性三种方式对主题词表进行检索。

(5) 出版物检索（Publications）

四种途径 Alphabetical：按字顺浏览；By Subject：按主题浏览；By Subject & description：按主题和期刊描述浏览；Match Any Words：匹配任意一个词。

(6) 图像检索（Images）

输入检索词，检索词之间可用逻辑算符组配。例如：baseball AND Boston 可利用页面下面的选项确定要检索的图片，提供的选项有：人物图片（Photos Of People）、自然科学图片（Natural Science Photos）、某一地点的图片

（Photos Of Places）、历史图片（Historical Photos）、地图（Maps）或国旗（Flags），如果不作选择，则在全部图片库中检索。

3. 检索结果处理

（1）全文格式

有 HTML、XML、PDF 格式。文献中有“Linked Full Text”图标时，说明这篇文章在其它 EBSCO 数据库（指当前检索者拥有使用权的数据库）中有全文。要浏览 PDF 格式的全文，需安装 Acrobat Reader 等 PDF 浏览器。

（2）收藏夹

数据库检索系统中有一个临时的个人收藏夹。在一次检索的过程当中，检索者可随时将需要进一步处理的文章存入收藏夹中，以便检索完成后集中处理。在检索结果页面，使用“add”可将选中记录加到收藏夹。加入完成后，收藏夹显示“Folder has Items”，点击，可显示所有加入到收藏夹的文献记录。

对收藏夹中的检索结果和单篇文献，在页面上找到并点击 EMAIL/SAVE/PRINT，可以直接打印、电子邮件传递或存盘保存。

（3）E－Mail

可以选择用 E－MAIL 发送题录信息、全文，也可以选择用 E－MAIL 发送可进行书目信息管理的文献题录形式。

（4）SAVE

可以保存全文、保存连接和保存书目信息。

（5）PRINT

打印 PDF 的全文请用 PDF 浏览器提供的打印功能打印；文本格式的题录或全文可使用数据库提供的打印管理器（Print manager）打印，打印管理器会对全文进行格式化，并将结果显示在一个单独的窗口中，然后就可以用浏览器提供的打印功能打印文章了。

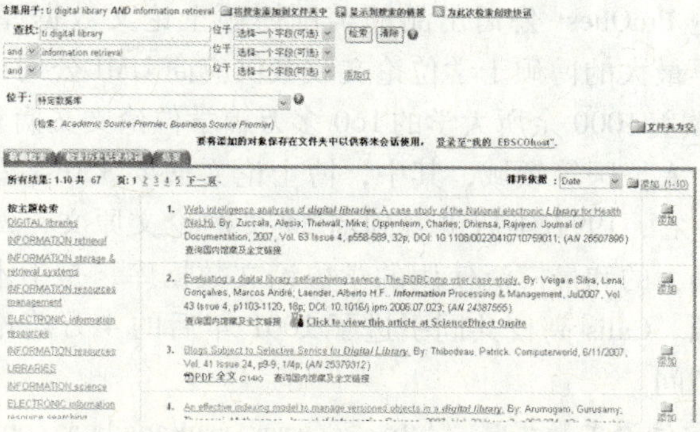

图 8－16　EBSCO 检索结果页面

第九章 特种文献及其数据库检索

特种文献是学位论文、会议文献、政府出版物以及专利、标准等文献的总称，通常介于图书与期刊之间，似书非书，似刊非刊，其内容广泛新颖，类型复杂多样，出版发行无统一规律，涉及科学技术、生产生活的各个领域，技术性较强，使用价值较高。互联网络的发展使得这些文献以各种形式上网，现已具有丰富的网上数字化形态，为特种文献的获取提供了崭新的渠道。

第一节 学位论文及其检索

一、学位论文及网上分布

学位论文是高等学校和研究生院的学生在结束学业时，为取得学位资格向校方提交的学术性研究论文，一般不公开出版发行，而是保存在学位授予单位或国家指定机构加以收藏，其研究课题是在导师指导下，并需经该领域著名学者审查才能通过。因此，博士、硕士学位论文具有较高的学术参考价值。学位论文探讨的问题比较专一，对问题的阐述较为详细和系统，能反映某一学科当前的水平而成为科学研究的重要信息源。

1. 学位论文数据库

（1）PQDD（ProQuest Digital Dissertations）

该数据库是 ProQuest 公司出品的美国博硕士论文数据库，简称 PQDD。它由世界上最早最大的博硕士学位论文收藏供应商 UMI 公司出版，收录了自 1861 年以来的欧美1000 余所大学的160 多万篇学位论文文摘和索引，内容覆盖文、理、工、农、医等领域，其中，博士论文摘要 350 字左右，硕士论文摘要为 150 字左右，1997 年后可看到前 24 页的论文原文，每周更新。它也是目前世界上最大的和最广泛使用的学位论文数据库，是学术研究中十分重要的参考信息源。Calis 高校共同引进了 2001 年后的 4 万篇论文全文，授权用户可以直接访问。

（2）中国学位论文数据库（http：//www. wanfangdata. com. cn）

该库由国家法定学位论文收藏机构——中国科技信息研究所提供，并委托万方数据加工建库，始建于1985年，收录了我国自然科学和社会科学各领域的硕士、博士及博士后研究生论文的文摘信息，内容包括：论文题名、作者、专业、授予学位、导师姓名、授予学位单位、馆藏号、分类号、论文页数、出版时间、主题词、文摘等字段信息。涵盖自然科学、数理化、天文、地球、生物、医药、卫生、工业技术、航空、环境、社会科学、人文地理等各学科领域，每年稳定新增15余万篇，是我国收录数量最多的学位论文全文库。

（3）中国优秀博硕士学位论文全文数据库（http：//www.cnki.net/jianjie/jj11.htm）

该库由清华同方出品，与万方的中国学位论文数据库在自然科学领域有一定的重复交叉。《中国博士学位论文全文数据库》和《中国优秀硕士学位论文全文数据库》是目前国内相关资源最完备、高质量、连续动态更新的中国博士和优秀硕士学位论文全文数据库，至2006年12月31日，累积博士学位论文全文文献5万多篇，来源于全国420家博士培养单位的博士学位论文；累积硕士学位论文全文文献37万多篇，来源于全国652家硕士培养单位的优秀硕士学位论文。

（4）CALIS高校学位论文库（http：//www.calis.edu.cn/calisnew/calis_index.asp？fid=3&class=4）

该库是在“九五”期间建设的博硕士学位论文文摘数据库基础上，建成的一个集中检索、分布式全文获取服务的CALIS高校博硕士学位论文文摘与全文数据库，目的是通过对分散在各大学中各类学科的学位文献信息的收集、整理、建库、上网，使原始的论文信息获得升值，为国内外希望获取高校学术信息的用户提供一个方便的查询途径，起到推动高校教学、科研交流和促进发展的作用。中文学位论文通过网上直接采集电子文本的方式，逐年累积。另外通过集团采购补贴的方式，与高校图书馆、公共馆、情报所等合作，按篇选择购买国外电子版博硕士学位论文，集中存放在CALIS的全文服务器中。目前有大约25万条学位论文文摘索引，有约80家大学签定了参加项目建设的协议，有70多家建立了本地学位论文提交和发布系统。

2. 学位论文相关网站

（1）法定收藏单位

中国国家图书馆是教育部指定唯一收藏全国博士论文、博士后论文研究报告和海外留学生学位论文的机构；中国科技信息研究所是国务院学位办指定的自然科学领域博士和硕士学位论文收藏地；中国社会科学院文献信息中心是国务院学位办指定的社会科学博士和硕士学位论文收藏点；高校和科研机构等硕博士培养单位的图书馆只能收录本单位学位论文。

美国大学缩微品国际出版公司（University Microfilms. Inc.）是专门收集学位论文并以印刷型、缩微胶片、磁带、光盘和网络数据库等多种形式提供利用的单位。

(2) 学位授予单位

高等院校和科研机构是产生学位论文的主要信息源，高校图书馆和科研机构的信息中心作为本单位的信息资源的收藏地，一般都有收藏本单位学位论文职责。目前许多单位或将学位论文的信息反映在其书目数据库中，或直接建立本单位学位论文特色数据库，国外各高校的图书馆也收藏本单位学位论文。通过网络途径可以获取其学位论文的题录信息，再通过文献传递等方式，则可向国内外学位论文收藏单位索取需要的论文全文。部分高校已开始实现本校研究生毕业论文全文的网上提交，并将根据学生的授权情况对校内用户逐步开通全文检索和浏览。

二、国际学位论文数据库（PQDD）检索

1. 概述

PQDD（ProQuest Digital Dissertations）是目前世界上独一无二的最具权威性的博士、硕士学位论文检索数据库，主要收录来自美国、加拿大和欧洲1000多所大学的博、硕士论文的题录、文摘共160余万篇，其中100多万篇有印刷型或缩微型原文收藏。该数据库每周更新一次数据，每年大约新增47000篇博士论文和12000篇硕士论文。收录学位论文年限从1861年世界上第一篇学位论文到当前最新收到的学位论文的书目引文，其中，1980年以来的博士论文记录中有350个词的文摘；1988年以来的硕士论文有150个词的文摘。从1997年开始，PQDD提供部分论文的前24页原文内容的数字化格式，并和题录文摘链接在一起，用户可在检索到题录文摘的同时直接浏览其前24页的原文内容。

该数据库支持布尔逻辑、截词符、位置算符、嵌套检索、二次检索等检索技术。目前国内已有几十所高校购买了PQDD数据库的使用权，从这些高校的网站可以进入到PQDD数据库。

2. 检索方法

PQDD提供浏览和基本检索（Search - basic）、高级检索（Search - Advanced）两种检索方式。

(1) 论文分类浏览

数据库各页面都设有“论文分类浏览”按钮，进入浏览页面，页面左侧为学科分类导航树，页面右侧为结果显示页。逐级点击左侧分类导航树，直至右侧出现结果列表。在主页导航栏学科分类导航树里，列出了三级类目，

每一个三级类目后面给出了当前该类的论文数量，选中其中的三级类目，在页面右边出现相应三级类目的所有查询检索结果。

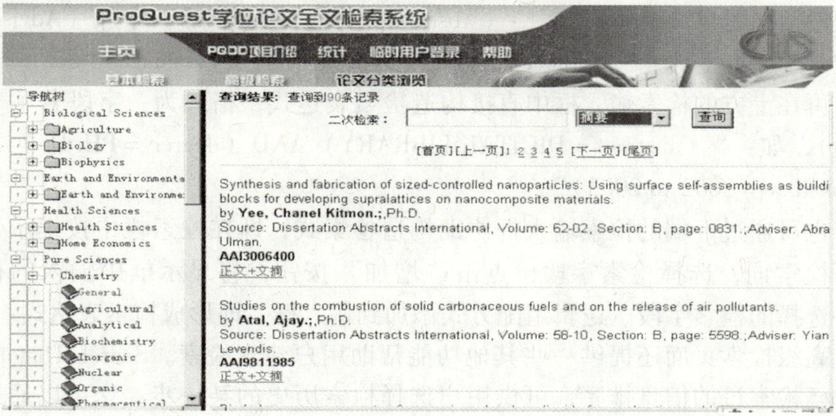

图 9－1　国际学位论文数据库（PQDD）检索系统页面

（2）基本检索

首页即系统默认的基本检索，最常用的是关键词（Keyword）检索。可以一次输入一个关键词，也可一次性在三个输入框中同时输入检索词，在相应的下拉菜单中选择逻辑算符，字段限定，时间限定等等。

系统提供可检字段有：摘要、作者、论文名称、学校、学科、指导老师、学位、论文卷期次、ISBN、语种、论文号等 11 个字段，同一字段可运用布尔逻辑算符、截词符、位置算符、嵌套检索等检索技术。

注意：作者、指导教师检索输入姓或名，或“姓，名”的格式都可，学科、学校名称可输入名称也可输入代码。

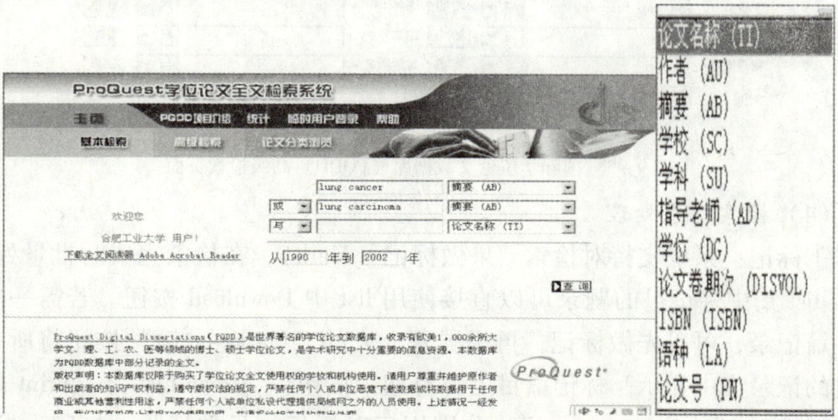

图 9－2　国际学位论文数据库（PQDD）基本检索页面

（3）高级检索

高级检索方式可同时将多个字段组配检索，共提供 14 个字段的检索，常用字段包括：题目（Title）、文摘（Abstract）作者（Author）、导师（Advisor）、学校（School）、学科（Subject）、年代（Year）、语种（Language）等。

可在上方的检索输入框中直接构造检索表达式，格式为：字段名 +（检索词），如："（abstract = DIGITAL LIBRARY）AND（degree = PH. D.）AND（book date = 2002 to 2003）"。

也可通过下端的检索输入框协助构造检索式，即在检索栏中按提示分别填写检索词，选择检索字段，点击"增加"按钮，将显示框中输入的检索词、选择的检索字段、逻辑组配方式添加到输入框，即形成检索表达式。

高级检索页面还提供一些其他功能帮助用户建立检索。Search History 将用户已检索过的信息排序，可供用户选择检索历史的某一步，您可以通过点击排序的序号来查看该次检索的结果。Subject Tree 允许您通过连接的"主题树"来检索特定的主题。School Index 使您可以通过学校名称检索特定信息。如图 9－3 所示。

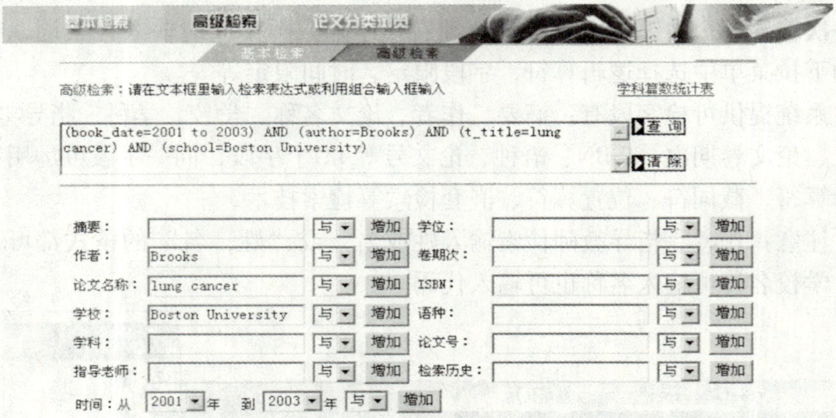

图 9－3　国际学位论文数据库（PQDD）高级检索页面

（4）检索结果处理

①标记：系统支持对检索结果做标记（Mark），在检索完成时批量处理。Mark list 集中标记过的题录可以直接使用 list 中 Download 按钮。若需一次下载多篇记录，可以先做标记，再用屏幕上方的"Marked List"按钮将所有标记过的记录集中显示。标记篇目上方有四个按钮："Clear List"、"Print List""E－mail List"、"Down load"，分别用于对标记篇目的清除、打印、发送、下载。

②保存：系统提供多种结果保存方式，可以联机打印（Print）和下载存

盘（Download）、电子邮件传递 Email list（Output format 选输出格式）（前 24 页原文不保存）；在同一网页利用浏览器的保存（前 24 页）。1997 年以后的论文可以通过“24 Page Preview”浏览其论文的前 24 页。

打开文章的全记录后，点击全文链接，选择“保存”即可直接保存至本地计算机中，也可在浏览全文时使用 Acrobat Reader 的保存按钮进行保存。

③打印：点击每条记录的“正文 + 文摘”链接可展开当前记录，查看包括摘要在内的所有内容，需要浏览文章全文，可点击“全文”链接，利用 Acrobat Reader 的打印功能进行打印。

三、CALIS 高校学位论文数据库检索

1. 概述

高校学位论文是反映高校特点和水平的文献，建设高校学位论文数据库的目的是通过对分散在各大学中各类学科的学位文献信息的收集、整理、建库、上网，使原始的论文信息获得升值，为国内外希望获取高校学术信息的用户提供一个方便的查询途径，起到推动高校教学、科研交流和促进发展的作用。

高校学位论文数据库收录包括北京大学、清华大学等全国著名大学在内的 86 个 CALIS 成员馆的硕士、博士学位论文，到目前为止收录加工数据 70000 条，有大约 25 万条学位论文文摘索引，采取分散在各成员馆保存各自的电子全文并由各成员馆提供全文服务的方式。参建馆在收取学位论文时将同时取得作者的使用授权书，并在作者授权范围内提供直接下载、文献传递等全文服务。

2. 检索方法

键入网址：http：//opac. calis. edu. cn，登录到 CALIS 联机公共数据库查询系统主页，选择学位论文数据库；或者进入上海理工大学图书馆网站，依次点击“数字资源”—“网上免费资源”—“中国高等教育文献保障系统”—“高校学位论文数据库子项目”，进入到检索页面。

通过简单检索和高级检索可以检索、浏览论文中心的论文库，学科浏览可以浏览所有学科，参建馆浏览可以浏览所有参建馆。

3. 检索方式

（1）简单检索

只允许用户输入一种检索条件，可以通过选择不同的检索方式和检索字段来获得自己想要的结果。如图 9 -4 所示。

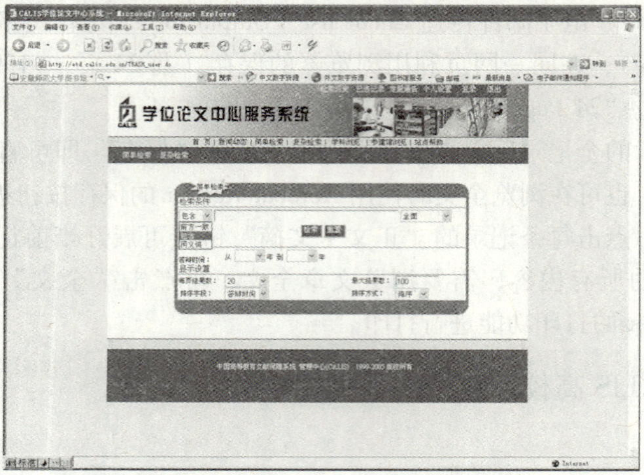

图 9－4　CALIS 高校学位论文数据库基本检索页面

①在第一个列单中选择检索字段：包括全面、中文题名、外文题名、论文关键词、论文摘要、作者、学校、导师、学科，在输入框里输入检索词。

②确定检索词的匹配模式：选择“包含”表示检索词出现在检索内容的任意位置，还可以选择“前方一致”和“同义词”。

③在检索限制框里可以设置检索的答辩时间，设置检索结果的页面显示方式。

④点击查询按钮。

(2) 复杂检索

允许用户输入多个查询条件，以各种不同的检索方式和检索字段来查找相关内容并进行显示设置。如图 9－5 所示。

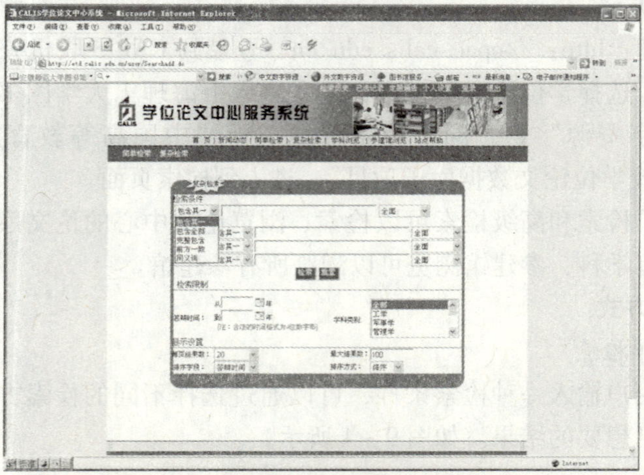

图 9－5　CALIS 高校学位论文数据库高级检索页面

①在第一个列单中选择检索字段：包括全面、中文题名、外文题名、论文关键词、论文摘要、作者、学校、导师、学科，在输入框里输入检索词。根据检索词的匹配方式可以在一个或在所有字段里进行全面检索。

②确定检索词的匹配模式。共有 5 种查询模式：

·“包含其一”表示中间有空格的两个词检索时，检索结果包含两个词之一即命中；

·“包含全部”表示中间有空格的两个词，检索结果包含全部两个词，无论前后出现顺序如何；

·“完整包含”表示与检索词精确匹配，检索结果包含全部完整检索字句才命中；

·“前方一致”表示与检索词开头一致；

·“同义词”靠同义词表维护，包含检索条件及其同义词之一的命中。

需要注意的是：当检索方式选择前方一致时，可以检索的字段是有限的。

③如果要进行多个检索条件的复合检索，根据检索词的逻辑关系，选择并且（AND）、或者（OR）、非（NOT）。

④点击查询按钮进行检索。

4. 显示结果

（1）执行检索后，如果有命中的结果，屏幕首先显示命中结果的数目并显示简要记录的列单，包括中、外文题名、论文作者等。

（2）可以对检索结果进行二次检索。

（3）可以在“检索结果管理”框里对查询到的结果进一步操作，查看数据有三种方式：基本信息、摘要信息和详细信息。以单选方式选择查看方式，选中后点击“查看选项”按钮。

（4）检索结果可以“E－Mail”至邮箱，可以“打印”，也可以“下载”。选中检索结果后点击“E－Mail”按钮，将出现发送邮件页面，可将已选记录的信息发送至指定邮箱。选中检索结果后点击“打印”按钮，将出现打印页面。选中检索结果后点击“下载”按钮，将出现下载页面。

（5）如果想获得论文原文，可以通过检索结果的详细信息查找到 CALIS 院校的馆藏信息，并据此通过文献传递或馆际互借的方式获得原文或原文的复印件。

第二节 会议文献及其检索

一、会议文献及其网上分布

会议文献一般指在各种学术会议上发表的学术报告，会议录和论文集，是产生于会议过程中的各种资料和基于会议资料的各类出版物的总称，其内容新颖，学术性强，往往能反映某一学科或专业领域的最新进展和成就，许多新发现和新设想也会在会议上首次公布和讨论。世界各国学会、协会、研究机构及国际性学术组织每年召开的学术会议越来越多，学术与专业会议及其会议文献已成为了解学科、专业发展水平和动向的重要信息源。目前互联网上存在着大量的会议文献，既有正式出版的会议录，也有一些会议预告、会议视频等，为会议文献的发布和传递提供了非常便利的条件。

1. 会议文献数据库

（1）ISI Proceedings（http：//www. isiknowledge. com）

该库是美国科学情报研究所（ISI）出版的两大会议录索引ISTP和ISSHP的集成，是世界最权威的会议论文数据库，汇集了世界上最新出版的会议资料，包括专著、丛书、预印本以及来源于期刊的会议论文。其中，ISTP（Index to Scientific & Technical Proceedings），即科学技术会议录索引，为世界著名四大检索工具之一，收录所有科技领域的会议文献。ISSHP（Index to Social Science & Humanities Proceedings），即社会科学及人文科学会议录索引，内容涵盖社会学、法律、商业、经济学、艺术、人文科学等。ISI会议录收录了1990年以来的200万篇会议论文，每年新增加225000条记录，内容包括具有重大意义的一般性会议、座谈会、研究会、讨论会、发表会等的会议文献。通过互联网可以直接检索一万两千多种国际上主要的自然科学、工程技术、社会科学和人文学术会议录信息；可以了解最新概念的萌芽和发展，掌握某一学科的最新研究动态和趋势；可以快速有效地查找某个会议的主要议题和内容，还可根据ISTP提供的会议论文作者的详细地址直接向原作者索取文献资料。

（2）OCLC会议论文数据库PapersFirst（http：//firstsearch. oclc. org/FSIP）

该库是世界性的会议论文索引数据库，它覆盖了自1993年10月以来在“大英图书馆资料提供中心”的会议录收集的每一个代表大会、专题讨论会、博览会、座谈会和其它会议上发表的论文。会议信息内容存储在每一个记录当中，目前有2380000多条记录，内容涉及各个领域，可通过馆际互借获取全文。该库每两周更新一次。OCLC 还有一个国际学术会议录索引 Proceedings，它是 PapersFirst 的相关库，它包括在世界各地举行的学术会议上发表的论文的目录表。

（3）中国学术会议论文数据库（中、英文版）（http：//www. wanfangdata. com. cn/）

该库由万方公司出品，是国内最具权威性的学术会议论文全文数据库，是目前国内收录会议数量最多，学科覆盖最广的数据库，是掌握国内学术会议动态必不可少的权威资源。中文版收录 1998 年以来国家级学会、协会、研究会组织召开的自然科学、工程技术、农林、医学等领域全国性学术会议论文，涉及全国性学术会议近 7000 余个会议，50 万余篇会议论文全文；英文版共收录自 1998 年以来的近 1000 余个会议，10 万余篇会议论文全文。

（4）中国重要会议论文全文数据库（http：//www. cnki. net/jianjie/jj3. htm）

该库由清华同方出品，收录我国 1999 年以来国家二级以上学会、协会、研究会、科研院所及政府举办的重要学术会议、高校重要学术会议、在国内召开的国际会议上发表的会议论文。收录会议论文全文文献 97 万余篇，年更新约 10 万篇论文。

2. 会议机构网站

学术会议按其组织的形式和规模可分为：国际性会议是由国际组织或者若干个国家学术机构共同主办的学术会议；全国性会议由全国性学会、协会单独或联合召开；地区性或基层性会议是由一个国家内部地区性的学术机构单独或联合召开，或者是高校、科研机构等基层召开的学术会议。在这些机构的主页上一般都能找到其会议预告、会议征文等消息，许多情况下还能第一时间获取相关的会议论文。如：

中国科学技术协会（http：//www. cast. org. cn/）提供了全国性学会和地方科协主办的学术会议和学术活动的简要信息，以及自己主办的各种会议和活动的详细信息，包括即将召开的会议预报及历届会议的大会指南、代表名单、会上交流的重要论文全文。

3. 专业会议服务网站

网上有些站点专门致力于搜集各类会议信息及其文献并提供免费服务。它们提供的会议相关信息非常丰富，既有关于会议本身的会议预告、会议日程、会议视频点播，也提供会议论文甚至全文。如：

Internet Conference Calendar 因特网会议预告（http：//www. mojam. com），公布每日更新的包含国际上最新的学术会议、研讨会、博览会、培训、专题讨论会等信息，并提供一个很方便的查询界面，可按照主题词、地点、时间等字段进行检索，还可根据国家、各大洲进行分类免费查询。

Calendar of Upcoming Technical Conference（http：//www. techexpo. com/events/），公布世界范围内即将召开的高科技领域国际会议，可以用主题词、地点、会议名称、主办者等信息进行检索，获取会议的主题、日程安排、会议论文征集等信息，也可以在此发布自己的会议信息。

中国会议网（http：//www. chinameeting. com/），主要收录展览性的展会信息，发布国内召开的各种会议、展览、培训信息以及部分国际性会展消息，并提供参展、参会和培训的网上报名。用户可以注册成为其会员，通过 E-mail 接受会议信息。

还可以通过专门收录会议信息的搜索引擎，如：

Allconferneces. com（http：//www. allconferences. com/）就是一个专门致力于收集各种会议、展览信息的网站。它由人工搜集许多高质量的会议网站，并列入 30 多个类目，能提供会议的简介、联系人和有关文献的下载。其他的搜索引擎也可以搜集会议相关网页，查找时直接输入会议名称或论文名称即可。

二、学术会议录文献索引（ISI Proceedings）检索

1. 概述

长期以来，由于会议的召开和会议录的出版都是不定期的，查找会议文献是一项比较困难的工作。现在通过基于 Web of Knowledge 平台的 ISI Proceedings，研究人员可以通过互联网直接检索一万两千多种国际上主要的自然科学、工程技术、社会科学和人文学术会议录信息。

ISI Proceedings 是 ISI（美国科技信息所）著名的学术会议录文献索引—Index to Scientific & Technical Proceedings（科技会议录索引，简称 ISTP）和 Index to Social Sciences & Humanities Proceedings（社会科学与人文会议录索引，简称 ISSHP）的 Web 版，汇集了世界上最著名的会议、座谈、研究会和专题讨论会等多种学术会议的会议录文献，覆盖学科非常广泛，是目前世界上了解会议文献信息的最主要检索工具。共涵盖约 250 个不同的学科，每周更新，每年收录 12000 多个会议的内容，年增加约 22. 5 万条记录。索引内容的 65% 来源于专门出版的会议录或丛书，其余来源于以连续出版物形式定期出版的系列会议录，汇集了世界上最著名的会议、座谈、研究会和专题讨论会的会议录资料。覆盖文献包括了英语和非英语文种。

ISI Proceedings 特点：

（1）收录最多、覆盖学科最广泛的学术会议录文献数据库。

（2）提供全面的会议信息及会议文献信息：

会议名称、主办机构、地点、论文题目、论文摘要、参考文献等。

（3）独特的会议文献所引用的参考文献（1999 - ）。

（4）基于 ISI Web of Knowledge 平台，提供强大的检索与链接功能（链接全文、馆藏等）。

（5）强大的分析功能—能够处理 10 万条记录。

2. 检索方法

（1）如何进入

ISI Proceedings 数据库采用校园网范围的 IP 控制使用权限。2001 年度，全国工程文献信息中心组织 20 多家学校以集团订购方式购买了 ISTP 和 ISSHP 数据库的使用权。北京大学、清华大学、北京航空航天大学、上海交通大学等学校的校园网用户有权访问此数据库。在这些学校图书馆主页“数字资源”栏目下点击“ISI Proceedings”，即可进入“ISI Web Knowledge”主页面。

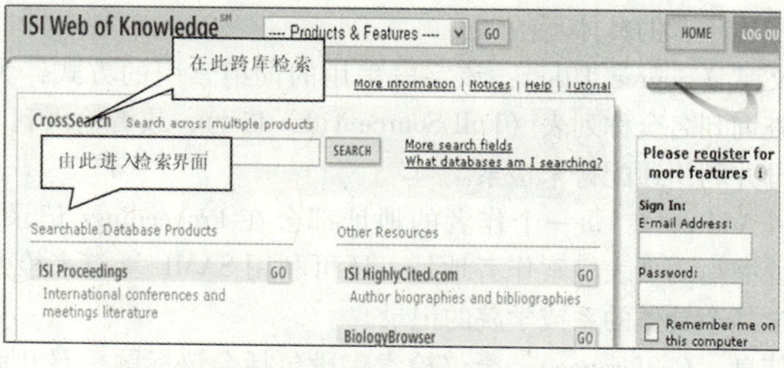

图 9 - 6 学术会议录文献索引（ISI Proceedings）首页

点击页面上“ISI Proceedings”，即可进入“ISI Proceedings”检索主页面。

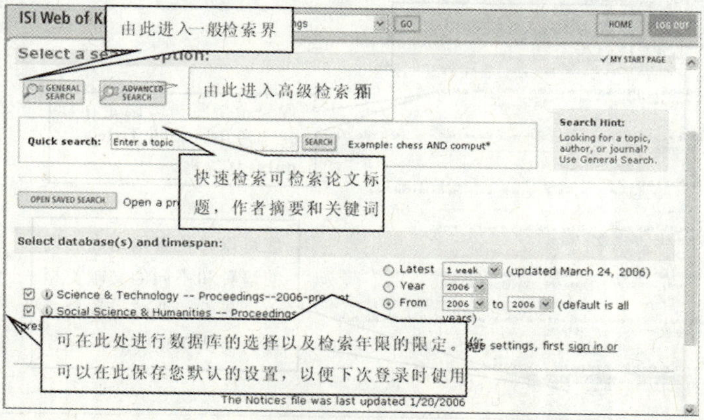

图 9 - 7 学术会议录文献索引（ISI Proceedings）检索主页

(2) 检索方法

ISI Proceedings 提供快速检索、一般检索、高级检索三种检索方式。

快速检索（Quick Search）可以检索文章标题，作者摘要和关键词。您可以使用 AND，OR，NOT 等逻辑算符连接词或者词组，一次性可检索最多达 50 个词或词组。

一般检索（General Search）可输入主题、作者、团体作者、来源文献、地址会议信息等进行检索：

主题（Topic）：主题检索将自动检索标题、摘要和关键词字段。

作者（Author）：在 ISI Proceedings 中检索作者姓名的方式是：先输入姓，然后输入空格，之后再输入不超过 5 位的名的首字母。也可以利用作者索引（Author Index）选择并添加到检索框中。

团体作者（Group Author）：应输入团体作者可能的各种写法。例如应包括作者名的全拼方式和可能的缩写形式。也可以通过右侧给出的团体作者索引来锁定团体作者的具体写法。

来源文献（Source Title）：该字段采用的词组索引的方式，为了方便检索，请先查询刊名全称列表（Full Source Titles List），或者输入刊名的单词的前几位字母并利用通配符来检索。

地址（Address）：每一个作者的地址都会在 Proceedings 记录中列出来。可利用地址缩写词列表检索作者地址，还可利用 SAME 算符来检索作者地址为某个大学某个具体的系或学院的记录。

会议信息（Conference）：会议检索字段包括会议标题、召开地、主办者以及召开日期。

一般检索（General Search）检索页面，如图 9－8 所示。

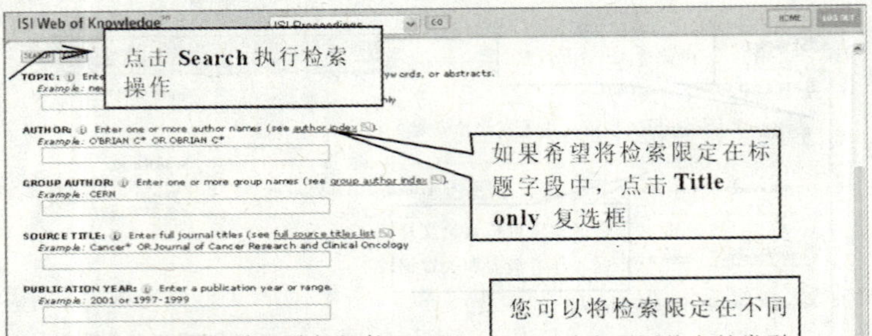

图 9－8　学术会议录文献索引（ISI Proceedings）一般检索页面

高级检索（Advanced Search）允许您使用两个字符的字段标识符和集合号创建一个复杂的检索式。

①使用字段标识符组配检索。

例如，如果您想检索 2003 年在 Washington，D. C 召开的 82nd Annual Meeting of the Transportation ResearchBoard 会议的有关 intelligent transportation systems 的会议录，您可以输入以下检索式：ts = intelligent transport * and cf = (transport * and washington and 2003)

②利用检索集合号组配检索。

在同一个检索进程中，每次成功的检索式和检索结果将会出现在检索历史（Search History）中，可利用集合号进一步检索。

高级检索（Advanced Search）页面，如图 9 - 9 所示。

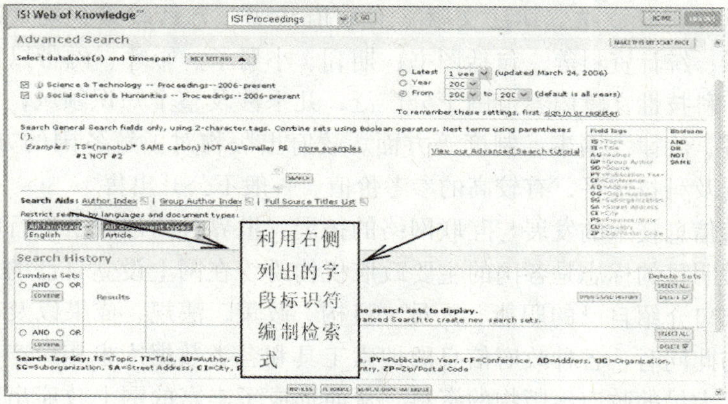

图 9 - 9　学术会议录文献索引（ISI Proceedings）高级检索页面

检索结果——概要（Search Result——Summary）

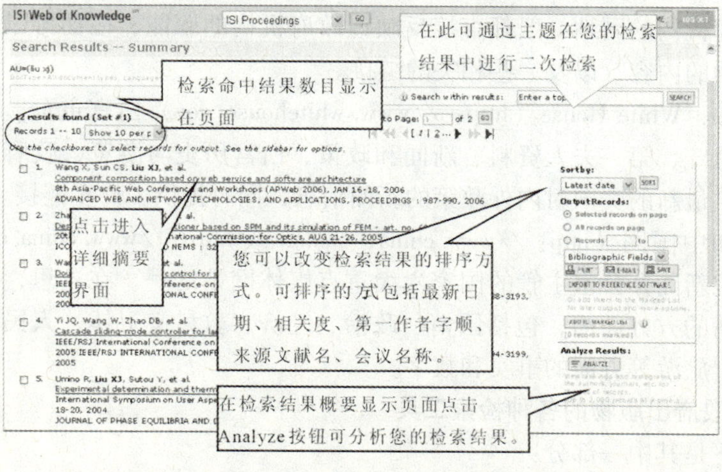

图 9 - 10　学术会议录文献索引（ISI Proceedings）检索结果页面

第三节 政府出版物及其检索

一、政府出版物及其网上分布

政府出版物指各国政府部门及其所属机构出版的文献，具有正式性和权威性的特点。它反映政府机构的活动，反映官方的意志和观点，大部分是政府在决策和工作过程中产生的文献，是一种完成任务的报告，或者是研究某一地区、某一国家或某一问题的成果。它往往提供原始的资料数据，是宣传政策、报道科研进展、普及知识的工具，也是了解各国科技发展水平、政治经济状况及各项政策的权威性官方文献。它可分为行政性和科技性两类。行政性文献（包括立法、司法文献）有政府法令、方针政策、规章制度、决议、指示、统计资料等，包括图书、期刊、小册子、影片、磁带以及其他声像资料；科技性文献内容范围十分广泛，几乎涉及整个知识领域，重点在政治、经济、法律、军事、制度等方面。政府出版物对了解各国的方针政策、经济状况及科技水平，有较高的参考价值，一般不公开出售。

随着信息技术的发展与互联网络的拓展，世界各国都着手进行电子政府建设，最明显的标志是各国的主要政府机构纷纷在网上设立自己的站点，通过这一窗口介绍自己的职能、人员、机构、政策、法规、成果以及出版物信息等。与此同时，各种政府信息的搜索工具和各类数据库也相应产生，它们都收录了大量的政府出版物的资料，从而形成了丰富的网上政府出版物信息空间。

1. 政府机构网站

政府机构的网站一般都直接反映该政府机构的职能，往往可以从中找到其出版物的内容，以及一些相关的链接。

例如，White House（http：//www. whitehouse. gov）白宫主页，可检索总统、副总统、第一夫人资料、新闻和政策、白宫历史与游览、政府内阁等信息；提供最新的美国对内外政策的新闻信息，同时提供了许多链接。

又如中国网（http：//www. china，org. cn 或 http：//www. china. com. cn/），是国务院新闻办公室主管的国家六大重点媒体网站之一。在这里，可以找到中国国情的方方面面，包括国情、政治、经济、教科文卫体、人民生活、环境保护、旅游等方面的事实和数字。

2. 政府出版物的各种检索工具

以下是其中一部分：

Catalog of U. S. Government Publications（http：//www. gpoaccess. gov/cgp/

index. html)，美国政府出版物目录，对应于印刷型的《美国政府出版物每月目录》，收录1994年1月至今公开发行的联邦政府出版的大部分印刷型和电子型的政府出版物的书目信息，不收录议案、专利、地图以及保密性文献，其中大部分出版物都分发到各个贮藏图书馆。

Federal Web Locator（http：//www. infoctr. edu/fwl/），联邦网络定位器，是美国政府信息网页索引，为检索美国政府信息的首选工具。

Australian Government Information（http：//www. nla. gov. au/oz/gov/），提供澳大利亚政府信息资源。

Government of Canada（http：//www. gc. ca），此站点提供加拿大政府文件和数据的信息服务。

中国的政府上网工程（http：//www. gov. cn）始于1999年6月，其中，有对全国34个省、直辖市、自治区以及港澳台站点的导航系统及检索系统。

3. 政府出版物的专业搜索引擎

政府出版物的专业搜索引擎是查找和获取政府信息的有力工具。下面是两个著名的专业搜索引擎：

（1）Google（http：//www. google. com/unclesam）

类似于Yahoo的搜索引擎，比较适合于检索政府出版物。输入上面提供的Google网址，就可直接链接到Google专门为检索政府出版物设计的检索界面。它支持简单检索和高级检索。在高级检索中，可以限定检中内容语种、域名、时间，也可以限定检索词在网页中出现的位置，甚至可以限定检中结果的格式（Word、Excel、Power point等）

（2）FIRSTGov（http：//www. firstgov. gov）

一个以客户为中心的单一政府网站，是美国2万多个政府网站的统帅。从该网站可以访问、链接47000000个政府信息、服务和网上交易的网页，几乎涵括了所有的美国政府网站。它提供了功能强大的搜索引擎，可以在1/4秒内或更短的时间里检索每一个政府文档中的每一个单词。除此之外，它还提供了主题索引、联机交易等功能，并可从该网站直接链接到州或地方政府。另外，它还提供了一些其他的功能，以方便人们在不知道政府机构的具体名称时依然能够随时获取所需的信息资源。

4. 图书馆的联机公共检索目录

政府出版物，尤其是印刷型政府出版物，如果被某一图书馆或文献情报机构收藏，一般会在其OPAC中得以反映。因此，可以根据已知的信息来查询可能收藏政府出版物的图书馆（如中国国家图书馆、美国国会图书馆）的OPAC系统，或直接查找图书馆的联合目录。对于美国政府出版物而言，因为早在19世纪就制定了联邦储藏图书馆计划（Federal Depository Library Program, FDLP），美国政府出版局将其部分出版物免费分发给全国1400个储藏图书馆（Depository Library），通过它们向所在地区的公众提供借阅服务。为方便公众查询，每一个储藏图书馆的政府出版物收藏情况都在OPAC中得以充分反映，因此，只要检索这些储藏图书馆的馆藏情况书目数据库，就可以获取大量的美国政府出版物的信息。

5. 专业数据库

目前，许多国家的政府出版物经过长期的积累，已经有了相当的规模，并逐步形成了一些专业数据库。这些数据库，有些是非赢利性质的，直接放在相应政府网站上对所有的访问者免费服务；有些则采取会员制，仅仅对付费的用户开放。这些非赢利或赢利的数据库中，又有部分被一些商业数据库公司购买，从而从另一个角度为读者提供服务。例如，在OCLC FirstSearch数据库中，就包含了以下两个政府出版物数据库，凡是购买了OCLC FirstSearch数据库的校园用户，就可以在这个数据库中查找到相关的政府信息。

ERIC——收录教育方面的期刊文章和报告，是由教育资源信息中心提供的已出版的和未出版的教育方面的资料来源的一个指南。它囊括了数千个教育专题，提供了最完备的教育书刊的书目信息，覆盖了从1966年到现在的资料，每月更新记录。

GPO——收录美国政府出版物，包含52万多条记录，报导与美国政府相关的各方面的文件。这些文件的类型有：国会报告、国会意见听证会、国会辩论、国会档案、法院资料以及由美国具体实施部门如国防部、内政部、劳动部、总统办公室等出版发行的文件，它覆盖了从1976年7月以来的资料，每月更新记录。

另外，在剑桥科学文摘数据库（Cambridge Science Abstract，CSA）中，除了ERIC，还包含了AGRICOLA、NTIS等两个政府出版物数据库。

二、国务院发展研究中心信息网（国研网）检索

1. 概述

“国研网”全称是“国务院发展研究中心信息网”，是国务院发展研究中心主管、国务院发展研究中心信息中心主办、北京国研网信息有限公司承办的大型经济类专业网站。

国研网是以国务院发展研究中心丰富的信息资源和强大的专家阵容为依托，全面整合中国宏观经济、金融研究和行业经济领域的专家资源及其研究成果，并与海内外众多著名的经济研究机构和经济资讯提供商紧密合作而创建的中国著名的大型经济类专业网站。它为中国各级政府部门和企业提供关于中国经济政策和经济发展的深入分析和权威预测，为海内外投资者提供中

国宏观经济和行业经济领域的政策导向及投资环境信息，使投资者及时了解并准确把握中国整体经济环境及其发展趋势，是领导者和投资者的经济决策平台。

目前“国研网”已成功推出了《国研报告》、《宏观经济》、《金融中国》、《行业经济》、《世界经济与金融评论》和《财经数据》、《高校管理和决策参考》等数据库。

2. 检索方法

我校已购买并安装了“国研网”镜像，因此，校园网用户可直接进入安徽师范大学大学图书馆的网页，点击“数字资源”中文版进入中文数据库界面，点击“国研网”，便进入“国务院发展研究中心信息网”镜像版界面。

检索方法主要有：根据各栏目和产品目录检索，即有分类目录检索和关键词检索二种。

(1) 分类目录检索

由分类目录检索就象读书一样，由主页面上最上一栏的一级类目逐级向下检索，这对于要了解某一类或某一方面的读者十分适用。如要从宏观上了解“农民减负与增收”问题的文章，进入主页面后，点击“宏观经济”，进入以下界面。如图 9－11 所示。

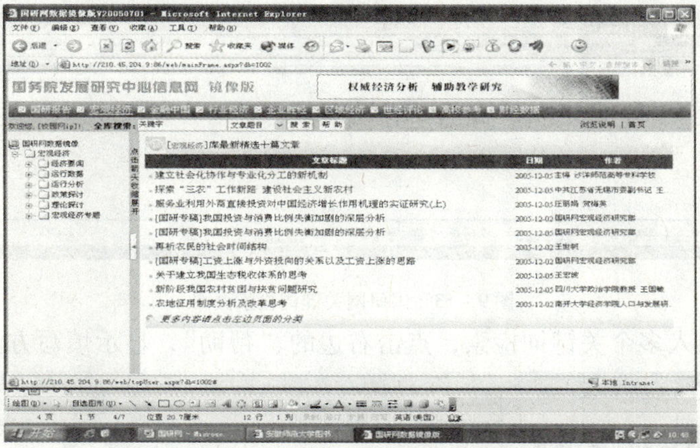

图 9－11　国研网分类目录检索页面

我们可以逐步往下，直到发现“农民减负与增收”小类，点击并打开相应页面，从中我们发现本期“国研网”收录的有关“农民减负与增收”的文章：有王郁昭撰写的“农民充分就业是走出二元经济结构的关键”等 43 篇。点击“每页”后方框内数字后的“∨”可以调整每页显示的篇数“6、10、14”。点击文章题目便可显示全文，如点击“农民充分就业是走出二元经济结构的关键”便进入如图 9－12 界面。

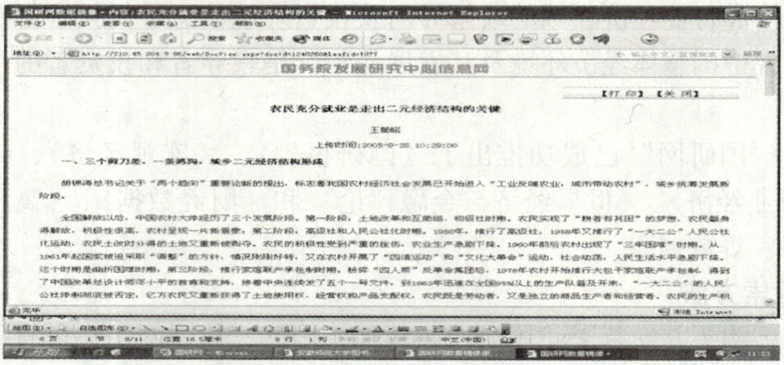

图 9－12　国研网检索结果全文显示页面

图 9－12 显示的便是文章的全文。其它各类文献的检索方法与此相同。

(2) 关键词检索

在主页面的最上一栏的栏目下设有检索方式的格式，“全库搜索”后的第一个方框便是供填入关键词的，第二个方框是供设定范围的，方框内原始设定为“文章题目”，点击右边的“V”符号，下拉菜单中显示“文章全文”、“文章作者”、“文章关键字”以供选择。

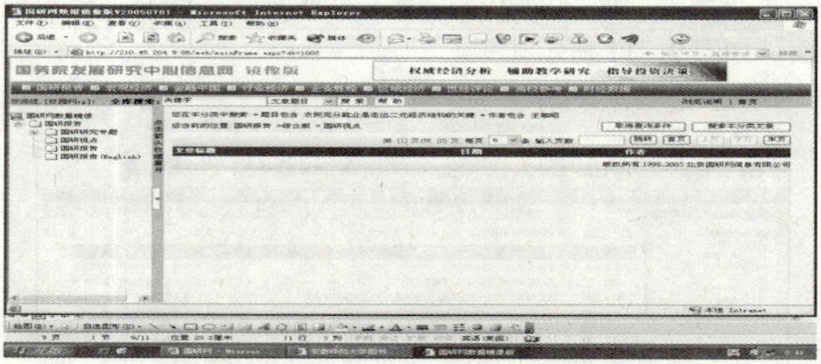

图 9－13　国研网关键词检索页面

如要填入多个关键词检索，点击右边的“帮助”，显示填写方法

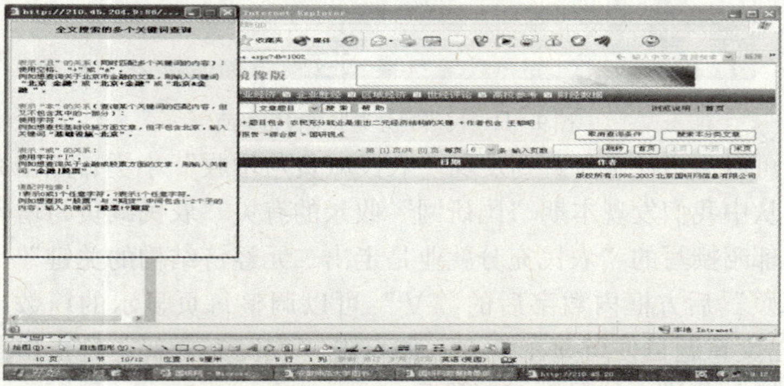

图 9－14　国研网关键词检索帮助页面

如要在本数据库中选择以“西部开发”为标题的所有论文，就在“关键字”框中填入“西部开发”，选择范围“文章题目”不动，然后点击“搜索”，获得检索结果。如要查看某篇文章的全文，点击该文题目即可。

用单个关键词检索，范围设定为“文章全文”或“文章作者”或“文章关键字”，检索的方法和过程与范围设定为“文章题目”是一样的，不再赘述。

用多个关键词检索（一般在“文章全文”检索中使用），则应按“帮助”提示使用布尔逻辑式输入检索式进行检索。

(3) 下载、复制和打印

如要下载选中的文章，点击“文件”下拉菜单中的“另存为”即可。

复制可以复制选中文章的全部，也可以复制选中文章的部分，方法是按住鼠标左键不动，向下拖动选中所需部分，再到自己的 Word 文本中粘贴即可。

如要把选中的文章打印下来，可在“文件”下拉菜单中点击“打印”即可；也可点击工具条中的打印符号；或直接点击文章左上角的“【打印】”均可。

第四节　专利文献及其检索

一、专利文献及其分布

专利文献是实行专利制度的国家及国际性专利组织在审批专利过程中产生的官方文件及其出版物的总称，是技术情报、法律情报和经济情报的重要来源。作为公开出版物的专利文献主要有：专利说明书、专利公报、专利文摘、专利索引和专利分类表等，狭义的专利文献指的是申请说明书和专利说明书。我国于 1985 年 4 月 1 日实行专利制度。

专利文献具有新颖性、创造性和实用性的特点。专利文献与其他文献的主要区别在于，它集技术、法律、经济情报一体化。此外，专利文献具体表现为：①提供技术信息：寻找技术解决方案，为技术创新获得灵感，提高企业技术创新和科研的起点，避免重复研究，节约经费。②提供法律信息：为技术转让和技术进出口贸易提供依据，根据专利的保护期限，保护的技术范围和保护的地域，可以作出侵权及专利有效性判定。③提供经济信息：通过对专利文献信息的分析研究，可以了解竞争对手在国内外市场上所占的市场份额、核心技术竞争力、专利战略意图和技术发展动态。

目前，专利文献的出版迅速，其中专利说明书的出版量最大，世界年出版量为100万—110万件，总累计出版量约4000多万件。有70%的专利不可能从其他的技术文献中获得，因此，查询和利用专利信息就显得尤其重要。

由于各国都有自己的专利分类法，因此专利文献的分类各不相同，这给专利检索带来了诸多不便。随着《国际专利分类法》的诞生，这一难题迎刃而解。《国际专利分类法》（International patent Classification，简称IPC），是根据1971年签订的《国际专利分类斯特拉斯堡协定》编制的，是目前唯一国际通用的专利文献分类和检索工具。IPC采用功能应用相结合，功能为主的分类原则，分为八个分部：A部人类生活需要（农、轻、医）；B部作业、运输；C部化工、冶金；D部纺织、造纸；E部固定建筑物；F部机械、照明、热工、武器、爆破；G部物理（包括计算机）；H部电学。

我国的专利文献也采用IPC分类法，每5年修改一次，现在使用的是第七版，从2000年1月1日生效使用。

1. 国内专利网络资源

（1）专利全文数据库有

中国专利信息中心（http：//www.cnpat.com.cn），其前身是原中国专利局的自动化工作部，现在是国家知识产权局直属的事业单位。作为国家级大型的专利信息服务机构，收录1985年以来公布的全部中国专利信息，包括发明、实用新型和外观设计三种专利的著录项目及摘要，还提供专利的法律状态检索，可浏览到发明专利和实用新型专利的说明书全文。

中国专利网（www.cnpatent.com），由中国专利技术开发公司创建，是中国最大的从事专利技术与专利产品信息的发布、并为专利供需双方提供全方位服务的权威性中文网站。该网站具有强大的发布信息与展示功能以及完善的网络专利检索功能，并通过与世界最大的搜索引擎公司GOOGLE合作，利用最先进的网络信息匹配技术，为每一项网上发布的专利都匹配了与之技术或产品相关的生产、科研、贸易、投资、媒体等机构信息，为专利推广与合作提供了更广泛的机遇。

中国发明专利技术信息网（http：//www.1st.com.cn/），由国家知识产权局、中国专利信息中心主办，数据库面向公众提供免费专利检索服务，包括从1985年开始实施专利起的中国专利的摘要。

中国专利信息网（http：//www.patent.com.cn），国家知识产权局专利检索咨询中心主办，始建于1998年5月，集专利检索、专利知识、专利法律法规、项目推广、高技术传播、广告服务等功能于一体。

（2）专利文摘数据库有

中国知识产权网（http：//www.cnipr.com），国家知识产权局知识产权出版社创建的知识产权信息综合性服务网站，于1999年6月创建，由专利、商标、版权三大版块组成。

易信网（http：//www. exin. net），由北京市经济信息中心主办，包括两个专利检索的数据库：中国专利文摘数据库和中国失效专利文摘数据库。

2. 国外专利网络信息资源

（1）欧洲专利数据库（http：//ep. espacenet. com/）

欧洲专利局（European Patent Offices，EPO）从 1998 年开始通过因特网提供免费的专利服务，具体内容包括最近两年内由欧洲专利局和欧洲专利组织成员国出版的专利，世界知识产权组织 WIPO 出版的 PCT 专利的著录信息及专利全文扫描图像。图像采用 PDF 格式，检索语言是英语，但检索结果则可能是原专利匹配的语种，如法语、德语等。

（2）美国专利商标局（http：//www. uspto. gov/）

美国商务部下属的美国专利商标局主办，通过网络提供大量专利文献的检索。具体内容包括 1790 年以来出版的所有授权的美国专利说明书扫描图形，其中，1976 年以后的说明书实现了全文代码化；2001 年 3 月 15 日以来所有公开（未授权）的美国专利申请说明扫描图形。1790—1975 年间的专利文献只能通过专利号和美国当前的专利分类系统检索，数据每周公开日（周二）更新。

（3）日本专利数据库（http：//www. jpo. go. jp）

日本专利局主办，为公众提供免费的日本专利检索，主要服务项目有日文的工业产权信息数据库、英文的日本专利摘要。

（4）加拿大专利数据库（http：//patents1. ic. gc. ca/intro - e. html）

加拿大知识产权局提供的专门检索加拿大专利信息的网站，内容包括 1920 年以来的加拿大专利文档（专利的著录项目数据、专利的文本信息、专利的扫描图像）。

二、中外专利数据库检索

中外专利数据库服务平台（CNIPR）是国家知识产权局知识产权出版社建立的，针对专利信息应用和专利战略咨询的需求开发的专利数据库资源共享平台。它包括专利信息采集、信息加工、信息检索、信息分析、信息应用等部分。

CNIPR 服务平台提供全部中国专利信息数据库，同时，拥有美国、日本、欧洲专利局、世界知识产权组织等八十多个国家、组织及地区在内的海量专利数据库，以及经过深度加工标引的中国药物专利数据库和中国专利说明书全文全代码数据库，总量达到五千万件以上。

CNIPR 服务平台基于浏览器访问，实现了在同一中文界面下对世界各国专利信息的统一检索和浏览，全部国外数据均采用英文文摘，最大限度方便用户使用。

CNIPR 具有表格检索、逻辑检索、智能模糊检索、行业分类导航检索和 IPC 分类检索等多种途径，还可以实现模糊检索、二次检索、过滤检索、同义词检索等功能，使操作轻松而且容易。

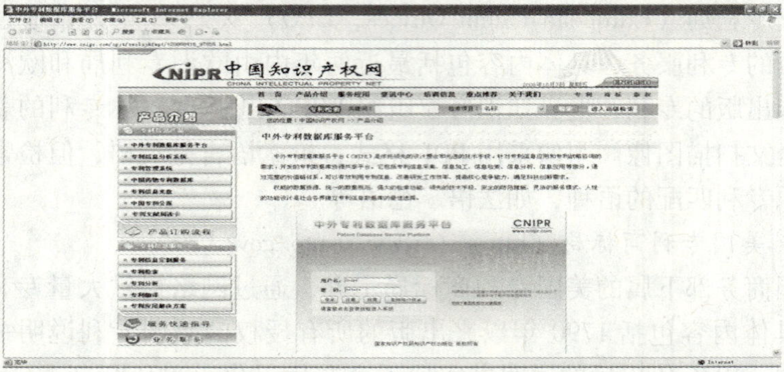

图 9－15　中国知识产权网首页

1. 表格检索

进入中外专利数据库服务平台，在表格检索菜单下，根据需求在检索框内输入检索词，有申请（专利）号、申请日、公开（公告）号、公开（公告）日、名称、摘要、主分类号、申请（专利权）人、专利代理机构、优先权、全文检索等检索途径可以进行检索。

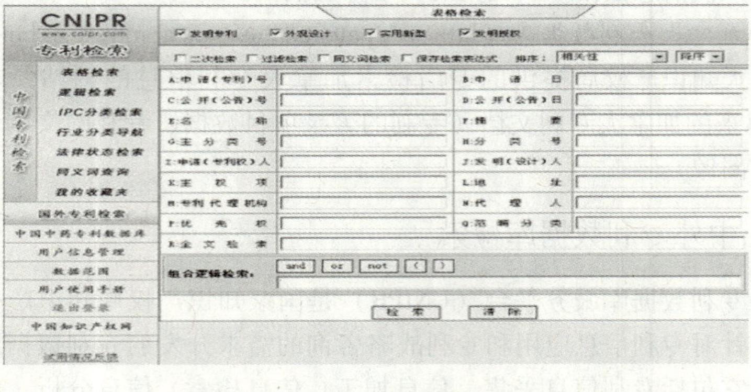

图 9－16　中外专利数据库表格检索页面

检索结果如图 9－17 所示。

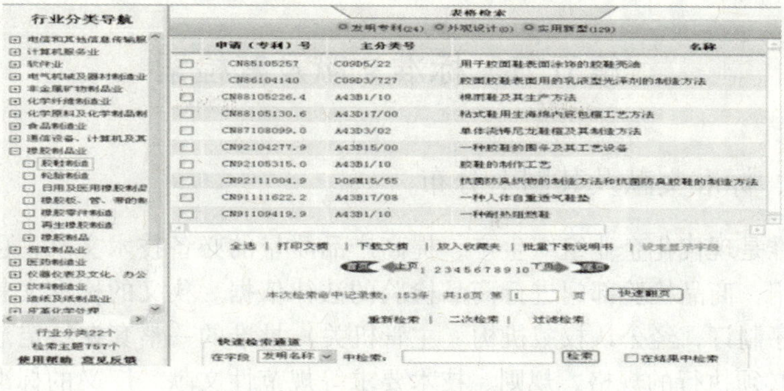

图 9－17　中外专利数据库检索结果页面

2. 逻辑检索

运用布尔逻辑式，进行多种条件的逻辑检索。

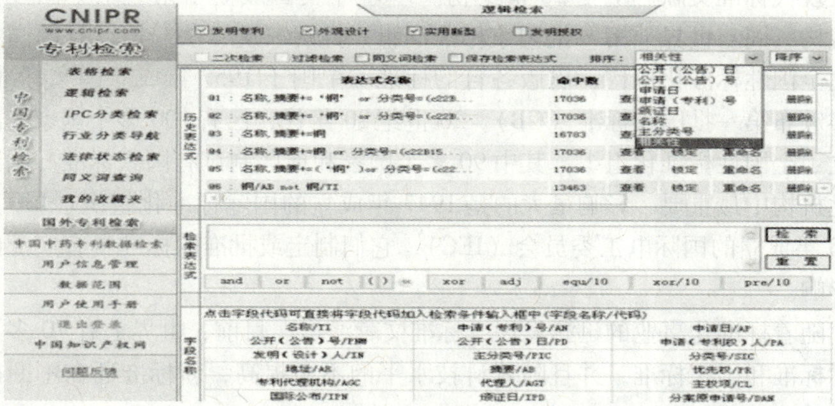

图 9－18　中外专利数据库逻辑检索页面

检索结果如图 9－19 所示。

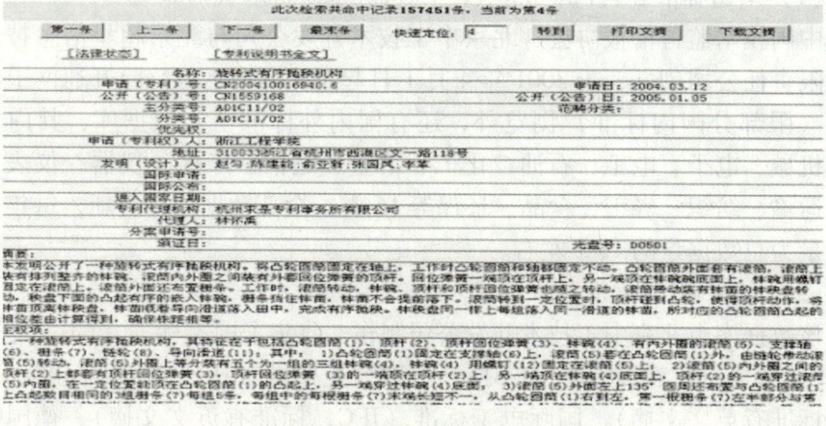

图 9－19　中外专利数据库检索结果详细页面

第五节　标准文献及其检索

一、标准文献及其网上分布

标准是现代化企业组织生产、提高产品质量的必备技术文献，也是技术监督部门、商品检验部门进行商品检验的法律依据。狭义的标准文献是指按规定程序制订，经公认权威机构（主管机关）批准的一整套在特定范围（领域）内必须执行的规格、规则、技术要求等规范性文献。广义的标准文献是指与标准化工作有关的一切文献，包括标准形成过程中的各种档案、宣传推广标准的手册及其他出版物、揭示报道标准文献信息的目录、索引等。

现代标准文献产生于20世纪初。1901年英国成立了第一个全国性标准化机构，同年世界上第一批国家标准问世。此后，美、法、德、日等国相继建立全国性标准化机构，出版各自的标准。中国于1957年成立国家标准局，次年颁布第一批国家标准（GB）。20世纪80年代，已有100多个国家和地区成立了全国性标准化组织，其中90多个国家和地区制订有国家标准。国际标准化机构中最重要、影响最大的是1947年成立的国际标准化组织（ISO）和1906年成立的国际电工委员会（IEC），它们制定或批准的标准具有广泛的国际影响。

随着标准化事业的迅猛发展，标准文献激增。目前，世界上有70多万件国际标准和国家标准，并且随着科技水平的不断提高，新标准还在不断的增长中。

1. 国内标准信息资源

（1）中国标准咨询网（http：//www. chinastandard. com. cn）

中国技术监督情报协会、北京中工技术开发公司与北京超星信息技术发展有限责任公司创办，于2001年4月1日起正式开通运行。除开通网上标准全文（限部分国内标准）浏览外，还有国内外标准全文数据库，其内容涉及：机械、电子、电工、石油、化工、冶金、通信、广播、仪器、仪表、交通、运输、纺织、轻工、食品、环保等16类，全部数据按月更新，每年数据更新量为总数据量的15%左右。

（2）《国内外标准题录数据库》

该数据库由北京中工技术开发公司制作，收集了国家标准（GB，部分标准有文摘）、国家建设标准（GBJ）、中国行业标准（HB）、国际标准（ISO，部分标准有英文文摘）、国际电工标准（IEC，标准有英文文摘）、德国标准（DIN）、英国标准（BS）、法国标准（NF）、日本工业标准（JIS）、美国标准

（ANSI）、EN 欧洲联盟、美国部分学协会标准（如 ASTM、IEEE、UL、ASME）等标准文献题录信息，共计标准题录约 20 余万条。

（3）中国标准服务网（http：//www. cssn. net. cn）

中国标准化研究院标准馆主办，是国家级标准信息服务门户，是世界标准服务网（www. wssn. net. cn）的中国站点。中国标准服务网的标准信息主要依托于国家标准化管理委员会、中国标准化研究院标准馆及院属科研部门、地方标准化研究院（所）及国内外相关标准化机构。中国标准化研究院标准馆收藏有 60 多个国家、70 多个国际和区域性标准化组织、450 多个专业学（协）会的标准以及全部中国国家标准和行业标准共计约 60 多万件。

（4）万方数据资源系统中外标准库（http：//www. chinainfo. gov. cn）

该库收录了国内外的大量标准，包括我国发布的全部标准、某些行业的行业标准以及电气和电子工程师技术标准；收录了国际标准数据库、美英德等的国家标准，以及国际电工标准；还收录了某些国家的行业标准，如美国保险商实验所数据库、美国专业协会标准数据库、美国材料实验协会数据库、日本工业标准数据库等。现有 25 万多条数据，是检索标准信息的重要工具。

2. 国外标准信息资源

（1）国际标准化组织网站：ISO 标准（http：//www. iso. ch）

国际标准化组织是世界上最大的非政府性的标准化组织，是联合国经济社会理事会的甲级咨询机构，在国际标准化活动中占有举足轻重的地位，涉及除电工和电子工程领域外的所有技术领域。目前，ISO 有 200 个技术委员会，630 个子委员会和 1620 个工作小组，进行各种标准研究、制定工作。ISO 在网上提供其概况、世界成员、技术工作、ISO9000 与 ISO/4000、世界标准服务网络等信息与服务。

（2）国际电工委员会网站：IEC 标准（http：//www. iec. ch）

国际电工委员会成立于 1906 年，是世界上成立最早的非政府性国际电工标准化机构，与 ISO 并列为两大国际性标准化组织，主要负责制定电气、电子、电讯等方面的国际标准，目前由 49 个国家的技术委员会组成。IEC 在网上提供对其出版物的搜索、下载及其他服务。

（3）美国国家标准学会网站：ANSI 标准（http：//www. ansi. org）

美国国家标准学会是非营利性质的民间标准化团体，实际上已成为美国国家标准化中心。网站提供美国和其他国家、公司的工业标准 20 万个，国际标准 15000 个，美国国家标准 13500 个及一些拟订的标准等。

（4）英国标准学会网站：BSI 标准（http：//www. bsi - global. com/inedx/xalter）

英国标准学会是世界上最早的国家标准化机构，下设 300 多个技术委员会和分委会。该网站主要提供标准目录、标准检索、英国标准在线、管理系统登记、产品试验和证明等服务。

二、万方数据资源系统（标准）检索

进入万方数据资源系统，在资源浏览栏内，选择中外标准类，进入中外标准数据库。可以限定标准的发布时间，标准的类型（中国国家标准、中国行业标准、国际标准化组织标准、欧洲标准等），选择检索字段，有全文、标准名称、标准编号、发布单位、起草单位、发布日期、实施日期、中图分类号、中国标准分类号、国际标准分类号、关键词等下拉选项，在检索框内输入检索词，如选择关键词字段，输入“牛奶”一词，进行检索。

系统支持布尔逻辑运算，可以输入第二个或更多检索词，进一步限定检索条件，以缩小检索范围，迅速、准确地获得检索结果。

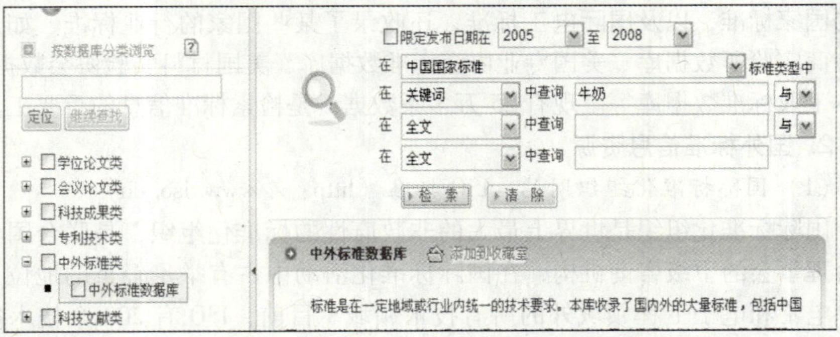

图 9－20　万方数据中外标准数据库检索页面

检索结果如图 9－21 所示。

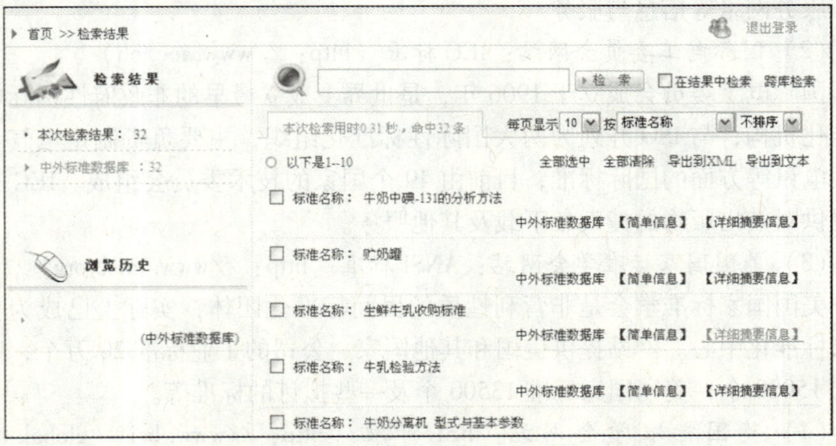

图 9－21　万方数据中外标准数据库检索结果页面

如果检索结果太多，还可以在结果中进行二次检索。

在结果中勾选我们满意的记录，点击［简单信息］或［详细摘要信息］进入细览页，查看标准的编号、发布单位、起草单位、标准的实施日期、确认日期等信息。可以选择输出格式。

第十章　网络信息检索

随着计算机技术的出现与发展，以缩微品、声像带、磁盘、光盘等形式记录的非纸信息急剧上升，手工检索靠"手翻、眼看、大脑判断"的检索方式已难以全面适应当今信息的发展，计算机信息检索必然就到了应用与发展阶段。以 Internet 为代表的全球性网络的实际应用更进一步推动了这一发展，这既是对手工检索的扩展，也是时代发展的需要。

第一节　网络信息资源

因特网（Internet）是一组全球信息资源的总汇，是在美国 ARPANET 基础上发展起来的。20 世纪 60 年代末，美国国防部的高级研究计划局（ARPA）建设了一个军用网，叫做"阿帕网"（ARPAnet），主要用于军事目的。到 70 年代，ARPA 又设立了新的研究项目，支持学术界和工业界进行有关的研究。研究的主要内容就是想用一种新的方法将不同的计算机局域网互联，形成"互联网"，研究人员称之为"internetwork"，简称"Internet"。这个名词就一直沿用到现在。

在研究实现互联的过程中，计算机软件起了主要的作用。1974 年，出现了连接分组网络的协议，其中就包括了 TCP/IP——著名的网际互联协议 IP 和传输控制协议 TCP。这两个协议相互配合，其中，IP 是基本的通信协议，TCP 是帮助 IP 实现可靠传输的协议。TCP/IP 有一个非常重要的特点，就是开放性，即 TCP/IP 的规范和 Internet 的技术都是公开的，目的就是使任何厂家生产的计算机都能相互通信，使 Internet 成为一个开放的系统。这正是后来 Internet 得到飞速发展的重要原因。1982 年，ARPA 接受了 TCP/IP，选定 Internet 为主要的计算机通信系统，并把其它的军用计算机网络都转换到 TCP/IP。1986 年，美国国家科学基金组织（NSF）介入，建立了 NSFnet，随后于 1989 年宣布 ARPAnet 解散，Internet 从军用转向民用。1992 年，美国 IBM、MCI、MERIT 三家公司联合组建了一个高级网络服务公司（ANS），建立了一个新的网络，叫做 ANSnet，成为 Internet 的另一个主干网，从而使 Internet 开始走向商业化。1995 年 4 月 30 日，NSFnet 正式宣布停止运作，而此时 Internet 的骨干网已经覆盖了全球 91 个国家，主机已超过 400 万台。

中国从 1994 年开始正式接入因特网，同年 5 月，建立和运行中国的域名体系，先后建成了中国科学技术网、中国公用计算机网、中国教育和科研计算机网和中国金桥网等几大因特网，初步形成了中国因特网主干网。

今天的 Internet 已不再是计算机人员和军事部门进行科研的领域，而是变成了一个开发和使用的覆盖全球的信息海洋。Internet 上既有政府机构发布的消息、政策法规、会议消息，也有科研成果、项目进展报告、产品目录；既有题录、摘要，又有全文，还有许多联机馆藏书目数据库以及近万个数字图书馆，它们组成了世界上最大的信息资源库。

一、网络信息资源类型与特点

网络信息资源是指存贮在网络节点（服务器）中的各种格式的文件和数据库（或信息库）中的各个信息单元（如数据项）的总和。网络信息资源实质上就是通过网络可发布、存贮和利用的一切数字型文献，它包括在因特网这个平台上可以获得的一切信息资源，如数据库、电子图书、电子期刊、电子报纸和其他的网站、网页等。简言之，网络信息资源就是通过计算机网络可以利用的各种信息资源的总和。

网络信息资源的分布以网站（即服务器）为物理实体单位，网站是信息活动的单位，网站由网页构成，网页是信息发布的基本单位。网页指的是在对网站或 URL 进行存取时，呈现给用户可视的、用眼可读的、所谓的“表面”数据。网页由文本和图片（有时甚至有声音和影像）组成。

1. 网络信息资源的类型

网络信息资源极为丰富，几乎包含了所有类型的信息资源。从不同的角度出发，人们对网络信息资源进行了不同的类型划分。

（1）按照人类信息交流的方式划分，可以分为网络非正式出版信息、网络半正式出版信息和网络正式出版信息。

①网络非正式出版信息，指流动性，随意性较强，信息数量大，信息质量难以保证和控制的动态性网络信息。包括电子邮件、网络论坛和电子会议、电子布告板新闻等。

②网络半正式出版信息，指受到一定知识产权保护，但没有纳入正式出版信息系统的描述性网络信息。

③网络正式出版信息，指受到一定的知识产权保护，信息质量可靠，利用率较高的知识性、分析性网络信息。它们或是传统出版物的数字化，或是有明确创建者，并且有版权的直接网络出版物。

（2）按照信息的加工层次划分，可以分为一次网络信息资源、二次网络信息资源、三次网络信息资源。

（3）按照网络信息的内容和用途划分，可以分为普通型、专门资料型、数据资料型和即时资料型。

（4）按照网络信息的内容划分，可以分为学术信息、生活信息、娱乐信息等，学术信息又主要包括政府信息、教育科研信息、网上出版物、网络数据库。

（5）按照信息的表现形式划分，可以分为全文型、数值型、书目文献型和实时活动型。

（6）按照传输协议的不同，可以分为 WWW 信息资源、Telnet 信息、FTP 信息资源、网络论坛和 Gopher 信息资源。

（7）按照网络信息资源的存取方式划分，可以分为邮件型、电话型、揭示板型、广播型、图书馆型、书目型。

（8）从信息传播的方式划分为稳定性的信息资源和不稳定的信息资源。

2. 网络信息资源的特点

网络信息资源突破了以纸张或其他实物介质为载体的传统信息资源的限制，将大数量、多类型、多媒体、非规范的信息融合为数字化形式，在计算机或计算机网络上方便地存储、处理、传递和加工，实现了信息表达和传输的质的飞跃，与传统的信息资源相比，网络信息资源在数量、形式、分布和传播范围等方面有着明显的差异，显现出许多新的特点。

（1）数量巨大，增长迅速。海量是网络信息资源一个重要的特点。

（2）内容丰富，形式多样。网络信息资源涵盖了几乎所有的人类社会生活领域，内容包罗万象，覆盖了不同学科、不同领域、不同语言的信息资源。在形式上以数字化信息为主，包括文本、图形、图像、动画、声音、视频等。

（3）结构复杂，分布广泛。网络信息资源本身无统一的标准和规范，各服务器有不同的操作系统、数据结构、字符集、处理方式等等，因此网络信息资源结构相当复杂，网络信息广泛分布在不同地区的服务器上，跨越了地理空间的限制。

（4）时效性强，更新迅速。网络信息资源更新淘汰周期短，变化快，不稳定，呈高度动态性，因而内容呈现很强的时效性；同时网络信息资源的存贮位置也经常发生变化。

（5）传播快速，利用方便。网络信息资源跨越时间和空间的限制，传播速度极快。同时，信息具有互动性，任何一个读者都可以把自己拥有的信息资源通过网络传输出去，不受版权限制的资料，人人均可随时登录访问自由取用，还可随时被多人多次利用，不占用空间，访问迅速。

（6）变化频繁、价值不一。由于网络信息资源是一个动态系统，许多信息随着时间的推移不断更新，有的 Web 页更换时间极短，而且信息的发布具有很大的自由度和随意性，缺乏必要的过滤、质量控制和管理机制，信息质量良莠不齐。

二、网络信息资源检索

为帮助用户在浩如烟海的因特网上查找到自己需要的信息，互联网上相继开发了一些查询工具。如：

1. Archie：文档服务器

可帮助用户找到 Internet 上匿名的 FTP 地址。用户提交所要查询的内容（文件名，或者文件的一部分），Archie 服务器检索自己的数据库，并显示查询的结果。Archie 可以确定寻找的文件在 Internet 的哪个 FTP 服务器中的哪个子目录下。

2. Gopher：文本信息浏览服务

Gopher 有时也称为"Internet 槽带"，它将 Internet 上的文件组织成某种索引，很方便地将用户从 Internet 的一处带到另一处。允许用户使用层叠结构的菜单与文件，以发现和检索信息。通过 Gopher 可以进行以下类型的信息查询：远程登录 Telnet 信息查询、文本文件信息查询、电话簿查询、多媒体信息查询和专有格式信息查询。

3. WAIS：广域信息服务

WAIS（Wide Area Information System 的缩写）是一种数据库索引查询服务，通过服务器目录对各个服务器进行跟踪，并且允许用户通过 WAIS 客户端程序对信息进行查找。WAIS 用户可以获得一系列的分布式数据库，当用户输入一个对某一个数据库进行查询的信息时，客户端就会访问所有与该数据库相关的服务器。访问的结果是满足要求的所有文本的描述，此时用户就可以根据这些信息得到整个文本文件。它主要通过文件内容（而不是文件名）进行查询。如果需要寻找包含在某个或某些文件中的信息，WAIS 是一个较好的选择。

4. WWW：万维网交互式信息查询服务

World Wide Web 是一个资料空间。在这个空间中，一样有用的事物，称为一样"资源"，并且由一个全域"统一资源标识符"（URL）标识。这些资源通过超文本传输协议（Hypertext Transfer Protocol）传送给使用者，而后者通过点击链接来获得资源。它于 1991 年由 Tim Berners－Lee 开发成功，并由欧洲核子物理研究中心（CERN）发布。WWW 将因特网上各种类型的信息（图像、文本、声音和影像）无缝地集成起来，并提供了图形界面方式下快速查找，还可以使用同样的图形用户界面与因特网上其他服务器对接。这种图形界面就是我们熟知的浏览器，如 Netscape Navigator 和 Internet Explorer 等。用户只需要通过浏览器提供的查询界面提出查询要求，就可以由 WWW 自动完成整个查询过程。WWW 由于界面友好、使用方便而深受广大网络用户的欢迎，成为目前全球最大、最流行的检索工具。

要在网上获取信息，用户需要找到信息源服务器。首先要找到各个服务器在网上的地址（URL），统一资源定位符 URL（Uniform Resource Locator 的缩写）是因特网上标准的资源的地址，它是打开一个站点的钥匙。

URL 由存取协议、主机名和文件名三部分组成。

如 http：//www. ahnu. edu. cn/，这是一个典型的 WWW 的 URL。

（1）冒号前的部分指用来提取目标文件的协议类型。Web 中存在以下协议类型：

HTTP：超文本传输协议；Gopher：gopher 协议；FTP：文件传输协议；Mail to：电子邮件地址；News：Usenet 新闻等。

：//——为标准的 URL 标点。

（2）冒号后从“//”到第一个“/”结束的部分是一个主机名，也可以是一个绝对的 IP 地址。主机名由多级域名组成，各级之间用“.”加以间隔，以便于理解和记忆。域名最右边的一级是最高级，往往代表国家、区域或者是网络的组织类型，从右至左依次为最高域名下的子域名，最左边的为本地的网络或计算机。

最高域名有三类：一类是两个字符的国家（地区）代码，如中国大陆（cn），中国台湾（tw），英国（uk）等；第二类是国际域名；第三类表示组织或团体的三字符码的通用域名。美国的国家域名都缺省，最高域名直接是三字符码的通用域名。

下面是一些常见的通用域名：

com 商业组织

edu 教育机构

gov 政府组织

int 国际组织

net 网络化组织

info 信息机构

name 个人网站

（3）第一个“/”后面为存储于远程计算机上信息的目录路径和文件名。

根据已知的 URL 地址，我们可以输入该网址，获取 WWW 服务，直接阅览该网站（网页）的内容，并在阅读超文本文档时，顺链而行——根据文档中的链接从一网页转到另一网页，这是网上发现、检索信息的最原始的方法。

有时可能会有所收获，有时可能收获甚微甚至一无所获。而且，网络资源的动态性太强，网址的变动也十分频繁。为此，网上出现了大量的帮助人们检索信息的工具——搜索引擎。

第二节　搜索引擎原理

搜索引擎（search engine）是指根据一定的策略、运用特定的计算机程序搜集互联网上的信息，在对信息进行组织和处理后，为用户提供检索服务的系统。

一般由搜索器、索引器、检索器和用户接口四个部分组成。

搜索器：其功能是在互联网中漫游，发现和搜集信息；

索引器：其功能是理解搜索器所搜索到的信息，从中抽取出索引项，用于表示文档以及生成文档库的索引表；

检索器：其功能是根据用户的查询在索引库中快速检索文档，进行相关度评价，对将要输出的结果排序，并能按用户的查询需求合理反馈信息；

用户接口：其作用是接纳用户查询、显示查询结果、提供个性化查询项。

一、搜索引擎工作原理

1. 抓取网页

每个独立的搜索引擎都有自己的网页抓取程序（spider）。Spider 顺着网页中的超链接，连续地抓取网页，被抓取的网页被称之为网页快照。

2. 处理网页

搜索引擎抓到网页后，要对网页进行一系列预处理工作，其中最重要的是提取关键词，建立索引文件，其他还包括去除重复网页、分析超链接、计算网页的重要度等。

3. 提供检索服务

用户输入关键词进行检索，搜索引擎从索引数据库中找到匹配该关键词的网页。为了用户便于判断，除了网页标题和 URL 外，还会提供一段来自网页的摘要以及其他信息。

二、搜索引擎分类

目前，对搜索引擎的分类有很多的观点和意见，而且各搜索引擎也在不断地丰富和完善服务，更使其分类界限模糊。在此，我们按照信息搜集方法和服务提供方式的不同，将其简单分为三大类：

1. 目录式搜索引擎

这是互联网早期的搜索引擎形式，现在仍然占有重要地位。目录式搜索引擎就是把因特网中的资源服务器的地址收集起来，按其提供的资源的类型不同而分成不同的目录，再一层层地进行分类。人们要找自己想要的信息可按其分类一层层地进入，直到找到自己想要的信息。信息大多面向网站，提供目录浏览服务和直接检索服务。

优点是信息准确、导航质量高，缺点是需要人工介入、维护量大、信息量少、信息更新不及时。这类搜索引擎的代表是：YAHOO，Open Directory，国内最具代表性的是搜狐分类目录。雅虎就是从一个单一的搜索引擎发展到现在可提供电子商务、新闻信息、个人免费电子信箱等多种网络服务的运营商。

2. 全文搜索引擎

面向网页的全文检索服务。它由大规模机器运行的程序按照某种策略自动地在互联网中搜集和发现信息，由索引器为搜集到的信息建立索引，由检索器根据用户的查询输入检索索引库，并将查询结果返回给用户。

优点是信息量大、更新及时、毋需人工干预，缺点是返回信息过多，可能有很多无关信息，用户必须从结果中进行筛选。这类搜索引擎的代表是：AltaVista，Excite，Lycos，AlltheWeb，Ask Jeeves，Google；国内最具代表性的是：百度，天网。

3. 元搜索引擎

这类搜索引擎没有自己的数据，它将用户的查询请求同时向多个搜索引擎递交，将返回的结果进行重复排除、重新排序等处理后，作为自己的结果返回给用户。著名的元搜索引擎有 Dogpile、Vivisimo 等，中文元搜索引擎中具代表性的有万纬、Bbmao 等。

三、搜索引擎使用技巧

1. 有针对性地选择搜索引擎

“知己知彼，百战不殆”，要迅速准确地搜索到自己需要的网络信息，必须先要了解搜索引擎。由于搜索引擎的设计目的和发展走向存在着许多不同，有的专于检索 Web 信息，有的专用于检索 Usenet 信息，有的是针对商业需要设计的，我们用不同的搜索引擎进行检索时得到的结果往往会有很大差异。因此，在使用时，要根据自己的需要，选择合适的搜索引擎。

借助中国搜索引擎指南（http：//www. sowang. com/），可以找到适合需求的搜索引擎。

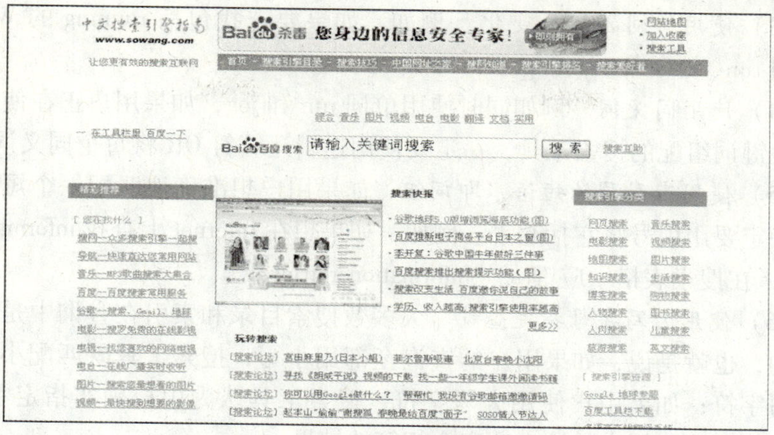

图 10－1　中文搜索引擎指南首页

其搜索引擎及分类目录非常详细。

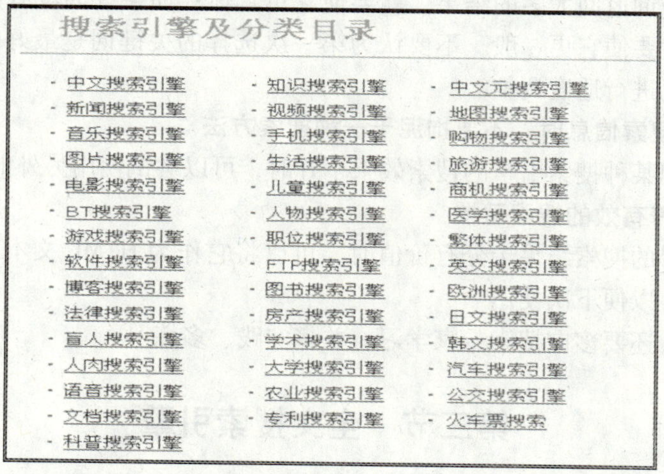

图 10－2　中文搜索引擎指南网搜索引擎及分类目录

2. 根据要求选择检索方法并细化检索

在使用搜索引擎时我们要根据自己的需求，选择检索方法。如果需要快速找到一些相关性比较大的信息，可以用目录索引式搜索引擎检索；如果想得到某一方面比较系统的资源信息或比较冷门的信息，则要选用全文搜索引擎查找。

3. 在使用搜索引擎时，要注意科学地选择关键词

（1）查询要具体明确　一个特定的查询产生的结果较少，使得查找相关内容更容易，即能使用下位词时，就不要使用上位词。

（2）不要使用过于常见的关键词　即不要使用太泛的词，如 Internet 这样的词，会搜索到数以万计与之匹配的 Web 页。

(3) 使用单词的词尾变化　例如，如果要查找包括 running 的 Web 页，则使用 run、runs 和 running。

(4) 使用同义词　例如同时使用单词 run 和 jog，如果用户正在使用的是支持关键词组配的搜索工具，一定要使用逻辑运算符 OR 将每个同义词分开。

(5) 使用带引号的短语，即词组　如果用户想准确地匹配一个短语或标题，一定要用引号将它括起来。例如，如果想在 Internet 上查找 information retrieval，在搜索表格中应键人"information retrieval"。

(6) 使用大写字母指定查询　大多数搜索目录和索引在查询中是区分大小写的，也就是说，如果用户的查询全部用小写，搜索工具既匹配小写也匹配大写字符；如果用户使用大写字符，搜索工具认为用户确实指定了大写，就会查找那些与用户的输入项完全相符的结果。

4. 根据查询情况进行适当调整

如果查询返回太多的结果，就要使它更具体；如果查询没有产生足够多的结果，就要使它更一般。不要认为第一次选择的关键词是最好的，要根据查询的情况进行适度调整。

5. 在搜索信息时，不要拘泥于一种搜索方法

当使用某种搜索引擎的搜索效果不好时，可以尝试使用另外的搜索工具。

6. 培养有效的搜索习惯

当获得的搜索结果十分有价值时，可以将它作为 HTML 文本存储在本地计算机中，以便下次使用。

此外，还要多向搜索专家学习，并多实践、多练习。

第三节　全文搜索引擎

全文搜索引擎就是通过从互联网上提取的各个网站的信息（以网页文字为主）而建立的数据库中，检索与用户查询条件匹配的相关记录；然后按一定的排列顺序将结果返回给用户。

从搜索结果来源的角度，全文搜索引擎又可细分为两种，一种是拥有自己的检索程序（Indexer），俗称"蜘蛛"（Spider）程序或"机器人"（Robot）程序，并自建网页数据库，搜索结果直接从自身的数据库中调用，如 Google、Fast/AllTheWeb、AltaVista、Inktomi、Teoma、WiseNut、百度等；另一种则是租用其他引擎的数据库，并按自定的格式排列搜索结果，如 Lycos 引擎。

1. Google（www. google. com）

Google 是由美国斯坦福大学的两位计算机科学系博士生 Larry Page 和

Sergey Brin 于 1998 年创建的。1999 年 6 月，Google 推出自己的网站 www.google.com，开发出了世界上最大的搜索引擎，很快就以其查询精确，功能强大，速度快而受到广大用户欢迎，成为互联网上使用频率最高的搜索引擎。

英语里原本没有 Google 这个词，Larry Page 和 Sergey Brin 取的是数学名词 googol（10 的 100 次方，即数字 1 后跟 100 个零）的谐音。

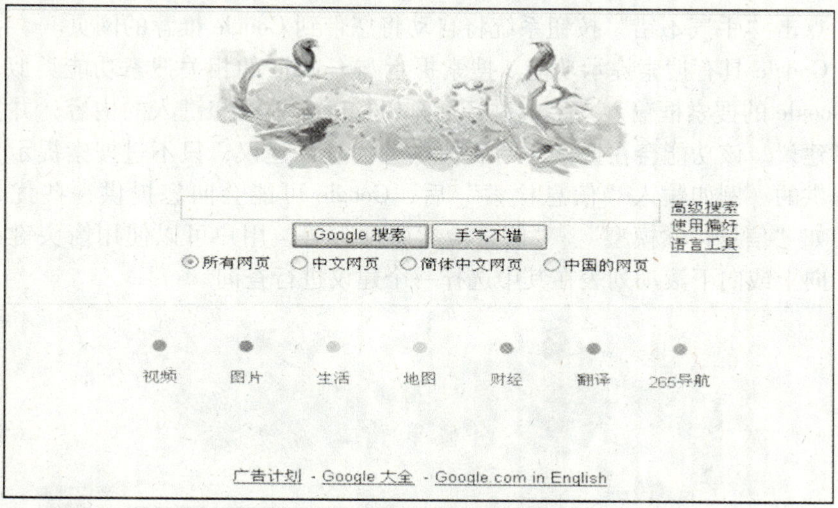

图 10－3　Google 主页面

Google 还推出了“个性化主页”的服务，用户选择自己感兴趣的内容，就可以 30 秒创建自己的主页。如图 10－4 所示。

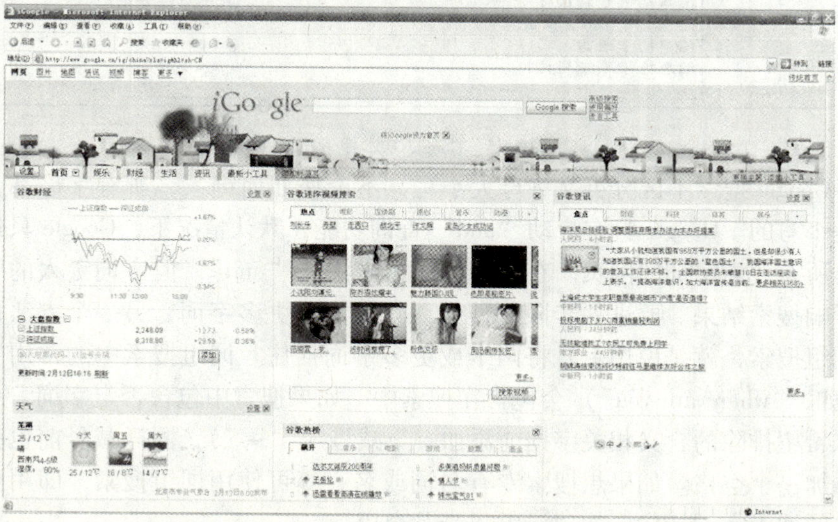

图 10－4　Google 个性化主页

(1) 基本搜索

Google 上进行搜索非常简便，只需在搜索框中键入一个或多个搜索字词（最能描述您要查找的信息的字词或词组），然后按下“Enter”键或点击“Google 搜索”按钮即可。Google 会自动将与您的搜索字词相关的网页列表生成结果页，其中，相关性最高的网页显示在首位，稍低的放在第二位，依此类推。

点击“手气不错”按钮系统将自动将您带到 Google 推荐的网页。

Google 具有搜索提示功能。搜索提示与 Google 的相关搜索功能类似，即在 Google 的搜索框输入文字或拼音后，Google 会推测您键入的内容，并实时提供建议。该功能会在搜索开始后提供替代查询建议，只不过搜索提示是实时提供的。例如输入“信息检索”后，Google 可能会向您提供一些优化建议，如“信息检索模型”、“信息检索课件”等，用户可以使用箭头键或鼠标，向上或向下滚动列表在其中选择一个建议进行查询。

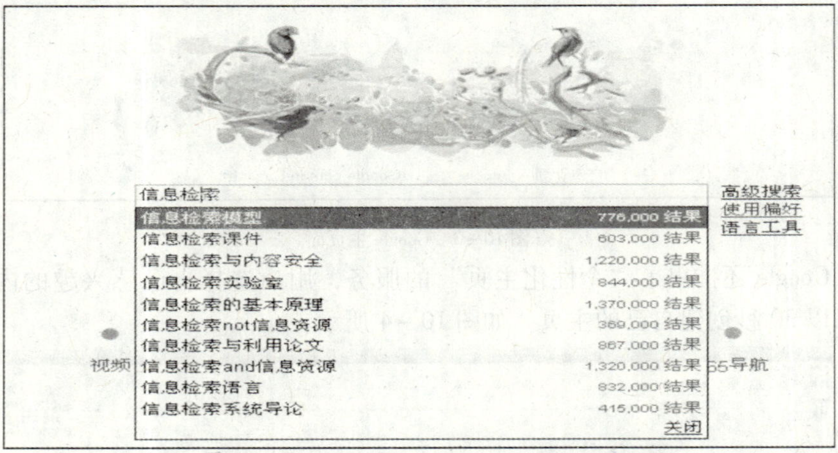

图 10－5　Google 基本搜索页面

Google 搜索不区分英文字母大小写，不论您如何键入，所有字母都会视为是小写的。Google 具有自动“and”查询功能，默认情况下，Google 只返回包含所有搜索字词的网页。在字词之间无需添加“and”，但字词键入的顺序会影响搜索结果。要进一步限制搜索，只需加入更多字词。另一个方法是执行词组搜索，就是说用引号将两个或更多字词括住。词组搜索中的常用字词（例如，“where are you”）会包含在搜索中。如果搜索中包含否定字词，可在与您希望排除的含义相关字词前添加一个减号（“－”），同样减号前也务必要添加一个空格。如果想搜索专有名词或名言等可使用词组搜索，即用引号将您的搜索字词括住，如“满城尽带黄金甲”。

（2）高级搜索

Google 高级搜索提供了大量选项，可以使搜索更加精确并能获得更多有用的结果。

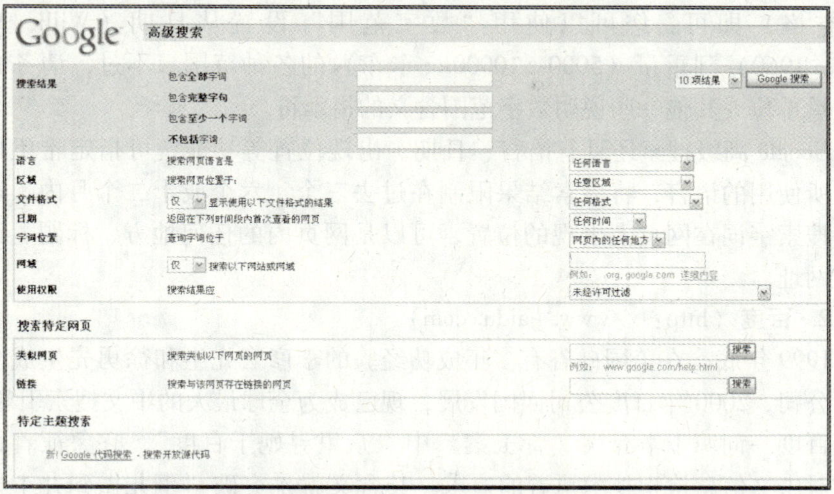

图 10－6　Google 高级搜索页面

利用高级搜索，您可以只搜索符合以下要求的网页：

· 包含您键入的“所有”搜索字词；

· 包含您键入的完整词组；

· 至少包含您所键入的其中一个字词；

· “不”包含您所键入的任何字词；

· 以特定语言编写；

· 以特定文件格式创建；

· 在特定时间段内更新过；

· 位于特定域或网站内。

要改善搜索，您还可以在 Google 搜索框内输入的搜索字词中添加“操作符”，或者从高级搜索页中选择“操作符”。Google 高级搜索操作符包括：“包含”搜索、“OR”搜索、域搜索、数字范围搜索。

①“包含”搜索：Google 会自动排除常用字词，如“where”和“how”以及其他会降低搜索速度、却不能改善结果的单个数字和单个字母系统会予以忽略。如果必须要使用某一常见字词才能获得需要的结果，您可以在该字词前面加“＋”号。注意“＋”号前必须留一空格。

②“OR”搜索：要查找包含两个字词之一即可的网页，请在字词之间添加大写“OR”。

域搜索：仅搜索某一特定网站内的信息，方法是先输入您要查找的搜索字词，然后输入“site”一词和冒号，并在冒号后面加上域名。

③数字范围搜索：通过数字范围可以搜索包含指定范围内的数字的结果。只需在搜索框内向搜索字词后面添加两个数字，并将其用两个英文句号分开（无空格）即可。您可以使用“数字范围”设置从日期（Willie Mays 1950..1960）到重量（5000..10000kg 卡车）的各种范围。不过，请务必指定度量单位或其他一些说明数字范围含义的指示符。

Google 高级搜索还具有语言、日期、出现位置等功能，可指定希望检索结果所使用的语言，将检索结果限制在过去三个、六个或十二个月内。还可指定搜索字词在网页上出现的位置，可以是网页内的任何地方、标题、正文或者网址。

2. 百度（http://www.baidu.com）

1999 年底，在美国硅谷有多年成功经验的李彦宏先生和徐勇先生成立了百度公司，2000 年百度公司回国发展，现已成为全球最大的中文搜索引擎。

百度一词源于辛弃疾《青玉案》中“众里寻她千百度”，它象征着百度公司对中文信息检索技术执着的追求。其含义就是突破“事儿做到九十九度就是做到头”的西方说法，想要力争做到一百度，做到顶上开花的境界。

百度以自身的核心技术“超链分析”为基础，提供的搜索服务体验赢得了广大用户的喜爱。超链分析就是通过分析链接网站的多少来评价被链接的网站质量，这保证了用户在百度搜索时，越受用户欢迎的内容排名越靠前。目前该技术已为世界各大搜索引擎普遍采用。百度拥有世界上最大的中文网页库，目前收录中文网页已超过 20 亿，并且以每天千万级的速度在增长，较好地克服了目前搜索引擎普遍存在的数据更新不及时的弱点。2004 年起，“有问题，百度一下”在中国开始风行，百度成为搜索的代名词。

（1）基本搜索

百度搜索简单方便。您只需要在搜索框内输入需要查询的内容，敲回车键，或者鼠标点击搜索框右侧的“百度搜索”按钮，就可以得到最符合查询需求的网页内容。输入多个词语搜索（不同字词之间用一个空格隔开），可以获得更精确的搜索结果。

2009 年 1 月，百度推出了搜索提示功能，即在百度的搜索框输入文字或拼音后，会出现关键词提示，将相关的词语出现在搜索框下方，以方便用户不用键入关键词就可以搜索。

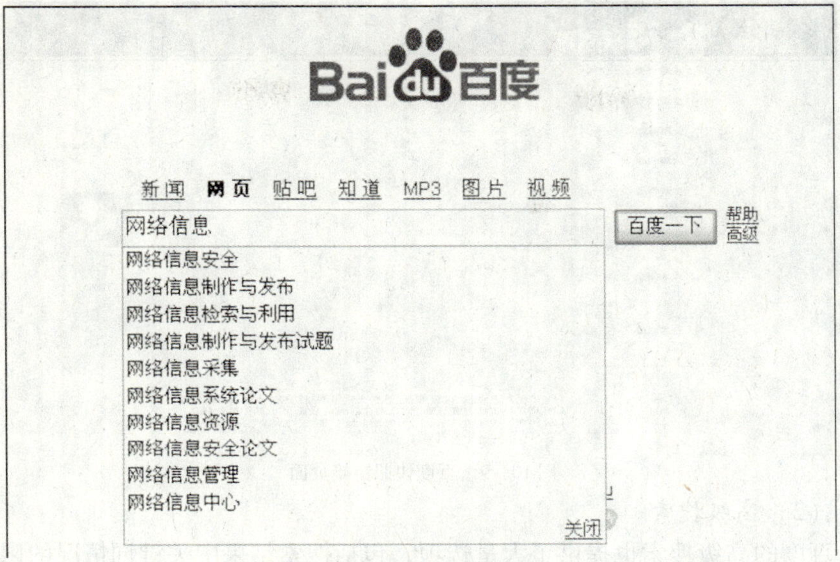

图 10－7 百度主页面

百度设置了关联搜索功能，方便访问者查询与输入关键词有关的其他方面的信息。还有拼音提示和错别字提示功能，以提高搜索的准确度。同时还提供“百度快照”查询，支持动态网页的检索。百度快照让检索者能快速实时浏览服务器预存（缓存）页面，决定取舍，方便快捷，提高了检索速度，巧妙解决了用户经常遇到的死链接问题。在支持二次检索（又称渐进检索或逼进检索）方面，百度搜索可在上次检索的结果中继续检索，逐步缩小查找范围直至达到最小、最准确的结果集。

图 10－8 为搜索“金庸”的一个结果摘要：

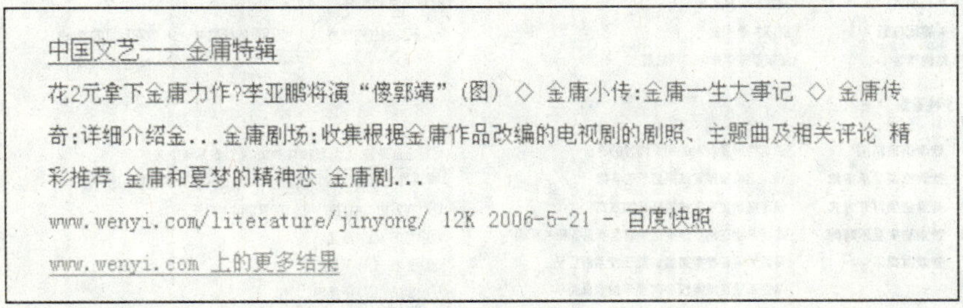

图 10－8 百度搜索结果摘要

点击“百度快照”可快速打开下面网页：

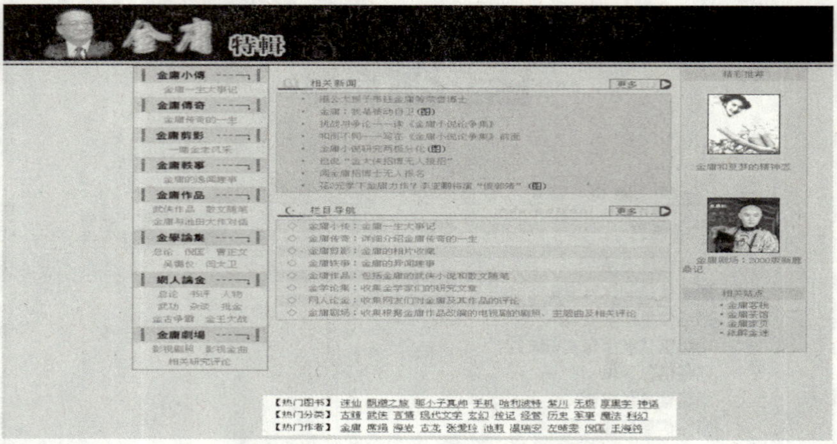

图 10-9　百度快照链接页面

（2）高级搜索

百度的高级搜索也提供了大量选项，包括搜索结果中关键词情况的限定，结果显示条数、语言、文档格式、关键词位置、站内搜索等，可以使搜索更加精确并能获得更多有用的结果。

百度高级搜索页面如图 10-10 所示。

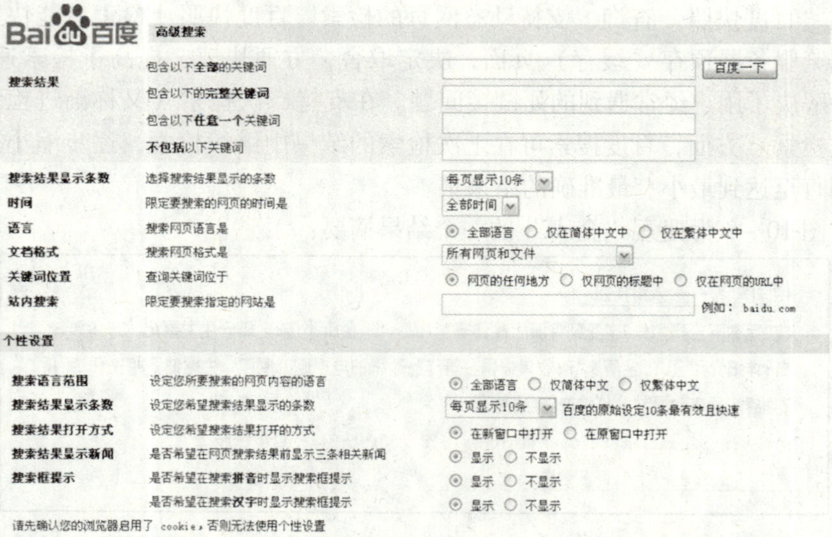

图 10-10　百度高级搜索页面

百度高级搜索语法：

①限定搜索范围在网页标题中——intitle：网页标题通常是对网页内容提纲挈领式的归纳。把查询内容范围限定在网页标题中，有时能获得良好的效果。使用的方式是把查询内容中特别关键的部分，用“intitle:”领起来。如，

找张曼玉的写真，就可以这样查询：写真 intitle：张曼玉。注意，intitle：和后面的关键词之间，不要有空格。

②限定搜索范围在特定站点中——site：如果你知道某个站点中有自己需要找的东西，就可以把搜索范围限定在这个站点中，以提高查询效率。使用的方式是在查询内容的后面加上“site：站点域名”。如，寻找天空网，就可以这样查询：msn site：skycn. com。注意，“site：”后面跟的站点域名，不要带“http：//”；另外，site：和站点名之间，不要带空格。

③限定搜索范围在 url 链接中——inurl：网页 url 中的某些信息，常常有某种有价值的含义，如果对搜索结果的 url 做某种限定，就可以获得良好的效果。实现的方式是用“inurl：”后跟需要在 url 中出现的关键词。例如，找关于 photoshop 的使用技巧，可以这样查询：photoshop inurl：jiqiao。这个查询串中的“photoshop”可以出现在网页的任何位置，而“jiqiao”则必须出现在网页 url 中。注意，inurl：语法和后面所跟的关键词，不要有空格。

④精确匹配——双引号和书名号：如果输入的查询词很长，可以给查询词加上双引号，让百度不拆分查询词，以取得满意的结果。

书名号是百度独有的一个特殊查询语法。在其他搜索引擎中，书名号会被忽略，而在百度，中文书名号是可被查询的。加上书名号的查询词，有两层特殊功能，一是书名号会出现在搜索结果中；二是被书名号扩起来的内容，不会被拆分。书名号在某些情况下特别有效果，例如，查名字很通俗和常用的那些电影或者小说。比如，查电影“手机”，如果不加书名号，很多情况下出来的是通讯工具——手机，而加上书名号后，《手机》结果就都是关于电影方面的了。

⑤限定搜索结果，要求不含特定查询词：如果您发现搜索结果中，有某一类网页是您不希望看见的，而且，这些网页都包含特定的关键词，那么用减号语法，就可以去除所有这些含有特定关键词的网页。例如，搜“神雕侠侣”希望是关于武侠小说方面的内容，却发现很多关于电视剧方面的网页，那么就可以这样查询：神雕侠侣 - 电视剧。注意，前一个关键词，和减号之间必须有空格，否则，减号会被当成连字符处理，而失去减号语法功能，而减号和后一个关键词之间，有无空格均可。

⑥专业文档搜索：很多有价值的资料，在互联网上并非是普通的网页，而是以 Word、PowerPoint、PDF 等格式存在。百度支持对 Office 文档（包括 Word、Excel、Powerpoint）、Adobe PDF 文档、RTF 文档进行全文搜索。要搜索这类文档，在普通的查询词后面，加一个“filetype：”文档类型限定。“Filetype：”后可以跟以下文件格式：DOC、XLS、PPT、PDF、RTF、ALL，其中，ALL 表示搜索所有这些文件类型。例如，查找张五常关于交易费用方面

的经济学论文。“交易费用 张五常 filetype：doc”，点击结果标题，直接下载该文档，也可以点击标题后的“HTML 版”快速查看该文档的网页格式内容。您也可以通过百度文档搜索界面（http：//file. baidu. com/），直接使用专业文档搜索功能。

百度还提供英汉互译词典、计算器和度量衡转换、股票、列车时刻表和飞机航班查询、天气查询、货币换算等特殊搜索。

3. 天网 Maze（北大天网中英文搜索引擎） http：//maze. tianwang. com：8080/

天网的前身是北大天网（http：//e. pku. edu. cn/）。天网中英文搜索引擎由北京大学计算机系网络与分布式系统研究室研制开发，是国家“九五”重点科技攻关项目“中文编码和分布式中英文信息发现”的研究成果，并于1997 年 10 月 29 日正式在 CERNET 上向广大 Internet 用户提供 Web 信息导航服务，是中国第一家为互联网用户提供服务的搜索引擎。2003 年 7 月，北京天网时代科技有限公司完全收购了北大天网，开展搜索相关业务，2005 年推出。它是教育网内最风行的 PIC（Personalized Information Center 个人信息中心）软件之一，将学习、娱乐、资讯、沟通融为一体，集个性化搜索、大学精品课程、网络课堂、教育商城、即时通讯等诸多功能，是一个全新的个人桌面信息平台。天网 Maze 目前是教育网最大的 P2P 社区。

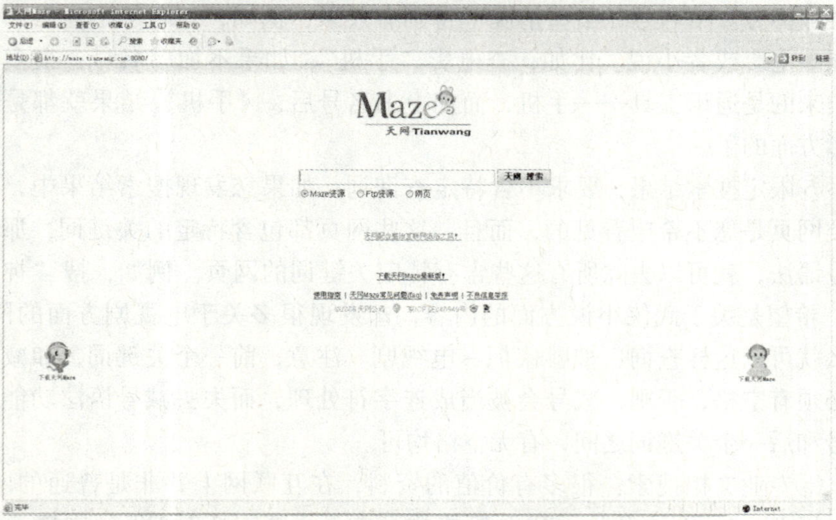

图 10－11 天网 Maze 主页面

天网 Maze 提供 Web 资源、FTP 资源、Maze 资源、网页和商机检索。

天网 Maze 集成了“大学课程在线”，这个被广大教育网内用户称之为互联网上的名师讲堂的即时在线播放网站，让天网 Maze 用户足不出户就可以通过互联网的方式学习到其感兴趣的课程，拥有网络服务风格的支撑平台，跨CERNET、CSNET和CAPINFO三大网络的12台服务器，允许千人同时点播。

4. AllTheWeb（http：//www. alltheweb. com/）

AllTheWeb成立于1997年，其技术起源于挪威科技大学（Norwegian University of Science and Technology）的相关研究结果，是当今成长最快的搜索引擎，被认为是Google强有力的竞争对手。公司全称为Fast Search & Transfer（FAST）ASA，而AllTheWeb（ATW）是其对外展示技术的窗口网站。AllTheWeb支持多语言搜索，还提供新闻搜索、图像搜索、视频、MP3、和FTP搜索。

AllTheWeb目前提供常规搜索、高级搜索和主题搜索功能。常规搜索支持普通关键词搜索，以及＋、－、括号（）等逻辑命令符号，分别对应AND、NOT、OR等布尔逻辑命令，并且可使用引号“”进行精确匹配搜索（此功能也可通过点选搜索框右侧的“Exact Phrase”实现）。此外，AllTheWeb引擎还支持一些特殊搜索命令。

Fast/AllTheWeb数据库容量大，已存有49种语言的21亿个web文件，而且更新速度快，搜索精度高，因而受到广泛关注。但其对中文支持不是很好，而且在默认进行任意语言查询时，返回的中文结果有时是乱码，必须手动选择语言才能正常搜索。

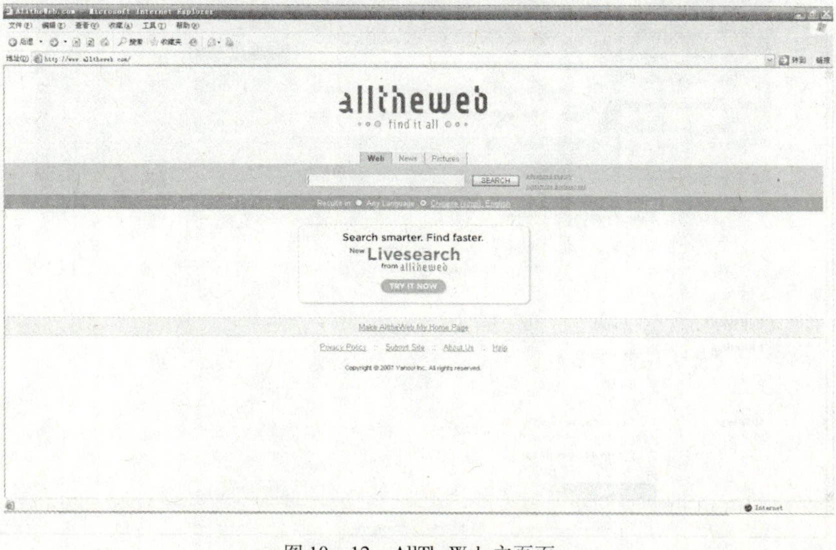

图10－12　AllTheWeb主页面

5. AltaVista（http：//www. altavista. com）

AltaVista名称代表“从高处望下”，于1995年由迪吉多公司（Digital Equipment Corporation）创立，是全球知名的网上搜索引擎公司之一，同时提供搜索引擎后台技术支持等相关产品。

AltaVista是功能全面的搜索引擎，曾经名噪一时，但现在其地位已被Google取代。即便如此，它仍被认为是功能最完善，搜索精度较高的全文搜索引擎之一。它有详细和全面的网络资源全文索引，索引的内容包括标题、文摘、关键词、META标记、图像、链接、URL（统一资源定位地址），检索入口较多。

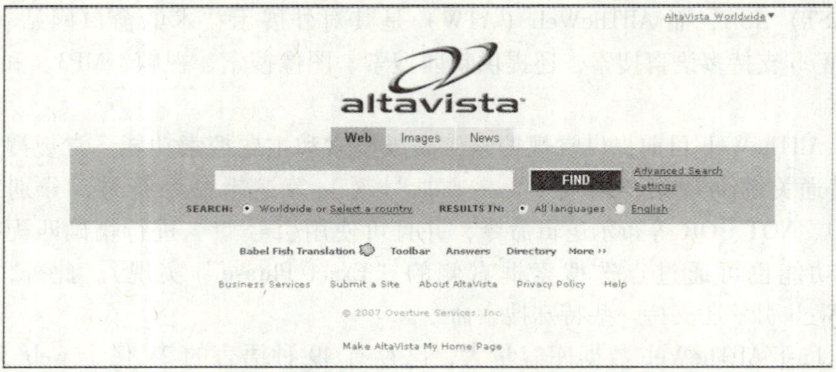

图 10－13　AltaVista 主页面

AltaVista高级搜索界面如图10－14所示。

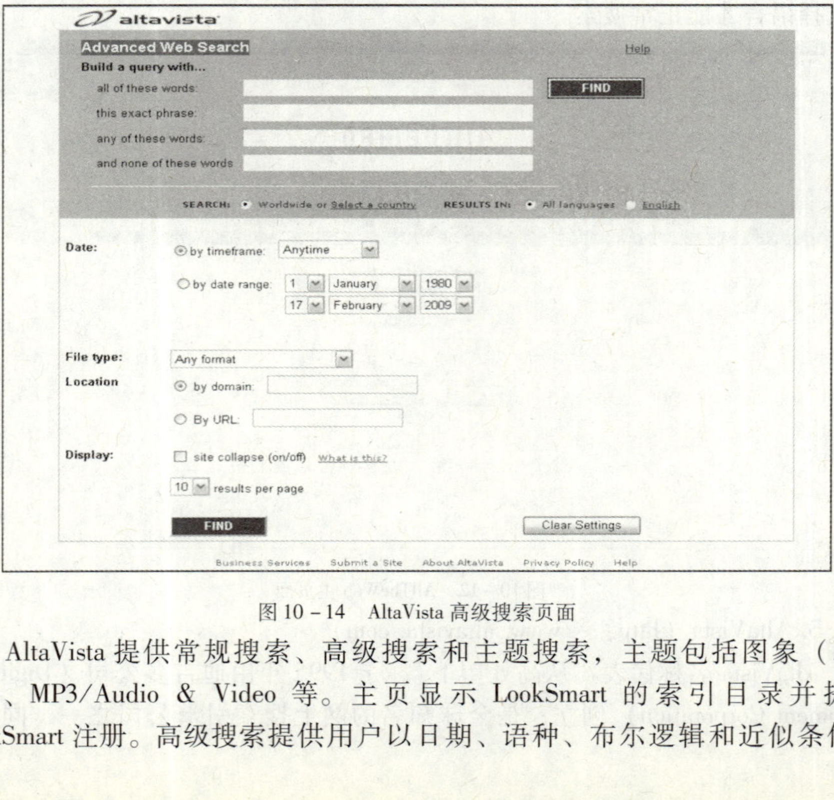

图 10－14　AltaVista 高级搜索页面

AltaVista提供常规搜索、高级搜索和主题搜索，主题包括图象（Images）、MP3/Audio & Video 等。主页显示 LookSmart 的索引目录并提供 LookSmart 注册。高级搜索提供用户以日期、语种、布尔逻辑和近似条件搜索。常规及高级搜索均允许针对 Title、URL 或特定的域名进行检索。用户还可以在定制的搜索条件（包括 Title、URL、Host、Links（如 anchor、applet、image、text）等）输入框中填入文字，以此为条件进行搜索。

AltaVista 的多语言检索功能是它的重要特色。在检索输人框后有“any language”菜单，供选择用户所要检索的信息资源的语种，包括英、法、德、中、日、西班牙、丹麦、希腊等 25 种语言，并提供英、法、德、意、葡萄牙、西班牙语双向翻译。其他特色服务包括重大新闻（发生于 6 小时至 14 天之间），新闻组及购物查询。

（1）搜索规则

①进行精确匹配查询时可使用“”号，但多数时候即使不用“”号，AltaVista 也默认以精确匹配方式查询；

②不支持自动断词查询，但允许使用通配符“*”；

③区分字母大小写。当以大写字母查询时，默认为精确匹配，即查询结果不包括小写的关键词；而以小写字母查询时，则同时查找大写和小写。

（2）搜索结果

页面首先列出 3 个“Featured Sites”，来源自 Overture 的付费网站，随后如果有与查询条件相关的新闻，则列出数条新闻链接，接着是从自己数据库中查到的网页。某些时候，页面下端于“Extend Your Search”标题下还会再列出 4 个来自 Overture 的付费网站。

6. Lycos（http：//www. lycos. com）

Lycos 是搜索引擎中的元老，是最早提供信息搜索服务的网站之一，Lycos 整合了搜索数据库、在线服务和其他互联网工具，提供网站评论、图象及包括 MP3 在内的压缩音频文件下载链接等，是目前最大的西班牙语门户网络。Lycos 目录分类规范细致，类目设置较好，网站归类较准确，提要简明扼要，收录丰富，搜索结果精确度较高，尤其是搜索图像和声音文件上的功能很强。Lycos 提供常规及高级搜索。高级搜索提供多种选择定制搜索条件，并允许针对网页标题、地址进行检索。具有多语言搜索功能，共有 25 种语言供选择。首页下部显示部分 Open Directory 的目录索引。

在搜索结果页面，Lycos 首先在“Featured Listings”标题下给出 3 个来自 Overture 的付费网站，紧跟着是在“Popular”标题下列出来自 Lycos Network 的网站（Popular Content），以及来自 Open Directory 和 FAST 的搜索结果。

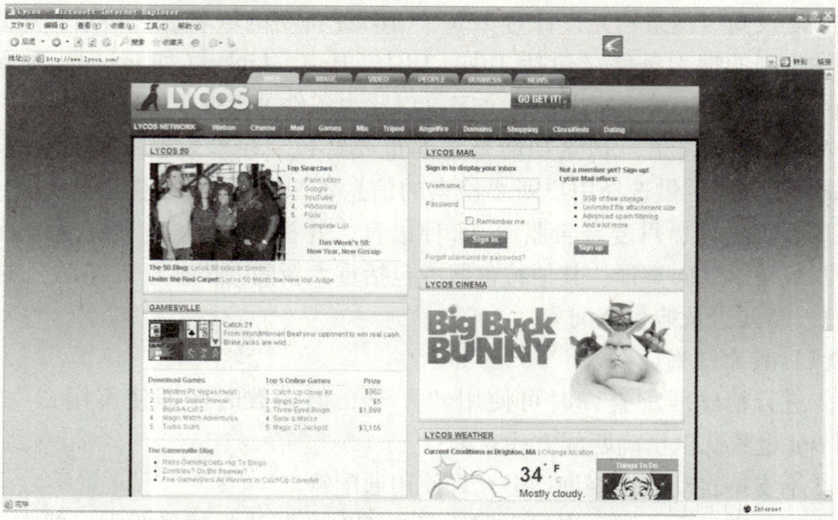

图 10－15 Lycos 主页面

第四节 目录式搜索引擎

目录式搜索引擎以人工方式或半自动方式搜集信息，由编辑员查看信息之后，人工形成信息摘要，并将信息置于事先确定的分类框架中。信息大多面向网站，提供目录浏览服务和直接检索服务。用户依靠分类目录查找自己需要的信息。目录索引中最具代表性的莫过于大名鼎鼎的 Yahoo（雅虎），其他著名的还有 Open Directory Project（DMOZ）、LookSmart、About 等。国内的搜狐、新浪、网易搜索也都属于这一类。

1. Yahoo！（http：//www. yahoo. com）

1994 年 4 月，斯坦福（Stanford）大学的两名博士生，David Filo 和美籍华人杨致远（Gerry Yang）共同创办了雅虎。雅虎是最老的“分类目录”搜索数据库，是美国著名的互联网门户网站，也是目前最重要的搜索服务网站之一。

Yahoo 一词发明于《格列佛游记》的作者 Jonathan Swift。在小说里，它代表一个在外表和行为举止上都非常讨厌的家伙。Yahoo 的创始人杨致远和 David Filo 选择这个名字的原因就是他们觉得自己就是 Yahoo。

雅虎搜索目前是国际两大顶级网页搜索引擎之一，也是全球使用最高的搜索引擎之一，具有全球第一的海量数据库，拥有 190 亿网页（其中包括 20 亿中文网页）的全球最大搜索引擎、20 亿图片的全球最大图片搜索引擎、2000 万音乐文档的全球最大音乐搜索引擎。它所收录的网站全部被人工编辑按照类目分类，其数据库中的注册网站无论是在形式上还是内容上质量都非常高。有英、中、日、韩、法、德、意、西班牙、丹麦等12种语言版本，各版本的内容互不相同，提供目录、网站及全文检索功能。雅虎在全球共有24个网站，其总部设在美国加州圣克拉克市，在欧洲、亚太区、拉丁美洲、加拿大均设有办事处。

为了向用户提供更好的搜索体验，雅虎开发了自己独特的雅虎搜索技术（YST技术），于2004年2月推出了自己的全文搜索引擎，并将默认搜索设置为网页搜索。yahoo搜索引擎在2006年7月做了一次比较大的更新，增加了对垃圾连接的过滤。

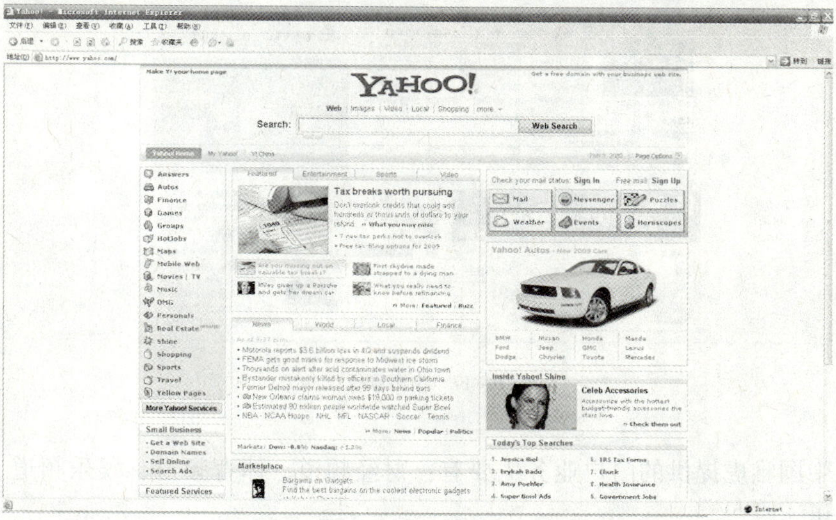

图10－16　YAHOO首页

Yahoo类目：YAHOO是在Web上使用最广泛的一种信息和显现指南，其分类类目覆盖广泛、层次丰富，便于查找。可以通过两种方式查找信息，一是通常的关键词搜索，一是按分类目录逐层查找。以关键词搜索时，网站排列基于分类目录及网站信息与关键字串的相关程度，包含关键词的目录及该目录下的匹配网站排在最前面；以目录检索时，网站排列则按字母顺序。用户也可以将两种方式结合起来使用。

YAHOO公司还推出了GET LOCAL（“本地联线”）服务，提供全美3万个以上城市的地域性线上资源导览服务。使用者可直接连上地区站台，或是在YAHOO的主站台上以浏览或输入区域号码的方式查询有兴趣城市的资料。GET LOCAL（“本地联线”）将自动创造出一个专属于该地区的首页，其中包括地方新闻、当地体育运动比赛结果、气象资料及其它各种当地信息。

中国雅虎：http：//www. yahoo. com. cn

1999 年 9 月，中国雅虎网站开通。中国雅虎开创性地将全球领先的互联网技术与中国本地运营相结合，成为中国互联网界位居前列的搜索引擎社区与资讯服务提供商。它致力于以创新、人性、全面的网络应用，为亿万中文用户带来最大价值的生活体验，成为中国互联网的“生活引擎”。

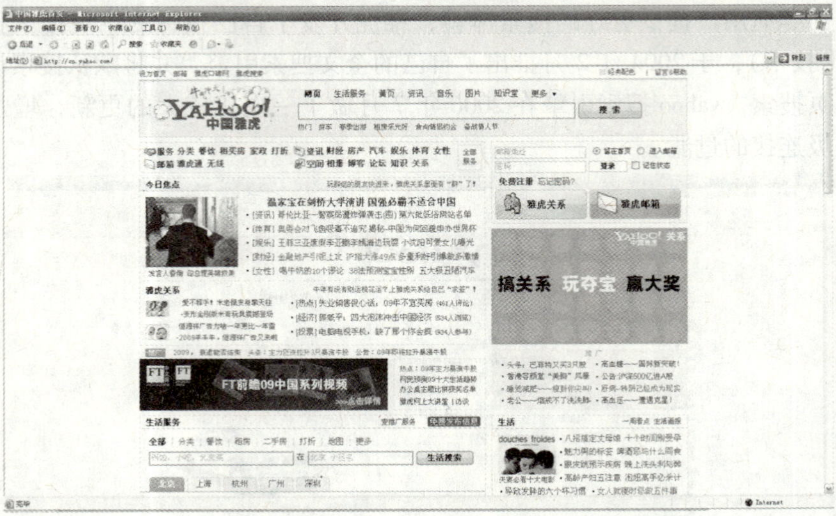

图 10－17　中国雅虎首页

中国雅虎提供的门户业务主要有：财经频道、体育频道、娱乐频道、搜索资讯。

Yahoo 的搜索栏，可以查找网页、生活服务、黄页、资讯、音乐、图片、知识堂、人物等。

（1）基本搜索

中国雅虎网站在各个页面中都设有搜索入口——门户首页、搜索首页、各产品页面的页头。在这些页面的搜索框内输入查询词，按回车键或者点击搜索框右侧的“搜索”按钮，即可获得检索结果。

当输入较长的查询词时，雅虎搜索引擎会依据查询词的字符串做拆字处理。若您需要得到精确、不拆字的搜索结果，可在查询词前后加上双引号（中文双引号、英文双引号都可以）。如：当您输入安徽师范大学考研时，系统会将查询词自动拆成“安徽师范大学”、“考研”等字符串；如果您输入“安徽师范大学考研”，搜索结果将精确匹配“安徽师范大学考研”。

中国雅虎搜索引擎不区分大小写，系统会把所有的字母当作小写处理。

（2）高级搜索语法

title：用于针对页面标题进行搜索。由于网页的标题通常会准确的描述网页的内容，所以使用“title：”进行搜索的效果可能更精确。

link：用于查找所有链接到某个网址的网页。如：

①搜索 link：http：//www. yahoo. com. cn/，会搜索到所有链接到“www. yahoo. com. cn”的网页；

②搜索周杰伦 link：http：//www. yahoo. com. cn/或者 link：http：//www. yahoo. com. cn/周杰伦，会搜索到所有链接到“www. yahoo. com. cn”的网页中，包含“周杰伦”一词的网页。

要注意的是搜索时不能缺少“http：//”。

site：用于限定搜索结果的来源。您如果知道某个站点中有自己需要找的内容，就可以把搜索范围限定在这个站点中，提高查询效率。使用的方式，是在查询内容的后面，加上“site：站点域名”。如搜索新浪的 NBA 频道，可以输入 NBA site：sina. com. cn。注意：“site：”后面跟的站点域名，不要带“http：//”；另外，“site：”和站点名之间，不要加空格。

hostname：的用法与“site：”相同，只不过使用“hostname：”时搜索到的结果是在当前域名下的网页，而不包括其子域名中的网页。

url：用于精确搜索 url。

雅虎搜索引擎可以整页翻译搜索结果中的英文网页。当搜索结果的标题右侧出现“英译汉”链接时，点击便可查看翻译成中文的网页。

中国雅虎还提供拼音提示、拼写纠错、日历搜索、列车时刻查询、IP 查询结果、手机归属地查询、房产搜索、股票搜索等特色搜索服务。

2. Open Directory Project（ODP）（http：//www. Dmoz. org/）

ODP（Open Directory Project），即“开放式分类目录搜索系统”，于 1998 年问世，是仅次于 Yahoo 的人工操作目录索引类搜索引擎。与 Yahoo 不同的是，Open Directory Project（ODP）的编辑人员均为志愿者，而非其雇员。目前其志愿者编辑人数已达数万人。

ODP 在网站结构和内容上与 Yahoo 类似。除独立提供搜索服务外，还与包括 Google、Lycos、DirectHit①、Ask Jeeves、AOL、Netscape Search、AltaVista、Fast/AllTheWeb 等在内的其他众多搜索引擎进行合作。创立之初仅收录英文网站，2003 年 7 月已有 67 个语种，英文网站占 75%。现在，包括 Google、Netscape、Lycos、Hotbot、Dogpile、Thunderstone、Linux、Mars Societyhttp：//www. marsnews. com/directory）等 20 多家搜索引擎和分类指南网站

① 第二代搜索引擎代表之一，2002 年 4 月关闭。

都在使用 ODP 的数据库。

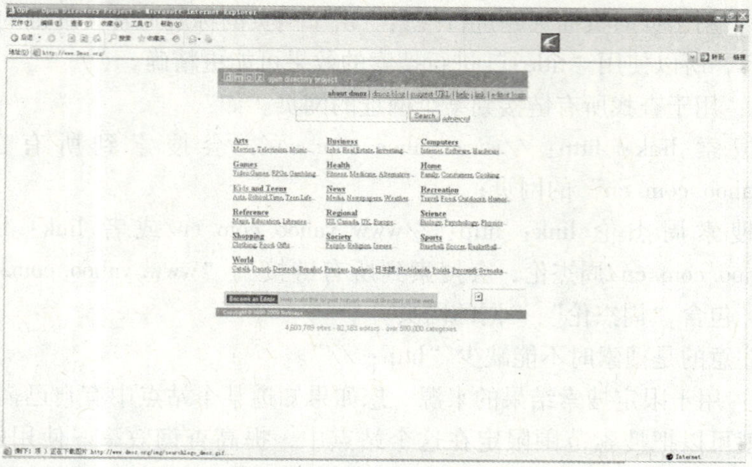

图 10－18　ODP（Open Directory Project）首页

3. Ask Jeeves（http：//www. askjeeves. com）

Ask Jeeves 是人工操作目录索引，规模不大，但很有特点。与其他关键词搜索引擎不同，Ask Jeeves 被设计成回答用户提问的自然语言引擎。搜索时，它首先给出的是数据库中可能存在的答案，然后才是网站链接。

图 10－19　Ask Jeeves 首页

4. 新浪搜索引擎（http：//search. sina. com. cn/）

互联网上规模最大的中文搜索引擎之一，设大类目录 18 个，子目 1 万多个，收录网站 20 余万。提供网站、中文网页、英文网页、新闻、汉英辞典、软件、沪深行情、游戏等多种资源的查询。

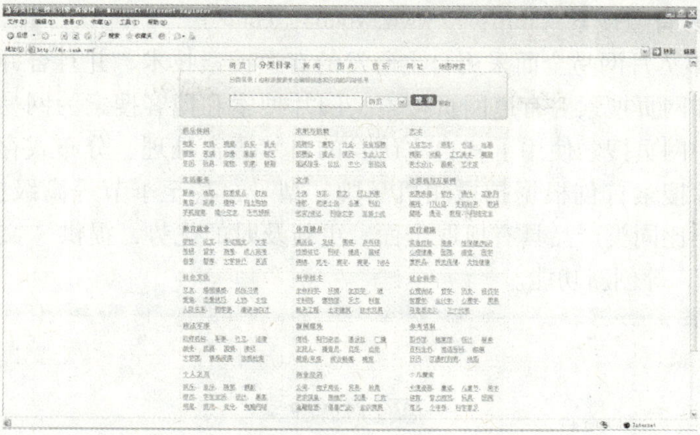

图 10－20　新浪搜索引擎分类目录页面

5. 搜狐搜索引擎（http：//www. sohu. com/）

1996 年 8 月，搜狐公司成立，制作中文网站分类目录，曾有“出门找地图，上网找搜狐”美誉。现已发展成为中国影响力最大的分类搜索引擎。每日页面浏览量超过 800 万，可以查找网站、网页、新闻、网址、软件、黄页等信息。

2004 年 8 月 sohu 推出独立域名的搜索网站“搜狗”，自称“第三代搜索引擎”。搜狗以搜索技术为核心，致力于中文互联网信息的深度挖掘；以网页搜索为核心，同时提供新闻、音乐、图片、购物、地图等专项搜索服务。2007 年 1 月 1 日搜狗正式推出 3.0 版本，全面升级的网页搜索 3.0 凭借自主研发的服务器集群并行抓取技术，成为全球首个中文网页收录量达到 100 亿的搜索引擎。

搜狗主页：http：//www. sogou. com/

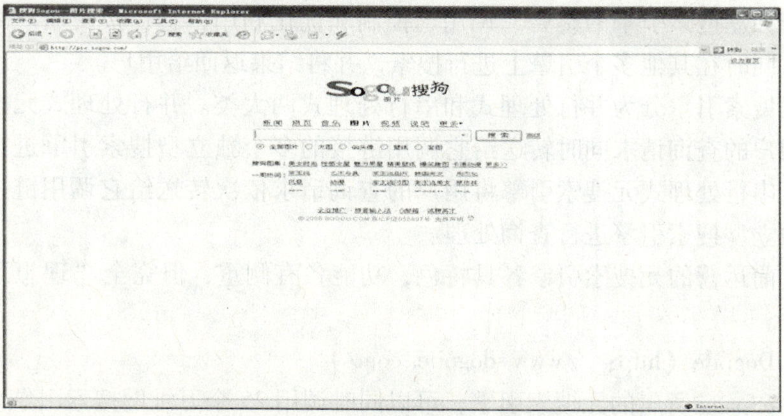

图 10－21　搜狗主页面

6. 网易有道搜索（http：//www. youdao. com/）

2007 年 7 月网易全面采用自主研发的有道搜索技术，并且合并了原来的综合搜索和网页搜索。有道网页搜索、图片搜索和博客搜索为网易搜索提供服务，其中网页搜索使用了其自主研发的自然语言处理、分布式存储及计算技术；图片搜索首创根据拍摄相机品牌、型号，甚至季节等高级搜索功能；博客搜索相比同类产品具有抓取全面、更新及时的优势，提供“文章预览”，“博客档案”等创新功能。

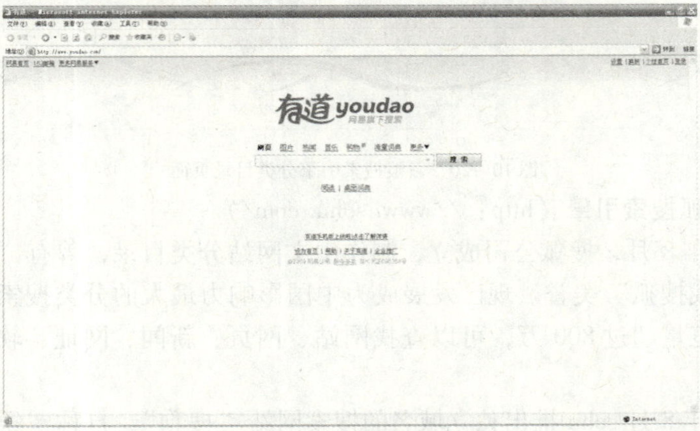

图 10－22　网易有道搜索主页面

第五节　元搜索引擎

元搜索引擎（Meta search Engine），是一种调用其它独立搜索引擎的引擎，亦称“搜索引擎之母”（The mother of searce engines）。元搜索引擎就是对多个独立搜索引擎的整合、调用、控制和优化利用，它在接受用户查询请求时，同时在其他多个引擎上进行搜索，并将结果返回给用户。

元搜索引擎分为并行处理式和串行处理式两大类。并行处理式元搜索引擎将用户的查询请求同时转送给它调用链接的多个独立型搜索引擎进行查询处理，串行处理式元搜索引擎将用户的查询请求依次转送给它调用链接的每一个独立型搜索引擎进行查询处理。

目前运营的元搜索引擎各具特色，功能各有侧重，但完全“理想”的尚不多见。

1. Dogpile（http：//www. dogpile. com/）

InfoSpace 所属的元搜索引擎，可以同时调用 25 个万维网搜索引擎（Web Search Engine）、新闻论坛搜索引擎（Usenet Search Engine）和 FTP 搜索引擎

（FTP Search Engine）等。它采用独特的并行和串行相结合的查询方式：首先并行地调用3个搜索引擎，如果没有得到10个以上的结果，则并行地调用另外3个搜索引擎，如此重复直到获得至少10条结果为止。可使用布尔算符和模糊查询，即使是高级运算符和连接符，它也能将其转化为符合每个搜索引擎的语法，可以使用*作为通配符，支持+、-词操作，美中不足是不能够指定选择使用独立搜索引擎。

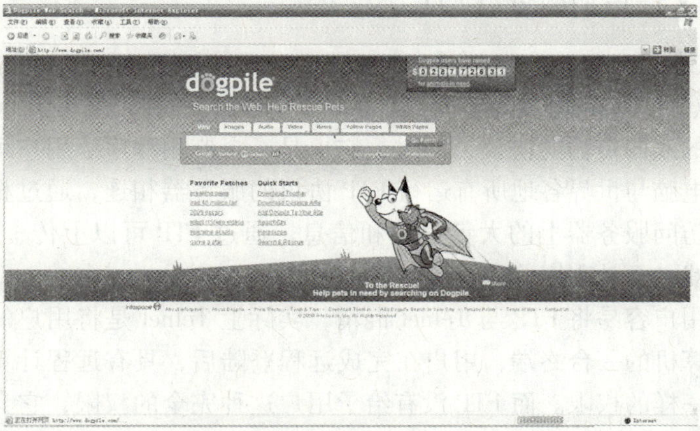

图10-23　Dogpile主页面

2. Bbmao搜索引擎（http：//www. bbmao. com）

Bbmao是2006年2月正式在中国发布的聚类元搜索引擎，强调了web2.0社区化概念，可以同时查询多个搜索引擎内容的网站，BBMAO结果来自百度、Google、Yahoo、Sogou、中搜，独家实现了结果自动分类整理、去掉重复结果、在线收藏网页及文件的工能。

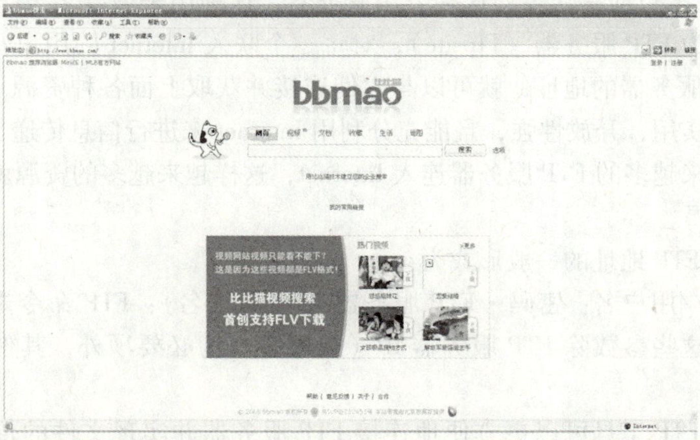

图10-24　Bbmao搜索引擎首页

第六节 文件传输服务及其他

除了可以用搜索引擎查找网络信息资源外，我们还可以通过下列方式获取网络信息资源。

一、文件传输服务（FTP）

1. 概述

FTP（File Transfer Protocol）是TCP/IP协议的一种，是用于Internet上的控制文件的双向传输的协议，同时，它也是一个应用程序。用户可以通过它把自己的电脑与世界各地所有运行FTP协议的服务器相连，通过相应的用户名、密码访问服务器上的大量程序和信息。通过FTP可以上传、下载网页、软件、游戏、驱动程序等。

一般用户容易将FTP与Telnet混淆，实际上Telnet是将用户的计算机当成远程计算机的一台终端，用户在完成远程登陆后，具有远程计算机上的与本地用户一样的权限。而FTP没有给予用户这种完全的权限，它允许用户根据服务器所设定的不同权限对远程计算机上的文件进行有限的操作，包括查看文件、交换文件以及改变文件目录等。

FTP是Internet上最早也是最广的应用，直到今天它仍是最重要和最基本的应用之一。为了便于用户获取资源，FTP在互联网上有一种特殊的也是非常广泛的应用是匿名FTP（anonymous FTP）。通过Internet，任何用户可以利用FTP和一个公用帐号（通常账号名是anonymous）去获得一些公用资源。在Internet上目前有众多的这种公用服务器，这种用来做匿名FTP服务的计算机被称为FTP服务器（Ftpsite），对每一个联入Internet的用户，只要知道这些FTP服务器的地址，就可以与它们连接并获取上面各种资源。由于FTP操作简单实用，开放性强，且能充分利用Internet来进行信息传递与交流，所以目前越来越多的FTP服务器连入Internet，这样越来越多的资源就可以通过FTP来获得。

匿名FTP地址的一般形式为：

ftp：//用户名：密码·FTP服务器IP（或域名）：FTP命令端口/路径/文件名，这些参数除FTP服务器IP（或域名）为必要项外，其他都不是必备项。

使用FTP工具可以更方便地连接FTP服务器并实现文件的传输，CuteFTP就是其中的佼佼者。CuteFTP是一款简单易用并很受欢迎的FTP软件，它界面简洁，支持断点续传、操作简单方便，即使用户并不完全了解协议本身，也能够使用文件传输协议进行文件的下载和上传。最新的版本支持下载文件支持续传、可下载或上传整个目录、不会因闲置过久而被站点踢出。功能还包括上载下载队列、上载断点续传、整个目录覆盖和删除等。

2. FTP 搜索引擎

一些 WWW 搜索引擎也具有搜索 FTP 功能，但搜索 FTP 最有效的工具是专用的 FTP 搜索引擎。

FTP 搜索引擎的功能是搜集匿名 FTP 服务器提供的目录列表以及向用户提供文件信息的查询服务。由于 FTP 搜索引擎专门针对各种文件，因而相对 WWW 搜索引擎，寻找软件、图像、电影和音乐等文件时，使用 FTP 搜索引擎更加便捷。目前，国内外 FTP 搜索引擎已有不少，我们选介如下：

（1）“天网 FTP” 搜索引擎

天网 FTP 搜索引擎是北京大学计算机系网络与分布式系统实验室开发的一个产品，目前已经在 http：//bingle. pku. edu. cn 上提供服务，搜集文件数据量超过 1000 万，日访问量超过 40 万次，是目前国内规模最大的 FTP 搜索引擎，在国际上也算 FTP 搜索引擎中的佼佼者。

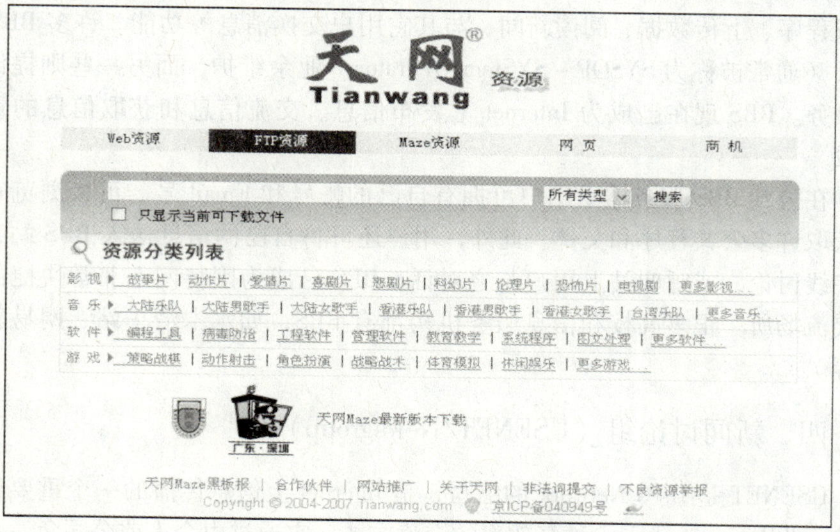

图 10－25 天网 FTP 搜索引擎界面

（2）http：//www. philes. com

http：//www. philes. com 号称全球最大的 FTP 搜索引擎，支持各种“与”、“或”操作的查询，而且查询速度十分快，但是功能方面比较简单，只有简单查询。

二、远程登录（Telnet）

Telnet 协议是 TCP/IP 协议族中的一员，是 Internet 远程登陆服务的标准协议和主要方式。远程登陆是指用户使用 Telnet 命令，使自己的计算机暂时成为远程主机的一个仿真终端的过程。仿真终端等效于一个非智能的机器，它只负责把用户输入的每个字符传递给主机，再将主机输出的每个信息回显在屏幕上。使用 Telnet 协议进行远程登陆时需要满足以下条件：在本地计算机上必须装有包含 Telnet 协议的客户程序；必须知道远程主机的 IP 地址或域名；必须知道登录标识与口令。

各类图书馆的公共目录系统、信息服务机构的综合信息系统、商业化数据库系统大都可供远程登陆。也有特许和公开两种登陆方式。

三、电子公告牌（BBS）

BBS（Bulletin Board System）通过在计算机上运行服务软件，允许用户使用终端程序通过电话调制解调器拨号或者 Internet 来进行连接，执行下载数据或程序、上传数据、阅读新闻、与其它用户交换消息等功能。许多 BBS 由站长（通常被称为 SYSOP - SYStem OPerator）业余维护，而另一些则提供收费服务。BBS 现在已成为 Internet 上发布信息、交流信息和获取信息的重要手段。

在公共 BBS 服务器上用户可拥有自己的帐号和 Email 号，可以浏览查找并获取许多公共程序和文件。此外，用户还可将自己的信息送入 BBS 站，参加在线讨论，或呼叫站上用户与之对话，BBS 已成为因特网上非常快捷的信息交流场所。很多高校和信息服务机构都有 BBS，如水木清华站、网易新干线等。

四、新闻讨论组（USENET/Newsgroup）

USENET 是 Uses Network 的缩写，是 Internet 上信息传播的一个重要组成部分，也是 Internet 上一种高效率的交流方式。它通过由个人或公司负责维护的新闻服务器提供服务，并可管理成千上万个新闻组（Newsgroup）。

Usenet 是全世界最大的电子布告栏系统，是一项通过网络交换信息的服务，它由个人向新闻服务器投递的新闻邮件组成。在这个布告栏上任何人都可以贴布告，也可以下载其中的布告，Usenet 用户写的新闻被发送到新闻组后，任何访问该新闻组的人都有可能看到这个新闻。新闻组服务器由公司、群组或个人负责维护，它可以管理成千上万个新闻组，每个新闻组都有一个特殊主题。新闻组不提供其使用成员的名单，任何人都可以加入新闻组，也可以向新闻组投递新闻或阅读其中的新闻。Usenet 是讨论性质的，它允许世界上任何地方的用户参与。目前 Usenet 支持大约上万个新闻组。除了新闻讨论之外，Usenet 还有另外一个重要的功能，就是下载软件和电影资源。

与 Internet 上的其它服务一样，参与新闻组讨论也需要通过相应的工具软件来实现，可称之为新闻阅读器。通过新闻阅读器不仅可以阅读新闻，还可以发表文章。Windows 系统本身所带的 OutlookExpree 也作新闻阅读器来使用。

国内、外著名新闻组：

1. **新帆**（news：//news. newsfan. net）。
2. **济南万千**（news：//news. webking. com. cn/）
3. **宁波**（news：//news. cnnb. net）
4. **奔腾新闻组**（news：//news. cn99. com/）
5. **微软**（news：//msnews. microsoft. com）
6. **前线**（news：//freenews. netfront. net）

五、邮件列表（Mailing list）

邮件列表（Mailing list）是互联网上最早的社区形式之一，也是 Internet 上的一种重要工具，用于各种群体之间的信息交流和信息发布。

邮件列表的主要功能是为有共同兴趣的一组用户建立一种关联，使用户彼此拥有一个网上交流的空间。加入邮件列表的用户可以收到发给邮件列表的所有邮件，同时，也可通过邮件列表向所有其他组员发送信息。每个邮件列表都有管理员，负责维护邮件列表，进行日常管理。管理员分为两种：一种是人，一种是称为 Listserv 的计算机程序。这种用 Listserv 程序进行自动管理的邮件组，有时也称为 Listserv 列表。邮件列表提供了与 BBS 不同的另外一种交流方式，只有您参与其中，成为组员，才能体会此中乐趣。

若想成为特定邮件列表成员，可用电子邮件与该邮件列表管理员取得联系并请求加入。每一个邮件列表都有自己的名称、说明和地址，管理员的地址通常是由 List（邮件列表名）－request@hostname（主机名）构成。邮件送出之后的很短时间内，你便成为该列表成员，可以开始与列表中其他成员交换信息，必要时，也可使用同样的方法发 E－mail 给管理员，请求退出该邮件列表。

第七节　网络信息检索举要

1. 衣：哪有打折的耐克卖？

可以通过类似 55bbs 这种打折网查询，也可以用“百度”进行搜索。检索“耐克打折 site：55bbs. com”即可看到很多关于耐克打折的信息。

提示：搜索语法“site”表示将搜索限定在某个域名下面，注意在域名前不要加“http：//”。如果要查找耐克的某款产品信息，也可以用这个语法，比如“lock down site：nike. com. cn”为在耐克中文网上找“lock down”这款鞋。

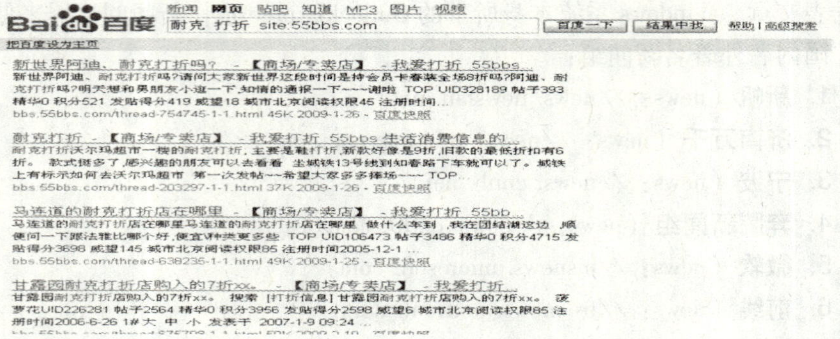

图 10－26　百度搜索页面

2. 食：今天的大白菜多少钱一斤？

如果想了解食品的价格，可以打开百度常用搜索网站（http：//life. baidu. com/），点击“食品价格”链接，并点击“查询各地食品市场价格”，在打开的网站可以查到你所在地区的大白菜报价，而且还有“最高价”、“最低价”、“平均价”，甚至有最近一段时间的价格走势图。

又如想查找自己所在城市的“上岛咖啡”电话是多少，地址在哪，百度提供了“黄页搜索”，查找起来十分方便。打开百度黄页搜索（http：//yp. baidu. com/），输入“上岛咖啡”点击“百度一下”即可，由于上岛咖啡是全国连锁店，所以可能搜出很多结果，我们可以选择省、市对结果进行过滤，直接找到想要的结果。

提示：百度常用搜索是百度与合作伙伴一起推出的用来帮助网民查找一些日常生活中常用信息的搜索服务。除了食品价格，还包括“天气预报”、“火车车次”、“航班班次”、“酒店查询”等等多达26种搜索服务。

3. 住：北京和上海人谁更关注房价？

最近楼市的价格下跌的迹象比较明显，很多人都通过搜索引擎来关注自己所在城市的楼盘情况。不过有一个问题很有意思：到底哪里的人更关注房价的走势呢？实际上用百度指数就能知道。打开百度指数（http：//index. baidu. com/），输入“北京房价，上海房价”，就能看到一个曲线图，结果发现“北京房价”的曲线图明显高于“上海房价”，前者的关注度显然高于后者。这或许表明，北京人比上海人更在意楼市的变化。

提示：百度指数是一个免费的调查工具，通过对比不同关键词在百度被网民检索的次数以及媒体报道的次数，来分析关键词的网民关注度和媒体关注度情况。

4. 行：想去北京旅游怎么办？

如果要出去旅游，需要预订饭店床位、车船票、机票等，了解目的地的景观特色、民俗节庆、气候等情况，可以登录携程旅游网（http：//ctrip. com），这是国内最好的旅游网站之一。

我们还可以通过网络查找好公交线路，打开搜狗地图搜索（http：//map. sogou. com/），选择“公交”，在检索框内输入“从中关村到天安门”就能查询到从中关村到天安门的公交信息，并且提供了多个线路可选，地图上也明显标注了公交路线。

5. 用：要出国如何兑换货币？

出国前需要兑换一些外币，也可以利用网络。百度提供了简单的货币兑换功能，打开百度常用搜索（http：//life. baidu. com/），进入“货币兑换”区域，输入数值，选择初始币种和转换币种后点击“转换”即可。

6. 乐：如何了解最新的电视情况？

生活中离不开休闲娱乐，如果想了解最新电视情况，可以登录中国中央电视台网站（http：//www. cctv. com/），该站点栏目众多，内容丰富，可以查看中央台各频道及一些地方台的节目预告等情况。

第十一章　多媒体信息检索

随着互联网和影视传媒业的高速发展，网络信息不再是单纯的文本信息，图形图像、声音视频等多媒体信息在网上所占的比重越来越大，同时，人们对多媒体信息的检索要求也在不断地增长，其检索日益成为人们关注的领域。

第一节　多媒体信息概述

“多媒体”一词译自英文“Multimedia”，该词由 mutiple（媒体）和 media 复合而成的，一般理解为多种媒体的综合。多媒体就是多重媒体的意思，可以理解为直接作用于人感官的文字、图形图像、动画、声音和视频等各种媒体的统称，即多种信息载体的表现形式和传递方式。

一、多媒体信息的类型及特征

1. 文本

文本是以文字和各种专用符号表达的信息形式，它是现实生活中使用得最多的一种信息存储和传递方式。用文本表达信息给人充分的想象空间，它主要用于对知识的描述性表示，如阐述概念、定义、原理和问题以及显示标题、菜单等内容。

2. 图像（image）

图像是多媒体软件中最重要的信息表现形式之一，是决定一个多媒体软件视觉效果的关键因素。图像包括照片（photo）、图片（picture）、人工绘图（bitm－ap）、电脑绘图（graphics）、视频截取出的画面（frame）等二维空间资料。

图像资料主要有 3 大特征：

（1）*颜色特征*　即我们熟知的像素概念。颜色特征包含两方面的概念，一个对应于全局颜色分布，一个对应于局部颜色信息。颜色特征和图像的大小、方向无关，是对图像的总体把握，对检索总体颜色相似的图像来说，是一个很好的途径。

（2）*纹理特征*　它代表了物体的视觉模式，包含物体表面的组织结构以及与周围环境之间的关系，所有纹理性质都具有直观的视觉意义。

（3）形状特征　形状的表示可分为基于边界的和基于区域的两类，前者使用形状的外部边界，后者使用整个区域。形状特征是对图像总体与局部关系的把握。

3. 音频（audio）

音频是声音信号的形式，作为一种信息载体，具有音高（pitch）、响度（loudness）、明亮度（brightness）、调和度（harmonicity）、音色（timbre）、节奏（rhythm）等特征。

音频从发音媒介的角度可以分为3种类型：

（1）人类自己发出的声音（语音）　具有字词、语法等要素，是高度抽象的概念交流媒体。语音经过识别可以转换为文本，文本是语音的一种脚本形式。

（2）人类制造器具发出的声音（音乐）　具有节奏、旋律或和声等要素，可以用乐谱来表示。

（3）自然界发出的声音　雷电风雨、花鸟鱼虫、狮鸣虎啸等等。

上述音频信息，经过数字化转化而形成数字音频信息，代表语音、音乐、自然界以及合成的声响，成为互联网上多媒体信息的一个重要组成部分。

4. 视频（video）

视频是图像、音频的集成，具有图像和音频的一切特征，除此而外，还有其自身的特征：

（1）关键帧（key—frame）　在一组连续运动的镜头中，摄像机停留时通常意味着重要人物或事件的存在，通过分析每个镜头的光流量，找到变化最小的那个镜头，便是关键帧。文本索引使用关键词标识句子、段落以及文档的内容，同理，在视频信息中，关键帧起着与关键词类似的作用，人们常用关键帧来标识场景、故事等高层语义单元。

（2）镜头（shot）　比帧更高级的视频基本单元便是镜头。通常视频流中的镜头由在时间上连续的视频帧组成，它代表一个场景中在时间上和空间上连续的动作，对应着摄像机的一次纪录起停操作。

（3）切换（cut）　镜头之间可存在多种类型的过渡方式，最常见的是切换，表现为在相邻两帧间发生突变性的镜头转换。此外，电影和电视剧中还存在一些较复杂的过渡方式，如淡入、淡出等。

（4）视频段落（video paragraphs）　在时间上连续的镜头是相关的，因为这一组镜头是一个情节。显然，视频段落是一种比镜头具有更高抽象层次的结构。

二、图像基本知识

目前的图形（图像）格式大致可以分为两大类：一类为位图；另一类称为描绘类、矢量类或面向对象的图形（图像）。前者是以点阵形式描述图形（图像）的，后者是以数学方法描述的一种由几何元素组成的图形（图像）。一般说来，后者对图像的表达细致、真实，缩放后图形（图像）的分辨率不变，在专业级的图形（图像）处理中运用较多。

分辨率、色彩数、图形灰度都是图形（图像）的一些相关技术指标。

分辨率：分为屏幕分辨率和输出分辨率两种，前者用每英寸行数表示，数值越大图形（图像）质量越好；后者衡量输出设备的精度，以每英寸的像素点数表示。

色彩数和图形灰度：用位（bit）表示，一般写成 2 的 n 次方，n 代表位数。当图形（图像）达到 24 位时，可表现 1677 万种颜色，即真彩。灰度的表示法类似。

我们可以通过图形文件的特征后缀名来逐一认识当前常见的图形文件格式。

BMP（bit map picture）：PC 机上最常用的位图格式，有压缩和不压缩两种形式，该格式可表现从 2 位到 24 位的色彩，分辨率也可从 480×320 至 1024×768。该格式在 Windows 环境下相当稳定，在文件大小没有限制的场合中运用极为广泛。

DIB（device independent bitmap）：描述图像的能力基本与 BMP 相同，并且能运行于多种硬件平台，只是文件较大。

PCP（PC paintbrush）：由 Zsoft 公司创建的一种经过压缩且节约磁盘空间的 PC 位图格式，它最高可表现 24 位图形（图像），过去有一定市场，但随着 JPEG 的兴起，其地位已逐渐被取代了。

DIF（drawing interchange formar）：AutoCAD 中的图形文件，它以 ASCII 方式存储图形，表现图形在尺寸大小方面十分精确，可以被 CorelDraw，3DS 等大型软件调用编辑。

WMF（Windows metafile format）：Microsoft Windows 图元文件，具有文件短小、图案造型化的特点。该类图形比较粗糙，并只能在 Microsoft Office 中调用编辑。

GIF（graphics interchange format）：在各种平台的各种图形处理软件上均可处理的经过压缩的图形格式。缺点是存储色彩最高只能达到 256 种。

JPG（joint photographics expert group）：可以大幅度地压缩图形文件的一种图形格式。对于同一幅画面，JPG 格式存储的文件是其他类型图形文件的

1/10到1/20，而且色彩数最高可达到24位，所以它被广泛应用于Internet上的homepage或internet上的图片库。

TIF（tagged image file format）：文件体积庞大，但存储信息量亦巨大，细微层次的信息较多，有利于原稿阶调与色彩的复制。该格式有压缩和非压缩两种形式，最高支持的色彩数可达16M。

EPS（encapsulated PostScript）：用PostScript语言描述的ASCII图形文件，在PostScript图形打印机上能打印出高品质的图形（图像），最高能表示32位图形（图像）。该格式分为Photoshop EPS格式adobeillustrator EPS和标准EPS格式，其中后者又可以分为图形格式和图像格式。

PSD（photoshop standard）：Photoshop中的标准文件格式，专门为Photoshop而优化的格式。

CDR（coreldraw）：CorelDraw的文件格式。另外，CDX是所有CorelDraw应用程序均能使用的图形（图像）文件，是发展成熟的CDR文件。

IFF（image file format）：用于大型超级图形处理平台，比如AMIGA机，好莱坞的特技大片多采用该图形格式处理。图形（图像）效果，包括色彩纹理等逼真再现原景。当然，该格式耗用的内存外存等的计算机资源也十分巨大。

TGA（tagged graphic）：是True vision公司为其显示卡开发的图形文件格式，创建时期较早，最高色彩数可达32位。VDA，PIX，WIN，BPX，ICB等均属其旁系。

PCD（Photo CD）：由KODAK公司开发，其它软件系统对其只能读取。

除此之外，苹果机专用的图形（图像）格式还有PNT、PICT、PICT2等。

三、声音（音频）基本知识

常见的声音文件格式有以下几种：

WAVE，扩展名为WAV：该格式记录声音的波形，故只要采样率高、采样字节长、机器速度快，利用该格式记录的声音文件能够和原声基本一致，质量非常高，但这样做的代价就是文件太大。

MOD，扩展名MOD、ST3、XT、S3M、FAR、669等：该格式的文件里存放乐谱和乐曲使用的各种音色样本，具有回放效果明确，音色种类无限等优点。但它也有一些致命弱点，以至于现在已经逐渐淘汰，目前只有MOD迷及一些游戏程序中尚在使用。

MPEG-3，扩展名MP3：现在最流行的声音文件格式，因其压缩率大，在网络可视电话通信方面应用广泛，但和CD唱片相比，音质不能令人非常满意。

Real Audio，扩展名 RA：这种格式真可谓是网络的灵魂，强大的压缩量和极小的失真使其在众多格式中脱颖而出。和 MP3 相同，它也是为了解决网络传输带宽资源而设计的，因此主要目标是压缩比和容错性，其次才是音质。

Creative Musical Format，扩展名 CMF：Creative 公司的专用音乐格式，和 MIDI 差不多，只是音色、效果上有些特色，专用于 FM 声卡，但其兼容性也很差。

CD Audio 音乐 CD，扩展名 CDA：唱片采用的格式，又叫"红皮书"格式，记录的是波形流，绝对的纯正、HIFI。但缺点是无法编辑，文件长度太大。

MIDI，扩展名 MID：目前最成熟的音乐格式，实际上已经成为一种产业标准，其科学性、兼容性、复杂程度等各方面当然远远超过本文前面介绍的所有标准（除交响乐 CD、Unplug CD 外，其它 CD 往往都是利用 MIDI 制作出来的），它的 General MIDI 就是最常见的通行标准。作为音乐工业的数据通信标准，MIDI 能指挥各音乐设备的运转，而且具有统一的标准格式，能够模仿原始乐器的各种演奏技巧甚至无法演奏的效果，而且文件的长度非常小。

另外，在多媒体材料中，存储声音信息的文件格式有：

WAV 文件、VOC 文件、MIDI 文件、RMI 文件、PCM 文件以及 AIF 文件等若干种。

WAV 文件：Microsoft 公司的音频文件格式，它来源于对声音模拟波形的采样。用不同的采样频率对声音的模拟波形进行采样可以得到一系列离散的采样点，以不同的量化位数（8 位或16 位）把这些采样点的值转换成二进制数，然后存入磁盘，这就产生了声音的 WAV 文件，即波形文件。Microsoft Sound System 软件 Sound Finder 可以转换 AIF SND 和 VOD 文件到 WAV 格式。

VOC 文件：Creative 公司波形音频文件格式，也是声霸卡（sound blaster）使用的音频文件格式。每个 VOC 文件由文件头块（header block）和音频数据块（data block）组成。文件头包含一个标识版本号和一个指向数据块起始的指针，数据块分成各种类型的子块，如声音数据静音标识 ASCII 码文件重复的结果重复以及终止标志，扩展块等。

MIDI 文件：Musical Instrument Digital Interface（乐器数字接口）的缩写，它是由世界上主要电子乐器制造厂商建立起来的一个通信标准，以规定计算机音乐程序、电子合成器和其它电子设备之间交换信息与控制信号的方法。MIDI 文件中包含音符定时和多达 16 个通道的乐器定义，每个音符包括键通道号持续时间音量和力度等信息。所以 MIDI 文件记录的不是乐曲本身，而是一些描述乐曲演奏过程中的指令。

MIDI 是现在我们用的最多的音频名词之一，并用它来泛指数字音乐的国际标准。由于它定义了计算机音乐程序、合成器及其他电子设备交换信息和电子信号的方式，所以可以解决不同电子乐器之间不兼容的问题。另外，标准的多媒体 PC 平台能够通过内部合成器或连接到计算机 MIDI 端口的外部合成器播放 MIDI 文件，利用 MIDI 文件演奏音乐，所需的存储量最少。

RMI 文件：Microsoft 公司的 MIDI 文件格式，它可以包括图片标记和文本。

PCM 文件：模拟音频信号经模数转换（A/D 变换）直接形成的二进制序列，该文件没有附加的文件头和文件结束标志。在声霸卡提供的软件中，可以利用 VOC－HDR 程序，为 PCM 格式的音频文件加上文件头，而形成 VOC 格式。Windows 的 Convert 工具可以把 PCM 音频格式的文件转换成 Microsoft 的 WAV 格式的文件。

AIF 文件：Apple 计算机的音频文件格式。Windows 的 Convert 工具同样可以把 AIF 格式的文件换成 Microsoft 的 WAV 格式的文件。

四、视频（动画）的基本知识

动态图像，包括动画和视频信息，是连续渐变的静态图像或图形序列，沿时间轴顺次更换显示，从而构成运动视感的媒体。当序列中每帧图像是由人工或计算机产生的图像时，我们常称作动画；当序列中每帧图像是通过实时摄取自然景象或活动对象时，我们常称为影像视频，或简称为视频。动态图像演示常常与声音媒体配合进行，二者的共同基础是时间连续性。

视频信息在计算机中存放的格式有很多，目前最流行的两种格式是：苹果公司的 Quicktime 和微软的 AVI。

Quicktime：是苹果公司采用的面向最终用户桌面系统的低成本、全运动视频的方式，现在在软件压缩和解压缩中也开始采用这种方式了。其向量量化是 Quicktime 软件的压缩技术之一，它在最高为 30 帧/秒下提供的视频分辨率是 320×240，其压缩率为 25－200。

AVI：类似于 Quicktime，是微软公司采用的音频视频交错格式，也是一种桌面系统上的低成本、低分辨率的视频格式。AVI 可在 160×120 的视窗中以 15 帧/秒回放视频，并可带有 8 位的声音，也可以在 VGA 或超级 VGA 监视器上回放。AVI 很重要的一个特点是可伸缩性，使用 AVI 算法时的性能依赖于与它一起使用的基础硬件。

五、多媒体数据压缩和编码技术标准

目前，被国际社会广泛认可和应用的通用压缩编码标准大致有如下四种：H.261、JPEG、MPEG 和 DVI。

1. H. 261

由 CCITT（国际电报电话咨询委员会）通过的用于音频视频服务的视频编码解码器（也称 Px64 标准），它使用两种类型的压缩：一帧中的有损压缩（基于 DCT）和用于帧间压缩的无损编码，并在此基础上使编码器采用带有运动估计的 DCT 和 DPCM（差分脉冲编码调制）的混合方式。这种标准与 JPEG 及 MPEG 标准间有明显的相似性，但关键区别是它是为动态使用设计的，并提供完全包含的组织和高水平的交互控制。

2. JPEG

全称是 Joint Photogragh Coding Experts Group（联合照片专家组），是一种基于 DCT 的静止图像压缩和解压缩算法，它由 ISO（国际标准化组织）和 CCITT（国际电报电话咨询委员会）共同制定，并在 1992 年后被广泛采纳后成为国际标准。它是把冗长的图像信号和其它类型的静止图像去掉，甚至可以减小到原图像的百分之一（压缩比 100:1）。但是在这个级别上，图像的质量并不好；压缩比为 20:1 时，能看到图像稍微有点变化；当压缩比大于 20:1 时，一般来说图像质量开始变坏。

3. MPEG

MPEG 是 Moving Pictures Experts Group（动态图像专家组）的英文缩写，实际上是指一组由 ITU 和 ISO 制定发布的视频、音频、数据的压缩标准。它采用的是一种减少图像冗余信息的压缩算法，它提供的压缩比可以高达 200:1，同时图像和音响的质量也非常高。现在通常有三个版本：MPEG－1、MPEG－2、MPEG－4 以适用于不同带宽和数字影像质量的要求，最显著优点就是兼容性好、压缩比高（最高可达 200：1）、数据失真小。

4. DVI

其视频图像压缩算法的性能与 MPEG－1 相当，即图像质量可达到 VHS 的水平，压缩后的图像数据率约为 1.5Mb/s。为了扩大 DVI 技术的应用，Intel 公司最近又推出了 DVI 算法的软件解码算法，称为 Indeo 技术，它能将要压缩的数字视频文件压缩为原来的五分之一到十分之一。

第二节　多媒体信息检索原理

多媒体信息检索是指根据用户的要求，对文本、图形、图像、音频、视频等多媒体信息进行识别和获取所需信息的过程。但多媒体信息检索系统并不是简单地对多种媒体进行检索，它必须既能对以文本信息为代表的连续媒体的内容进行检索，也能对以图像、声音为代表的连续媒体的内容进行检索。由此产生了依据文字描述的多媒体检索和依据多媒体内容特征的检索两种方法。

前者属于传统的标引方法，对图像的物理特征和内容特征进行文字标引，人工揭示，建立类似于标引数据库。人们可以利用关键词来描述所要查找的图片或音乐，如可以用“flower”这个词来查找有关花朵的图片，可以用“spring”在MP3搜索中查找有关“春天”的音乐。后者依靠对图像特征进行标引，它依据图像画面的内容特征、主题对象特征（图像的实际内容）来编制索引。

一、基于文本方式的多媒体信息检索

基于文本的多媒体信息检索（Text Based Retrieval，TBR），也被称为多媒体信息检索的外在语言，是基于分类或基于文本的多媒体信息语言。

对于没有直接语义信息的多媒体信息，人们必须借助具有实际语义信息的词语对其加以组织。基于文本的多媒体检索是对多媒体进行人工分析并抽取反映该多媒体物理性和内容特征的关键词，然后对这些关键词进行文字著录或标引，建立类似于文本文献的标引著录数据库，从而将对多媒体信息检索转化为基于文本描述的检索。在这种检索方式中，多媒体信息与数据库中的特定字段（如VFP中的通用字段、ACCESS中的OLE对象等）建立链接，从而可以通过检索这些数据库中的文本关键字段来获取多媒体信息。

基于文本的多媒体信息检索的实现：

1. 图像

搜集图像，采用以下方式赋予图像尽可能多的语义标识：（1）图像的文件名。大多数作者直接用图像的文件名称代表图像的内容。（2）图像的替代文字。网页设计人员为避免在关闭图像显示功能的浏览器上出现空白区域，设计图像的替代文字信息。（3）图像周边的文字。图像自身的语义模糊且语义信息有限，一般作为文字稿件的配图、附图出现，这样，图像周边的文字最有可能明确表达图像的语义信息。（4）图像所在网页的标题。它如同书名、文章名称一样，是语义信息浓缩程度最高的替代品。（5）图像的文字链接。点击某一文字链接，才可打开图片，该文字自然代表图像的内容。

2. 音频

根据对音频媒体的划分可以知道，语音、音乐和其他声响具有显著不同的特性，因而目前的处理方法可以分为与之相应的3种：处理包含语音的音频和不包含语音的音频，后者又把音乐单独划分出来。语音代表音频资料的语义特征，包含语音的音频，可以利用自动音频分析技术，表达其内容特征。对于音乐作品，分析其注释、对象的标题和字幕等，作为主题标引的来源。对于非语音和音乐类型的音频资料，用人工识别的方式，标注出是哪种声音，然后进行检索。

3. 视频

首先辨认视频资料的配音或字幕，全文关键词索引后，为用户提供总体性查询视频内容。其次，将视频分为单个镜头，从每一个镜头中抽取出关键帧，再为关键帧建立主题词索引，供用户查询特定的视频内容。

基于文本的多媒体检索最大的优点是技术相对简单，对图像、声音处理技术的要求不是很高，操作简单，主要通过多媒体文件的内容及外在特征进行人工标引，建立索引库，本质上是传统文本检索的延续，易于标引工作者与用户理解与掌握。

但是这种方法过分依赖于标引人员或专家的主观描述，并且由于多媒体内容的日益复杂，多媒体形式的多元化和特征的多维性使不同的人因个人的知识、经验、理解不同而有所差异，在许多情况下仅用几个关键词难以充分描述，而且作为关键词的多媒体特征的选取也有很大的主观性。另一方面，由于图像和视频信息的内容具有丰富的内涵，并且每一种媒体数据都有一些难以用字符和数字符号描述的内容线索，如图像的颜色、纹理、形状，视频图像中的运动片段，声音的音调等。再者，面对海量的信息资源，要做到实时处理，完全采用人工处理的方法也是不可行的。在这种情况下，基于内容的检索应运而生了。

二、基于内容的多媒体信息检索

基于内容的多媒体信息检索（Content Based Retrieval，CBR）是对媒体对象的内容（如图像的颜色、纹理，音乐的音色、节奏等）及上下文语义环境所进行的检索，它根据用户的要求，对文本、声音、图形、动画等多媒体信息进行检索。其检索主要依据的是图像、视频和音频等的内容特征。

在组织多媒体信息时，组织者根据媒体的内容特征进行分析，建立基于内容特征的信息，将其存储在特征信息索引库中，并与实际多媒体数据联系起来。当用户检索时，系统一方面接受用户规定的图像、视频和音频等内容特征信息（即用户的检索提问），另一方面接受特征信息索引库中的特征信息，然后进行两者之间的匹配，以找出符合用户需求的多媒体信息。其中，图像的内容特征主要包括颜色、纹理、形状及时空关系等特征；视频的内容特征主要包括对象运动特征、颜色和光线变化等；音频的内容特征主要包括时域、频域、时频、短时帧和音频特征等。

1. 基于内容的图像检索

(1) 基于颜色的检索

色彩是图像最基本的一种特征，因此色彩特征是最基本的一种检索依据。

1990年Swain和Ballard在Color indexing一文中首次提出了色彩直方图的方法，Swain算法使用了R、G、B三个直方图来表征图像的色彩特征，这无疑是准确的，但要存储和计算整个颜色空间内的直方图，计算量与存储量过大。为此，Mehtre等提出了用参考颜色表（reference color table）来压缩直方图，Pass等人则在此基础上提出了图像的色彩聚合矢量CCV（color coberence vector）来作为图像的索引，随后，科学家们又提出了各种各样的全局色彩的索引方法。总之，全局颜色的索引就是将按全局颜色的分布来索引图像，计算每种颜色的象素，检索出具有相同颜色内容的像素的图像，而局部颜色的索引指的是局部相似的颜色区域，它考虑了颜色的分类和一些初级的集合特征。比如使用Smith提出的颜色集合（color set）方法来抽取空间局部颜色信息并提供颜色区域的有效索引。

（2）形状检索

形状（shape）是描述物体的本质特征之一，而且对于查询用户来说较为直观。基于形状的检索对象可以分为：基于二维形状（shape byplane）和基于三维形状的检索（shape byvolume）。形状检索主要有针对图像边缘轮廓线进行的检索和针对图形矢量特征进行的检索两种方法，常用检索算法有边界直方图法和Hough变换等。在实际应用中，为了减少算法时间和空间复杂性，一般用形状参数（shape facor）如面积、周长、矩阵等来描述形状，进行匹配查询，可以有效提高检索的效率。在IBM的QBIC系统中，就采用了类似的描述方法。

（3）纹理检索

同颜色、形状一样，纹理（texture）也是描述物体的另一重要特征。图像的纹理特征有时在局部区域内可能没有规则，但在整体上却往往呈现出一定的规律性，这也正是基于内容检索的一条主要线索。纹理特征主要由纹理的均匀度、对比度和方向的特征量表示。均匀度反映纹理的尺寸，对比度反映纹理的清晰度，方向反映实体是否有规则的方向性。常用的检索方法有基于传统数学模型的共生矩阵均值方差法、频谱分析和结构方法及近几年出现的基于视觉模型的多分辨率分析、随机场模型等。

基于内容的图像检索主要包括两种：

①样例查询。用户提供一个样例图像，系统抽取该样例图像的特征，与数据库中的图像进行匹配，并将与样例特征相同或相似的图像输出给用户。

②片段查询。选取图像中的某个组成部分或某个区域，要求检索系统反馈包含类似信息的图像。比如，用户若对海滩的图片有兴趣，可以用“蓝色占65%，白色（沙滩花纹）占35%”的方式查询。

2. 基于内容的视频检索

所谓视频检索就是从海量的视频信息中检索到自己需要的视频片段。目前的视频检索的主要内容包括片段检测、图像拼接、主运动估计和层描述。视频数据是一个二维图像流序列，它是非结构化的。

视频数据的处理：基于内容的视频处理包括视频结构的分析、视频数据的自动索引和视频聚类三部分。提取视频图像特征后，还要建立基于视频特征的索引。索引是对特征库的快速访问：对于特征库中每个数据项，索引项包含关键属性值及可能直接访问该数据项的指针。通过索引，就可以进行基于内容的视频检索和浏览了。在基于内容的视频检索中，采用相似性度量对视频进行近似匹配，基于关键帧特征、或是基于镜头动态特征、或是将二者相结合进行查询。

3. 基于内容的音频检索

音频数据一般用音量（Loudness）、音调（Pitch）、音强（Brightness）、带宽（Bandwidth）、音长（Duration）和音色（Timbre）等属性来描述，其中，音量、音调、音强、带宽和音长等属性易于通过技术手段进行量化建模，而对音色的处理却相对复杂，对其进行分析和捕捉较为困难。音频检索同视频检索相类似，音频特征随时间而动态变化，分析时计算不同时间段的声波信号的波形，并将波形的均值、方差和自相关系数等记录在波形数据库中。对音频数据进行采样，帧抽取后，运用方差分析等统计方法对音调、音量、音强等音频特征进行量化，并在音频数据库中记录这些量化值，形成索引树，在检索时可以利用这些特征进行示例和指定特征查询。

基于内容的音频检索分为：

（1）赋值查询　用户指定某些声学特征的值或范围来说明查询结果，如亮度、音调和音量等。

（2）示例查询　用户提交一个示例声音，针对某个或某些特性，查出所有与示例相似的声音，比如，查询与发动机的轰鸣声相似的所有声音。

（3）假借查询（组织/浏览）　用某种或某些特性对声音进行分类和分组，然后通过浏览这些声音而进行选择，比如，用户可以发出嗡嗡声来查找蜜蜂或电器的嘈杂声。

第三节　多媒体检索系统介绍

由于图像、音频、视频等多媒体信息的日益丰富，专门针对这类信息的检索系统也应运而生，利用这些声像检索系统，可以很方便地查找到所需的多媒体信息。

1. Google 图片搜索（http：//images. google. com）

Google 图片搜索号称最好的“图片搜索工具”。在 Google 的高级搜索页以及 http：//images. google. cn 中都可以找到图片搜索。要访问它，必须在使用偏好页上将界面语言设置为英语。

图像搜索的工作原理是利用网络蜘蛛（Smart Spider）技术，分析页面上图片附近的文字、图片标题以及许多其它元素来确定图片的内容。Google 还使用复杂的算法来删除重复的内容，并确保在搜索结果中首先显示质量最好的图片。用户只需在图片搜索框内键入您的查询，然后按“搜索”按钮或点击键盘上的回车键即可。

在 Google 文本搜索中使用的所有操作符都可以用于图片搜索。在高级搜索框中，您可以通过在查询中使用“filetype：”来指定文件类型扩展名。例如，如果要查看格式为 . jpg 的花朵（flower）的图片，则在搜索框中输入 [flower filetype：jpg]，可检索到如图 11 -1 的页面：

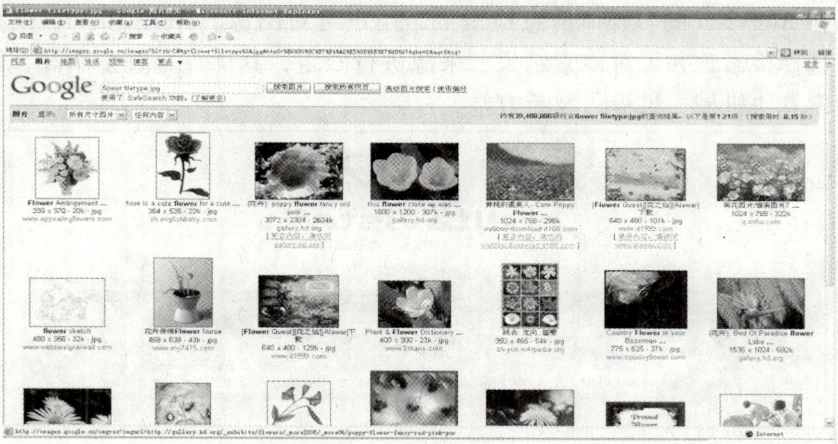

图 11 -1　Google 图片搜索页面

在“高级图像搜索”中，用户可利用“必须和下列的全部字词有关系”，“必须和下列的字句完全符合”，“只要和下列的任何一个字词有关系”，及“和下列字词无关”四个输入框很方便地对图象进行扩检、缩检、模糊检索和精确检索；利用图象特征复选框可定义图像大小（任意大小、缩小图示、小型、中型、大型、特大型、桌面大小），图像类型（JPC、GIF、PNG），图像颜色（所有颜色、黑白图象、灰阶图象、全彩图象），在“网域”框中输入网址以显示特定站点或域内的图像。

在搜索结果页中，单击图片的缩略图就会看到放大的图像，还可以看到原始图像所在的页面。但是，Google 图像搜索服务提供的图像可能受版权保护，若要去除版权图像，请转到 http：//www. google. com/intl/zh - CN/

remove. html，上面有相关的指导信息。

2. 百度（http：//www. baidu. com）

百度图片搜索引擎（http：//image. baidu. com/）是世界上最大的中文图片搜索引擎，百度从数十亿中文网页中提取各类图片，建立了世界第一的中文图片库。目前为止，百度图片搜索引擎可检索图片已经近亿张。

百度新闻图片搜索从中文新闻网页中实时提取新闻图片，它具有新闻性、实时性、更新快等特点。

百度 MP3 搜索（http：//mp3. baidu. com/）是百度在天天更新的数十亿中文网页中提取 MP3 链接从而建立的庞大 MP3 歌曲链接库。

百度视频搜索（http：//video. baidu. com/）是百度汇集几十个在线视频播放网站的视频资源而建立的庞大视频库，拥有最多的中文视频资源，提供用户完美的观看体验。

3. Alta Vista（http：//www. altavista. com/image/default）

在 AltaVista 的多媒体信息检索页，用户可对图像、MP3/Audio、视频等进行选择检索，并可对检索结果、来源进行限定，其优点是查全率高，缺点是检索算法机械、呆板，判断力差。

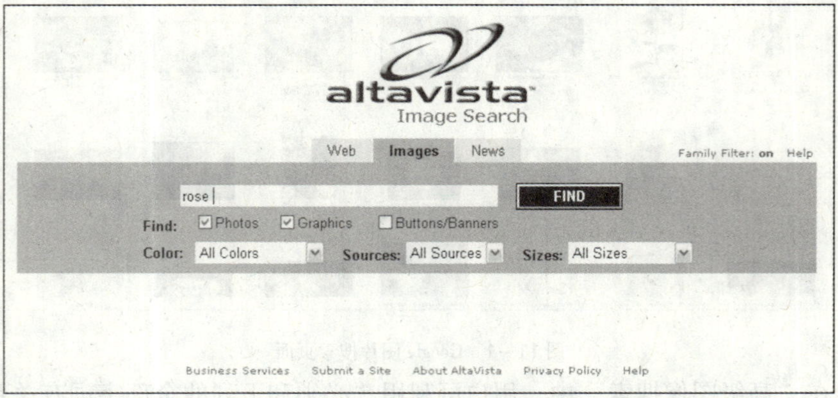

图 11-2　AltaVista 图片搜索页面

4. Excite（http：//www. excite. com）

Excite 采用文本方式进行多媒体信息检索，用户可检索视频和音频信息，并能对 AVI、MIDI、MPEG/MP3、Real、QuickTime、WAV 等媒体格式进行选择，然后通过关键词进行检索，每条检索结果除了可进行相关的超级链接外，还提供有关该结果的简单说明。

5. QBIC（http：//www. qbic. almaden. ibm. com）

QBIC（Query By Image content）是 IBM 公司于 20 世纪 90 年代研制的图像和动态影像检索系统，它主要是为 IBM 的 DB2 大型数据库提供图像检索功能，同时支持基于 Web 的图像检索。它可能是目前应用最广的图像检索系统。如旧金山现代艺术博物馆及法国文化部等机构皆使用该系统。

QBIC 是“基于内容”检索系统的典型代表，系统提供多种查询方式，包括利用标准范图（系统提供）检索，用户绘制简图或扫描输入图像进行检索，选择色彩结构查询方式，输入动态影像片断和前景中运动的对象检索。视频方面主要利用了颜色、纹理、形状、摄像机和对象运动来描述内容。

QBIC 除了基于内容特征的检索，还辅以文本查询手段。如为旧金山现代艺术博物馆的每幅作品给予标准描述信息：作者、标题、日期，许多作品还有内容描述。

6. VisualSEEK

VisualSEEK 是美国哥伦比亚大学电子工程系与电信研究中心图像和高级电视实验室共同研究的一种在互联网上使用的“基于内容”的检索系统，主要特点是用图像区域的空间关系查询和直接人压缩数据中提取视觉特征。它实现了互联网上的“基于内容”的图像/视频检索系统，提供了一套供人们在 Web 上搜索和检索图像及视频的工具。

7. VideoQ（http：//www. vide－oq. com）

VideoQ 是哥伦比亚大学研究的一个项目，它扩充了传统的关键字和主题导航的查询方法，允许用户使用视觉特征和时空关系来检索视频。它有以下几个特征：集成文本和视觉搜索方法；自动的视频对象分割和追踪；丰富的视觉特征库，包括颜色、纹理、形状和运动；通过 WWW 互联网交互查询和浏览。

8. CORE（http：//www. coren－ic. org）

CORE 是新加坡国立大学开发的一个基于内容的检索机，其显著技术特色包括：多种特征提取方法、多种基于内容检索方法、使用自组织神经网络对复杂特征度量、建立基于内容索引的新方法以及对多媒体信息进行模糊检索的新技术。

9. TV－FI

TV－FI（TsinghuaVideo Find It）是清华大学开发的视频节目管理系统，这个系统可以提供如下几个功能：视频数据入库，基于内容的浏览、检索等。TV－FI 提供多种模式访问视频数据，包括基于关键字的查询、基于示例的查询、按视频结构进行浏览，以及按用户自已预先定义的类别进行浏览。

第十二章 课题资料检索与论文写作

第一节 课题资料的检索与利用

一、课题资料的检索

在当今知识、信息爆炸的时代，拥有知识不如掌握学习方法。具体的知识是凝固的，而知识体系是在不断变化发展的，知识永远掌握不完，然而好的学习方法却可以让你随时掌握新知识。文献资料的检索是获取知识的重要方法，它是从事科研、教学和管理等工作的关键环节。

从浩如烟海的知识信息中快速查找自己需要的文献资料是非常重要的，但是，无论平时我们如何做文摘卡片、编写多少读书笔记、或者制作多少本剪报，都是不可能将国内外各种相关文献都积累下来，其中的原因很简单：没有那么多时间去选择并阅读成千上万册的书刊资料，更何况是做文摘、写读书笔记；也无法预测将来可能会需要什么新学科的资料；身边的图书馆收藏的文献数量和种类都是有限的；每天都有大量的新书报刊出版发表，全国各个出版社平均每天新出版图书数百种，《中国期刊全文数据库》每天新增近万篇期刊论文、还有数千篇报纸文章。可以说，文献检索的作用是别的方式所无法取代和比拟的，而从事课题研究又必须掌握文献检索的方法。

课题资料的检索步骤一般有以下五个环节，层层深入，逐步明确检索目标：

1. 分析课题的学科领域、关键词或主题词

这个环节的主要任务是明确课题的基本概念、关键术语，判断课题与相关学科关系的密切程度等。这项任务只有直接承担课题研究的人员才能判别，其他人员无法相助。

2. 把握课题的发展历史与现状、文献分布状态、国家和主要文献语种等

在完成第一个任务后，还需要进一步从横向、纵向两个方面搞清课题在当前的准确“坐标”，即了解课题及其核心问题的起源、主要发展阶段、划时代意义的成果等，以便把握检索相关文献的起始时间，了解当前国内外关于这一领域问题的进展、主要代表人物、学派、主要学术组织和学术会议、国内外主要期刊等。了解这些问题后，就基本上把握了该课题当前的研究重点、难点，从而进一步明确自己的研究方向。

3. 分析和选择数据库、信息源

第二个环节完成后，就基本上把握了相关课题资料的主要分布状态，但需要最终找到主要的数据库和信息源。一般来说，任何一个学科领域都有可供使用的多种数据库，只有确定了这些数据库，才能进行课题资料的实际检索。

4. 检索课题资料和具体操作

这是文献资料检索的实质性环节，也是需要重视的环节。由于操作的熟练程度不同，可能会导致不同的人检索相同的课题而命中的资料数量不同，经常使用检索系统或经过专业训练的检索人员可以获得理想的结果。这里面的关键问题就是检索策略的制定、主题词的控制等技巧问题。

5. 文献资料分析与数据判别

我们不能轻信任何一篇文献，也不能仅凭一两篇文献就得出某种结论，必须对检索出来的大量文献资料进行分析筛选，必要时还可以借助实验、实地考察、社会调查等多种手段去验证。其中文献资料分析是最容易的方法，例如引文分析法、聚类分析法等等。

综上所述，我们可以简单地概括如下要点：

（1）明确自己的检索目的：主要包括学科主题领域、年代范围、国家地区和语种等；

（2）选择数据源：了解各种数据源的特点、收录范围、使用方法等；

（3）使用书目数据库：从书目数据库入手可以查找图书；

（4）使用期刊论文数据库：从期刊数据库中可以查到论文；

（5）使用工具书：从工具书中可以直接获得理论方法和相关数据等等。

二、课题资料的利用

课题资料的利用主要包括以下几个环节：记录资料、汇总资料、分类整理资料、分析归纳与综合资料。

1. 记录资料

记录资料就是将资料中的内容进行分析、整理。具有以下内容的资料应该作为记录的重点：（1）本课题新资料，新的数据资料；（2）经典论断或权威人士、知名专家的相应论点；（3）新颖的见解，无论这种见解和自己已有的观点是相同还是相异；（4）有存疑的资料，有待查证的数据和其他需要核实的内容；（5）有争议的内容，特别是正在进行的争论；（6）自己认为有必要澄清或辨明的事实、数据、见解、乃至方法、程序等；（7）检索资料时自己偶发的联想；（8）资料中精美的语词或其他独到的表述。

记录的方式有多种：（1）复制。这是记录文献资料最方便的方法之一，优点在于便捷、准确、可靠。复制的手段是广泛多样的，主要有抄录、剪报、复印、翻录、文件拷贝、拍摄、模型模拟等；（2）摘抄。有时候，面对极有价值的文献资料，一时没有复印条件，或者此类文献资料不允许他人复印，这时，摘抄就成了记录资料的有效手段。摘抄的类型有抄录、摘要、概录、录注、题录等。所有这些工作都必须注明原文的准确出处，没有出处的数据就是没有依据的数据。

抄录：经典言论、基本观点、关键数据以及其他需要完成引用的资料，均应抄录。抄录时一是要考虑其必然性，以尽量减轻抄写数量；二是务求准确，切不可断章取义。

摘要：凡不打算全文或原文引用的资料，或虽有全部引用的价值，但文字过长，无法摘录，则可摘其精要部分。“摘要”的关键是先要识得“精要”，然后再准确地“摘”取。

概录：此为浓缩型摘抄，通常运用于压缩大段的叙述性资料、背景资料以及描述过程演绎的繁琐资料。

录注：因阅读某一资料有所感悟、有所疑问、产生联想，则可边抄原文，边做“批注”，即在所录原文的一旁，对应的记下自己的感悟。有些感悟因特定的情境而触发，并且稍纵即逝、难以再现，及时记下来很有必要。

题录：在所有上述记录过程中，都必须记录原文的出处，即作者、题名、出版物名称、时间和页码等。必要时还应当注明出版物的存放地点。

2. 汇总资料

资料集中得多了，就形成了“资料库”，这个资料库是学者的“靠山”，是研究成果的后盾。资料库的积累形成过程也是培养一个人的学术素养和学者气质的过程。汇总材料看似简单，因而更容易对其随意处置，结果，辛辛苦苦得来的资料却不能最大限度地发挥效用。

汇总资料的方法很多，包括整理文摘卡片、制作剪报等。所有的资料都应该集中存放。如果做成了文字卡片，则集中放在卡片盒内；要是录入了电脑，或者复制了软盘，应同时做好备份。珍贵的论文资料往往有着持久的生命力。论文完成了，并不意味着资料就寿终正寝了，论文中已经使用了的或未能用上的资料还应让其再回到卡片盒、电脑硬盘、资料袋内集中存放。过一段时间，再重新翻检这些“存货”，可能又会获得启发，在下一篇论文中，这些“存货”可能还会有用，甚至还有大用。

3. 分类整理资料

汇总资料是渐进的过程，分类整理资料则是在对课题展开深入研究之前集中进行的准备工作。这项工作本身就具有很强的研究性，需要静心专注而为之。分类整理资料先要确定分类的依据，研究者经常使用的分类依据有以下几种：

第一，按照时间顺序原则整理；第二，按照作者姓名聚类整理；第三，按照国家地区分别整理；第四，按照学科或主题集中整理。在整理过程中，需要区分资料来源、载体形态等，来源不同，文献类型也不同；载体形态不同，存放地点和存放方式也不同（例如，电脑文件、磁带、标本、图书、杂志等必然是分别存放的）等。一般同类型资料集中在一起。

按用途分拣也是一些研究人员经常采用对研究素材的处置方式。分类整理阶段发现在本课题中用处不大的素材需要将其剔除，送进资料库里。决定采用的资料也应进一步明确其用途：在何处使用？用作主要资料还是旁证资料？全引还是摘要或者概述？

资料的分类整理不是一次就能完成的。这可以从两个意义上来理解：一是在一次分类过后，有必要采用另一个依据继续对已经分拣出来的某些资料进行二次分类；二是在课题研究的过程中，有时候需要变换不同的分类标准去对相同的研究素材重新加以认识，以期从中获得新的视角、新的感受和启示。对于分类完毕的资料，可以将其编上时间，此后在论文的提纲上便可"对号入座"，撰写论文的复杂过程就有可能成为"按照图纸依次施工"的装配作业过程。这正是一些研究者驾驭大文章的基础，也是一些研究者能在同一时间内分出身来面对几个课题而能保持思路清晰、成果迭出的一大秘诀。

4. 分析归纳与综合资料

前期的各项准备工作都完成后，就可以最终汇总，按照原定提纲完成全篇论文的撰写，形成最终研究成果。许多学生经常急功近利，盲目动笔，缺乏全局思想，致使最终完成的论文和预先的选题根本不一致。这其中的关键问题主要有两个方面：其一，前两个环节准备不充分；其二，就是本部分所要讲述的"分析、归纳、综合"能力不足。

前期的一切文献资料准备、知识准备、实验准备都是为了落实到最后的论文撰写，这需要我们平时在校学习期间就应该掌握这样的基本技能：文字能力和素材组织能力。同时需要我们学会这样一些方法：一是哲学思维与分析方法；二是通过科学方法，包括数学方法、计算机数据处理方法；三是各自所学专业的知识和方法。社会科学的分支学科众多，许多学科领域都有专门的研究方法，比如在语言学研究中，人们常用替换法、分布分析法、变换法等，对语言想象进行分析；在古文献研究中，人们常用版本对照的方法，对文献进行校勘补正。同样，自然科学、工程技术、生命科学等不同门类的学科更是有自己的独特的方法。

哲学方法、一般研究方法和专门研究方法虽然分属于三个不同的层次，但在一项具体的课题研究中，它们又经常以不同的介入方式，共同发挥着不可替代的作用。在科学研究活动中，尤其是毕业论文和学位论文中有一个共同方法，即分析与综合，抽象与概括的方法。

分析与综合是从事科学研究的最重要、最基本的思维方式。分析是将课题对象所具有的属性分解开来，分别对其加以认识的一种思维方式。分析所研究的是事物的本质与现象、必然与偶然、一般与个别、事物的主要和各个次要方面的相互关系，尤其侧重研究事物属性之间的对立与差别。分析的关键是选择突破口，即选择从哪里入手进行分析。综合是在分析的基础上，按照特定的需要把事物各方面的本质有机地联系起来的一种思维方式。

抽象与概括是在对事物的属性作比较、分析、综合的基础上进行的，并借助判断、推理的形式表达出来。抽象与概括是人脑对事物的认识去粗取精、去伪存真、由此及彼、由表及里的思维过程。通过抽象与概括，人们就能认识事物的本质，实现感性认识向理性认识的转化、形象思维向抽象思维的飞跃。

抽象就是从研究对象的全部联系和全部属性中抽取一部分内容、一部分属性加以考察的思维方法。客观事物的基本特征各不相同，所适用的抽象也不一样。基本理论、工程技术研究主要借助于模型实验、数学方程、空间想象进行抽象。哲学、经济学的抽象除了借助数学，还大量借助概念。论文写作的抽象则主要借助于完整的感性材料。概括则是把对一些对象的研究所取得的本质的、规律性的认识推广到同一类全体对象上去。概括的结论必须具有普遍的适应性。

第二节　论文的设计与撰写

论文是指讨论某种问题或研究某种问题的文章。所谓讨论，是指对某一问题交换意见或进行辩论；所谓研究，就是探求事物的真相、性质和规律。对客观事物进行讨论、研究，是人类思维高度发展的结果，是社会步入文明阶段的重要标志。要想写好一篇论文，首先要精心设计论文的基本结构，然后再逐步撰写论文的内容。

一、论文的设计

论文设计，就是根据论文选题所要达到的目的，制定一套论文写作的操作程序。论文设计是否完善，影响到论文的预定目标能否实现，影响着论文写作的效率，而且影响论文结论的可靠性。

论文设计的步骤一般包括五个方面：一是选择研究方法；二是确定研究性质；三是根据研究方法和研究性质确定论文的类型；四是认真选择研究的对象；五是形成论文分析框架，拟定提纲，安排好全文的逻辑结构。

1. 选择研究方法

研究的方法有多种，如，文献法、历史法、观察法、实验法、文献分析法、调查法、比较法等等。研究者要根据研究课题的目的和要求选择正确、合理的方法，哪种方法最有效就选择哪种方法；另外，还要根据研究所处的不同阶段来选择方法，视情况发展不断地进行尝试和调整，以加强对问题的认识，积累解决问题的经验，提高研究水平。当然，研究方法的选择还要根据科研人员自身的科研素质来决定，因为研究方法的效果不仅取决于研究方法的本质，而且还取决于科研人员自身是否能非常客观地选择和运用它。

2. 确定研究性质

在基本研究方法确定后，就需要考虑论文的研究性质，是研究基础理论还是进行工作研究、实验研究，或是描述。

3. 明确论文类型

根据论文研究的内容和研究性质，以及研究方法，明确论文的类型。论文的类型很多，主要有理论研究类、实验研究类和描述研究类。

（1）理论研究类

通常是在已有客观现实材料及思想理论材料的基础上，运用各种逻辑和非逻辑方式进行加工整理，以理论思维水平的知识形式反映研究对象的客观规律。理论研究类论文的理论色彩强，对所研究的课题有较深刻的见解，具有思辨性、论证性、渐进性和间接性。

理论研究类论文主要通过抽象思维来间接地把握问题的实质，一般以经典文献和相关参考文献为基础，需要了解和掌握国内外研究的最新动态，因而要求尽可能地收集丰富的资料和阅读尽可能多的参考文献。

（2）实验研究类

实验研究类论文的主要表现形式是实验报告。虽然称为“报告”，但它属于论文的范畴，是描述某一科研课题的实验过程和结果的报告。实验研究类论文除了具备一般说明文的科学性、客观性的特点外，它还具有纪实性和确证性。

实验研究类论文按实验的性质划分可分为检验型实验报告和创新型实验报告。检验型实验是重复前人已做过的实验，将某些实验项目重新演示。这类实验报告通常有固定的项目，并按一定格式印成实验报告，由实验者逐项填写。创新型实验是实验者进行一项新的研究所做的实验，它既可以是通过实验来探讨某种理论问题，也可以是在实验中摸索出新的操作方法，以便于大面积推广应用。这类报告在写作上遵循一定的思路，写法相对灵活。

（3）描述研究类

通过问卷、调查、访谈、观察、列表、个案研究以及测验等科学手段收集资料以验证假设或回答有关现实研究的问题。描述研究类论文的主要表现形式为调查报告。调查报告，就是先做调查（收集材料），然后将材料进行分析研究后，写出书面报告。它是调查者对某一现象，某一问题或某一方面的工作进行深入细致的调查后，运用哲学的观点作科学的分析，揭示其本质，找出其规律性的东西，从而引出正确的结论，提出解决问题的具体工作建议或办法。可以说，调查是报告的基础，报告是调查的反映。

按不同的标准或参照，调查报告可以分为多种类型。按照反映内容的范畴及广度划分，可以分为综合型和专题型两种调查报告类型。按所调查对象的选择范围划分，可以分为全面调查报告、典型调查报告、抽样调查报告、个案调查报告及专家调查报告等五种。从所采用的具体调查方法来分，调查报告可分为观察类的调查报告、问卷类的调查报告、访谈类的调查报告以及个案分析类的调查报告。

4. 认真选择研究对象

选择有代表性的写作对象是论文设计中非常重要的一环。

选择理论研究类论文的研究对象，首先要分析问题和明确问题，使范围较广、界限不清的问题变得明确清晰起来。如果总是停留在模糊、笼统的不确定状态，研究就难以展开。

对于实验研究类、描述研究类论文来说，一般涉及的对象比较广泛，限于研究者的时间、精力、人力和物力，要对成千上万样本进行逐一研究然后得出结论是非常困难的，也是不必要的。因此首先必须根据研究的目的和任务明确研究总体，然后保证取样的随机性和代表性。取样的随机性即要尽可能使每个被抽取的个体具有均等的机会。取样的代表性，也就是要尽可能使抽取的样本能代表总体，要避免取样的偏差，因为取样的偏差将导致研究结论的无效。还要科学地确定样本容量的大小，既要满足统计学上的要求，又要考虑实际上收集资料的可能性。

5. 形成论文分析框架

论文分析框架是对整个论文写作过程的全面规划，对论文写作的各项主要工作进行合理的安排。

为了保证论文写作科学有序地进行，必须制订出切实可行的论文写作计划，其中内容应包括阐明论题意义与目的，确定收集资料的方法与工具，制定抽取与分配研究对象的方法，规定写作实施步骤与过程，确定写作进度等。制订的详细写作计划应成文备案，在整个写作过程中要不断对照、检查，力求按计划执行。

好的论文分析框架就是一份详细的开题报告。一般来说，主要包括以下几个方面：

（1）课题名称　定题的标准是准确、醒目、规范，要让人一目了然，不能模糊、空泛、冗长。如果需要，可以使用副题名。

（2）研究的目的、实践意义及理论价值　包括研究的目标，即课题所要解决的科学问题和课题的主攻关键与独到之处，以及研究将在哪些方面有所创新和突破。

（3）研究现状　包括前人及其他人有关研究的基础，研究已有的结论及分歧点，研究涉及的学科领域，国内外研究水平，存在的主要问题以及该领域的研究趋势和动向。

（4）研究内容　要说明该课题所要研究的具体问题，如果是较大型的研究，还要列出所含的子课题。研究内容的表述，可以有不同的思路，可以按历史研究、现实研究和方法研究三个维度安排研究问题的序列。

（5）研究方法与研究步骤　采用哪几种研究方法进行？如何分配研究与写作进度计划及各阶段的时间？研究分几个阶段进行？每一个阶段要做哪些工作？各项工作如何进行人员分工？每一个人的职责怎样？等等。

（6）成果形式　即研究成果的预计取向及使用范围。成果形式包括专著、学术论文、调查报告、实验报告等。

如果需要科研经费等，在论文分析框架中也应进行考虑。

二、论文的撰写

论文的撰写要经过以下几个步骤：

1. 选择研究课题

课题是科学研究的主攻方向，也是论文作者要解决的首要问题。选题既包括科研的特定问题的选择和确定，也包括论文题目的选定。一个研究课题可以写成一篇或多篇论文，也可能不足以成文。一篇论文反映的不一定是课题研究的全部成果，但只能在课题的内涵和外延之中。有了课题，才会有研究，才会有研究成果的书面表达形式——论文。选题是科研和写作的开端，决定着论文的价值和成败。

（1）选题的类型

科研课题大致有以下类型：

①创新填空型

在社会生活和人类认识发展中，新问题不断产生，在每个学科领域里，还有一些老问题被人忽视或未能解决，这都有待我们去进行开创性的研究。课题新是论文具有创造性的关键之一。开创性研究的课题有大有小，大至开辟新领域、创立新学科，小到揭示、解决具体细小的问题，事无巨细，只要有意义，就可以成为科研的课题。通过努力发现、提出新问题，显示作者的创造才能，也标志着学科的发展具有活力，符合社会的进步要求。

②深化补充型

选择新课题对创新固然重要，研究旧课题也能有所创造，因为论文创造性的关键在于提出新的见解。随着社会前进、条件变化，有必要对已有人作过探讨的课题作继续研究，这样的研究可称做发展性研究。

发展性研究首先是深化、补充已有的观点，丰富发展原有的研究成果。比如：人们在研究中国现代化进程的支撑力时，多着眼于自然资源和经济基础，吴忠民在《社会支撑力与中国的现代化》(《江海学刊》1995 年第 5 期)一文中探讨了现代化进程支撑力的又一重要构成方面，指出："健全的、高强度的社会支撑力对于中国现代化进程的顺利推进具有着不可替代的作用。"作者分析、阐述了社会支撑力的性质、构成，对中国现代化进程意义的具体体现及发掘、使用原则，令人信服地证明了重视社会支撑力这一因素的必要性。学术观点、理论就是在前后反复的研究探讨中得以不断深化、发展、成熟的。

③批驳修正型

由于主客观条件的差异，对同一课题，不同的研究者会有不尽相同或完全不同、甚至截然相反的认识，论文作者常对别人的学术观点质疑发问、批驳争论、匡谬修正，这也是发展性研究。如：《五四运动中资产阶级革命民主派若干问题再探讨》(《近代史研究》1995 年第 5 期，作者张德旺)一文，作者就民主派同五四运动准备阶段的关系，民主派在五四运动中的组织领导作用等问题，对相关的现有学术认识一一加以评析，提出自己不同的看法。

在同一课题研究中，同时出现不同的认识成果，就产生了学术争论。有些当时被人们普遍认可、接受的"通论"、"定说"，随着社会发展、各方面条件的变化，会暴露出其局限、片面，甚至谬误之处。打破常规、提出异见，需要积极大胆、实事求是的科学探索精神，也需要相当的才识和较高的创造性思维能力。

(2) 选题的原则

无论是选择开创性课题还是发展性课题，都要遵循一定的原则。选择课题不可避免地受主客观条件的影响、限制，客观上有意义，主观上有见解，符合价值原则和可行原则，是论文选题的基本原则。

①价值原则

选题要有意义。课题的客观意义包括社会意义和学术意义。要追求科研的社会效益，选择社会现实需要的课题。无论解决重大的理论问题还是解决某一方面的具体问题，都要直接或间接地服务于国家发展和建设的总目标。在改革开放的社会现实中，有层出不穷的新课题等待我们去研究探索。如：关于我国向社会主义市场经济体制转轨变型、“一国两制”战略决策等重大课题，是关系到我国基本国策和发展走向的根本性问题。选取这种有现实针对性、亟待解决的重大问题作为研究课题，具有突出的认识、参考价值，能最大限度地发挥社会科学研究的实际效用。

强调课题应用价值的同时，不能忽视学科自身的特点和规律，要考虑课题在学科体系中的地位、对学科发展的作用，选择具有学术意义的课题。课题具有学术性，是论文具有学术性的基础，要勇于选择居于学科前沿、填补空白的课题，使研究成果具有重大的科学进步意义。

②可行原则

选题既要考虑价值原则，满足社会现实和学术研究的需要，也要考虑可行原则，即研究者的主客观条件。既重视课题研究的必要性，又考虑完成研究工作的可能性，才能保证课题研究的顺利进行和论文的圆满成功。

在课题研究中，研究者自身的内在因素和各种外在条件起着决定性的作用。研究者的主体状况包括智力的和非智力的多种因素，选题时主要考虑的是能力和兴趣。科研需要实事求是、量力而行的科学态度，研究者要根据自己研究能力的高低，选择难易程度相当的研究课题。科学领域里分支学科众多，每学科又有各种类型的问题。大多数研究者都有自己相对固定的研究领域，文学研究者会涉猎哲学、历史等领域，但成为文、史、哲通才的终是凤毛麟角。就是在文学研究中，有的擅长中国文学研究，有的擅长外国文学研究；同样研究中国文学，有的致力古代文学研究，有的致力现代文学研究；对同一国别、断代文学的研究，有的擅长训诂考证，有的擅长理论论证，有的擅长人物分析。跨专业、学科的研究不但存在而且必要，但选择的课题应扬长避短，这样研究才能得心应手、事半功倍。兴趣是完成科学研究、取得学术成果的巨大推动力，它来自于对课题的客观价值的认识，也具有与自身能力特点密切相关的自发性，是选题时不可忽视的因素。

科学研究受多种外部条件的制约，选题时首先要考虑科学发展的程度，看是否已为解决新课题提供了必要的基础，再考虑获取资料的条件。有的课题必须有充分的感性的原始资料，有的资料要通过实验获得，如果由于资金、设备等条件的限制，无法亲身获取或进行实验，选择的课题再好，恐怕都得忍痛割爱。此外，还要考虑时间、期限条件。比如毕业论文必须在三个月到半年内完成，选题时要据此确定课题大小和难易程度，一般来说宜选花费时间较少的小题目，进行细致的研究，开掘深刻的主题，保证论文的质量。毕业论文的撰写者有指导教师的指点，要充分利用这一条件，尽量在指导教师擅长的专业范围里选题，以得到全面、具体的指导，包括教授研究方法、提供资料来源、提出修改意见等等。

根据选题原则选择了课题后，就要对课题进行研究，边搜集材料边思考问题，在对材料的加工、处理中形成认识成果，这个研究过程是写出高质量论文的关键。

2. 搜集整理资料

资料是一切科学研究的基础，也是构成学术论文的要素。一切有价值的学术观点都是对资料认真分析、研究的结果。论文写作一刻也离不开材料，论点的确立依赖材料，大小论据来自材料，论证的雄辩力量也产生于资料。

（1）搜集、占有资料

在学术论文写作中作者所搜集、占有的一切与课题相关的事实、理论、数据都是资料，从不同角度可把这些资料分为不同的类型。根据资料的自身性质及其与研究对象的关系来看，可分为原始资料和研究资料。原始资料指的是只反映研究对象自身的实际状况而不反映人们对研究对象认识的资料，如研究文学作家和文学现象，文学作品是最重要的原始资料；研究资料则包含着人们的研究认识，如他人的论著、论文。根据资料的来源和形态的不同，资料可分为直接资料和间接资料。直接资料是研究者从社会生活和科研实践中获取的第一手资料，间接资料是通过各种传递渠道得到的情报资料，主要是文献资料。

搜集资料就是通过多种途径，尽可能广泛地获取与选题有关的资料。观察是获取直接资料的重要手段，如著名心理学家弗洛伊德的精神分析理论就是建立在他对大量精神病例进行观察的基础上。进行实验和开展调查也是研究者获取资料的基本途径。

通过图书馆、档案馆等渠道，利用图书目录、索引、文摘、年鉴、百科全书等检索手段，查找有关的文献资料，更是课题研究中不可或缺的重要工作。

（2）阅读、整理资料

在搜集资料的过程中，就要开始根据课题研究和论文写作的需要，阅读、整理文献资料和调查、观察所搜集的直接材料。

阅读要明确读什么、读多少、怎样读。首先要把握好阅读范围，选读与课题紧密相关的、真实新颖的、多方面和多角度的资料。阅读资料的量是否得当，以“必要”和“充分”为根据。一般认为，阅读篇幅是论文篇幅的30倍上下，其中关系密切的资料应在10倍左右。当然选材水平才是决定阅读量的关键。阅读时要采用恰当的阅读方式，通过浏览、速读筛选资料，研读最重要、最有价值的部分；随读随记，把认定有用的资料和收获、感受记录下来，帮助记忆，引发新见。记录的内容包括有启发性的论点、看法和新颖、有力的论据资料，阅读中引发的心得感受及篇章提要、佳句妙语等。记录的类型有摘录、摘要、提纲、索引、心得等。记录可以是卡片式、活页式、笔记本式，也可以进行剪贴、复印。

整理资料就是按照选题的要求和资料的性质，通过归纳分类、调整取舍，将搜集来的复杂零乱的资料系统化、条理化。做笔记本身就是一种整理工作。保留下来的资料要按一定的类目存放，便于随时取用。

3. 构思撰写文稿

这个阶段就是行文阶段。行文的任务是以合适的写作形式，准确地表达出科研成果。行文可促进思维、整理思想，本身也是科研的继续和深入。

论文写作虽没有固定格式，但仍有基本程序和原则可循。

（1）写作准备

在开始撰写论文之前，必须做好以下准备工作。

①确立论点

论点是论文的统帅，论文写作的意义基本上取决于学术观点的价值和意义。论文的论点是在课题研究的过程中逐步形成的，在写作前，还要进行反复推敲调整，使得被确定的论点正确、鲜明、新颖、深刻。论文论点的要求高于一般议论文，必须同时符合以上几点要求，具有科学性。偏执一端、模棱两可、人云亦云、泛泛而谈都是论文的大忌。

学术论文内容较为复杂，中心论点下有若干分论点，内容层次越多，所包含的分论点也越多，但都必须归属于中心论点。有的论文在论述一个基本问题外，还兼及其他相关问题。例如：《从〈民法通则〉看立法缺口——兼论司法解释》，前为基本论点，后为分支论点，着眼点始终在前者。《关于诗学中的九个问题》之类的论文，几个基本论点并列，但严格限制在同一范畴内。

②选定论据

学术论文的论据比一般议论文要求更高，论据与论点有内在的一致性，论据一有偏离，论点便难于确立。科学来不得半点虚假，对作为论据的材料无论是理论还是事实，都要分析比较，鉴别真伪，确保从来源到内容都真实可取。论据要适用、典型，论点才能得到有力的证明和充分的表达。论据还要新颖，新资料是论文独创性的表现之一，而且新论点的提出往往有赖于新资料的使用。如作者马忠文在上海图书馆所编《汪康年师友书札》中的两通函札里发现一些鲜为人知的内幕资料，由此对史学界关于戊戌保国会解散原因的通说提出了质疑，写成《戊戌保国会解散原因新探）（《东北师大学报》1995年第6期）。

③设计结构

确立论点、选定论据，解决了“写什么”这一内容问题后，还要解决“怎么写”即写作形式的处理问题。在动笔前，设计好结构，设置一个能够把观点和资料包括进去的逻辑框架，写作才能有条不紊地进行，写出来的论文才可能有条有理。

在长期的写作实践过程中，学术论文逐渐形成了一些惯用的格式，成为相对定型化的结构程序，被称为论文的“写作基本型”。从文体类型上，论文是议论文的一种，序论、本沦、结论的“三段论式”的议论文结构特点也适用于论文写作。

A 序论——论文的开头部分　主要为：说明选题的背景、缘由、意义及研究目的；课题的性质、范围和研究方向；立论的根据和论证方法；研究设想、方法和实验手段；阐释基本概念；对前人研究成果的评述；提出自已的基本看法和研究结论等。作者根据需要，可选择其中的一项或若干项。提出问题是所有论文序论所必备的内容，其他内容往往是围绕着问题的提出而被表述的。随着问题的提出，会对某些背景材料加以介绍，指明在本项课题研究中已取得的成果、尚待解决的问题、本文所做工作等。这部分要开门见山、落笔见题、简洁相当，不要雷同于正文及摘要。

B 本论——论文的主体部分　是全篇论文的核心所在。作者在此充分开展论题，详细表述研究的论题和获得的研究成果，进行理论分析和论证，阐明自己的思想、观点和见解。一篇学术论文质量优劣、水平高低、价值大小，主要取决于本论部分。

设计本论部分结构主要解决的是论点的排列和各层次、段落的衔接连贯问题。按照层次或段落之间的关系及观点排列的方式的不同，可以把论文本论部分的结构形式分为并列式、递进式和综合式三种类型。并列式结构也称横式结构，指各分论点相提并论，各层次平行排列，从不同方面对中心论点展开论证，使本论部分呈现齐头并进的格局。递进式又称纵式结构，在中心论点的统帅下，层层递进、逐步深入地安排内容。综合式将以上两种结构方式结合起来，通常以一种结构为主来安排大的层次，而用另一种结构来安排小的层次。表现为并列中的递进、递进中的并列，或是并列、递进交错使用。为求眉目清楚，常使用序码词、小标题等外在标志区分论文层次。

C 结论——论文的收尾部分　是围绕本论所作的结语。作者在此对所研究课题提出结论性看法或指明进一步研究的方向；对所论证的论题及论证的内容做归纳，提出自己对论题的总体性看法和总结性见解。论文的结论不同于一般议论文，应从理论的高度将内容再度升华，体现论文的学术价值。

序论、本论、结论三者相继，紧密衔接，构成论文常见的结构程序。但也有不少论文在序论中就概括全文的内容要点，把结论贯彻在本论的分析论证中，不再单设一个结论部分。我们可以根据实际需要，灵活选用。

④编写提纲

用简洁明了的语言安排出论文的篇章结构，把文章的逻辑关系视觉化，就是编写提纲。学术论文结构比较复杂，篇幅较长，编写提纲可以有效地帮助作者理清思路，把握论文的逻辑构成情况。

编写提纲要考虑的主要有：以何种方式、什么角度提出什么论点；大小论点的逻辑关系；拟选哪些论据材料；所设置各部分的安排；如何开头结尾及上下衔接、前后呼应等。提纲一般包括以下项目：标题、中心论点、分论点及次序、各级论点所属的论据、阐述和论证的方法。写法可用标题式，即以标题形式概括该部分的主要内容；可用句子式，提供各段落层次的主题句；也可用一段话把该部分的内容概括起来。提纲的拟定，为起草论文提供了基本依据，标志着由论文起草前的准备阶段进入了论文初稿的撰写阶段。

（2）撰写初稿

按照写作提纲，执笔写出论文初稿的过程，是整个写作过程中的核心环节，撰写前的各项准备工作都是为这一阶段服务的。撰写论文是进行再创造的复杂思维过程，表达方式的选择与使用，段落的组织和衔接以及语言形式的运用，都是这个阶段要妥善处理的问题。

学术论文作为议论文的一种，以议论为主要的表达方式。在论文里，研究课题是论题，是作者要解决和集中证明的问题，作者对课题的观点、看法为论点，论据即支持论点的事实和理论根据，包括作者所选取的材料和中心论点下的分论点。论文不仅要有新颖独到的论点，可靠翔实的材料，还要有严密的论证。论证的关键是保证论证过程的逻辑性，正确运用归纳推理、演绎推理、类比推理等各种推理形式。学术问题一般比较复杂，因此学术观点的证明也具有一定的复杂性。论文作者需要真正掌握并灵活运用举例法、反证法、对比法、因果法、引用法、归谬法等具体的论证方法。可以说，议论的作用和特征在学术论文中体现得较为充分、典型。下定义、读释、举例、分类等说明也是经常被用到的表达方式，表达要求科学、明晰。叙述和描写作为辅助性的表达方式，运用时要有节制。

段落是文章基本的构成单位，段落划分、安排和表达恰当，论文质量就有了一定保证。在构段上，要有明确的段意，善于使用段旨句；每段表义统一完整，反映其逻辑上的严密性；段落的长度要适中，注意段落的衔接，可以采用一些过渡形式，但主要是依靠必要的意义联系。

不同学科的论文存在不同的语言特点，但论文作为科学文献，突出地反映了科学语体的特征，精确、简明、平实、庄重是论文语言的基本要求。除了文字语言，论文常使用图表、符号、公式、照片等人工语言。

4. 认真修改定稿

论文之所以要修改，是因为人的认识不是一次完成的，很难一次就达到完善的程度。那种“文不加点，一挥而就”说法是不符合认识规律的。一篇未经修改的论文，总有不成熟、不完善的地方。修改不仅是写作的一个必要环节，也是对读者的负责，是作者在一个新水平上的写作活动。

(1) 修改范围

学术论文需要修改的地方很多，修改的范围也很广泛，大到主题思想，小到一个标点符号，发现什么问题，就修改什么问题，什么地方发现，就在什么地方修改。具体地说，可从以下几个方面考虑对论文进行修改。

①修改主题

主题是写作之前就确立了的，论文写完后，作者应进一步审视主题是否正确，是否有特色，是否已把必须表达的思想完全表达无遗。若主题存在问题，就要对其进行必要的修改。修改主题是全面修改文章的基础，是带根本性的修改。

②修改结构

论文结构的修改，其内容包括：层次和段落的安排是否条理分明，论文的分段是否恰当，论文结构是否紧凑和谐。

③修改资料

论文的主题与资料密切相关，修改资料的目的是力求使观点能统帅资料，资料能够说明观点，实现资料与观点的有机统一，充分说明主题。修改资料是根据中心论点和各分论点的要求，对资料进行增加、删减、调换；对缺少资料和资料单薄的部分予以补充；对资料庞杂或资料重复的部分予以删减；对资料平淡、陈旧的部分予以调换。

④修改语言

语言的修改主要是对字、词、句及标点符号的修改。对词不达意、似是而非、含混不清的词语，要予以修改，以保证论文的准确性。要剪去闲文，使语言精练；修改病句，使文字通顺；删削冗笔，使文章严谨，以保证论文的通顺流畅，保证论文的可读性。

⑤修改标题

标题的修改包括节段标题和总标题的修改。节段标题要检查层次、数目是否清楚，有无混乱，格式是否一致。一般情况下标题的层次、字数不宜过多，同一层次的标题，其语法需要一致。

总标题一般在写作前已经拟好，但论文写完后，根据内容的需要进行重新调整的情况也是常有的。总标题要有高度的概括性，并且简短、易读、易懂、易记。修改总标题必须反复推敲，仔细琢磨。

(2) 修改方法

论文修改的方法有热改法、冷改法、求助法和诵改法等多种方法。

①热改法

热改法是指初稿完成后立即进行修改的方法。作者在撰写论文初稿时，为了不中断自己的主要思路，往往寻求一气呵成，对行文中发现的问题常常采取暂时搁置的办法。行文中发现的问题，在初稿完成之时立即着手进行修改比较方便，因为作者此时对行文当中发现的问题还有着深刻的印象。热改法适合对论文进行补充修改。

②冷改法

冷改法是指初稿完成后，放上一段时间再修改的方法。这种方法的一个最大的优点就是作者写作的兴奋期已过，再看文稿时能够平心静气，更趋理性，这样容易发现初稿中不完善、不妥当之处，以便进行必要的修改。

③求助法

求助法是指初稿完成后，请他人帮助修改的方法。求助法中求助的对象一般应是本学科领域中科研能力、写作能力较强的人。求助法的最大优点是由于修改者不是作者本人，能对论文的基本观点、结构、语言等，提出更为客观的修改意见，可使论文更全面、更客观。

④诵改法

诵改法是指初稿完成后，反复诵读，发现问题及时修改的方法。通过诵读，那些读不顺口，听不顺耳的地方就会暴露出来，而这些地方往往就是有问题的地方，这样我们修改起来就容易了。

以上四种修改方法，在实际的论文修改过程中，常常会综合使用。

(3) 誊清定稿

学术论文经过认真的修改后，就可以誊清定稿了。一般地，誊稿使用300格或400格的稿纸，论文格式按国家标准GB7713—87的规定。打印稿可以不用300格或400格的稿纸，但论文的格式必须遵守国家标推GB7713—87的规定。

三、学术论文的写作规范

学术论文是指某一学术课题在实验性、理论性或观测性上具有新的科学研究成果或创新见解和知识的科学记录，或是某种已知原理应用于实际中取得新进展的科学总结，用于提供学术会议上宣读、交流或讨论，或在学术刊物上发表，或作其他用途的书面文件。学术论文应提供新的学术信息，其内容应有所发现、有所发明、有所创造、有所前进，而不是重复、模仿、抄袭前人的工作。

国家标准 GB7713—87 规定了科学技术报告、学位论文和学术论文的编写格式，指明报告与论文由前置部分和主体部分两大部分构成。对于学术论文来说，每部分包含 4 个必要的组成部分。前置部分包括：题名、论文作者、摘要、关键词；主体部分包括：引言、正文、结论，参考文献。

1. 题名

题名又称题目或标题。题名是以最恰当、最简明的词语反映论文中最重要的特定内容的逻辑组合。论文题目是一篇论文给出的涉及论文范围与水平的第一个重要信息，也是为选定关键词、编制题录和索引等二次文献提供检索的特定实用信息。可见，论文题目十分重要，必须用心斟酌选定。一般对论文题目的要求是：

(1) 准确得体

论文题目必须能准确表达论文内容，恰当反映所研究的范围和深度，即题要扣文，文也要扣题。这是撰写论文的基本准则。

(2) 简短精炼

题目用词需要精选，字数要少。尽管题目的字数多少并无统一的“硬性”规定，但一般一篇论文题目不要超出 30 个字。

若简短题名不足以显示论文内容或反映出属于系列研究的性质，则可利用添加副标题的方法解决，以加副标题来补充说明特定的实验材料、方法及内容等信息，使标题成为既充实准确又不流于笼统和一般化。

(3) 外延和内涵要恰如其分

命题时，若不考虑逻辑上有关外延和内涵的恰当运用，则有可能出现不当或谬误。

(4) 醒目

虽然论文题目首先映入读者的眼帘，但仍然存在题目是否醒目的问题。因为题目所用字句及其所表现的内容是否醒目，会在一定程度上影响论文的效果。

(5) 题名应规范

应该避免使用不常见的缩略词、首字母缩写字、字符、代号和公式等。

2. 作者姓名和单位

这一项属于论文署名问题，一定要真实可靠。这是因为一是为了表明文责自负，二是记录作者的劳动成果，三是便于读者与作者的联系，四是用于文献检索（作者索引）。

3. 摘要

摘要是对论文内容不加注释和评论的简短陈述，其作用是读者不用阅读论文全文即能获得论文的必要信息。

摘要应包含以下内容：从事这一研究的目的和重要性；研究的主要内容和指明完成了哪些工作；获得的基本结论和研究成果，突出论文的新见解；结论或结果的意义。

论文摘要虽然要反映以上内容，但文字必须十分简炼，内容亦需充分概括，篇幅大小一般限制其字数不超过论文字数的5%。例如，对于6000字的一篇论文，其摘要一般不超出300字。

论文摘要不要列举例证，不讲研究过程，不用图表，不给公式，也不要作自我评价。为了便于交流，还要有英文摘要。

4. 关键词

关键词属于主题词中的一类，主题词除关键词外，还包含有单元词、标题词的叙词。主题词是用来描述文献资料主题和给出检索文献资料的一种新型的情报检索语言词汇，正是由于它的出现和发展，才使得情报检索机器化（计算机检索）成为可能。

主题词是以概念的特性关系来区分事物，用自然语言来表达，并且具有组配功能，用以准确显示词与词之间的语义概念关系，一般为动态性的词或词组。

关键词是标示文献关键的主题内容，是未经规范处理的主题词。关键词是从论文中选取出来，用以表示全文主要内容信息款目的单词或术语。一篇论文一般可选取3－8个词作为关键词。

5. 分类号

这是论文检索的需要，应按照《中国图书馆分类法》（第4版）给出论文的标引分类号。要另起一行，前以“中图分类号：”或“［中图分类号］”作为标识。

6. 文献标识码

为便于文献的统计和期刊评价，确定文献的检索范围，提高检索结果的适用性，中国学术期刊网要求每一篇文章或资料应标识一个文献标识码。共设置以下5种：

A——理论与应用研究学术论文（包括综述报告）；

B——实用性技术成果报告（科技）、理论学习与社会实践总结（社科）；

C——业务指导与技术管理性文章（包括领导讲话、特约评论等）；

D——一般动态性信息（通讯、报道、会议活动、专访等）；

E——文件、资料（包括历史资料、统计资料、机构、人物、书刊、知识介绍等）。

不属于上述各类的文章以及文摘、零讯、补白、广告、启事等不加文献标识码。

中文文章的文献标识码以“文献标识码：”或“［文献标识码］”作为标识，如：文献标识码：A。英文文章的文献标识码以“Document code：”作为标识。

7. 基金项目

获得基金资助产出的文章应以“基金项目：”或“［基金项目］”作为标识注明基金项目名称，在圆括号内注明项目编号。多项基金项目应依次列出，间以分号隔开。基金项目排在作者简介之前。

8. 作者简介

对文章主要作者的姓名、出生年、性别、民族（汉族可省略）、籍贯、职称、学位等作出介绍，前以“作者简介：”或“［作者简介］”作为标识。一般排在篇首页的地脚。同一篇文章的其他主要作者简介可以在同一“作者简介：”或“［作者简介］”标识后相继列出，间以分号隔开。

9. 引言

引言又称前言，属于整篇论文的引论部分。其写作内容包括：研究的理由、目的、背景、相关领域的前人工作和知识空白、理论依据和实验基础、预期的结果及其在相关领域里的地位、作用和意义。

引言的文字不可冗长，内容选择不必过于分散、琐碎，措词要精炼，要吸引读者读下去。引言的篇幅大小，并无硬性的统一规定，需视整篇论文篇幅的大小及论文内容的需要来确定。

10. 正文

正文是一篇论文的本论，属于论文的主体，它占据论文的最大篇幅。论文所体现的创造性成果或新的研究结果，都将在这一部分得到充分的反映。因此，要求这一部分内容充实，论据充分可靠，论证有力，主题明确。为了满足这一系列要求，同时也为了做到层次分明、脉络清晰，常常将正文部分分成几个大的段落。这些段落即所谓逻辑段，一个逻辑段可包含几个自然段。每一逻辑段落可冠以适当标题（分标题或小标题）。

段落的划分，应视论文性质与内容而定。以理科方面的论文为例，一般常见的划分方式有：①实验原材料和材料/实验方法/实验结果和分析。②理论分析/实验装置和方法/实验结果的比较与分析。

由于学术论文的选题和内容性质差别较大，其分段及其写法均不能作硬性的统一规定，但必须实事求是，客观直切，准确完备，合乎逻辑，层次分明，简练可读。

11. 致谢

该部分是作者对认为需要感谢的组织或个人表示谢意的文字，于注释及参考文献之前，字体应与正文有所区别。

12. 注释

注释主要用于对文章篇名、作者及文章内某一特定内容作必要的解释或说明。篇名、作者注释置于当页地脚；文内有关特定内容的注释可夹在文内（加圆括号），可排在当页地脚或文末。序号用带圆圈的阿拉伯数字表示。

13. 参考文献

（1）使用规则

学术论文中，当引用或参考他人的思想或工作（观点、原理、方法、结果）时，一定要注明出处，在文后的参考文献表中列出来。

在引用时，以阿拉伯数字方括弧［］表示于引用内容的后方，即该句或该段落的标点符号前，并上标。

（2）作用

反映出真实的科学依据；体现严肃的科学态度，分清是自己的观点或成果还是别人的观点或成果；对前人的科学成果表示尊重，同时也是为了指明引用资料出处，便于检索。

（3）参考文献的排序

①号码法：按文中引用的先后次序编号；

②著者法：按参考文献的著者姓名字母顺序编号。

（4）引用要求

①引用的文献要较为新颖；

②经典文献选取要少而精；

③只列出著者亲自阅读的，直接引用的，具有新颖性、真实性、代表性的文献。

④只列出公开发表的文献，即在国内外公开发行的报刊或书籍上发表的文献。

（5）格式规范

参考文献序号在文中采用右上标注的方式，国家标准 GB7714 - 87“文后参考文献著录规则”，分别对文后参考文献的著录项目与著录格式有明确的规定。

参考文献的序号左顶格，并用数字加方括号表示，如［1］，［2］，［3］，…，应与正文中的指示序号和格式一致。每一参考文献条目的最后均以

“·”结束。一篇论著在论文中多处引用时，在参考文献中只应出现一次，序号以第一次出现的为准，一般不将参考文献标示置于正文中的各级标题处。各类参考文献条目的编排格式及示例如下。

（1）连续出版物

［序号］主要责任者．文献题名［J］．刊名，出版年份，卷号（期号）：起止页码．

例如：［1］毛峡，丁玉宽．图像的情感特征分析及其和谐感评价［J］．电子学报，2001，29（12A）：1923－1927.

（2）专著

［序号］主要责任者．文献题名［M］．出版地：出版者，出版年：起止页码．

例如：［2］刘国钧，王连成．图书馆史研究［M］．北京：高等教育出版社，1979：15－18.

（3）会议论文集

［序号］主要责任者．文献题名［A］主编．论文集名［C］．出版地：出版者，出版年：起止页码．

例如：［3］毛峡．绘画的音乐表现［A］．中国人工智能学会2001年全国学术年会论文集［C］．北京：北京邮电大学出版社，2001：739—740.

（4）学位论文

［序号］主要责任者．文献题名［D］．保存地：保存单位，年份．

例如：［4］张和生．地质力学系统理论［D］．太原：太原理工大学，1998.

（5）报告

［序号］主要责任者．文献题名［R］．报告地：报告会主办单位，年份．

例如：［5］冯西桥．核反应堆压力容器的LBB分析［R］．北京：清华大学核能技术设计研究院，1997.

（6）专利文献

［序号］专利所有者．专利题名［P］．专利国别：专利号，发布日期．

例如：［6］姜锡洲．一种温热外敷药制备方案［P］．中国专利：881056078，1983－08－12.

（7）国际、国家标准

［序号］标准代号，标准名称［S］．出版地：出版者，出版年．

例如：［7］GB/T16159—1996，汉语拼音正词法基本规则［S］．北京：中国标准出版社，1996.

（8）报纸文章

［序号］主要责任者．文献题名［N］．报纸名，出版日期（版次）．

例如：［8］毛峡．情感工学破解“舒服”之谜［N］．光明日报，2000－4－17（BI）．

（9）电子文献

［序号］主要责任者．电子文献题名［文献类型/载体类型］．电子文献的出版或可获得地址，发表或更新日期/引用日期（任选）．

例如：［9］王明亮．中国学术期刊标准化数据库系统工程［DB/OL］．

http：//www. cajcd. cn/pub/wml. txt/9808 10—2. html，1998 － 08 － 16/1998－10－04.

外国作者的姓名书写格式一般为：名的缩写、姓。例如 A. Johnson，R. O. Duda

引用参考文献类型及其标识说明如下：

根据 GB3469 规定，以单字母方式标识以下各种参数文献类型，如表 12－1 所示。

表 12－1　参数文献的标识

参考文献类型	专著	论文集	单篇论文	报纸文章	期刊文章
文献类型标识	M	C	A	N	J
参考文献类型	学位论文	报告	标准	专利	其它文献
文献类型标识	D	R	S	P	Z

表 12－2　电子文献的标识

参考文献类型	数据库（网上）	计算机程序（磁盘）	光盘图书
文献类型标识	DB（DB/OL）	CP（CP/DK）	M/CD

14. 附录

附录是作为论文主体的补充项目，并不是必需的。

下列内容可以作为附录编于报告、论文后，也可以另编成册。

（1）为了整篇报告、论文材料的完整，但编入正文又有损于编排的条理和逻辑性，这一类材料包括比正文更为详尽的信息、研究方法和技术更深入的叙述，建议可以阅读的参考文献题录，对了解正文内容有用的补充信息等；

（2）由于篇幅过大或取材于复制品而不便于编入正文的材料；

(3) 不便于编入正文的罕见珍贵资料；

(4) 对一般读者并非必要阅读，但对本专业同行有参考价值的资料；

(5) 某些重要的原始数据、数学推导、计算程序、框图、结构图、注释、统计表、计算机打印输出文件等。

附录与正文连续编页码，每一附录均另起一页。

主要参考文献

［1］陈志新．多媒体检索［J］．图书情报工作，2004（4）：66－68.

［2］曹玉霞．网络环境下的OPAC系统—七大图书馆OPAC系统的比较和分析［J］．图书馆建设，2000（6）：76－77.

［3］刘静．论网络信息检索［J］．图书情报工作，1999（1）：42－44.

［4］卢晓亮，余诗武．对网络环境下多媒体信息检索的研究［J］．情报杂志，2005（9）：112－114.

［5］涂建国．汉字音序排检法概论［J］．图书馆，1997（3）：35－39.

［6］涂建国．汉字与汉字排检法［J］．图书馆，2000（5）：43－45.

［7］王颖．因特网信息检索方法与技巧［J］．吕梁教育学院学报，2006（2）：78－80.

［8］许晋军，苏新宁．信息搜索引擎综述［J］．计算机系统应用，1999（3）：22－24.

［9］谢琳惠．网络信息检索的效率研究［J］．现代图书情报技术，2004年年刊：52－54.

［10］姚晓霞．试论Internet网上检索信息的一般方法和技巧［J］．现代情报，2000（4）：33－34.

［11］张梅．CALIS体系结构、服务功能及有效利用［J］．西安文理学院学报（社会科学版），2006（6）：105－107.

［12］张颖，周志农．因特网三大检索工具的比较研究［J］．图书情报工作，1999，（10）：39－42.

［13］郑腾锐，范智军．网络搜索引擎的现状与使用［J］．现代情报，2003（2）：54－55.

［14］周桂英．试论电子期刊的特点与局限性［J］．黎明职业大学学报，2002（2）：57－59.

［15］赵荷晴，刘华英．谈工具书的编排和使用问题［J］．高校图书馆工作，2001（2）：80－81.

［16］曾福兴．因特网信息资源搜索工具［J］．情报科学，2000（11）：1027－1032.

[17] 陈钧等．教师获取信息技能［M］．长沙：湖南师范大学出版社，1996.

[18] 董惠等．网络信息资源开发与利用［M］．武汉：武汉大学出版社，2001.

[19] 冯惠玲，王立清主编．信息检索教程［M］．北京：中国人民大学出版社，2004.

[20] 郭兴超主编．现代文献信息检索基础［M］．西安：三秦出版社，1998.

[21] 黄如花．网络信息的检索与利用［M］．武汉：武汉大学出版社，2002.

[22] 李谋信．信息资源检索［M］．北京：机械工业出版社，2006.

[23] 马费成．信息资源管理［M］．武汉：武汉大学出版社，2000.

[24] 马文峰．社会科学文献信息检索概论［M］．北京：中国人民大学出版社，1995.

[25] 沈固朝主编．网络信息检索：工具·方法·实践［M］．北京：高等教育出版社，2004.

[26] 王彦坤．文史文献检索教程［M］．广州：暨南大学出版社，2003.

[27] 叶继元主编．信息检索导论［M］．北京：电子工业出版社，2005.

[28] 叶鹰主编．信息检索：理论与方法［M］．北京：高等教育出版社，2004.

[29] 张厚生主编．信息检索［M］．南京：东南大学出版社，2006.

[30] 赵静．现代信息查询与利用［M］．北京：科学出版社，2004.

[31] 赵国璋等．社会科学文献检索（增订本）［M］．北京：北京大学出版社，2005.

[32] 郑鹤声，郑鹤春撰．中国文献学概要［M］．上海：上海古籍出版社，2001.

相关网址：

[1] http://www.cnki.net

[2] www.duxiud.com

[3] http://www.calis.edu.cn/calisnew/calis_ index.asp? class = 1&fid = 1/2007/6/2

[4] http://www.cppinfo.com/HangYeMT/qgxsm_ index.aspx

[5] http://opac. nlc. gov. cn
[6] http://myy. cass. cn/
[7] http://www. people. com. cn/
[8] http://www. lib. whu. edu. cn/dh/mks/wdjs. htm
[9] http://www. xinhuanet. com/
[10] http://www. mzdsx. com/mzdsx. asp
[11] http://www. chinanews. com. cn
[12] http://www. sjgczy. com/
[13] http://www. philosophyol. com/pol/
[14] http://humanum. arts. cuhk. edu. hk/~hkshp
[15] http://www. zhexue. com. cn/
[16] http://philosophy. cass. cn/
[17] http://www. chinaphilosophy. com. cn/
[18] http://www. chinaguoxue. net/
[19] http://www. chinapsy. net/index/index. ASP
[20] http://www. buddhism. com. cn/
[21] http://www. china - language. gov. cn/
[22] http://www. clr. org. cn/
[23] http://www. yywzw. com/
[24] http://www. xswh. com. cn/
[25] http://www. ceen. com. cn/
[26] http://www. 24en. com/
[27] http://www. linguistlist. org/
[28] http://www. literature. net. cn/
[29] http://www. lingkong. com/shuwu/lidai. asp
[30] http://www. xiaoshuo. com/
[31] http://www. qidian. com/
[32] http://www. zggdxs. com
[33] http://www. wxg. org. cn/Main1024. html
[34] http://www. lingkong. com/shuwu/xdsw. asp
[35] http://www. shigezazhi. com/
[36] http://www. inlibris. com/
[37] http://www. 9sky. com/
[38] http://www. music. cn. net
[39] http://www. zgysyjy. org. cn/main. jsp

［40］ http：//www. mtvtop. net/
［41］ http：//www. fm974. com. cn/
［42］ http：//beemp3. com/
［43］ http：//skreemr. com/
［44］ http：//www. caan. cn/
［45］ http：//www. ieshu. com/
［46］ http：//www. namoc. org/
［47］ http：//www. rbzarts. com/
［48］ http：//sunming. worldsh. com/
［49］ http：//www. artcyclopedia. com/
［50］ http：//www. tqxz. com/
［51］ http：//ich. cass. cn/
［52］ http：//worldhistory. cass. cn/
［53］ http：//jds. cass. cn/Index. html
［54］ http：//www. wenbao. net/
［55］ http：//saturn. ihp. sinica. edu. tw/ ~ liutk/shih/
［56］ http：//www. sociology. cass. cn/shxw/
［57］ http：//www. cass. net. cn/
［58］ http：//www. sociology. cass. cn/zgshxs/default. htm
［59］ http：//www. chinasocialpolicy. org/
［60］ http：//kzedu. cn：8899/viewstaticres/SysContent1
［61］ http：//www. csa. com
［62］ http：//www. intute. ac. uk/socialsciences/
［63］ http：//www. lib. szu. edu. cn/szulibhtm/AD_ xkzt/BD_ Politics/poli-index. htm
［64］ http：//www. gov. cn/
［65］ http：//chinaps. cass. cn/
［66］ http：//cpc. people. com. cn/GB/64162/
［67］ http：//www. pku. edu. cn/academic/xzglx/zzyjs/index. htm
［68］ http：//www. cass. net. cn/chinese/s08_ zzx/indexnew. asp
［69］ http：//www. world – china. org/
［70］ http：//www. usc. cuhk. edu. hk/
［71］ http：//law. chinalawinfo. com/
［72］ http：//www. law – star. com/
［73］ http：//www. legaldaily. com. cn/

[74] http://www.acla.org.cn/pages/index.html
[75] http://www.chinacourt.org/
[76] http://www.legalinfo.gov.cn/
[77] http://www.law.cornell.edu/
[78] http://www.cei.gov.cn/
[79] http://www.ce.cn/
[80] http://www.drcnet.com.cn/
[81] http://site_486.biz.jqcq.com/
[82] http://www.91bi.com/html/115001/2007071010552704611.htm
[83] http://www.macrochina.com.cn/macro_data
[84] http://www.cenet.org.cn/
[85] http://www.inomics.com/cgi/econdir
[86] http://www.isinet.com
[87] http://www.dialogweb.com
[88] http://www.oclc.org
[89] http://www.wanfangdata.com.cn
[90] http://www.isiknowledge.com)
[91] http://www.cnpat.com.cn
[92] www.cnpatent.com
[93] http://www.1st.com.cn/
[94] http://www.patent.com.cn
[95] http://www.cnipr.com
[96] http://www.exin.net
[97] http://ep.espacenet.com/
[98] http://www.uspto.gov/
[99] http://www.jpo.go.jp
[100] http://patents1.ic.gc.ca/intro-e.html
[101] http://www.chinastandard.com.cn
[102] http://www.cssn.net.cn
[103] http://www.sowang.com/
[104] http://www.google.com
[105] http://www.baidu.com
[106] http://maze.tianwang.com:8080/
[107] http://www.alltheweb.com/
[108] http://www.altavista.com

[109] http：//www. lycos. com
[110] http：//www. yahoo. com
[111] http：//www. yahoo. com. cn
[112] http：//www. Dmoz. org/
[113] http：//www. askjeeves. com
[114] http：//search. sina. com. cn/
[115] http：//www. sohu. com/
[116] http：//www. youdao. com/
[117] http：//www. dogpile. com/
[118] http：//www. bbmao. com
[119] http：//www. philes. com
[120] http：//www. vide－oq. com
[121] http：//www. coren－ic. org

后　记

光阴似箭，日月如梭，本人自 1985 年涉足“文献检索”课程的教学工作以来，不知不觉间已过去 20 多个春秋。二十多年来，随着计算机网络技术，信息加工、存储和检索技术的快速发展，更新高校文献检索课程教学内容的呼声日渐强烈。教材是教学内容的最基本的表达形式，是对文献信息检索教学内容的系统阐述，是学生学习文献信息检索知识的主要载体。因此，要使文献信息检索课适应时代发展的需要，首先必须调整教材体系。这也是本人多年来的一个愿望。今天，在学校领导与教务处等有关部门的高度重视与大力支持下，《文献信息检索与利用》课程已成为我校通识教育课程之一，同时，学校在经费上也予以大力资助，这些都是本书得以出版的重要条件。

本书经多次修改，数易其稿。全书共 12 章，第一章、第二章、第三章、第六章、第七章、第十一章由周向华撰写，第四章由许光大撰写，第五章由许光大、潘杏仙撰写，第八章由潘杏仙撰写，第九章、第十章由施才玉撰写，第十二章由董家魁撰写。全书纲目的拟定、统稿及修改工作由周向华负责。

在本书的写作与修改过程中，我们参考借鉴了前人和同行的许多研究成果，特别是在对各种文献信息资源介绍时，参考引用了一些前人的成果。对所借鉴的成果，尽可能予以列出，但因体例所限，有些未能一一注明。在此谨对这些成果的作者表示深深的谢意。

在本书的编撰过程中，得到了吴代庆副研究馆员、刘和文博士等诸多同仁的关心和帮助。完稿后，馆长庄华峰教授题写了书名，马乃玉副编审精心通审全稿，帮助良多，在此并致谢忱。

由于时间仓促，加之水平有限，书中难免有疏漏、不当之处，恳请广大读者批评指正。

周向华

2009 年 4 月